알바니아어-한국어 사전
Fjalor Shqip-Koreanisht

머리말

보스니아와 더불어 유럽의 이슬람 섬(島)을 이루는 알바니아 — 우리에겐 오랜 독재 정권에 시달려온, 유럽 변방의 빈곤한 국가로 주로 인식되어 왔다. 하지만 기독교 선교사들을 비롯하여 최근에는 알바니아를 찾는 우리 나라 사람들도 많아지고 알바니아어를 배우려는 이들도 점차 늘고 있다.

알바니아어는 알바니아 본국 및 알바니아계 주민이 많이 거주하는 코소보에서 약 600만 명이 사용하는 언어다. 인도유럽어족에 속하지만 그 범위 내에서는 독자적인 분파를 형성하는 다소 특이한 언어인 알바니아어는, 문법의 복잡성으로 인해 배우기가 어려운 언어로 알려져 있다. 그간 알바니아어를 한국어로 풀이한 사전이 없어, 국내에서 알바니아어를 배우고자 하는 이들은 알바니아어-영어 사전 등을 이용할 수밖에 없었지만, 이제 작으나마 우리말로 풀이된 알바니아어 사전을 내놓아 그동안의 갈증을 조금이나마 해소해 보려고 한다.

본 사전은 알바니아어-영어 사전 두 권을 참고하여 만들었으며, 어의(語義)의 전도를 막고 충실한 뜻풀이를 하려 노력했으나, 필자가 알바니아어 전공자가 아니기 때문에 아무래도 부족한 점이 많을 것이다. 독자들의 질책을 바라며, 이 사전의 출판을 허락해 주신 문예림 측에도 감사의 말씀을 드린다.

2010년 2월, 저자 유성호

일러두기

본 알바니아어-한국어 사전은 알바니아와 코소보에서 널리 통용되는 표준 현대 알바니아어의 기본 어휘를 중심으로 약 1만 5천 어휘(표제어, 숙어, 예문 포함)를 선정하여 알바니아어 알파벳 순으로 배열하고 그에 해당하는 한국어로 뜻풀이를 한 것이다. 본서의 편집 방침은 다음과 같다.

I. 표제어와 품사
(1) 명사의 경우 표제어는 주격 단수형이며 남성, 여성 혹은 중성의 성을 표시했다.
(2) 동사의 표제어는 1인칭 단수 현재형을 기준으로 하되, 3인칭으로만 (혹은 주로 3인칭으로) 쓰이는 것은 3인칭 단수 현재형을 실었다. 그리고 초심자들을 위해 불규칙한 동사의 변화형의 일부를 표제어로 내세웠다.
(3) 형용사의 표제어는 남성 단수형으로 제시하였다.

II. 기호와 약어
(1) 표제어 또는 표제어 설명 중 [ ]의 표시는 [ ]의 안의 것으로 대체 가능함을 나타내고, ( )의 표시는 생략 가능함 또는 부연 설명을 나타낸다.
(2) 품사 및 성·수 표시

[남] 남성명사	[여] 여성명사	[중] 중성명사
[복] 복수형	[대] 대명사	[수] 수사
[동] 동사	[형] 형용사	[부] 부사
[감] 감탄사	[관] 관사	[소사] 소사
[접] 접속사	[전] 전치사	[접두] 접두사
[접미] 접미사	[한정사] 한정사	

III. 참고 문헌
- Ramazan Hysa, "Albanian Standard Dictioanry", 2003
- Leonard Newmark, "Oxford Albanian-English Dictionary", 1999

알바니아어의 자모와 발음

알바니아어에는 다음과 같은 36개의 알파벳이 있다.

a, b, c, ç, d, dh, e, ë, f, g, gj, h, i, j, k, l, ll, m, n, nj, o, p, q, r, rr, s, sh, t, th, u, v, x, xh, y, z, zh

위에서 dh, gj, ll, nj, rr, sh, th, xh, zh는 단일음을 나타내며, 사전의 알파벳순 배열에서도 독립된 위치를 차지한다.

알바니아어의 발음은 대체로 로마자 읽기를 그대로 따르나, 예외적인 것이 몇 가지 있다.
1) ë : 영어의 about에서의 a 발음, 즉 /ə/ 발음과 비슷하다. 구어체에서는 강세를 받지 않는 ë는 종종 발음하지 않는다.
2) l : 영어의 l과 같이 발음하나, 혀끝을 살짝 깨물면서 발음한다.
3) q : 대체로 영어의 t와 k의 중간 발음이 난다. 혀끝을 아랫니에 대고, 뒤쪽 이로 혀 뒷부분의 양쪽 면을 살짝 깨물면서 발음한다. 우리말의 "츄"와 비슷하다.
4) gj : 대체로 영어의 d와 g의 중간 발음이 난다. q를 발음할 때처럼 혀 끝을 아랫니에 대고, 뒤쪽 이로 혀 뒷부분의 양쪽 면을 살짝 깨물면서 발음한다. 우리말의 "쥬"와 비슷하다.
5) r : 혀를 굴려서 발음한다.
6) rr : r보다 혀를 더 세게 굴려서 발음한다.
7) y : 독일어의 ü 또는 우리말의 "위" 발음과 비슷하다.
8) j : 영어의 yes에서의 y 발음이다.
9) nj : 영어의 canyon에서의 ny 발음과 비슷한 /ɲ/ 발음이다.
10) ll : 혀 끝을 윗니의 뒤쪽에 대고, 혀의 뒷부분은 아래로 누른 채 발음한다.
11) th : 영어의 thing에서의 th와 같은 /θ/ 발음이다.
12) dh : 영어의 that에서의 th와 같은 /ð/ 발음이다.

13) sh : 영어의 she에서의 sh와 같은 /ʃ/ 발음이다.
14) xh : 영어의 jam에서의 j와 같은 /ʤ/ 발음이다.
15) zh : 영어의 pleasure에서의 s와 같은 /ʒ/ 발음이다.
16) ç : 영어의 church에서의 ch와 같은 /ʧ/ 발음이다. 단 b, d, g, gj, v, dh, z, zh 앞에서는 xh와 같은 발음이 난다. (ç'도 마찬가지임)
17) c : 영어의 cats에서의 ts와 유사한 발음이다.
18) x : 영어의 cards에서의 ds와 유사한 발음이다.

A

a [소사] (동사구(動詞句) 앞에서) 예/아니오로 대답하는 의문문을 이끎; a e dini? 알고 있니?; a iku? 그는 갔니? ― [접] ① 또는, ~거나 ~거나; pak a shumë 더 많거나 더 적거나 ② ~인지 어떤지; shih a pushoi 그것이 멈췄는지 보거라
abaci [여] 대수도원
abak [남] 주판
abanoz [남] [식물] 흑단
abat [남] 대수도원장
abazhur [남] 전등 갓
abdikim [남] 퇴위, 사직, (권리의) 포기
abdikoj [동] 퇴위하다, (권리를) 포기하다
abetare [여] 초보 독본, 철자법 책
abëcë [여] ABC
abonim [남] (신문 따위의) 구독
abonoj [동] (신문 따위를) 구독하다
abort [남] [의학] 유산, 낙태
absolut [형] 절대적인
absolutisht [부] 절대적으로, 완전히; absolutisht e pamundur 절대 불가능한
abstenim [남] (권리의) 회피, 기권
abstenoj [동] (권리를) 회피하다, 기권하다; abstenoj në votime 투표를 포기하다
abstenues [남] (권리를) 포기한 사람
abstrakt [형] 추상적인, 관념적인
absurd [형] 어리석은, 불합리한

A

absurditet [남] 어리석음, 불합리
abuzim [남] 남용, 오용
abuzoj [동] ① 남용하다, 오용하다 ② 과도하게 탐닉하다, 빠지다
acar [남] 서리 내리는 추위, 얼어붙는 추위
acarim [남] 화나게 함, 짜증나게 함, 약올림
acarohem [동] 화나다, 짜증나다, 약오르다
acaroj [동] 화나게 하다, 짜증나게 하다, 약올리다
acaruar [형] 화난, 짜증난, 약오른
acetilen [남] [화학] 아세틸렌
acid [남] [화학] 산(酸) - [형] 산성의
açik [부] 분명히, 명백히; 쉬운 말로
adaptim [남] 적응
adaptohem [동] (~에) 적응하다
adaptoj [동] 적응시키다, 조절하다
adaptueshëm [형] 적응할 수 있는, 조절 가능한
adash [남] 이름이 같은 사람
administratë [여] 행정 기관
administrativ [형] 행정의, 관리의
administrator [남] 행정가, 관리자
administrim [남] 행정, 관리
administrohet [동] 관리되다
administroj [동] 관리하다, 행정적으로 집행하다
admiral [남] 해군 제독
admirim [남] 감탄, 찬양, 찬탄; me admirim 감탄하여, 찬탄하여
admirohem [동] 감탄[찬탄]을 받다
admiroj [동] 감탄하다, 찬양하다, 찬탄하다
admirues [남] 감탄하는 사람, 찬양자 - [형] 감탄하는, 찬양하는
admirueshëm [형] 감탄[찬탄]할 만한

adoptim [남] 채택, 채용
adoptohem [동] 채택되다, 받아들여지다
adoptoj [동] 채택하다, 받아들이다
adoptuar [형] 채택된, 받아들여진
adoptues [남] 양아버지
adresë [여] 주소; cila është adresa juaj? 주소가 어떻게 되십니까?; adresë e e-mailit 이메일 주소
adresim [남] [통신] 어드레싱
adresoj [동] 편지에 주소를 쓰다, ~앞으로 편지를 보내다
adresuar [남] (우편물의) 수취인
adhurim [남] 숭배, 숭앙, 경배
adhurohem [동] 숭배[경배]를 받다
adhuroj [동] 숭배하다, 경배하다
adhurues [남] 찬양자, 숭배자, 경배자
adhurueshëm [형] 숭배할 만한
aerodrom [남] 비행장
aeroplan [남] 비행기; udhëtoj me aeroplan 비행기로 여행하다
aeroplanmbajtëse [여] 항공모함
aeroport [남] 공항
aerostat [남] 경(輕)항공기
afarist [남] ① 실업가, 사업가, 비즈니스맨 ② 투기꾼, 폭리 획득자
afat [남] 기한, 기일, 만기일, 시한; brenda afatit 만기일 내에; me afat të gjatë 장기(長期)의; para afatit 시한 전에
afër [부] ① 가까이에, 근처에; fare afër 바로 가까이에; më afër 더 가까이에 ② 밀접하게 (관련되어) ③ 약, 대략; aty afër 그쯤, 그 근처에; afër fundit 끝날 무렵 ― [전] (~의) 가까이에, 근처에; ~경 (시각 표현)
afërm [남] 가까운 친척 ― [형] 다음의, 가까운, 인접한; në një të ardhme të afërme 가까운 장래에
afërmendsh [부] 사리에 맞게, 합리적으로, 논리적으로; është

afërmendsh 이치에 맞는다
afërmi [부] 곧, 금방, 이내
afërsi [여] 가까움, 인접, 근처; në afërsi të 가까이에, 근처에; me afërsi 거의, 대략
afërsisht [부] 약, 대략, ~쯤
afërt [형] (시·공간적으로) 가까운, 근처의, 근사의, 직전 또는 직후의
afirmohem [동] ① 확인되다, 단언되다 ② 유명해지다
afirmoj [동] 확인하다, 단언하다
afishe [여] 플래카드, 벽보, 포스터
afishim [남] 벽보[전단지] 붙이기
afishoj [동] 벽보[전단지]를 붙이다, 플래카드를 걸다
afresk [남] [미술] 프레스코 (벽화)
afri [여] 밀접한 관계
afrikan [명] 아프리카 사람 − [형] 아프리카의
Afrikë [여] 아프리카
afrim [남] 접근, 다가옴
afro [부] 약, 대략, ~쯤
afrohem [동] 다가오다, 접근해오다
afroj [동] 다가가다, 접근하다
afrueshëm [형] 가까이하기 쉬운; 사귀기 쉬운, 사교적인
afsh [남] ① 김, 연기 ② 뜨거움 ③ 열정, 정열 ④ 숨 ⑤ 냄새
aftë [형] 할 수 있는, 능력이 있는; 유능한, 자격이 있는
aftësi [여] 능력, 역량
aftësim [남] 자격
aftësohem [동] 자격을 얻다[획득하다]
aftësoj [동] 할 수 있게 하다, 단련시키다
ag [남] ① 여명, 새벽 ② (비유적으로) 시작, 시초
agim [남] ① 새벽, 여명 ② agim polar 오로라, 극광
agon [동] 날이 새다, 새벽이 밝아오다
agoni [여] 고뇌, 고통; është në agoni (그는) 죽음의 고통

중에 있다
agrar [형] 농지의, 농민의
agresion [남] 공격, 침략
agresiv [형] 공격적인
agresor [남] 공격자, 침략자 — [형] 공격적인
agronom [남] 농업학자
agrume [여·복] 감귤류 식물
aguridh [형] 덜 익은, 덜 여문, 미숙한, 풋~; aguridh nga mendja 미숙한 사람, 초심자, 풋내기
agjenci [여] 대리점; ~국(局)
agjent [남] ① 대리인; 행위자 ② 간첩, 스파이 ③ agjent policie 형사
agjenturë [여] 간첩망
agjërim [남] 단식, 금식; prish agjërimin 단식을 중지하다
agjëroj [동] 단식하다, 금식하다
agjitacion [남] 선동, 동요; bëj agjitacion 선동하다, 동요시키다
ah[1] [감] 아!
ah[2] [남] [식물] 너도밤나무
aha [감] 아하! (문득 깨달았을 때)
aheng [남] 환락, 흥청거림
ahur [남] 가축 우리, 헛간
ai [대] (남성의 사물을 가리킬 때) 저것(은), 그것(은); (남성의 사람을 가리킬 때) 그(는); po ai 바로 그것
ajazmë [여] 성수(聖水)
ajër [남] 공기; 공중
ajkë [여] 크림, 유지(乳脂); 액체의 더껑이
ajo [대] (여성의 사물을 가리킬 때) 저것(은), 그것(은); (여성의 사람을 가리킬 때) 그녀(는); ajo vajzë 저 소녀, 그녀
ajrim [남] 환기(換氣)
ajroj [동] 공기에 쐬다, 공기를 통하게 하다
ajror [형] 공기의, 공중의, 항공의; linjë ajrore 정기 항공로

ajros [동] 공기[바람]에 쐬다, 환기하다
ajroset [동] 공기[바람]에 쐬다, 환기되다
ajsberg [남] 빙산
akacje [여] [식물] 아카시아
akademi [여] 학원(學園), 학술원
akademik [형] 학원의, 대학의, 학구적인
akëcili [대] 특정한 사람
akër [여] [면적의 단위] 에이커
akoma [부] 아직; akoma jo 아직 ~아니다; akoma edhe ~에도 불구하고
akord [남] [음악] 화음
akordoj [동] 주다, 수여하다
akrep^1 [남] [동물] 전갈
akrep^2 [남] 시곗바늘; akrepi i minutave 분침
akrobaci [여] 재주넘기, 곡예
akrobat [남] 곡예사, 줄타는 사람
aks [남] 굴대, 축
aksident [남] 우연, 우연한 일, 뜻밖의 일; 재해, 재난, 사고
aksidental [형] 우연한, 뜻밖의; vdekje aksidentale 사고사(事故死)
aksidentalisht [부] 우연히, 뜻밖에
aksion [남] ① 행동, 행위 ② 군사 행동 ③ 주권(株券)
aksionist [남] ① 지원자, 자발적 참여자 ② 주주(株主)
akt [남] ① 행동, 행위 ② 증서, 증명서; akt vdekjeje 사망진단서
aktakuzë [여] 기소, 고발
aktshitje [여] 매매 증서
aktiv [남] ① 활동가들의 모임 ② [경제] 자산 — [형] 활동적인, 활발한
aktivist [남] 활동가
aktivitet [남] 활동, 활약

aktivizohem [동] 활동적으로 되다, 활성화되다
aktor [남] 배우, 연기자
aktual [형] 현재의, 현실의, 실제상의
akuarium [남] 수족관
akull [남] 얼음
akullnajë [여] 빙하
akullore [여] 아이스크림
akulloreshitës [남] 아이스크림 장수
akullt [형] 얼음처럼 차가운, 얼어붙은
akullthyese [여] 쇄빙선
akuzë [여] 고소, 고발
akuzohem [동] 고발되다
akuzoj [동] 고발하다, 죄를 씌우다
akuzuar [남] [법률] 피고(인) — [형] 고발당한
akuzues [남] 고발자 — [형] 고소하는, 고발하는
alarm [남] 경보; jap alarmin 경보를 울리다
alarmant [형] 경보를 울리는, 놀라게 하는
alarmohem [동] 놀라다
alarmoj [동] 경보를 울리다, 놀라게 하다
album [남] 앨범, 사진첩
aleancë [여] 동맹, 연합, 결연
aleat [형] 동맹한, 연합한, 결연을 맺은 — [남] 동맹국, 맹방, 자기 편
alfabet [남] 알파벳, 자모
algjebër [여] 대수(학)
alivan [남] 졸도, 기절, 실신
alivanosem [동] 졸도하다, 기절하다, 실신하다
alivanosje [여] 졸도, 기절, 실신
alkool [남] 알코올; 술
alkoolik [형] 알코올성의; pije alkoolike 술
alkoolist [남] 알코올 중독 환자, 대주가

alpinist [남] (고산) 등산가
alternativë [여] 양자택일; 대안
altoparlant [남] 확성기
alumin [남] [화학] 알루미늄
allçi [여] 석고, 깁스
allishverish [남] 거래, 매매
amanet [남] 유언
ambalazh [남] 포장, 짐꾸리기
ambalazhim [남] 포장, 짐꾸리기
ambalazhoj [동] 포장하다, 짐을 꾸리다
ambasadë [여] 대사관
ambasador [남] 대사
ambicje [여] 큰 뜻, 야심, 야망
ambicioz [형] 큰 뜻을 품은, 야심 있는
ambient [남] (주변) 환경
ambientohem [동] 익숙해지다, 순응하다
ambientoj [동] 익숙하게 하다, 순응시키다
ambulancë [여] ① 외래 환자 진료소 ② 앰뷸런스, 구급차
amel [남] 하제, 변통약
amerikan [형] 아메리카의, 미국의 — [남] 미국 사람
Amerikë [여] 아메리카; Amerika Latine 라틴 아메리카
amësi [여] 어머니임, 모성(母性)
amëz [여] 냄새; 뒷맛, 여운
amidon [남] 녹말, 전분
amin [감] [성경] 아멘, 그렇게 될지어다
amnezi [여] 기억 상실증, 건망증
amnisti [여] 대사(大赦), 특사
amortizim [남] [경제] (부채의) 할부 상환(액)
amtar [형] ① 어머니의 ② 태어난 나라의; gjuhë amtare 모국어
amull [부] 정체되어 — [형] (물 따위가) 흐르지 않는, 정체된

amulli [여] 정체, 답보 상태
amvisë [여] (가정) 주부
amzë [여] ① 공식적인 등록; 대학 입학 등록 ② [곤충] 여왕벌
analfabet [남] 무교육자, 무식한 사람
analizë [여] 분석
analizoj [동] 분석하다
anarki [여] 무정부 상태
anasjelltas [부] 거꾸로, 반대로, 역으로
anash [부] 옆에, 곁에서
andaj [접] 그러므로, 그래서
andej [부] 그쪽으로, 그 방향으로 - [전] 저 너머에, 반대편에
andrallë [여] 걱정, 근심, 불안, 염려
anekënd [부] 어디에나, 도처에
anembanë [부] 도처에, 두루, 처음부터 끝까지
anë [여] ① 쪽, 면 ② 가장자리 ③ 방향 ④ 면, 측면; nga njëra anë 한편으로는; nga ana tjetër 그 외에, 다른 면으로는 ⑤ 관점
anëdet [남] → bregdet
anëdetas [남] → bregdetas
anës [부/전] ① (~을) 따라, (~와) 나란히 ② anës e anës 간접적으로
anësi [여] 편파, 불공정
anësisht [부] 편파적으로, 불공정하게
anësor [형] ① 옆의, 측면의 ② 이류의, 덜 중요한
anëshkrim [남] 난외의 주, 방주
anëtar [남] 회원, 일원, 멤버
anëtarësi [여] 회원 자격, 멤버십
angazhim [남] (어떤 일에) 말려듦, 관여함
angazhohem [동] (어떤 일을) 떠맡다; (일에) 말려들다, 연루되다
angazhoj [동] 관여시키다, 연루시키다

A

anglez [형] 잉글랜드의, 영국의 - [남] 잉글랜드 사람, 영국 사람
Angli [여] 잉글랜드, 영국
anglisht [부] 영어로
anglishte [여] 영어
angullimë [여] 낑낑거림
angullin [동] 낑낑거리다
angjinare [여] [식물] 아티초크, 솜엉겅퀴
ani [부] 문제 없어, 괜찮아
anije [여] 배, 선박
anim [남] 경향, 성향, (마음의) 기울어짐
ankand [남] 경매; shitje në ankand 경매(회)
ankesë [여] 불평
anketë [여] 앙케트, 질문표
ankohem [동] 불평하다
ankth [남] 고뇌, 번민
ankues [남] [법률] 원고, 고소인 - [형] 불평하는, 푸념하는
anoj [동] (마음이) 한쪽으로 기울어지다, 쏠리다, 치우치다
anshëm [형] 편파적인, 치우친, 일방적인
antenë [여] 안테나, 공중선
antifashist [형] 반(反)파시즘의
antikë [여] 유물, 유품, 골동품
antipati [여] 싫어함, 혐오, 반감
anulim [남] 취소, 무효화
anuloj [동] 취소하다, 무효화하다
aparat [남] 기구, 장치
apartament [남] 아파트, 공동 주택
apel [남] 호명, 출석을 부름; bëj apelin 출석을 부르다, 호명하다
apelim [남] [법률] 항소
apeloj [동] [법률] 항소하다
apo [접] 또는, 혹은
apostafat [부] 고의로, 의도적으로, 일부러

aprovim [남] 찬성, 동의
aprovoj [동] 찬성하다, 동의하다
aq [부] 그렇게, 그 정도로, 그 만큼의; aq më mirë 한층 더 좋은; aq më fort 특히 (더); aq më bën 나에겐 마찬가지다; po aq sa ~정도, ~만큼
ar [남] 금, 황금; prej ari 황금의
arab [형] 아랍의 — [남] 아랍 사람
Arabi [여] 아라비아, 아랍; Arabia Saudite 사우디 아라비아
arabisht [부] 아랍어로
arabishte [여] 아랍어
arap [남] 흑인, 니그로
arap [형] 검은, 어두운
arbitër [남] 중재인, 심판자
ardhës [남] 이민자
ardhje [여] 옴, 도착; biletë vajtje-ardhje 왕복표
ardhme [여] 미래, 장래
ardhshëm [형] 미래의, 장래의; 다음의
ardhshme [여] 미래, 장래; në të ardhshmen 미래에, 장차
ardhur [형] ① 새로 온[도착한] ② 수입된
ardhura [여·복] 수입, 수익
arë [여] 땅, 밭
arëz [여] [곤충] 말벌
argas [동] ① (가죽을) 무두질하다 ② 단단하게 하다, 경화하다
argasem [동] 단단해지다, 경화되다
argasur [형] (가죽이) 무두질된
argat [남] 날품팔이
argëtim [남] 즐거움, 재미, 위락
argëtohem [동] 즐기다, 놀다
argëtoj [동] 즐겁게 하다
argëtues [형] 재미나는, 즐거운
argument [남] 논의, 논거

argumentoj [동] 논거를 대다
argjend [남] 은(銀)
argjendar [남] 은세공인
argjendtë [형] 은의, 은 같은
argjentinas [형] 아르헨티나의 - [남] 아르헨티나 사람
Argjentinë [여] 아르헨티나
argjilë [여] 진흙
argjilor [형] 진흙의
ari [남] [동물] 곰
aritmetikë [여] 산수, 셈
arithi [부] (곰처럼) 뒷다리로 서서
arixhi [남] 집시, 로마인
arkë [여] ① 상자, 박스 ② (상점 등의) 계산대
arkëtar [남] 출납계원, 회계원
arkëtim [남] 은행 예금
arkëtoj [동] 은행에 예금을 하다
arkitekt [남] 건축가, 건축 기사
arkitekturë [여] 건축(술)
arkivol [남] (시신을 넣는) 관
armatim [남] 장비, 병기, 군사력
armatos [동] 무장시키다
armatosem [동] 무장하다
armë [여] 무기, 병기; armë zjarri 화기(火器)
armëpushim [남] 휴전, 정전
armëtar [남] 총포 장인, 총포공
armik [남] 적(군)
armiqësi [여] 적의, 적개심, 원한
armiqësisht [부] 적의[원한]를 품고
armiqësohem [동] 적의[원한]를 품다
armiqësoj [동] (~을) 적으로 만들다, (~의) 원한을 사다
armiqësor [형] 적의 있는, 원한을 품은

arnë [여] (깁는 데 쓰는) 헝겊 조각
arnim [남] (헝겊 조각 등으로) 깁기
arnoj [동] 깁다, 수선하다
arnuar [형] 기운, 수선한
aromë [여] 향기, 방향(芳香)
arsenal [남] 무기고, 병기 공장
arsim [남] 교육, 가르침
arsimohem [동] 교육을 받다, 학교에 가다
arsimoj [동] 교육하다, 가르치다
arsimor [형] 교육상의, 교육적인
arsimtar [남] 교사, 선생
arsimtare [여] 여교사, 여선생
arsye [여] 이성, 사리 분별
arsyeshëm [형] 이성적인, 사리 분별이 있는
arsyetim [남] 추론, 논법
arsyetoj [동] ① 추론하다, 논리적으로 생각하다 ② 정당화하다
art [남] 예술
artë [형] 금으로 된, 황금의
artificial [형] 인공적인
artikull [남] 물품, 물건, 품목
artileri [여] [군사] 포병(과)
artist [남] 예술가
artistik [형] 예술적인
artizan [남] 장인, 기능공
artizanat [남] 손재주, 장인의 기술
arushë [여] 암곰
Arusha e Madhe [여] [천문] 큰곰자리, 북두칠성
Arusha e Vogël [여] [천문] 작은곰자리
arrati [여] 도망, 도주; marr arratinë 도망가다, 숨다, 행방을 감추다
arratisem [동] 도망가다, 도주하다, 달아나다; 탈옥하다; 국외

로 탈출하다
arratisje [여] 도망, 도주
arratisur [형] 달아난, 도망간 — [남] 도망자, 탈주자
arrest [남] 체포, 구치, 구금
arrestim [남] 체포, 구금
arrestohem [동] 체포되다, 구금되다
arrestoj [동] 체포하다, 구금하다
arrë [여] [식물] 호두, 호두나무
arrë hindi [여] [식물] 육두구
arrë kokosi [여] [식물] 코코넛
arrëthyese [여] 호두 까는 기구
arrij [동] 도착하다, 이르다
arrirë [형] 익은, 여문
arritje [여] ① 도착 ② 성취, 달성, 성과
arritshëm [형] 접근하기 쉬운
arritur [형] 달성된, 성취된
arrogancë [여] 거만, 오만; 남을 경멸함
arrogant [형] 거만한, 오만한; 남을 경멸하는
as^1 [남] [카드놀이] 에이스
as^2 [접] ~도 또한 ~않다; as ne as ju 우리도 너희도 아닌; as që ~조차 않다
asaj [대] 그녀에게
asamble [여] 집회, 회합
asbest [남] 석면
asfalt [남] 아스팔트
asfaltuar [형] 아스팔트로 포장된
asgjë [대] 아무것도 ~아니다
asgjëkafshë [대] 아무것도 ~아니다
asgjëkund(i) [부] 아무데도 ~없다
asgjësend [대] 아무것도 ~아니다, 무(無)
asgjësim [남] 절멸

asgjësohet [동] 절멸하다, 완전히 파괴되다
asgjësoj [동] 절멸시키다, 완전히 파괴하다
asilloj [대/부] → asisoj
asisoj [대] 그러한 (종류의) - [부] 그런 식으로, 그렇게
asistencë [여] 도움, 조력
askund(i) [부] 아무데도 ~없다
askurrë [부] 결코 ~않다
askurrgjë [대] 아무것도 ~아니다
askurrkund [부] → asgjëkund(i)
askurrkush [대] → askush
askush [대] 아무도 ~않다
asndonjë [대] 단 하나도 ~않다
asnjanës [형] ① 중립의 ② [언어] 중성의
asnjanësi [여] 중립
asnjeri [대] 아무도 ~않다
asnjë [대] 아무도 ~않다; asnjë tjetër 다른 아무도 ~않다
asnjëfarë [대] (그런 종류의 것은) 아무것도 ~없다
asnjëherë [부] 결코 ~않다
asnjëri [대] → asnjeri
asokohe [부] 그 때에, 당시에
aspak [부] 조금도 ~않다
aspirinë [여] 아스피린
astar [남] 안감 대기, 안 받치기
astmë [여] [병리] 천식
ashensor [남] 엘리베이터
ashik [남] 연인, 사랑하는 사람
ashiqare [부] 분명히, 명백히; duket ashiqare 분명하다, 명백하다
ashe [여] [식물] 서양호랑가시나무
ashkël [여] 쪼개진 조각
ashkëloj [동] 쪼개다

A

ashpër [형] 심한, 엄한, 혹독한, 거친 — [부] 심하게, 엄하게, 혹독하게
ashpëri [여] 심함, 엄함, 혹독함, 거침
ashpërim [남] → ashpëri
ashpërohem [동] 거칠어지다
ashpëroj [동] 거칠게 하다; 악화시키다
ashpërsi [여] 심함, 엄함, 혹독함, 거침
ashpërsim [남] 악화, 심각화
ashpërsisht [부] 심하게, 엄하게, 혹독하게, 거칠게
ashpërsohem [동] 거칠어 지다, 혹독해지다
ashpërsoj [동] 악화시키다; 거칠게 하다
asht [남] 뼈
ashtëzim [남] [생리] 골화(骨化)
ashtu [부] 그렇게, 그처럼, 그런 식으로; ashtu edhe 또한, 역시; ashtu si, ashtu siç, ashtu sikurse (바로) ~처럼
ashtuquajtur [형] 소위, 이른바
at [남] 순혈종의 말(馬)
ata [대] (남성의 사물을 가리킬 때) 그것들(은); (남성의 사람을 가리킬 때) 그들(은)
atdhe [남] 조국, 고국
atdhedashuri [여] 조국애, 애국심
atdhetar [남] 애국자
atdhetari [여] 애국심
atentat [남] 살해를 꾀함, 암살 기도
atentator [남] 암살자; 테러리스트
atë[1] [남] 아버지, 부친; im atë 나의 아버지; etërit tanë 우리의 아버지들
atë[2] [대] 그를, 그녀를, 그것을
atëherë [부] 그때에; që atëherë 그때로부터, 그때 이후로 — [접] 그러면, 그런 경우에는; atëherë po të pres 그럼 내가 너를 기다릴게

atëhershëm [형] 그 당시의
atëror [형] 아버지의, 부친의
atësi [여] 아버지임, 부성(父性)
atij [대] 그에게
atillë [형] 그러한, 그런 종류의
atje [부] 거기에, 그곳에; që atje 거기로부터
atjeshëm [형] 그곳의
atlet [남] 운동 선수, 스포츠맨, 경기자
atletik [형] 운동 경기의, 체육의
atletikë [여] (구기 종목을 제외한) 운동 경기, 스포츠, 경기; atletikë e lehtë 육상 (경기)
atllas [남] 공단, 새틴
atmosferë [여] 대기(大氣)
atmosferik [형] 대기(중)의, 공기의
ato [대] (여성의 사물을 가리킬 때) 그것들(은); (여성의 사람을 가리킬 때) 그녀들(은)
atvrasës [남] 부친 살해
aty [부] ① 거기로, 그곳으로 ② aty për aty 곧, 즉시
aty-këtu [부] ① 여기저기에 ② 때때로
atyre [대] 그들에게
atyshëm [형] 그곳의
athët [형] (맛이) 신, 시큼한
athëtim [남] (맛이) 심; 시어짐
aullimë [여] 낑낑거림, 소리를 지름
aullin [동] 낑낑대다, 소리를 지르다
Australi [여] 오스트레일리아, 호주
australian [형] 오스트레일리아의, 호주의 — [남] 오스트레일리아 사람, 호주 사람
Austri [여] 오스트리아
austriak [형] 오스트리아의 — [남] 오스트리아 사람
autoambulancë [여] 앰뷸런스, 구급차

A

autoblindë [여] 장갑차
autobot [남] 탱크 트레일러, 탱크 트럭
autobus [남] 버스
autokritikë [여] 자기 비판
automatik [형] 자동의, 자동적인 — [남] 자동 권총, 소형 기관총
automatikisht [부] 자동적으로
automjet [남] 교통 수단, 탈 것
automobil [남] 자동차
autonom [형] 자치의
autonomi [여] 자치
autor [남] 저자, 작가, 글쓴이; e drejtë e autorit 저작권
autoritet [남] 권위, 권한
autorizim [남] 권한 부여, 위임
autorizoj [동] 권한을 부여하다, 위임하다
autostradë [여] 고속 도로
avancoj [동] 앞으로 나아가다, 진전하다
avari [여] 고장, 파손
avaz [남] ① 멜로디, 선율 ② (노래의) 후렴, 반복구; i njëjti avaz 늘 하는 이야기
aventurë [여] 모험
aventurier [남] 모험가
aviacion [남] 비행, 항공(술); fushë aviacioni 비행장
aviator [남] 비행기 조종사, 파일럿
avit [동] 다가가다, 가까이하다
avitem [동] 다가오다, 가까이 오다; avitu! 이리 와!
avitje [여] 다가옴, 접근
avlëmend [남] 베틀, 직기(織機)
avlli [여] ① 마당의 울타리 ② (울타리를 친) 안마당, 안뜰
avokat [남] 법률가, 변호사
avull [남] 김, 증기

avullim [남] 증발, 증기화
avullohet [동] 증발하다, 증기화하다
avulloj [동] 증발시키다
avullore [여] 증기선(船)
avullt [형] 증기의, 증기로 된
avullues [남] 증기를 내는 것
avulllueshëm [형] 증발하는, 휘발성의
axhami [남] 어린이, 아동; prej axhamiu 어린애같은
axhë [남] 삼촌, 아버지의 형제
axhustator [남] 수리공, 조정하는 사람, 고치는 사람
azat [형] 조절할 수 없는, 제멋대로의
azgan [형] 기세 좋은, 기운 좋게 뛰어다니는
Azi [여] 아시아
aziatik [남] 아시아 사람
aziatik [형] 아시아의
azil [남] ① (노인 등의) 보호 시설; azil i pleqve 극빈자 수용소 ② 정치적 망명처
azhurnoj [동] 미루다, 연기하다

B

baba [남] 아빠, 아버지
babagjysh [남] 할아버지
babaxhan [형] 친절한, 마음씨 고운
babë [남] → baba
babëlok [남] ① 아빠 ② 사교성이 좋은 사람
babëzi [여] 탐욕
babëzitur [형] 탐욕스러운, 욕심 많은
babo [여] 조산원, 산파
babush [남] 할아버지
bacë [남] ① 아버지 ② 형, 오빠
badihava [부] 공짜로, 거저나 다름없이
baft [남] → fat
bagazh [남] 수하물
bagëti [여] 가축, 양(羊); bagëti e trashë [동물] 소(牛)
bah [감] (실망·불신 따위를 나타내어) 흥!
bahçe [여] 정원
bahçevan [남] 정원사, 원예사
bajame [여] ① [식물] 아몬드 ② [복] [해부] 편도선
bajat [형] 싱싱하지 못한, 시든
bajgë [여] (짐승의) 똥
bajloz [남] 사절, 사자, 특사
bajonetë [여] 총검
bajrak [남] 기(旗)
bajraktar [남] (부족 따위의) 지도자, 두목
bajukë [여] 물새(鳥)

bakall [남] 식료 잡화상
bakëm [남] [식물] 로그우드
bakër [남] 구리, 동(銅)
bakërpunues [남] 구리 세공인
bakërt [형] 구리[놋쇠]로 된
bakllava [여] 바클라바 (근동 지방의 과자의 일종)
bakshish [남] 팁, 사례금
balancë [여] ① 균형, 평형, 밸런스 ② 저울
balancim [남] 균형, 평형
balancohet [동] 평형 상태에 있다
balancoj [동] 균형을 맞추다, 평형을 유지하다
balash [형] (말(馬)이) 밤색에 흰색 또는 회색 털이 섞인
baldosë [여] [동물] 오소리
balenë [여] [동물] 고래
balerinë [여] 발레리나, 여자 무용수
balestër [여] 스프링, 용수철
balet [남] 발레
balonë [여] ① 기구(氣球) ② (하늘에 날리는) 연
balsam [남] 향유, 발삼
balsamim [남] (시신의) 방부 보존
balsamoj [동] (시신을) 방부 처리하다
balsamuar [형] (시신이) 방부 처리된
baltë [여] 진흙, 진창
baltosur [형] 진흙의, 진창의
baltovinë [여] 진창, 수렁
ballafaqim [남] 대면, 직면
ballafaqohem [동] (~에) 직면하다, 맞서다
ballafaqoj [동] 직면하다, 맞서다
ballamar [남] [항해] 계류삭(繫留索)
ballë [남] ① 이마 ② 앞, 전면(前面)

ballëhapur [형] 머리를 곧추 세운
ballgam [남] 담(痰), 점액질
ballkon [남] 발코니
ballo [여] 무도회, 댄스 파티
ballomë [여] 헝겊 조각
balluke [여] 앞머리
bamirës [형] 자비로운, 은혜를 베푸는 — [남] 은혜를 베푸는 사람, 자선가, 후원자
bamirësi [여] 자선, 자애(慈愛)
bamje [여] [식물] 오크라
banak [남] (술집 따위의) 카운터; shes nën banak 암거래로 팔다
banakier [남] 바텐더
banal [형] 진부한, 평범한
banane [여] 바나나
bandë [여] ① 밴드, 악단 ② 폭도, 범죄자 무리, 갱
bandill [남] 멋쟁이, 맵시꾼, 여자를 호리는 남자
bandit [남] 산적, 강도
banesë [여] 집, 거처
banim [남] 거처, 처소, 집
banket [남] 연회, 축하연
bankë [여] 은행
bankënotë [여] 은행권, 지폐
bankier [남] 은행가
banoj [동] 살다, 거주하다
banor [남] 주민, 거주자
banues [남] 주민, 거주자
banueshëm [형] 살기에 적합한, 거주할 만한
banjë [여] ① 목욕; banjë dielli 일광욕; rroba banje 수영복, 해수욕복 ② 욕실, 목욕탕

bar [남] ① 풀(草); 약초, 허브; bar i keq 잡초 ② 해로운 동물을 죽이기 위한 약 ③ 술집, 바
barabar [부] 똑같게, 동등하게
barabartë [형] 같은, 동등한
barabis [동] 비교하다, 견주다; 동등하게 여기다
barabitje [여] 비교, 견줌
barabitshëm [형] (~와) 비교되는, (~에) 필적하는
barabrinjës [형] [수학] 등변(等邊)의
barakë [여] 오두막, 광
baras [부] 똑같게, 동등하게; baras me (~와) 동등한
baraslargësi [여] [수학] 등거리
baraspeshim [남] 평형, 균형
barasvlershëm [형] [수학] 등적(等積)의, 같은 값의
barazi [여] 같음, 동등
barazim [남] ① 같음, 동등 ② [수학] 등식(等式)
barazohem [동] 동등해지다
barazoj [동] 동등하게 하다, 고르게 하다
barazueshëm [형] 비교할 만한, 필적하는
barbar [형] 야만적인, 미개한 — [남] 야만인, 미개인
barbarisht [부] 잔인하게, 극악하게
barbarizëm [남] 야만, 미개
barbun [남] [어류] (서인도제도산) 노랑촉수
bar-bufe [여] 바-뷔페
barbunjë [여] [식물] 강낭콩
bardhak [남] 유리잔
bardhemë [형] 약간 흰, 희끄무레한
bardhë [형] 흰, 백색의 — [여] 흰색, 백색
bardhësi [여] 흼, 순백
bardhosh [형] 눈 같이 흰
barelë [여] (환자를 실어나르는) 들것

bares [동] 걷다, 걸어가다
bareshë [여] 양치는 여자
bari [남] 양치기
barishte [여] 풀, 초목, 식물
bark [남] ① 배, 복부; dhimbje barku 복통 ② [의학] 설사; më heq barku 설사가 나다
barkalec [형] 올챙이배의, 배불뚝이의
barkas [부] 배를 깔고 엎드려
barkë [여] → varkë
barkmadh [형] 배가 큰, 올챙이배의
barkore [여] 뱃대끈
barkthatë [형] (여자가) 불임인
barnatore [여] 약국
barngrënës [형] 초식성의
bart [동] 나르다, 운반하다
bartem [동] 움직이다, 이동하다
bartës [남] 운반인
bartje [여] 운반, 수송
barut [남] 화약
barrë [여] ① (무거운) 짐 ② 임무, 해야할 일
barrë [여] 임신, 수태; jam me barrë 임신하다, 아이를 배다
barrikadë [여] 방책, 장애물, 바리케이드
barrsë [형] (동물이) 새끼를 밴
basketboll [남] [스포츠] 농구
basmë [여] 캘리코, 무명베
bast [남] 내기; vë bast 내기하다
bastis [동] 습격하다, 기습하다
bastisje [여] 습격, 기습
bastun [남] (몸이 불편한 사람이 걸을 때 쓰는) 지팡이
bash [남] [항해] 이물, 선수재(船首材)

bashkarisht [부] 공동으로, 공통으로, 같이, 함께
bashkatdhetar [남] 동포, 동국인
bashkë [부] 공동으로, 함께
bashkëbanues [남] 동거인
bashkëbisedim [남] 대화, 회화
bashkëbisedoj [동] 대화하다, 이야기를 나누다
bashkëbisedues [남] 대화자, 대담자
bashkëfajësi [여] 공모, 공범, 연루
bashkëfajtor [남] 공범자, 한패
bashkëfshatar [남] 동포, 동국인
bashkëjetesë [여] 공존
bashkëjetoj [동] 공존하다
bashkëkohës [형] 같은 시대의, 동시대의 − [남] 같은 시대의 사람, 동시대인
bashkëlojtar [남] (놀이·게임의) 짝, 파트너
bashkëluftëtar [남] 전우(戰友)
bashkëngjis [동] 결합하다, 덧붙이다
bashkëngjitur [부] 덧붙여져, 동봉되어
bashkënxënës [남] 학우, 학급 동료
bashkëpronar [남] 공동 소유자
bashkëpronësi [여] 공동 소유권
bashkëpunëtor [남] 협업자, 공동 작업자
bashkëpunim [남] 협업, 공동 작업
bashkëpunoj [동] 협업하다, 공동 작업하다
bashkëqenie [여] 공존
bashkëqytetar [남] 같은 시민
bashkërendis [동] 동등[대등]하게 하다
bashkërenditje [여] 동등[대등]하게 함
bashkësi [여] 공동체, 커뮤니티
bashkëshort [남] ① 남편 ② 배우자

bashkëshorte [여] ① 아내 ② 배우자
bashkëshortor [형] 부부(간)의, 혼인(상)의; jetë bashkëshortore 결혼 생활
bashkëtingëllore [여] [언어] 자음
bashkëtrashigimi [여] 공동 상속 자격
bashkëtrashëgimtar [남] 공동 상속인
bashkëthemelues [남] 공동 창설[설립]자
bashkëveprim [남] 협력, 협동
bashkëveproj [동] 협력하다, 협동하다
bashki [여] 시청, 읍사무소
bashkiak [형] 자치 도시의, 시(市)의
bashkim [남] 결합, 연합, 합체; Bashkimi Sovjetik 소비에트 연방
bashkohem [동] (~와) 결합되다, 연합하다
bashkoj [동] 결합하다, 연합시키다
bashku [부] 함께, 같이
bashkuar [형] 결합한, 연합한
bashkudhëtar [남] 길동무, 동료 여행자
batak [남] 진창, 수렁
batakçi [남] 사기꾼
batakçillëk [남] 사기치다, 속이다
batall [형] 쓸모없는, 가치 없는
batanije [여] 담요
batare [여] 일제 사격
batërdi [여] 대재앙, 대재난, 황폐화
batërdis [동] 황폐하게 하다, 유린하다
batërdisem [동] 파괴되다, 황폐해지다, 유린되다
baticë [여] 만조(滿潮)
bathë [여] [식물] (말의 사료로 쓰는) 잠두콩
baule [여] 여행용 큰 가방, 트렁크

baxhë [여] (지붕 등의) 채광창
baxho [여] 착유장(搾乳場)
bazament [남] 토대, 기부, 기초
bazë [여] ① 기초, 기반, 토대; 근거; dyshime pa bazë 근거 없는 의심 ② (군사) 기지; bazë detare 해군 기지
bazohem [동] (~에) 기초를 두다, 의존하다
bazoj [동] (~의) 기초를 두다, 토대를 세우다
be [여] 맹세, 서약; bëj be 맹세하다, 서약하다
bebe [여] ① 아기, 유아 ② 눈동자
bebëz [여] 눈동자
befas [부] 갑자기, 돌연
befasi [여] 놀람; zë në befasi 불시에 덮치다, 깜짝 놀라게 하다
befasishëm [형] 뜻밖의, 갑작스러운
befasisht [부] 뜻밖에, 예상 외로, 갑자기
beft [남] 주의 깊음, 경계함; rri me beft 지키고 있다, 경계하고 있다
begati [여] 풍부, 번영
begatshëm [형] 번영하는
begenis [동] 존경하다, 경의를 표하다, 자기를 낮추다
beh [동] 갑자기 나타나다
beharna [여·복] 양념, 조미료, 향신료
bej [남] [역사] (터키의) 지사, 지방 장관
bekim [남] 축복; jap bekimin 축복하다
bekoj [동] 축복하다
bekuar [형] 축복받은
bel [남] ① 허리 ② (정원에서 쓰는) 삽
bela [여] 불편, 폐, 불쾌, 성가심; gjej belanë 곤경에 빠지다
belbacak [남] 말더듬이
belbëzim [남] 말을 더듬음
belbëzoj [동] 말을 더듬다; 중얼거리다

belg [형] 벨기에의 - [남] 벨기에 사람
Belgjikë [여] 벨기에
belhollë [형] 허리가 가는
benevrekë [남·복] (손목·발목까지 덮는) 긴 내의
beng [남] [조류] 유럽꾀꼬리
benzinë [여] 휘발유, 가솔린
beqar [형] 총각의, 독신의 - [남] 총각, 독신 남자
beqari [여] (남자가) 총각임, 독신임
berber [남] 이발사
bereqet [남] (작물의) 수확(고)
berr [남] 어린 양, 새끼 양
besë [여] (명예를 건) 맹세, 서약, 약속; jam i besës 믿을 수 있다, 신뢰할 만하다; mbaj besën 약속을 지키다; shkel besën 약속을 어기다; i zë besë 믿다, 신뢰하다; ha në besë 약속을 깨다
besëlidhje [여] 동맹, 결연
besëpakë [형] 의심 많은, 회의적인
besim [남] 신뢰, 신용, 믿음, 확신; humbas besimin e dikujt 신용을 잃다
besimtar [형] (신앙심이) 독실한, 믿음이 깊은 - [남] (종교를) 믿는 사람, 신앙심이 독실한 사람
besnik [형] 믿을 만한, 충성스러운
besnikëri [여] 믿을 만함, 충성스러움
besnikërisht [부] 믿을 만하게, 충실히, 충성스럽게
besohet [동] 신뢰를 받다; nuk më besohet 난 그것을 믿지 않아
besoj [동] 믿다, 신뢰하다; besoj se po 나는 그렇게 생각해, 그렇게 믿어
bestytni [여] 미신
besueshëm [형] 믿을 만한, 신뢰할 수 있는
betejë [여] 전투, 싸움

betim [남] 맹세, 서약; bëj betimin 맹세하다, 서약하다
betohem [동] 맹세하다, 서약하다
beton [남] 콘크리트
betonarme [여] 철근 콘크리트
betonierë [여] 콘크리트 믹서
betonim [남] 콘크리트를 바르기
betonoj [동] 콘크리트를 바르다
betuar [형] 맹세한, 서약한
bezdi [여] 불편, 폐, 불쾌, 성가심
bezdis [동] 괴롭히다, 성가시게 하다
bezdisem [동] 괴롭힘을 당하다, 성가시다; mos u bezdisni (스스로) 속썩지 마라
bezdisshëm [형] 괴롭히는, 성가신, 불쾌한
beze [여] 캘리코, 무명베
bezhë [형] 베이지 색의
bëhem [동] (어떤 상태로) 되다
bëj [동] ① 만들다, 일으키다 ② (어떤 일에) 종사하다
bërsi [여] 잔재, 찌꺼기
bërtas [동] 소리지르다, 외치다
bërtitur [여] 외침, 큰 소리
bërthamë [여] (과일의) 인(仁)
bërthamor [형] 핵의, 원자력의
bërxollë [여] (고기 따위의) 잘라낸 조각
bërryl [남] 팔꿈치
bërrylak [남] 길 또는 강의 굽은 곳, 커브
bëshëm [형] 뚱뚱한, 통통하게 살찐
bëzaj [동] 입 밖에 내다, 말하다; nuk bëzaj 입 닥쳐, 조용히 해
biberon [남] (유아용) 고무 젖꼭지
bibë [여] 오리[거위] 새끼
bibliotekë [여] ① 도서관 ② 서가(書架)

biçak [남] 주머니칼, 펜나이프
biçikletë [여] 자전거
bidon [남] 뚜껑 달린 금속제의 큰 통
bie¹ [동] ① 떨어지다, 낙하하다; bie borë 눈이 내린다; bie shi 비가 내린다; bie në dashuri 사랑에 빠지다 ② 치다, 때리다; i bie derës 문을 두드리다; i bie ziles 종을 울리다; i bie një vegle muzikore 악기를 연주하다
bie² [동] 가져오다, 나르다, 운반해오다; bie lajme 소식을 가져오다
biftek [남] 비프스테이크
bigë [여] 포크 모양의 것, 뾰족하게 갈라진 것
bigëzim [남] 갈라짐, 분기(分岐)
bigëzohet [동] 갈라지다, 분기하다
bigudi [여] (머리카락을 마는) 컬 클립
bijë [여] 딸
bilanc [남] [회계] 대차 대조표
bilardo [여] 당구
bilbil [남] ① [조류] 나이팅게일 ② 호루라기
bile [소사] ~조차, ~까지도; bile edhe gjatë pushimeve 휴일에도
biletari [여] 매표소
biletë [여] 티켓, 표 (승차권·입장권 등)
bilë [여] 당구공
bimë [여] 식물
bimësi [여] 초목, 식물상
bina [여] 건물, 빌딩
binar [남] 들보; 서까래
bind [동] 설득하다, 확신시키다, 납득시키다
bindem [동] 확신하다, 설득당하다; i bindem (dikujt) (~에게) 굴복하다, 설복되다

bindës [형] 설득하는, 확신시키는, 납득시키는
bindje [여] 설득, 확신, 납득; 복종, 따름; me bindje 복종하여, (~의 뜻을) 따라서
bindur [형] ① 확신을 가진 ② 복종하는, 따르는
binjak [남] 쌍둥이(의 한 사람); vëllezër binjakë 쌍둥이 형제
bir [남] 아들
birë [여] 구멍, 틈
biroj [동] 구멍을 뚫다, 관통하다
birucë [여] (교도소의) 독방
birrari [여] 맥줏집
birrë [여] 맥주
bisedë [여] 이야기, 대화
bisedim [남] ① 대화 ② 협상
bisedohet [동] (~에 대해) 이야기되다
bisedoj [동] 이야기하다, 대화하다
bisk [남] 어린 가지; 싹, 움
biskotë [여] 쿠키, 비스킷
bistër [형] (맛이) 신
bishë [여] 야수, 짐승
bisht [남] ① 꼬리 ② 손잡이, 자루
bishtajë [여] [식물] 완두콩 등의 꼬투리; 강낭콩
bishtalec [남] 땋은 머리
bishtatundës [남] [조류] 할미새
bishtuk [남] 석유 램프
bixhoz [남] 노름, 도박; luaj bixhoz 도박을 하다, 카드놀이 하다
bixhozçi [남] 도박꾼
Bizant [남] [역사] 비잔티움; 비잔티움 제국
bizele [여] [식물] 완두콩
bizë [여] (구두 직공 등의) 송곳
biznesmen [남] 실업가, 비즈니스맨

bjeshkë [여] 고지(高地), 산악지
bjond [형] 금발의
blegërimë [여] (염소 따위의) 울음 소리
blegërin [동] (염소 따위가) 매애 울다
blegtor [남] 목축업자
blegtoral [형] 목축의, 가축을 기르는
blegtori [여] 목축
blej [동] 사다, 구입하다
blerës [형] 구매의, 구입의 — [남] 사는 사람, 구매자
blerim [남] 상록수, 푸른 잎
blerje [여] 구입, 구매
blertë [형] 녹색의
bletar [남] 양봉가
bletari [여] 양봉
bletë [여] [곤충] 벌, 꿀벌
bli^1 [남] [식물] 린덴; 라임
bli^2 [남] [어류] 철갑상어
blozë [여] 그을음, 매연
blu [형] (짙은) 청색의
bluaj [동] (맷돌로) 갈다, 빻다, 가루로 만들다
bluarje [여] (맷돌로) 갈기, 빻기, 제분
bluashkë [여] 깎아낸 부스러기
bluzë [여] 블라우스; 셔츠
bllok [남] ① 덩어리, 덩이 ② bllok shënimesh 편지지
bllokadë [여] 봉쇄, 폐색
bllokim [남] 봉쇄, 폐색, 차단
bllokohem [동] 막히다, 움직이지 못하게 되다, 마비되다
bllokoj [동] 막다, 봉쇄하다, 차단하다
boçe [여] ① 꽃봉오리 ② (식물의) 원뿔 모양의 것 (솔방울 등)
bodec [남] 찌르는 것[도구]

bodrum [남] 지하실
bojatis [동] 색칠하다, 채색하다
bojatisje [여] 색칠, 채색
bojaxhi [남] (집 등에) 페인트칠 하는 사람
bojë [여] ① 색깔, 색채 ② 염료, 페인트; bojë shkrimi 잉크; bojë këpucësh 구두약
bojëkafe [형] 갈색의
bojëlimon [형] 레몬색의
bojëmanushaqe [형] 보라색의
bojëportokall [형] 오렌지색의
bojëtrëndafil [형] 분홍색의, 장밋빛의
bojëvishnjë [형] 오딧빛의, 암자색의
bojëvjollcë [형] 보라색의
bojkotoj [동] 보이콧하다, 불매 운동을 하다
bokërimë [여] 모래톱
boks [남] [스포츠] 권투, 복싱
boksier [남] 권투 선수, 복서
boll [부] 충분히
bollë [여] 독 없는 뱀
bollëk [남] 풍부, 충분함
bollgur [남] 빻은 곡식
bollshëm [형] 풍부한, 많은
bombardim [남] 폭격, 포격
bombardoj [동] 폭격하다, 포격하다
bombardues [형] 폭격하는 − [남] 폭격기
bombë [여] 폭탄, 포탄
bonbone [여] 봉봉, 캔디
bono [여] ① 쿠폰, 상품권, 티켓 ② 채권
bonjak [형] 고아의 − [남] 고아 (소년)
bordero [여] 급료 지불 명부, 임금 대장

bordurë [여] 가장자리, 변두리, 끝
borë [여] 눈(雪)
borgjez [형] 부르주아의, 중산 계급의 — [남] 부르주아
bori [여] ① 나팔, 트럼펫 ② 경적, 클랙슨
borigë [여] [식물] 흑송(黑松)
borizan [남] 나팔수, 트럼펫 주자
boronicë [여] [식물] 월귤나무속 식물의 열매, 빌베리
borsë [여] 핸드백, 지갑
borxh [남] 빚, 부채; futem në borxhe 빚지게 되다; marr diçka borxh ~을 빌리다
borxhli [남] 채무자, 빚진 사람
borzilok [남] [식물] 바질 (향신료)
Bosna e Hercegovina [여] 보스니아-헤르체고비나
bosnjak [형] 보스니아의 — [남] 보스니아 사람
bostan [남] ① [식물] 멜론 ② 채소밭
bosh [부/형] 텅 빈, 공허한; 텅 비어
boshatis [동] 비우다
boshllëk [남] 공허, 텅 빔
boshnjak [형] 보스니아의 — [남] 보스니아 사람
bosht [남] 축, 굴대; bosht kurrizor 등뼈, 척추
botë [여] 세계, 세상, 지구
botëkuptim [남] 세계관(世界觀)
botërisht [부] 공공연하게, 공개적으로
botëror [형] 세계의, 세계적인
botës [형] 외국의; 다른 사람들의
botim [남] ① 출판, 간행 ② (출판물의) 판(版)
botoj [동] 출판하다, 간행하다
botues [남] 출판업자, 출판사 — [형] 출판에 관계된
bozhure [여] [식물] 모란꽃
braktis [동] 버리다, 저버리다

braktisje [여] 버림, 유기
braktisur [형] 버려진, 유기된
branë [여] 써레
branoj [동] 써레질하다
bravë [여] 자물쇠
bravo [감] 잘 한다!, 브라보!
brazdë [여] 밭고랑; 홈
Brazil [남] 브라질
brazilian [형] 브라질의 — [남] 브라질 사람
bredh[1] [남] [식물] 전나무
bredh[2] [동] 떠돌다, 방랑하다
bredharak [형] 떠도는, 방랑하는 — [남] 떠도는 사람, 방랑자
bredhje [여] 방랑, 떠돌기
breg [남] 강둑; 물가, 해변; breg lumi 강가
bregdet [남] 해변, 해안
bregdetar [형] 해변의, 해안의, 연해의
bregdetas [남] 해변 거주자
bregore [여] 작은 언덕, 낮은 산
brej [동] 갉다, 조금씩 물어뜯다
brejtës [남] [동물] 설치류 (쥐 따위)
brejtje [여] 갉아먹기; 부식
brekë [여·복] 팬츠, 속바지; brekë banje 수영 팬츠[트렁크]
brekushe [여·복] 슬랙스, 블루머
brenda [부/전] 안에, ~내에; brenda për brenda 안으로부터
brendësi [여] 안, 내부
brendi [여] 내용(물)
brendshëm [형] 안의, 내부의
brendshme [여] ① 내장, 장, 창자 ② 속옷
brengë [여] 슬픔, 비애
brengos [동] 슬프게 하다

brengosem [동] 슬퍼하다
brengosur [형] 슬픈, 슬퍼하는
brerimë [여] 억수 같은 비, 호우
breron [동] 비가 퍼붓다
breshër [남] 우박, 싸락눈; bie nga shiu në breshër 작은 난을 피하려다 큰 난을 만나다
breshëri [여] 일제 사격
breshkë [여] [동물] 거북
bretkosë [여] [동물] 개구리; 두꺼비
brez [남] 허리띠, 벨트
bri^1 [전] 곁에, 옆쪽에
bri^2 [남] 뿔
brigadë [여] [군사] 여단
brigadier [남] [군사] 여단장
brigim [남] 비난, 책망
brigoj [동] 비난하다, 책망하다, 나무라다
brimë [여] 구멍, 틈
brimoj [동] 구멍을 뚫다, 관통하다
brisk [남] 면도칼; 주머니칼
brishtë [형] ① 부서지기 쉬운, 깨지기 쉬운, 연약한 ② vit i brishtë 윤년(閏年)
brishtësi [여] 부서지기[깨지기] 쉬움, 연약함
britmë [여] 비명, 울부짖음
brohoras [동] 박수치다, 갈채하다
brohoritje [여] 박수, 갈채
brokë [여] 물독, 물병
bromp [감] 건배!
bronz [남] 놋쇠, 청동
broshurë [여] 소책자, 브로슈어
brumbull [남] [곤충] 뙁벌

brumë [남] 가루 반죽
brumos [동] 반죽하다, 개다; 틀을 만들다, 형성하다
brumosje [여] 반죽하기, 개기; 틀을 만들기, 소조, 주형
brumtore [여] 반죽하는 기계 장치
brushë [여] → furçë
bruto [형] ① 거친, 날 것의, 정제되지 않은 ② 합계의, 총(總)
~; të ardhura bruto 총수입
brydhët [형] 부드러운, 연한
brymë [여] 서리, 서리 같은 것
buall [남] [동물] 들소, 버팔로
buallicë [여] 들소의 암컷
bubë [여] [곤충] 애벌레, 유충
bubi [남] 강아지
bubrek [남] [해부] 신장, 콩팥
bubullimë [여] 천둥
bubullin [동] 천둥 치다
buburrec [남] [곤충] 풍뎅이의 일종
bucelë [여] 나무통
buças [동] 우르르 울리다, 쿵 하고 울리다
buçitje [여] 우르르[쿵] 울림
budalla [남] 바보, 어리석은 사람
budallallëk [남] 어리석은 짓
budallallos [동] 어리석게 만들다
budallallosem [동] 어리석어지다
budallaqe [여] 어리석은 여자
budizëm [남] 불교
buf [남] [조류] 올빼미, 부엉이 — [형] 뚱뚱한, 살찐
bufe [여] 찬장
bufetier [남] 카운터 점원; 바텐더
buis [동] 떼지어 모이다, 우글거리다

buj [동] 숙박하다, 묵다, 머무르다
bujar [형] 관대한, 아량 있는
bujari [여] 관대, 아량
bujarisht [부] 관대하게, 아량 있게
bujë [여] 센세이션, 물의
bujk [남] 농부
bujqësi [여] 농업, 농사
bujqësor [형] 농업의
bujrëm [감] 들어오세요!; 와서 음식 좀 드세요!
bujshëm [형] 크게 물의를 일으키는, 아주 인상적인
bujtar [남] (여관 따위의) 주인
bujtës [남] (여관 따위의) 밤을 보내는[하룻밤 묵는] 손님
bujtinar [남] 여관 주인
bujtinë [여] 여관
bukë [여] 빵; bukë misri 옥수수 빵
bukëbërës [남] 제빵업자
bukël [여] ① [동물] 족제비 ② (머리의) 컬, 곱슬털
bukëpjekës [남] 빵 굽는 사람, 제빵업자
bukësheqere [여] 스펀지 케이크
bukëz [여] 작은 빵 덩어리
bukur [형] 예쁜, 아름다운 — [부] 예쁘게, 아름답게
bukuri [여] 아름다움, 미(美)
bukurosh [형] 예쁜, 아름다운 — [남] 미남, 잘생긴 남자
bukurshkrim [남] 잘 쓴 글씨, 달필
bulçi [여] 뺨, 볼
buldozer [남] 불도저
bulevard [남] 큰 길, 대로
bulë [여] 둥근 돌출부; bulë e veshit 귓불
bulëz [여] ① [식물] 눈, 싹 ② (액체의) 방울
bulëzim [남] 발아(發芽), 싹틈

bulëzon [동] 싹트다, 발아하다
bulkth [남] [곤충] 귀뚜라미
bulmet [남] 유제품(乳製品)
bulmetore [여] 유제품 가게
bulon [남] 볼트, 나사못
bullar [남] 독 없는 뱀
bullgar [형] 불가리아의 - [남] 불가리아 사람
Bullgari [여] 불가리아
bullgarisht [부] 불가리아어로
bullgarishte [여] 불가리아어
bunacë [여] 쥐죽은 듯한 고요
buqetë [여] (꽃 따위의) 다발
burbuqe [여] 싹, 눈
burg [남] 감옥, 교도소
burgim [남] 투옥, 수감
burgos [동] 투옥하다, 수감하다
burgosem [동] 투옥되다, 수감되다
burgosje [여] 투옥, 수감
burgosur [남] 수감자, 죄수
burgji [여] 나사(못)
buri [여] → bori
burim [남] 근원, 출처
burmë [여] (구어체에서) 나사(못)
buron [동] 솟아오르다, 분출하다, 내뿜다
bursë [여] ① 장학금 ② 증권 시장
bursist [남] 장학금 수혜자
burracak [형] 겁 많은, 소심한
burrë [남] ① 남자, 남성 ② 남편
burrëri [여] 남성임, 남성다움
burrërisht [부] 용감하게, 남자답게

burrërohem [동] 남자다워지다
burrëroj [동] 버젓한 사나이로 만들다, 남자답게 만들다
burrëror [형] 용감한, 남자다운
busull [여] 나침반
bush [남] [식물] 회양목
bushtër [여] 암캐
but [남] 큰 통
butë [형] 부드러운, 온화한, 유순한 — [부] 부드럽게, 온화하게
butësi [여] 부드러움, 온화함, 유순함
butësirë [여] 따뜻하고 습기 있는 날씨
buxhet [남] 예산
buzaç [형] 두껍고 못생긴 입술을 가진
buzagaz [형] 항상 웃는, 명랑한
buzë [여] ① 입술; të kuq buzësh 립스틱; rrudh buzët 입을 비쭉거리다 ② 가, 가장자리, 변두리; buzë liqeni 호숫가, 호반 — [전] (~의) 가장자리에
buzëplasur [형] 침울한, 슬퍼하는
buzëqesh [동] 미소짓다
buzëqeshje [여] 미소
buzëqeshur [형] 미소짓는
buzëvarur [형] 샐쭉한, 뚱한, 부루퉁한
byc [남] [병리] 다래끼
byk [남] 왕겨; 나무 찌꺼기
bymehet [동] 확장되다; 부풀다, 팽창하다
bymim [남] 확장; 팽창
byrazer [남] 형제
byrde [여] 안장 깔개
byrek [남] (고기·계란·야채·치즈 따위가 든) 파이
bythë [여] 엉덩이, 궁둥이, 둔부
byzylyk [남] 팔찌

C

ca [대] 몇몇의, 약간의; ca nga ca 조금씩, 차츰
cafullim [남] (개 따위의) 깽깽거림
cafullon [동] (개 따위가) 깽깽거리다
cak [남] 경계, 한계
caktim [남] 고정시키기
caktohem [동] 지명되다
caktoj [동] ① 고정시키다, 자리잡게 하다 ② 지명하다, 지정하다
caktuar [형] 고정된, 자리잡힌
cangë [여] 덜 익은 과일
capë [여] 괭이
cekët [형] 얕은
cekëtinë [여] 물이 얕은 곳
cektësi [여] 얕음
celfis [동] 껍질을 벗기다
celfiset [동] 껍질이 벗겨지다
cen [남] 결점, 결함, 흠
cenim [남] 상해, 폭행
cenohem [동] 모욕을 받다, 상처를 입다
cenoj [동] 상해를 입히다, 폭력을 가하다
central [남] central elektrik 발전소; central telefonik 전화교환국
cenueshëm [형] 상처 입기 쉬운, 취약한
cep [남] ① 맨 끝 ② 구석, 모서리, 귀퉁이
ceremoni [여] 의식, 식전(式典), 식
cergë [여] 넝마, 헝겊 조각
cermë [여] [병리] 통풍(痛風)

cias [동] (바퀴·쥐·새·어린이 따위가) 꺅꺅거리다
cicami [남] 지저귀는 새, 명금(鳴禽)
cicërimë [여] 지저귐, 짹짹거림
cicëron [동] 지저귀다, 짹짹거리다
cifël [여] 쪼개진 조각
ciflos [동] 쪼개다
cifloset [동] 쪼개지다
cigan [남] (헝가리계) 집시
cigare [여] 궐련, 담배; pi cigare 담배 피우다
cigaris [동] 바삭바삭하게 튀기다
cigarishte [여] 엽궐련용 파이프
cik [동] → çik
cikël [남] 순환기, 주기, 사이클
cikërrima [여·복] 잡동사니
cikërrimtar [남] 잡화상인, 싸구려 행상인
ciknë [여] 서리; 아주 추운 날씨
ciknos [동] 음식을 태우다, 눋게 하다
cila [대] → cili
cilado [대] (여성의 사람·사물을 가리켜) 누구라도, 어느 것이라도
cilën [대] (여성의 사물을 가리켜) 어느 것, 어떤 것
cilësi [여] 특질, 특색; 고품질
cilësoj [동] 질적으로 구분하다[평가하다]
cili [대] ① [의문대명사 남성형] (여성 단수형 : cila, 남성 복수형 : cilët, 여성 복수형 : cilat) 누구, 어느 것 ② [관계대명사 남성형] (여성 단수형 : e cila, 남성 복수형 : të cilët, 여성 복수형 : të cilat) ~하는[라는] 것[사람]
cilido [대] (남성의 사람·사물을 가리켜) 누구라도, 어느 것이라도
cimbis [동] 꼬집다
cingël [남] 자치기; 자치기 놀이에 쓰이는 나뭇조각

cingërimë [여] 아주 추운 날씨
cingëroj [동] 새된 소리를 지르다
cingun [형] 구두쇠의, 인색한 — [남] 구두쇠, 수전노, 인색한 사람
cinxër [남] [곤충] 매미
cipë [여] 얇은 막; 층; njeri pa cipë 뻔뻔한 사람
cipëplasur [형] 뻔뻔스러운, 염치없는
cirk [남] 서커스, 곡예
cironkë [여] [어류] 잉어과의 물고기
civil [형] 시민의; zyra e gjendjes civile 호적 등기소 — [남] 일반 시민, 민간인
cjap [남] 숫염소
cof [동] → ngordh
cohë [여] 천, 직물
copa-copa [부] 조각조각, 쪼개져
copë [여] 조각, 단편; një copë herë 잠시 동안
copë-copë [부] → copa-copa
copëtim [남] (조각조각) 나누기, 쪼개기
copëtohem [동] 조각조각 나뉘다, 쪼개지다
copëtoj [동] 조각조각 나누다, 쪼개다
copëz [여] 작은 조각
cub [남] 산적, 강도
cubni [여] 산적[강도]의 무리
cucë [여] 소녀, 젊은 여자
cullufe [여] 머리의 타래, 머리채
cung [남] (나무의) 그루터기
cungim [남] (나무를) 베어서 그루터기만 남기기; 가지치기
cungoj [동] (나무를) 베어서 그루터기만 남기다; 가지를 치다
curril [남] 물줄기, 물방울

Ç

ç' [대] [의문대명사] 무엇?; (감탄문에서) 얼마나 ~한가!
çaçanik [남] [식물] 호두나무
çaçkë [여] 잔, 컵
çadër [여] ① 우산 ② 텐트, 천막
çafkë [여] ① [조류] 왜가리 ② 손잡이 달린 컵, 커피 잔
çair [남] 풀밭, 초원
çaj^1 [남] 차(茶)
çaj^2 [동] ① 둘로 쪼개다 ② nuk e çaj kokën 조금도 상관하지 않다; çaj kokën 머리를 짜내다, 궁리하다
çajnik [남] 찻주전자, 티포트
çakall [남] [동물] 재칼
çakëll [남] 잘게 부순 돌, 자갈
çakërdis [동] ① 흩뿌리다 ② 당황하게 하다
çakërdisem [동] 당황하다, 헷갈리다
çakërr [형] 사팔눈의
çakërris [동] 눈알을 부라리다
çakërrqejf [형] 즐거운, 명랑한, 유쾌한
çakmak [남] 라이터
çalaman [남] 절름발이
çalë [형] 절름발이의, 절뚝거리는
çalë-çalë [부] 절뚝거리며
çalim [남] 절뚝거림
çaloj [동] 절뚝거리다
çallëstis [동] 노력하다
çallëstisur [형] 노력을 아끼지 않는, 열정적인
çallmë [여] 터번 (이슬람교도 남자들이 머리에 두르는 두건)

çalltis [동] → çallëstis
çamarrok [형] 개구쟁이의
çamçakëz [남] 추잉 껌
çanak [남] 사발, 공기
çangë [여] 공 (접시 모양의 종)
çantë [여] 핸드백, 가방; çantë shkolle 학생 가방; çantë shpine 배낭
çap¹ [남] 발걸음, 스텝
çap² [동] 씹다
çapaçul [남] 보잘것 없는 사람, 무명인
çapëlohem [동] 조각조각 찢기다
çapëloj [동] 조각조각 찢다
çapis [동] (한 걸음) 내딛다
çapitem [동] 첫걸음을 내딛다
çapitje [여] 걸음을 내딛기
çapkën [형] 장난치기 좋아하는, 개구쟁이의 — [남] 장난꾸러기, 개구쟁이
çapok [남] 궁둥이, 둔부
çapua [남] (닭 따위의) 며느리발톱, 쇠발톱
çarçaf [남] (침대의) 시트, 홑이불
çardhak [남] ① 로비 ② 발코니
çare [여] 해결책
çarë [여] 쪼개진 틈
çarje [여] 쪼개기; 쪼개진 틈
çark [남] 덫, 올가미
çarmatim [남] 무장 해제
çarmatos [동] (~의) 무장을 해제하다
çarmatosem [동] 무기를 버리다
çarmatosje [여] 무장 해제
çarmatosur [형] 무장 해제한, 무기가 없는
çart¹ [남] 섬망 상태, 정신 착란

çart² [동] 파괴하다, 부수다
çast [남] 순간, 잠시
çatall [형] 둘로 갈라진, 분기된; dhëmb çatall 고르지 못한 이, 송곳니 — [남] 분기(分岐), 갈라진 가닥
çati [여] 지붕
çatma [여] 칸막이벽
çdo [대] 모든, 매~, 누구나, 무엇이나
çdokush [대] → çdonjëri
çdolloj [형] 모든 종류의, 어떤 종류든지
çdollojshëm [형] 모든 종류의, 어떤 종류든지
çdonjëri [대] 누구나, 누구든지
çehre [여] 외관, 외양, 겉모습
çek¹ [남] 수표
çek² [형] 체코의 — [남] 체코 사람
çekan [남] 망치, 메
Çeki [여] 체코
çekiç [남] 망치, 해머
çekisht [부] 체코어로
çekishte [여] 체코어
çekosllovak [형] (구)체코슬로바키아의
Çekosllovaki [여] (구)체코슬로바키아
çel [동] ① (잠긴[덮인] 것을) 열다, 벗기다 ② 꽃 피다, 개화하다
çelem [동] 활기 있게 만들다, 생기를 주다
çelës [남] ① 열쇠 ② [전기] 스위치; 버튼 ③ 렌치, 스패너; çelës anglez 멍키렌치 ④ mbyll me çelës i) 잠그다 ii) 렌치로 죄다
çelësabërës [남] 자물쇠 제조공
çelët [형] (색깔이) 옅은, 밝은
çelik [남] 강철
çelikos [동] 강철처럼 단단하게 하다

çelikosem [동] 굳게 마음먹다
çelikosje [여] 강철처럼 단단하게 하기
çeliktë [형] 강철 같은, 강철의
çelje [여] ① 개막, 시작 ② 꽃이 핌, 개화
çend [동] (짠 것을) (뽑아) 풀다
çengel [남] ① 쇠갈고리 ② 닻
çep [남] 노즐; (주전자 따위의) 주둥이
çepkat [동] (실의 올을) 풀다
çerdhe [여] ① (새의) 둥지, 둥우리 ② çerdhe fëmijësh 탁아소
çerek [남] ① 4분의 1 ② 15분
çerep [남] 빵 굽는 데 쓰는 팬
çerr [남] [조류] 굴뚝새
çetë [여] 무장한 무리; 전투 부대; 파견대
çezmë [여] ① 샘 ② 수도 꼭지; ujë çezme 수도 꼭지에서 받은 맹물
çënjt [동] (부풀어 오른 것을) 가라앉히다
çështje [여] 문제, 논점; 주제
çfarë [대] 무엇, 어떤 것
çfarëdo [대] 무엇이나, 무엇이든지
çfarëdoshëm [형] 어떤 종류든지
çiban [남] [병리] 절종(癤腫)
çibuk [남] 담배 파이프
çiflig [남] 시골의 땅, 밭
çifligar [남] 지주, 토지 소유자
çift [남] 쌍, 짝, 커플
çift [형] ① (한) 쌍의, 두 개의; 똑같이 둘로 나뉜 ② 짝수의
çifte [여] 2연발식 총
çifteli [여] 2현 악기
çifut [형] 유대인의 — [남] 유대인
çik [동] 가볍게 스치다
çikë [여] ① 조금, 약간, 소량; asnjë çikë 조금도 ~않는 ② 소

녀, 아가씨
çikërrimë [여] 자질구레한 것
çikje [여] 가볍게 스치기
çiklist [남] 자전거 타는 사람
çiklizëm [남] 자전거 타기, 사이클링
çikore [여] [식물] 치커리, 꽃상추
çikrik [남] ① 물레 ② 도르래
çilimi [남] 어린이, 아동
çilimillëk [남] 어린애 같음, 미성숙
çiltas [부] 솔직하게, 터놓고
çiltër [형] 솔직한, 마음을 터놓은, 진실한
çiltëri [여] 솔직함, 진실함
çimentim [남] 시멘트를 바르기
çimento [여] 시멘트
çimentoj [동] 시멘트를 바르다
çimkë [여] [곤충] 빈대
çinar [남] [식물] → rrap
çini [여] 자기(磁器)류; 접시
çinteresuar [형] 이해 관계가 없는
çip [남] 끝; 구석
çirak [남] 도제, 수습생
çirrem [동] 소리치다, 비명을 지르다
çitjane [여·복] 부풀게 한 바지의 일종
çivi [여] 경첩, 돌쩌귀
çivit [남] 남색, 어두운 청색
çizme [여] 부츠, 장화
çjerr [동] 찢다, 긁다, 할퀴다
çjerrë [형] 찢긴, 긁힌
çjerrës [형] 께찌르는 듯한, 날카로운
çjerrje [여] 할큄, 생채기
çka [접] ~하는[라는] 것(은)

çka [부] 그저 그런 정도로, 좋지도 나쁘지도 않게
çlirët [형] 헐거운, 풀린
çlirim [남] 해방, 석방
çlirimtar [형] 해방하는, 석방하는, 자유롭게 하는
çlirohem [동] 해방[석방]되다, 자유로워지다
çliroj [동] 해방하다, 석방하다, 자유롭게 풀어주다
çlodh [동] 피로를 풀다, 쉬다
çlodhem [동] 쉬다, 휴식을 취하다
çlodhës [형] 편안한, 휴식을 취하게 하는
çlodhje [여] 쉼, 휴식
çmallem [동] 향수를 달래다
çmbështjell [동] (꾸린 것을) 풀다
çmbledh [동] 풀다, 흩뜨리다
çmbreh [동] 마구(馬具)를 풀다
çmbush [동] 비우다
çmend [동] 미치게 하다, 돌게 하다
çmendem [동] 미치다, 정신이 나가다
çmendinë [여] 정신 병원
çmendje [여] 미침, 실성, 정신이 나감
çmendur [형] 미친, 실성한
çmenduri [여] 광기, 정신 착란
çmërs [남] 외피, 겉껍질
çmërzis [동] 지루함을 없애다, 기운나게 하다
çmësohem [동] 버릇[습관]이 없어지다
çmim [남] ① 값, 가치 ② 상(賞) ③ me çdo çmim 어떤 대가를 치르고서라도
çmoj [동] (가치를) 평가하다, 추정하다
çmontim [남] 떼어내기, 분해
çmontoj [동] (비품 따위를) 떼어내다, 분해하다
çmos [대] 모든 가능한 것; bëj çmos 최선을 다하다
çmpij [동] (다리를) 쭉 펴다, 스트레칭하다

çmuar [형] 값나가는, 가치 있는, 귀중한
çmueshëm [형] 값나가는, 가치 있는, 귀중한
çnderim [남] ① 수치, 불명예 ② 강간, 성폭행
çnderohem [동] ① 수치[불명예]를 당하다 ② 강간[성폭행]당하다
çnderoj [동] ① 수치[불명예]를 안기다 ② 강간하다, 성폭행하다
çndershëm [형] 수치스러운, 불명예스러운
çnderues [형] 수치[불명예]를 안기는 — [남] 강간범, 성폭행범
çndryshk [동] 녹을 문질러 없애다
çngjyros [동] 표백하다, 탈색하다
çngjyrosës [남] 표백제, 탈색제
çnjerëzor [형] 비인간적인, 잔혹한
çoban [남] 목자, 목동, 양치기
çobankë [여] 여자 목동[양치기]
çohem [동] 일어서다, 일어나다; 깨어나다
çoj [동] ① 나르다, 운반하다; 보내다 ② 깨우다, 활성화시키다, 행동을 유발하다 ③ 시간[세월]을 보내다, 살아가다 ④ si ia çon? 어떻게 지내니?; e çoj mendjen diku ~에 대해 생각하다
çoj [동] 들어올리다
çok [남] (현관의) 노커, 문 두드리는 것
çokas [동] (문 따위를) 두드리다, 노크하다
çokë [여] 손가락으로 가볍게 튕기기
çokollatë [여] 초콜릿
çomange [여] 곤봉
çomlek [남] 고기와 양파 등으로 만든 스튜
çorap [남] ① 양말 ② 스타킹 ③ e bëj çorap (~을) 망쳐 놓다
çorbë [여] (쌀·야채 따위로 만든) 죽
çorganizoj [동] 질서를 파괴하다, 혼란시키다
çorodis [동] ① 혼란하게 하다, 어리둥절하게 하다 ② 부패시키다, 타락시키다, 나쁘게 만들다

çoroditem [동] ① 혼란스러워하다, 어리둥절해하다 ② 부패하다, 타락하다, 나빠지다
çoroditës [형] 혼란스러운, 당혹스러운
çoroditje [여] ① 혼란, 당혹 ② 부패, 타락
çregjistroj [동] (목록에서) 삭제하다
çrregullim [남] 혼란, 무질서, 불규칙
çrregulloj [동] 혼란에 빠뜨리다, 무질서하게 하다
çrregullt [형] 혼란스러운, 어지러운, 난잡한, 엉망인
çrregullues [형] 불안하게 하는, 교란시키는, 말썽을 일으키는
çrrënjos [동] 뿌리 뽑다, 근절하다
çrrënjoset [동] 뿌리 뽑히다, 근절되다
çrrënjosje [여] 뿌리 뽑기, 근절
çudi [여] 놀라운 일, 경이; për çudi 놀랍게도
çudibërës [형] 놀라운, 경이로운
çudis [동] 놀라게 하다
çuditem [동] 놀라다
çuditërisht [부] 이상하게도; 놀랍게도
çuditës [형] 놀라운, 경이로운
çuditshëm [형] ① 놀라운, 경이로운 ② 이상한
çuditur [형] (깜짝) 놀란
çukë [여] 산꼭대기
çukis [동] (부리 따위로) 쪼다, 물다
çukitje [여] (부리 따위로) 쪼기, 물기
çun [남] 소년, 남자 아이
çunak [남] 어린 남자 아이
çupë [여] ① 소녀, 여자 아이 ② [카드놀이] 퀸
çupëri [여] 소녀임, 처녀임
çurkë [여] (물방울 따위가) 똑똑 떨어짐
çyrek [남] (빵의) 한 덩어리
çyryk [형] ① 부서진, 망가진, 파손된 ② (신체가) 불구의, 다친

D

dac [남] 수고양이
dackë [여] (뺨 따위를) 찰싹 때림
daç ~ daç [접] ~거나 ~거나, ~든지 ~든지
dado [여] ① 유모, 아이 돌보는 사람 ② 너트, 암나사
dafinë [여] [식물] 월계수
dajak [남] ① 곤장 (형구) ② 때리기, 매질
dajë [남] 외삼촌
dajre [여] [음악] 탬버린
dakord [부] 동의하여, 의견이 일치하여
dal [동] 밖으로 나가다
dala [여·복] 나가기; të hyra e të dala 들어가기와 나가기
dale [감] 기다려!; dale pak 조금만 기다려
dalë [여] 돌출, 튀어나옴 — [중] 끝(부분); në të dalë të dimrit 겨울의 끝을 향해; të dalët jashtë 배설, 배변
dalje [여] ① 나가기, 퇴거 ② 들어오기, 나타남
Dalmaci [여] 달마티아 (아드리아해에 면한 크로아티아의 지역)
dalngadalë [부] 천천히, 서서히
daltë [여] 끌, 조각칼
dallaveraxhi [남] 사기꾼
dallavere [여] 사기, 사취, 속임수; bëj dallavere 사기하다, 사취하다, 속이다
dalldi [여] 환희, 황홀, 큰 기쁨
dalldis [동] 황홀경에 빠지다
dalldisem [동] 얼이 빠지다, 홀리다
dalldisje [여] 황홀경에 빠짐

dalldisur [형] ① 황홀경에 빠진 ② 무모한, 앞뒤를 가리지 않는
dallëndyshe [여] [조류] 제비
dallgë [여] 물결, 파도
dallgë-dallgë [부] 물결이 쳐서
dallgëzim [남] 물결이 침
dallgëzuar [형] 물결 치는, 파도 치는
dallim [남] 구별; 차별
dallkauk [남] 아첨꾼, 예스맨
dallohem [동] (~으로부터) 구별되다
dalloj [동] 구별하다
dalluar [형] ① 구별된 ② 주목할 만한, 두드러진
dallues [형] 특유한, 차별되는
dallueshëm [형] 명백한, 보아 알 수 있는
damalug [남] 쟁기
damar [남] ① 핏줄, 혈관 ② (목재·대리석 따위의) 결 ③ 광맥(鑛脈)
damaz [남] 종축(種畜); 번식용 동물
damë [여] ① 숙녀, 귀부인 ② 서양 장기의 말, 체커
damixhanë [여] 아가리가 작은 큰 유리병
damkë [여] ① (지워지지 않는) 흔적, 각인 ② 오명, 낙인
damkos [동] ① 도장 따위를 찍다 ② 오명을 씌우다, 낙인 찍다
damkosje [여] ① 도장 따위를 찍기 ② 오명을 씌우기, 낙인 찍기
damlla [여] [병리] 졸중, 발작
danez [형] 덴마크의 ― [남] 덴마크 사람
Danimarkë [여] 덴마크
danisht [부] 덴마크어로
danishte [여] 덴마크어
dantellë [여] 레이스 세공
dardhë [여] [식물] 서양 배
darë [여] 펜치, 족집게
darkë [여] ① 저녁 식사, 정찬; ha darkë 저녁[정찬]을 들다

② 저녁 (때); në darkë 저녁에
darkëherë [여] 저녁 무렵, 땅거미, 황혼
darkohem [동] 저녁[정찬]을 먹다
darkoj [동] 저녁[정찬]을 먹다; 저녁 파티를 개최하다
darovis [동] 선물을 하다, 선사하다
dasmë [여] 결혼식, 혼례
dasmor [남] 결혼식 주최자
dasmore [여] 신부 들러리
dash [남] 숫양; mish dashi 양고기
dashakeq [형] 악의 있는
dashaligësi [여] 악의
dashamir [형] 남의 일이 잘 되기를 바라는, 호의적인 — [남] 남의 일이 잘 되기를 바라는 사람, 호의적인 사람
dashamirës [형] → dashamir
dashamirësi [여] 호의, 친절
dashje [여] 기꺼이 하는 마음; me dashje 기꺼이; pa dashje 마지못해, 마음 내키지 않아, dashje pa dashje 싫든 좋든, 막무가내로
dashnor [남] 애인, 연인
dashtë [감] ~하기를 (바랍니다)
dashur [형] 사랑하는, 소중한; është dashur ~ ~하는 것이 필요하다 — [남] 사랑하는 사람; 애인, 연인
dashuri [여] 사랑, 애정; bie në dashuri (~와) 사랑에 빠지다
dashurohem [동] 사랑받다
dashuroj [동] 사랑하다, (~와) 사랑에 빠지다
dashuruar [형] 사랑받는
datë [여] ① 날짜; sa është data sot? 오늘이 며칠인가요?; datë e lindjes 출생일 ② 공포, 두려움; i kall datën dikujt 아주 두렵게 만들다
datëlindje [여] 생일, 태어난 날
daulle [여] 북, 드럼

dava [여] [법률] 소송
davaris [동] 흩뜨리다
debitor [남] 채무자
deficit [남] 부족액, 결손, 적자; dal deficit 적자가 나고 있다
defter [남] 등록부, 노트
degdis [동] (외진 곳으로) 멀리 보내다, 추방하다
degdisem [동] 멀리 보내지다, 추방당하다; 사라지다
degë [여] (나무 따위의) 큰 가지
degëz [여] 작은 가지, 잔가지
degëzim [남] 분기(分岐), 가지를 냄
degëzohet [동] 가지를 내다, 분기하다
degëzoj [동] 가지를 내게 하다, 분기시키다
degradim [남] 좌천, 강등; 퇴행, 퇴보, 퇴락
degradohem [동] (지위 따위가) 떨어지다, 강등되다; 퇴행하다
degradoj [동] (지위 따위를) 떨어뜨리다, 강등시키다; 퇴행시키다
deh [동] (술 따위에) 취하게 하다
dehem [동] ① (술 따위에) 취하다 ② dehem nga sukseset 성공하여 고무되다
dehës [형] (술 따위에) 취하게 하는
dehje [여] (술 따위에) 취함
dehur [형] (술 따위에) 취한 — [남] 술고래, 술 취한 사람
dekan [남] (단과 대학의) 학장
deklaratë [여] 선언, 언명, 진술
deklarohem [동] 소신을 말하다
deklaroj [동] 선언하다, 언명하다, 진술하다
dekoratë [여] 훈장
del [동] → dal
dele [여] 양(羊)
delegacion [남] 대표단
delegat [남] 대표, 사절

deleguar [남] 대표, 사절
delenxhi [남] 악한, 불량배, 나쁜 사람
delfin [남] [동물] 돌고래
delikat [형] 섬세한, 우미한
delikatesë [여] 섬세, 우미
dell [남] [해부] 건(腱), 힘줄
dem [남] 황소
demaskohem [동] 가면[마스크]를 벗다, 드러내다
demaskoj [동] 가면[마스크]을 벗기다, 드러내다, 노출시키다
dembel [형] 게으른, 나태한 - [남] 게으름뱅이
dembeli [여] 게으름, 나태
dembelizëm [남] → dembeli
dembelos [동] 게으르게 만들다
dembelosem [동] 게을러지다
demiroxhak [남] 난로 안의 장작 받침쇠[대]
demoduar [형] 케케묵은, 시대에 뒤떨어진, 구식의
demokraci [여] 민주주의
demokrat [남] 민주주의자
demokratik [형] 민주주의의, 민주적인
demokratizim [남] 민주화
demokratizohet [동] 민주화되다
demokratizoj [동] 민주화하다, 민주적으로 하다
demonstratë [여] 시위 운동, 데모
demonstrues [남] 시위 운동자, 데모 참가자
demoralizohem [동] 사기가 꺾이다, 낙담하다
demoralizoj [동] 사기를 꺾다, 낙담하게 하다
dend [동] ① 쌓다 ② (속을) 채우다
dendem [동] 과식하다, 게걸스럽게 먹다
dendësi [여] 운명, 운
dendësohet [동] ① 밀집하다, 빽빽해지다; (농도 따위가) 짙어지다 ② 빈번해지다

dendësoj [동] ① 밀집하게 하다, 빽빽하게 하다; (농도 따위를) 진하게[질게] 하다 ② 빈번하게 하다
dendur [형] ① 밀집한, 빽빽한 ② 빈번한, 자주 있는 ― [부] 자주, 종종
denduri [여] ① 밀도 ② 주파수
deng [남] 꾸러미, 짐짝
denoncim [남] ① 탄핵, 공공연한 비난 ② denoncim i një traktati 조약의 폐기 통고
denoncoj [동] 탄핵하다, 비난하다
denoncues [남] 탄핵[고발]자
dentist [남] 치과 의사
denjë [형] (~할) 가치가 있는
denjësisht [부] (~할) 가치가 있어서, 당연히, 응당
denjoj [동] 자기를 낮추다
depërtim [남] 관통, 침투
depërtohet [동] 관통되다, 침투하다
depërtoj [동] 관통하다, 침투시키다
depërtues [형] 관통하는, 침투하는
depërtueshëm [형] 관통[침투]할 수 있는
depërtueshmëri [여] 침투성
depo [여] 창고, 저장소
depozitë [여] 침전물, 퇴적물, 앙금
depozitim [남] 침전, 퇴적
depozitohem [동] 침전되다
depozitoj [동] 침전시키다, 퇴적시키다
depozitues [남] 은행 예금자
deputet [남] 하원 의원
derdh [동] ① 쏟다, 흘리다, 엎지르다 ② (돈을) 맡기다, 예금하다
derdhet [동] 엎질러지다, 쏟아지다
derdhje [여] ① 쏟기, 흘리기, 엎지르기 ② (돈을) 맡기기, 예금하기

derë [여] 문, 대문
derëbardhë [형] 행운의, 운 좋은
derëzi [형] 불운한, 운 나쁜
dergjem [동] 기운이 없어지다, 축 늘어지다; 병석에 눕다
dergjie [여] 축 늘어짐, 체력의 소진
deri [전] ~까지, (~에) 이르도록; deri kur? 얼마나 오래 걸리나?; deri nesër 내일까지; deri tani 지금까지; deri në fund 끝까지; nga fillimi deri në fund 처음부터 끝까지; numëroj nga 1 deri në 10 하나부터 열까지 세다; deri ku? 얼마나 멀리?; deri ku keni shkuar? 얼마나 멀리 갔어?; deri këtu 여기까지; deri atëherë 그때까지; deri sa të jem gjallë 내가 살아있는 한; kam lexuar deri në faqen njëzet 나는 20페이지까지 읽었다
deriçkë [여] 옆문, 쪽문
derisa [접] ~까지, (~에) 이르도록
deritanishëm [형] 지금까지의
derivat [남] 파생물
derman [남] 치료책; 구제책, 해결책; nuk i gjendet dermani 그것은 해결책이 없다; nuk gjej derman 어찌할 수 없다, 속수무책이다; që s'ka derman 치료할 수 없는
dermatolog [남] 피부과 전문의
dermatologji [여] [의학] 피부과학
dervish [남] [이슬람] 수도 탁발승
derr [남] 돼지; derr i egër 멧돼지; bari derrash 양돈업자; stallë derrash 돼지우리; mish derri 돼지고기
derrkuc [남] 새끼 돼지
despot [남] 전제 군주, 독재자, 폭군
despotik [형] 전제 군주의, 독재의, 폭군의
despotizëm [남] 전제 군주제, 독재
destinohet [동] 운명으로 정해지다
destinoj [동] 운명으로 정하다, 운명짓다

deshifrim [남] (암호 따위의) 해독, 판독
deshifrohet [동] (암호 따위가) 해독[판독]되다
deshifroj [동] (암호 따위를) 해독하다, 판독하다
deshifrueshëm [형] 해독[판독]할 수 있는
det [남] 바다, 해양; det i brendshëm 내해(內海); Deti Mesdhe 지중해; Deti Adriatik 아드리아 해; Deti Egje 에게 해; det me dallgë 물결치는 바다; det me stuhi 거친 바다, 파도가 거센 바다; në det 바다에서; në mes të detit 공해(公海)[외해(外海)]에서; sëmundja e detit 뱃멀미
detal [남] (기계 따위의) 부품
detar [형] 바다의, 해양의, 해상의; 해군의; klimë detare 해양 기후; hartë detare 해도(海圖); kantier detar 조선소; luftë detare 해전(海戰) — [남] 뱃사람, 선원
detari [여] 선박 조종술
detektiv [남] 탐정, 형사
detyrë [여] 의무, 임무, 직무, 사명, 해야할 일; detyrë shtëpie 숙제; detyrë ndaj atdheut 조국에 대한 의무; kryej detyrën 제 할 일을 하다, 임무를 다하다; e kam për detyrë (të) 그건 내 일[임무]이야; ndjenja e detyrës 의무감; e ndiej për detyrë (të bëj diçka) 나는 그것이 내 임무라고 생각한다, 나는 그것을 해야 한다고 생각한다
detyrim [남] 의무, 책임; detyrime familiare 가족에 대한 의무; detyrim ushtarak 의무 군복무, 징병; bëj një gjë me detyrim ~을 억지로[강요당하여] 하다
detyrimisht [부] 억지로, 강요당하여, 의무적으로
detyrohem [동] 의무를 지다, (~을 해야 할) 의무 하에 있다
detyroj [동] ① 강요하다, 강제하다, 억지로 시키다 ② 빚지고 있다; këtë ia detyrojmë atij 우리는 이것에 대해 그에게 신세를 지고 있다
detyruar [형] ① 의무를 진 ② 빚진, 신세를 진
detyrueshëm [형] 의무적인, 꼭 해야 하는; shërbim ushta-

rak i detyrueshëm 의무 군복무

deve [여] [동물] 낙타

devijim [남] 탈선, 일탈, 지엽으로 흐름

devijoj [동] 탈선하다, 일탈하다, 지엽으로 흐르다

devizë [여] ① 제명(題銘), 표어, 모토, 슬로건 ② 외화

devotshëm [형] ① 신앙심이 독실한, 경건한 ② 헌신적인; i devotshëm në punë 임무에 몸을 바친

dezertim [남] ① [군사] 탈영, 탈주 ② 저버림, 유기

dezertoj [동] ① [군사] 탈영하다 ② 저버리다, 유기하다

dezertor [남] [군사] 탈영병

dezinfektim [남] 소독, 살균

dezinfektohet [동] 소독[살균]되다

dezinfektoj [동] 소독하다, 살균하다, 오염을 제거하다

dezinfektues [남] 살균[소독]제, 세제

dëbim [남] ① 퇴거, 추방 ② 해고, 면직

dëbohem [동] ① 추방되다 ② 해고되다

dëboj [동] ① 퇴거시키다, 추방하다 ② 해고하다

dëborë [여] 눈(雪); dëborë e shkrirë 녹기 시작한 눈, 진창; top dëbore 눈덩이; flokë dëbore 눈송이; stuhi dëbore 눈보라; e bardhë dëborë 눈처럼 흰; bie dëborë 눈이 내린다

dëfrehem [동] 즐기다, 즐겁게 놀다

dëfrej [동] ① 즐겁게 하다, 재미나게 하다 ② 즐기다, 즐겁게 놀다

dëfrim [남] 즐거움, 재미, 오락

dëfryes [형] 즐거운, 재미있게 하는

dëftesë [여] ① 영수증; dëftesë për dorëzim bagazhi 수하물 물표; lëshoj një dëftesë 영수증을 교부하다 ② (학교의) 성적 통지서

dëftehem, dëftohem [동] 자신을 드러내다; dëftehem me gisht 자신을 드러내다, (~으로) 밝혀지다; dëftehem trim

용감함을 과시하다

dëftej, dëftoj [동] ① 보여주다, 가리키다, 지시하다 ② 이야기를 하다

dëftor [형] ① [문법] 직설법의; mënyra dëftore 직설법 ② [문법] 지시의; përemër dëftor 지시대명사

dëgjim [남] ① 청각, 듣기; kam dëgjim të mirë, të mprehtë 귀[청각]가 예민하다 ② [의학] 청진(법)

dëgjohem [동] (소리가) 들리다; s'më dëgjohet fjala 쇠귀에 경 읽기

dëgjoj [동] ① 듣다; dëgjoj një këngë 노래를 듣다; dëgjo këtu! 좀 들어봐!; dëgjoj gjer në fund 말을 듣다, 따르다; i dëgjoj prindërit 부모의 말을 듣다 ② 주의를 기울이다; mos e dëgjo atë! 그가 하는 말에 귀를 기울이지 마라, 무시해라!

dëgjuar [형] 유명한, 저명한, 잘 알려진, 걸출한

dëgjues [남] 듣는 사람; [복] 청중

dëgjueshëm [형] ① 들리는 ② 잘 따르는, 복종하는

dëlirë [형] ① 순결한, 순수한, 깨끗한; dashuri e dëlirë 순수한 사랑 ② 솔직한, 숨김없는; zemër e dëlirë 터놓은 마음

dëlirësi [여] ① 순결, 순수 ② 솔직함, 숨김없음; me dëlirësi 솔직하게, 터놓고

dëllinjë [여] [식물] 노간주나무속(屬)의 식물; raki dëllinje 노간주나무의 열매 (진)

dëm [남] 손해, 손상, 피해; shkaktoj dëm 피해를 주다, 손해를 일으키다; shes me dëm 밑지고 팔다; vete dëm koha 시간 낭비일 뿐이다; është në dëmin tuaj (그것은) 너에게 손해가 된다

dëmprurës [형] (손)해가 되는, 손해를 끼치는

dëmshëm [형] (손)해가 되는, 손해를 끼치는; 해로운, 유해한

dëmshpërblehem [동] (손해를) 보상[배상]받다

dëmshpërblej [동] (손해에 대해) 보상[배상]하다

dëmshpërblim [남] (손해에 대한) 보상, 배상; dëmshpërbl-

ime të luftës 전쟁 배상금
dëmtim [남] 손해, 피해
dëmtohem [동] 손해[피해]를 입다
dëmtoj [동] 손해를 끼치다, 피해를 입히다
dëmtues [형] 해를 끼치는, 피해를 주는 — [남] 해를 끼치는 사람, 나쁜 짓을 하는 사람
dëmtueshëm [형] 상하기 쉬운, 취약한
dënesë [여] 흐느낌, 오열; qaj me dënesë 흐느껴 울다
dënim [남] 형벌; 유죄 판결[선고]; dënim me vdekje 사형, 극형; zbutje dënimi 형벌의 경감
dënohem [동] 유죄 판결[선고]을 받다
dënoj [동] 벌하다; 유죄로 판결[선고]하다; dënoj me vdekje 사형을 선고하다
dënues [형] 유죄 판결[선고]의
dënueshëm [형] 비난할 만한, 벌할 만한, 유죄로 판결[선고]할 만한; veprim i dënueshëm, sjellje e dënueshme 비난할[받을] 만한 행동
dërdëllis [동] 쓸데없는 소리를 하다, 잡담하다
dërdëllitje [여] 쓸데없는 소리, 잡담
dërgatë [여] 대표단
dërgesë [여] 발송, 보내기
dërgim [남] 발송, 보내기; dërgim me anije 선적(船積)
dërgoj [동] ① 보내다, 발송하다; dërgoj të thërrasin dikë ~을 부르러 보내다; dërgoj të holla 돈을 보내다, 송금하다 ② (소식 따위를) 전달하다; 우편으로 보내다; dërgoj fjalë 말을 전하다, 전언하다; dërgoj të fala 안부를 전하다
dërguar [남] 대표, 사절; i dërguar i posaçëm 특사
dërgues [남] 발송인, 보내는 사람
dërhem [남] ① 드람 (3g 정도에 해당했던 옛 무게 단위) ② burrë katërqind dërhemësh 현명하고 용감한 사람
dërsihem [동] 땀이 나다

dërsij [동] 땀을 흘리다; dërsij në punë 땀흘려 일하다, 수고하다

dërsitje [여] 땀흘림, 발한(發汗) (작용)

dërstilë [여] 물레바퀴

dërrasë [여] ① 널빤지, 판자; dërrasë e zezë 칠판; dërrasë e kraharorit [해부] 흉골(胸骨) ② kam një dërrasë mangut 정신이 좀 이상한

dërrmë [여] 낭떠러지, 나락; i jap dërrmën armikut 적을 패배시키다

dërrmim [남] ① 눌러 부숨, 압착 ② 극도의 피로, 기진맥진

dërrmohem [동] ① 눌려 부서지다 ② 과로하다 ③ [군사] (적에게) 제압되다, 패배하다

dërrmoj [동] ① 눌러 부수다, 산산조각내다 ② [군사] (적을) 제압하다, 패배시키다

dërrmues [형] ① 눌러 부수는 ② 제압하는, 압도적인; shumica dërrmuese 대다수, 압도적인 다수

dëshirë [여] 바람, 소망; dëshirë e madhe 열망, 간절히 바람; me dëshirë të madhe 열망하여, 간절히; kam dëshirë të i) 좋아하다 ii) 바라다; me dëshirën e të dy palëve 일치하여, 만장 일치로; me dëshirën e vet 자유 의지로; sipas dëshirës 뜻대로, 마음대로; sipas dëshirës së tij 자기 소망대로; me gjithë dëshirën 기꺼이; pa dëshirë 마지못해, 꺼려하여; kundër dëshirës 의지에 반하여, 본의 아니게

dëshirohem [동] 원하(고 있)다; dëshirohem për diçka ~을 원하다, 갈망하다

dëshiroj [동] 바라다, 원하다, 소망하다; 좋아하다; dëshiroj të di (나는) 알고 싶다; dëshironi gjë tjetër? 그밖에 더 원하는 것이 있습니까?; po të dëshironi 좋으시다면

dëshirore [여] [문법] 기원법

dëshiruar [형] 바라는, 원하는, 열망하는; jam i dëshiruar për

një fëmijë 나는 아이 갖기를 원하고 있다; lë shumë për të dëshiruar 아쉬운 점이 많다, 더 나아졌으면 하는 점이 많다

dëshirueshëm [형] 바람직한; s'është e dëshirueshme 그것은 바람직스럽지 못하다

dëshmi [여] 증거, 증언; dëshmi e rreme 허위 증거

dëshmitar [남] 증인; dëshmitar i akuzës 검찰측의 증인; dal dëshmitar 증인이 되다, 증언하다; marr si dëshmitar (~을) 증인으로 하다; thërras për dëshmitar (~으로 하여금) 증명하게 하다, 증인으로 부르다; jam dëshmitar për (~에 대한) 증인이 되다

dëshmoj [동] 증언하다, 증인이 되다

dëshmor [남] 순교자

dëshmues [형] 증명의, 증명하는

dëshpërohem [동] 낙담하다, 절망에 빠지다, 희망을 잃다

dëshpëroj [동] 낙담시키다, 절망에 빠지게 하다

dështim [남] ① (계획 따위의) 실패 ② [의학] 유산(流産)

dështoj [동] ① (계획 따위가) 실패하다 ② [의학] 유산하다

dështuar [형] [의학] 유산의, 사산의; fëmijë e dështuar 유산아, 사산아

di [동] ① 알다, 알고 있다; di një gjuhë 언어를 알고 있다, 할 줄 알다; e di 나는 그것을 안다; a e di? 알고 있니?; nuk e di 나는 모른다; me sa di unë 내가 알기로는 ② ~할 줄 안다, 할 수 있다; di të notoj 나는 수영할 줄 안다; di të flas anglisht 나는 영어를 할 줄 안다 ③ (~이라고) 생각하다, 여기다; njerëzit e dinë për doktor 사람들은 그를 의사로 알고 있다 ④ s'dua t'ia di (나는) 조금도 상관없다

diabet [남] [병리] 당뇨병

diademë [여] 왕관, 왕권

diafragmë [여] [해부] 횡격막

diagnozë [여] [의학] 진단(법)

diagonal [형] 대각선의
diagonale [여] [수학] 대각선
diagram [남] [수학] 도표, 다이어그램
dialekt [남] 방언, 사투리
dialog [남] 대화, 회화
diamant [남] 다이아몬드
diametër [남] [수학] 지름, 직경
diametralisht [부] 직경 방향으로; diametralisht i kundërt 정반대로, 대척지(對蹠地)로
diapazon [남] [물리] 소리굽쇠
diarre [여] [의학] 설사
diçka [대] 어떤 것, 무언가 — [부] 얼마간, 약간; diçka më mirë 조금 더 나은
diel [여] 일요일; të dielave 일요일에
diell [남] ① 해, 태양; ditë me diell 맑은 날, 화창한 날; dritë dielli 햇빛, 일광; rri në diell 햇빛 비치는 곳에 앉아 있다; banjë dielli 일광욕; i djegur nga dielli 햇볕에 탄; lindja e diellit 일출; perëndimi i diellit 일몰; pika e diellit [병리] 일사병; rreze dielli 태양 광선; çadër dielli 양산, 파라솔 ② mbetem në diell 가난해지다, 빈곤해지다
diellor [형] 태양의; 햇빛 비치는; vit diellor [천문] 태양년; orë diellore 해시계; sistemi diellor [천문] 태양계
dietë [여] 규정식에 따른 식이요법, 다이어트; mbaj dietë 다이어트 중이다
diferencë [여] 다름, 차이, 상위
difteri [여] [병리] 디프테리아
digë [여] 둑, 제방, 방파제; 댐
digjem [동] ① (불)타다; 그슬리다; (음식이) 구워지다 ② digjem nga dëshira për 몹시 ~하고 싶어하다, 열망하다
dihas [동] 숨을 헐떡거리다
dihatje [여] 숨을 헐떡거림

dihet [동] 알려지다; siç dihet 잘 알려진대로
dije [여] 앎, 지식
dijeni [여] 앎, 알고 있음; me dijeninë time 내가 뻔히 알고 있으면서; pa dijeninë time 내가 모른 채; me dijeni të plotë 알고서; jam në dijeni të (diçkaje), kam dijeni për (diçka) (~을) 알다; vë në dijeni (dikë për diçka) (~에게 ~을) 알려주다
dijetar [남] 학자
dijshëm [형] 학식 있는, 배운
dikaster [남] (정부의) 부, 성(省)
dikë [대] [dikush의 대격] 누군가를, 어떤 사람을
diktator [남] 독재자, 절대 권력자
diktatorial [형] 독재적인, 절대 권력을 부리는
diktaturë [여] 독재권, 독재 정권
diktim [남] 구술, 받아쓰기
diktohem [동] 드러나다, 밝혀지다
diktoj [동] 구술하다, 받아 쓰게 하다
diktoj [동] 간파하다; 드러내다, 밝혀내다
diku [부] 어딘가에; ka vajtur diku 그는 어딘가로 갔다; deri diku 어느 정도까지
dikujt [부] [dikush의 여격] 누군가에게; dikujt i përket (그것은) 누군가에게 속해 있다
dikur [부] 이전에, 오래 전에, 과거에, 한때
dikurshëm [형] 고대의, 옛날의, 지난 때의
dikush [대] 누군가, 어떤 사람; dikush më tha 누군가 내게 말했다; ia dhashë dikujt 나는 그것을 누군가에게 주었다; pashë dikë 나는 누군가를 보았다
dilemë [여] 진퇴양난, 딜레마, 궁지
diletant [남] (문학·예술의) 애호가, 아마추어 평론가
dimër [남] 겨울; dimër i madh 혹독한 겨울; në dimër 겨울에, 동절기에; në mes të dimrit 한겨울에; në të dalë të

   dimrit 겨울의 끝을 향해
dimërak [형] 겨울의, 겨울 같은
dimërim [남] 겨울잠, 동면
dimëroj [동] 겨울잠을 자다, 동면하다, 겨울을 나다
dimëror [형] 겨울의, 겨울 같은
dimi [여·복] → çitjane
din [남] ① 믿음, 신앙 ② s'ka din e iman 그는 무정하다, 냉혹하다
dinak [형] 교활한, 간사한; njeri dinak 교활한 자
dinakëri [여] 교활, 간사함; me dinakëri 교활하게, 간사하게
dinakërisht [부] 교활하게, 간사하게
dinamik [형] 동력의; 역동적인
dinamit [남] 다이너마이트
dinamo [여] [전기] 발전기
dinar [남] [화폐의 단위] 디나르
dinasti [여] 왕조, 왕가
dinjitet [남] 존엄, 위엄, 품위
diplomaci [여] 외교(술)
diplomat [남] 외교관
diplomatik [형] 외교의, 외교상의
diplomë [여] 졸업 증서
diplomim [남] (학교의) 졸업, 학위 취득
diplomohem [동] 졸업하다, 졸업 증서를 받다
diplomoj [동] 졸업 증서를 수여하다
diplomuar [남] 졸업생
direk [남] [항해] 돛대, 마스트
direktivë [여] 지령, 명령, 지시
dirigjent [남] [음악] 지휘자
dirigjim [남] [음악] 지휘
dirigjohet [동] [음악] 지휘되다
dirigjoj [동] [음악] 지휘하다

dirigjues [남] → dirigjent
disa [대] 몇몇의, 수 개의, 몇 개의; disa njerëz 몇몇 사람들; disa lapsa 몇 개의 연필; disa prej tyre 그들 중 몇몇
disfatë [여] 패배; pësoj disfatë 패배하다
disfatist [남] 패배주의자
disfatizëm [남] 패배주의
disfavorshëm [형] 호의적이지 않은, 탐탁지 않게 여기는
disi [부] ① 어떤 식으로든, 어떻게든지 해서 ② 얼마간, 어느 정도
disiplinë [여] 훈련; 기율, 기강
disiplinohet [동] 훈련받다; 규율 하에 처하다
disiplinoj [동] 훈련하다; 억제하다, 규율 하에 두다
disiplinor [형] 규율상의; 징계의; masa disiplinore 징계 처분
disk [남] ① 원반 ② [음악] 레코드판, 디스크 ③ [스포츠] (원반던지기용) 원반; hedhje disku 원반던지기
diskreditim [남] 불신(임)
diskreditohem [동] 신용이 떨어지다, 평판이 나빠지다
diskreditoj [동] 신용을 떨어뜨리다, 평판을 나쁘게 하다
diskreditues [형] 신용을 떨어뜨리는, 평판을 나쁘게 하는
diskriminim [남] 차별; diskriminim racial 인종 차별
diskutim [남] 논의, 토론, 논쟁; shtroj për diskutim 토의에 부치다; është në diskutim (çështja) 토의 중이다
diskutohet [동] 논의되다, 토의 중이다
diskutoj [동] 논의하다, 토론하다, 논쟁하다; diskutoj një çështje 어떤 문제에 대해 토의하다
diskutues [남] ① 논쟁자 ② 연설자
diskutueshëm [형] 논쟁의 여지가 있는, 논할 만한
disnivel [남] 상이, 부동, 차이
dispanseri [여] 공공 의료 시설; 외래 환자 진료소
dispeçer [남] 발송 담당자
dispepsi [여] [병리] 소화 불량

disponoj [동] 가지다, 소유하다
dispozicion [남] 처분, 처리; në dispozicionin tim 내 처분대로
dispozitë [여] [법률] 조항
distancë [여] 거리, 간격
distilator [남] (액체의) 증류기
distileri [여] (액체의) 증류소
distilim [남] (액체의) 증류
distilohet [동] (액체가) 증류되다
distiloj [동] (액체를) 증류하다
distilues [남] (액체의) 증류기
distinktiv [남] 훈장, 배지, 메달
distrikt [남] 지역, 지구
dishepull [남] 문하생, 제자; 사도
ditar [남] 일기, 일지; mbaj ditar 일기를 쓰다
ditë [여] ① 날; 낮; ditë e bukur 어떤 날, 어떤 하루; çdo ditë 매일, 날마다; ditën 낮에는, 주간에는; ditë feste, ditë pushimi 휴일; ditë e rrogave 월급날; ditë pune 평일, 근무일; në ditë 하루 (사이)에; në ditët tona 지금, 현재, 오늘날; një vit më parë, ditë më ditë 1년 전 바로 그 날; tërë ditën 하루 종일; në mes të ditës 백주 대낮에; rroj me ditë 하루하루 살아가다; ndonjë ditë 어느 날; nga dita në ditë 나날이, 날마다; çështje e ditës 화젯거리; do të ta them ndonjë ditë 언젠가 말해 줄게 ② 일광(日光); bëhet ditë 날이 밝아온다
dita-ditës [부] 날마다, 나날이
ditëgjatë [형] 수명이 긴, 오래 지속하는
ditëlindje [여] 생일; urime për ditëlindjen! 생일 축하합니다!
ditë-punë [여] 1일 근무 시간 수, 하루의 노동 시간
ditëshkurtër [형] 수명이 짧은, 단명한
ditëzi [형] 불운한, 불행한 ― [남] 불쌍한 인간
ditor [형] 매일의, 나날의; pagë ditore 일당, 일급

ditur [형] 학식 있는, 박학한; bëj të ditur 알리다
dituri [여] 지식, 학식
div [남] 거인
divan [남] 긴 의자, 소파
diversant [남] (정치적) 편향[일탈]자, 파괴[반정부] 활동가
diversion [남] [군사] 파괴 활동
divizion [남] [군사] 사단
divorc [남] 이혼; bëj divorc 이혼시키다
divorcohem [동] 이혼하다
dizenjator [남] 제도공, 도안가, 디자이너
dizenteri [여] [병리] 이질
djalë [남] ① 젊은 (사내) 녀석; djalë i mirë 괜찮은 놈; djalë i ri 젊은이 ② 아들, 자식; djalë i vetëm 독자, 외아들
djalëri [여] 젊음, 청춘
djalosh [남] 젊은이, 청춘기의 사람
djaloshar [형] 젊은, 청춘기의, 청년의
djall [남] ① 악마, 마귀; në djall të vesh! 지옥에나 떨어져라!, 뒈져라!; djalli ta marrë! 빌어먹을, 제기랄! ② ç'djall ke? 네가 원하는 게 도대체 뭐야?
djallëzi [여] 악행, 악의; me djallëzi 악마와도 같이, 악의를 품고
djallëzisht [부] 악마와도 같이, 악의를 품고
djallëzohem [동] 악의가 생기다, 심술궂어지다
djallëzoj [동] 악의 있게 하다, 심술궂게 하다
djallëzor [형] 악마 같은, 극악한
djallëzuar [형] 악의 있는, 심술궂은
djallush [남] 심술꾸러기
djallos [동] (일을) 망치다
djathë [남] 치즈; djathë i bardhë 페타치즈 (양이나 염소의 젖으로 만드는 흰색의 부드러운 그리스 치즈)
djathtas [부] 오른쪽에, 오른쪽으로

djathtë [형] 오른쪽의; dora e djathtë 오른손; ana e djathtë 오른쪽, 오른편

dje [부] 어제; dje mbrëma 어젯밤

djeg [동] ① (불)태우다; 그슬리다; (끓는 물 따위에) 데게 하다; djeg dorën 손에 화상을 입다; djeg bukën [mishin] 빵[고기]를 굽다 ② ato fjalë më dogjën 그런 말은 내 감정을 몹시 상하게 한다

djegës [형] ① 통렬한, 고통을 주는, 찌르는 듯한 ② 가연성의, 불타기 쉬운; bombë djegëse 소이탄; lëndë djegëse 가연물, 연료

djegësirë [여] ① 통렬함, 찌르는 듯함 ② [병리] 가슴앓이, 속쓰림

djegie [여] ① (불 따위에) 탐; djegie nga dielli 햇볕에 탐 ② (끓는 물 따위에) 뎀 ③ [병리] 가슴앓이, 속쓰림 ④ 연소 (작용); motor me djegie të brendshme 내연 기관

djegshëm [형] 가연성의, 불타기 쉬운

djegur [여] 뎀, 화상

djem [남·복] [djalë의 복수형] 젊은 사내들

djemuri [여] 젊은이들, 청년들

djep [남] 요람, 유아용 침대

djersë [여] 땀, 발한

djersis [동] → dërsij

djersitem [동] → dërsihem

djersitje [여] → dërsitje

djersitur [형] 땀이 나는, 땀에 젖은

djerr [형] (토지를) 갈지 않은, 개간하지 않은, 황폐한; e lë tokën djerr 토지를 개간하지 않고 황폐한 채로 두다

djeshëm [형] 어제의

djeshme [여] 어제, 어젯밤; 과거, 지난 날

do[1] [동] → dua

do[2] [소사] [가정·미래의 뜻을 더하는 소사] ~할[일] 것이

다; do të shkoj 나는 갈 것이다; do ta bëj 나는 그것을 할 것이다; do të shkoja, po të kisha kohë (나는) 시간이 있다면 갈 것이다

dobësi [여] 약함, 무력함

dobësim [남] 쇠약해짐, 야윔, 수척해짐

dobësohem [동] 약화되다; 야위다, 수척해지다; 힘을 잃다, 쇠약해지다

dobësoj [동] 약화시키다; 야위게 하다; 건강을 해치다

dobët [형] ① 약한, 쇠약한; pikë e dobët 약점 ② 야윈, 수척한, 마른 ③ (학생이) 성적이 나쁜, 과목에 취약한; i dobët në gramatikë 문법 실력이 약한

dobi [여] 유용, 유익, 효용, 이익, 이득; cila është dobia e saj? 그것이 유익한 점이 무엇인가?; me dobi 유용하게; pa dobi 쓸모 없는, 헛된

dobiç [남] 서자, 사생아

dobiprurës [형] 공리주의의, 실리주의의

dobishëm [형] 유용한, 이득이 되는, 이로운, 유리한; bëj të dobishëm 쓸모 있게 하다, 도움이 되게 하다

docent [남] (대학의) 강사

doç [남] → **dobiç**

doemos [부] 반드시, 꼭, 절대로, 틀림없이

doganë [여] ① 관세; taksë dogane 관세; pa doganë 관세 없이, 면세로 ② 세관

doganier [남] 세관원

doganor [형] 관세의, 관세에 관한

dogmë [여] ①교의, 교리, 교조 ② 독단적 견해

doja [동] (> **dua**) 나는 ~하고 싶다; doja të dija 나는 알고 싶다; do të doja më mirë që ~ 나는 (차라리·오히려) ~였으면 좋겠다

dok [남] ① 즈크, 데님 ② [항해] 독, 선거(船渠)

doke [여·복] (사회적) 관습, 관행

dokërr [여] 시시한 생각, 어리석은 짓; them dokrra 쓸데없는 말을 하다

doktor [남] ① 의사 ② doktor i shkencave 박사

doktoratë [여] 박사 학위; marr doktoratën 박사 학위를 취득하다

doktrinë [여] 교의, 교리, 주의

dokument [남] 문서, 기록(물); dokumente zyrtare 공문서

dokumentacion [남] 증거 자료

dokumentar [남] 기록 영화, 다큐멘터리

dokumentoj [동] 증거 자료를 첨부하다, 문서로 증명하다

dola [동] (> dal) 나는 나왔다; 나는 나갔다

doli [동] (> dal) 그(녀)는 나왔다; 그(녀)는 나갔다

dollak [남] 각반(脚絆)

dollap [남] ① 찬장, 식기대 ② 벽장 ③ dollap për libra 책장; dollap rrobash 양복장, 옷장; dollap kafeje 커피 로스터

dollar [남] [화폐의 단위] 달러

dolli [여] 건배, 축배; ngre një dolli 건배[축배]를 들다; ngre një dolli për (~을) 위해 건배를 제안하다

dollma [여] [요리] 속을 채운 양배추 또는 포도나무 잎

domate [여] [식물] 토마토

domethënë [접] 즉, 바꿔 말하면

domethënie [여] 의미, 뜻

domino [여] 도미노 (게임)

dominoj [동] 지배하다, 위압하다, 우위를 차지하다

dominues [형] 지배적인, 압도적인

domosdo [부] 물론, 당연히; me domosdo 절대로, 틀림없이

domosdoshëm [형] 없어서는 안 되는, 필요 불가결한

domosdoshmëri [여] 꼭 필요함, 필요 불가결함

doni [여] (> dua) 당신은 원한다, 당신이 좋아한다; çfarë doni? 무엇을 원하십니까?; doni gjë tjetër? 그밖의 다른 걸 원하는 것 있으십니까?; si të doni 원하시는대로 (하세요),

po të doni 원하신다면
dorac [남] 외팔이, 손이 하나인 사람
dorashkë [여] 장갑; dorashka lëkure 염소 가죽 장갑
dordolec [남] 허수아비
dorezë [여] ① 손잡이; dorezë dere 문 손잡이 ② 장갑, 글러브; dorezë boksi 권투 장갑 ③ (칼 따위의) 자루
dorë [여] ① 손; kyçi i dorës 손목; shkruar me dorë 손으로 쓴, 육필의; i bërë me dorë 손으로 만든; i shtrëngoj dorën dikujt, i jap dorën dikujt ~와 악수하다; dorë për dore 손에 손잡고; dorë më dorë 손으로, 손을 거쳐; me dorën e vet 자기 손으로; punë dore 바느질 (제품) ② 팔 ③ 영수증; 인증서 ④ (품)질; i dorës së parë 일류의, 최상의; i dorës së dytë 이류의, 둘째 가는; këso dore 이런 종류의 ⑤ 한 움큼, 한 손 가득; një dorë miell 밀가루 한 움큼 ⑥ dora vetë 그(녀) 스스로; paguaj me lekë në dorë 현금으로 치르다; heq dorë 포기하다, 단념하다; i jap dorën e fundit 끝손질을 하다, 마무리 작업을 하다; vë dorë mbi dikë ~에게 손을 대다; vë dorën në zemër 동정심을 갖다, 불쌍히 여기다; i nder[shtrij] dorën dikujt ~에게 손을 내밀다; e shtrëngoj dorën 인색해지다, 너무 아끼다; lë pas dore 무시하다; më iku nga duart 그는 내 손에서 빠져나갔다; më ra në dorë 그는 내 수중에 맡겨졌다; letra juaj më ra në dorë 나는 당신의 편지를 받았습니다; kam dorë të lehtë 손재주가 있다; me sa kam në dorë 내가 할 수 있는 만큼; kjo është në dorën tuaj 그건 네게 달려 있다; më vjen dore 솜씨가 좋아지다; i jap dorën dikujt ~을 도와주다
dorëhapur [형] 활수한, 후한, 아낌없이 주는
dorëheqje [여] 사직, 사임; jap dorëheqjen 사직하다, 사임하다
dorëlehtë [형] 손재주 있는, 솜씨가 좋은
dorëlëshuar [형] → dorëhapur

dorëmbarë [형] 행운의, 운 좋은; jam dorëmbarë 나는 운이 좋다
dorëprapë [형] 운이 나쁜
dorëprerë [형] 손이 하나인, 한 손의
dorëshkrim [남] 손으로 쓴 것; 육필; 원고
dorëshpuar [형] → dorëhapur
dorështrënguar [형] 인색한, 구두쇠의, 너무 아끼는
dorëtharë [형] 손재주가 없는, 솜씨가 나쁜, 서투른
dorëthatë [형] 빈 손의
dorëz [여] 손잡이, 자루; dorëz havani 절굿공이, 막자
dorëzanë [남] 보증인; bëhem dorëzanë (për dikë) (~의) 보증인이 되다
dorëzani [여] 보석(금), 담보(물)
dorëzim [남] ① 배달, 배송, 인도; dorëzim malli 상품의 배송; dorëzim bagazhi 수하물의 탁송 ② (도시·요새의) 함락 ③ (군대의) 항복 ④ (범죄자의) 본국 인도[송환]
dorëzohem [동] 항복하다
dorëzoj [동] ① (상품을) 배달하다, 배송하다, 인도하다; 탁송하다 ② (도시·요새를) 함락시키다 ③ (범죄자를) 본국으로 인도[송환]하다
dosar [남] → dosje
dosë [여] 암퇘지
dosido [부] 그럭저럭, 되는대로; bëj një punë dosido 일을 망치다
dosje [여] 서류(철), 폴더
dot [소사] nuk e bëj dot 나는 그것을 할 수 없다
dozë [여] (약의) 1회 복용량
dragë [여] 눈사태
dragua [남] ① 용(龍) ② 용감한 사람, 용사
dramatik [형] 극적인
dramaturg [남] 극작가

dramë [여] 희곡, 각본

drapër [남] (곡식 수확용) 낫

dre [남] [동물] 사슴; dre i veriut 순록

dredh [동] ① 꼬다, 짜다; dredh leshin 양털을 꼬다 ② (동그랗게) 말다; dredh një cigare 담배를 말다 ③ (머리털을) 곱슬곱슬하게 하다; dredh flokët 머리를 지지다, 컬하다

dredha-dredha [부] 구불구불, 비비 꼬여

dredharak [형] ① 구불구불한, 비비 꼬인 ② 교활한, 간교한, 약삭빠른

dredhë [여] 굽이, 구불구불함, 방향 전환, 커브, 꼬임; dredhë e rrugës 길목, 길이 구부러지는 곳

dredhëz [여] [식물] 담쟁이덩굴

dredhi [여] 교활, 간교, 약삭빠름; me dredhi 교활하게, 간교하게

dredhoj [동] 얼버무리다, 속이다

dregë [여] (상처 위에 생기는) 딱지

drejt [전] (~을) 향하여; drejt majave më të larta 정상을 향하여 — [부] ① 똑바로, 곧바로; shko drejt 똑바로 가다; drejt e në fytyrë 정면으로; rri drejt! 똑바로 일어서!; me kokën drejt 머리를 꼿꼿이 세우고 ② (올)바르게; veproj drejt 올바르게 행동하다

drejtë[1] [형] ① 똑바른; kënd i drejtë [수학] 직각 ② 바른, 옳은, 정당한; kam të drejtë 내가 옳다; veprim i drejtë 정당한 행동; dënim i drejtë (나쁜 짓에 대한) 응보, 당연히 받아야 할 벌

drejtë[2] [여] ① 권리; kam të drejtë të ~할 권리가 있다; i mohoj të drejtat dikujt ~한테서 권리를 빼앗다 ② (정당한) 이유, 권리; me ç'të drejtë? 무슨 이유[권리]로?; nuk keni të drejtë të ankoheni 당신은 불평할 만한 정당한 이유가 없소; e drejta e autorit 저작권, 판권 ③ 진실(성); ç'është e drejta 사실을 말하자면 ④ kam të drejtë 도리

에 맞다, 옳다; e drejta civile 민법

drejtësi [여] ① 정의, 정당; veproj me drejtësi 정의롭게 행동하다 ② 법(률); Fakulteti i Drejtësisë (대학의) 법학부; Ministria e Drejtësisë 법무부; studjoj për drejtësi 법학을 공부하다

drejtësisht [부] 정당하게, 공정하게, 올바르게

drejtëz [여] [수학] 직선

drejtim [남] ① 방향, 진로; mbaj drejtimin 같은 노선을 유지하다; ndërroj drejtim 방향을 바꾸다, 노선을 전향하다 ② (기업의) 경영, 관리

drejtkëndësh [남] [수학] 직사각형

drejtohem [동] ① 갈 길을 가다, (~으로) 향하다; u drejtuam për në fshat 우리는 그 마을로 향했다 ② (도움 따위를 청할 목적으로) (~에게) 가다; i drejtohem dikujt për ndihmë ~에게 도움을 청하다; i drejtohem avokatit 변호사를 찾다 ③ (편지가) (~에게) 보내지다, ~앞으로 되다 ④ 똑바르게 되다 ⑤ (자동차가) 운전되다

drejtoj [동] ① 똑바르게 하다; drejtoj trupin 몸을 꼿꼿이 하다 ② (기업을) 경영하다, 관리하다 ③ (일을) 지도하다, 지휘하다 ④ (자동차를) 운전하다; (선박을) 조종하다 ⑤ (편지 겉봉에) 주소를 쓰다

drejtor [남] 지도자, 감독, 관리자, 운영자; drejtor shkolle 학교장

drejtori [여] 지도자[관리자]의 사무실

drejtpeshim [남] 균형, 평형

drejtpeshoj [동] 균형[평형]을 잡다

drejtpërdrejt [부] 똑바로, 곧바로

drejtpërdrejtë [형] 똑바른, 곧바른

drejtpërsëdrejti [부] 똑바로, 곧바로

drejtshkrim [남] 정서법, 철자법

drejtshkrimor [형] 정서법의, 철자법의; fjalor drejtshkrimor

정자법 사전

drejtues [남] 지도자, 장(長), 리더; drejtues orkestre (오케스트라의) 지휘자

drejtueshëm [형] 조종할 수 있는; 똑바르게 할 수 있는

drekë [여] ① 점심, 오찬, 정찬; ha drekë 점심[오찬·정찬]을 들다; ftoj dikë për drekë ~을 오찬에 초대하다 ② 한낮, 정오 무렵; në drekë 한낮에, 정오 (무렵)에; para dreke 오전에; pas dreke 오후에

drekëherë [부] 한낮에, 정오 (무렵)에

drekohem [동] 점심[오찬·정찬]을 들다

drekoj [동] 점심[오찬·정찬]을 들다

dremis [동] (꾸벅꾸벅) 졸다

dremitje [여] 졸음, 졸기

drenushë [여] 암사슴

dreq [남] → djall

dridhem [동] 흔들리다, 떨다; dridhem nga të ftohtit 추위로 떨다; dridhem nga frika 공포로 전율하다

dridhje [여] 떨림, 전율, 진동

dridhmë [여] → dridhje

dritare [여] 창문; kanatë dritareje 창 덧문, 창 셔터

dritë [여] 빛; dritë dielli 햇빛, 일광; dritë elektrike 전등빛, 전광; dritë e hënës 달빛, 월광; drita e syrit 시각, 바람; rreze drite 광선

dritëshkurtër [형] 근시안적인, 선견지명이 없는

drithë [남] 곡물, 시리얼

drithërohem [동] (벌벌) 떨다

drithëroj [동] 무섭게 하다, 겁을 주다

drithëruar [형] (벌벌) 떠는

drithmë [여] 떨림, 전율; më hyjnë drithmat 공포로 전율하다

drithnik [남] 곡물 창고

drizë [여] [식물] 찔레; 가시 돋친 관목

drobis [동] 과로시키다, 완전히 지치게 하다
drobitem [동] 과로하다, 완전히 지치다
drobitje [여] 약함, 무력함, 지침
drojë [여] 수줍음; me drojë 수줍게, 부끄러워하며; ha pa drojë! 마음 편하게 하세요!
dru [남] 목재; dru zjarri 장작, 땔나무; dru mogani [식물] 마호가니; dru i krimbur 벌레 먹은 나무; lëndë druri 재목(材木); qymyr druri 목탄, 숯; fushë drush 목재를 쌓아 놓는 곳; prej druri 나무로 된, 목재의
druaj [동] 수줍어하다, 겁내다; mos u druaj! 편하게 하세요
druajtje [여] → drojë
druajtur [형] 수줍은
druhem [동] (~ 때문에) 수줍어하다, 겁내다; nuk druhem nga vështirësitë 곤경을 두려워하지 않는, 어려움에도 끄떡없는
drunor [형] 나무의, 목재의, 목질의
drunjtë [형] 나무로 된, 목재의, 목질의
druprerës [남] → druvar
druvar [남] 나무꾼, 벌목꾼
dry [남] 자물쇠, 맹꽁이자물쇠; mbyll me dry 자물쇠로 잠그다
dua [동] ① 좋아하다; i dua shumë librat 나는 책을 매우 좋아한다; dua më shumë 내가 가장 좋아한다; si të duash 네가 좋아하는 대로 ② 사랑하다; i dua prindërit [atdheun] 자기의 부모[조국]를 사랑하다; dua një vajzë 한 소녀를 사랑하다 ③ 원하다, 필요로 하다; nuk dua gjë 나는 아무것도 필요 없다; dua diçka ~을 필요로 하다, 원하다; dua të flas me të 나는 그(녀)에게 말하고 싶다 ④ ~하려 하다; doja të të telefonoja 네게 전화하려 했어 ⑤ 찾다, 구하다; të do babai 네 아버지가 너를 찾고 있어 ⑥ 바라다, 소망하다; kush të dojë le të ikë 가고 싶은 사람은 (누구든지) 가도 돼; bëj si të duash 하고 싶은 대로 해
duaj [남·복] (곡물의) 단, 다발, 묶음

duajlidhës [남] (곡물의) 단을 묶는 기계

duar [복] (> dorë) 손들, 여러 개의 손

duarkryq [부] 팔짱을 끼고; rri duarkryq 팔짱만 끼고 있다, 수수방관하다

duarlidhur [부] → duarkryq

duarplot [부] 손에 (물건을) 한아름 들고

duartrokas [동] 손뼉치다, 박수치다

duartrokitje [여] 손뼉치기, 박수

duartharë [형] 서투른, 어색한

duarthatë [부] 빈 손으로

dublant [남] 임시 대역 배우

dublikatë [여] 사본, 복제

duel [남] 결투, 도전; bëj duel 결투하다; ftoj në duel 도전하다

duf [남] 격노, 분노; shfrej dufin 화풀이하다

duhan [남] 담배; kuti duhani 담뱃갑; pi duhan 담배 피우다; ndalohet duhani! 흡연 금지, 금연!; pirës duhani 흡연자

duhanshitës [남] 담배 파는 사람

duhantore [여] 담배 가게

duhem [동] ① 필요로 되다, 필요해지다; ~해야 하다; (më) duhet të shkoj 나는 가야 한다; më duhet të shkoja në shkollë 나는 학교에 가야 했다; duhet të prisni deri sa të kthehet 그가 돌아올 때까지 좀 기다려야 한다; duhet të themi se ~ ~이라고 말할 필요가 있다, ~이라고 말해야 한다; duhet durim 인내심을 좀 가져야 된다; siç duhet 당연히 ② (~와) 사랑하다; duhemi 서로 사랑하다 ③ ty s'ka ç'të duhet 네가 상관할 일이 아니야

duhur [형] 당연히 ~해야 할, 필요한, 요구되는; në kohën e duhur 때가 오면; marr masat e duhura 필요한 조처를 취하다; me respektin e duhur 온당한 고려 사항을 모두 고려하여

duke [소사] 현재 진행되는 동작이나 상태를 나타내는 소사;

duke marrë parasysh (~을) 고려함; e gjeta duke shkruar 나는 그가 글을 쓰고 있는 것을 보았다[발견했다]; është duke ~하는 중임; duke bërë (행동을) 함; duke folur në mbledhje, ai tha 그가 말한 것을 회의에서 말하기

dukem [동] ① 나타나다, 보이다; mos u duk më këtu! 여기 나타나지 마! ② ~라고 생각되다; më duket se ~ (내 생각에는) ~인 것 같다; duket se ~ ~인 것 같다; më duket se po 나는 그렇게 생각해 ③ (~하게) 보이다, ~인 것 같다; duket më i ri se ç'është 그가 더 젊어보인다; ajo donte të dukej elegante 그녀는 스마트해 보이기를 원했다; do të dukesh i ndershëm 너는 정직해 보이기를 원한다; dukem si ~인 것처럼 보이다; si ju duket kjo pikturë? 이 그림 어때요?; duket se do të bjerë shi 비가 올 것 같다; kërkoj të dukem 과시하다, 자랑삼아 보이다; me sa duket, siç duket 아마, 생각건대; duket sheshit (ashiqare) 분명하다

dukë [남] (귀족의 작위 중) 공작

dukje [여] 외모, 외양, 겉모습; në dukje 겉보기에는; vë në dukje diçka ~을 나타내다, 드러내다, 지적하다

dukshëm [형] 눈에 보이는, 명백한, 분명한; në mënyrë të dukshme 분명히, 명백하게

dukuri [여] [물리] 현상

duq [남] 담배 꽁초

durim [남] 인내(심); bëj durim 인내하다; s'kam durim 인내심이 부족하다, 참지 못하다; humbas durimin 인내심을 잃다, (더 이상) 참지 못하다

durohet [동] 참을성을 갖다, 인내하다; kjo s'durohet 그건 참을 수가 없다

duroj [동] 인내심을 가지다, 참다, 버티다; duroj të ftohtët 추위를 견디다; duroj një fyerje 상처를 참고 견디다; s'e duroj dot 나는 더 이상 그를 참고 봐줄 수가 없다; nuk

duroj dot më 나는 (~하기를) 견딜 수 없다
durueshëm [형] 참을 수 있는, 견딜 만한
dush [남] ① 샤워; bëj një dush 샤워를 하다 ② 비난, 힐책; ha një dush 꾸지람을 받다; i jap një dush dikujt ~에 대해 힐책하다
dushk [남] [식물] 오크 (떡갈나무류)
dushkajë [여] 떡갈나무숲
dushkull [남] [식물] 피스타치오
duvak [남] (신부가 쓰는) 면사포
duzinë [여] 1다스, 12개
dy [수] 둘 (2); të dy 둘 다; të dy pjesët 그 두 부분; dy herë 두 번, 두 차례; dy herë katër 2 곱하기 4; dy nga dy 두 개씩, 쌍으로; rreshtohemi për dy 두 줄로 서다
dyanësh [형] 양면의
dyanshëm [형] 쌍방의; marrëveshje e dyanshme 쌍방 합의
dybek [남] 교유기(攪乳器)
dybrinjënjëshëm [형] [수학] 이등변의
dyer [여·복] [derë의 복수형] 문들; me dyer të mbyllura 비밀리에, 밀실에서
dyfaqësh [형] [수학] 2변[면]의
dyfek [남] → pushkë
dyfish [형] 두 배의, 갑절의 — [부] 두 배로; kushton dyfish 그것은 값이 두 배다 — [남] 두 배; dyfishi i rrugës 거리가 두 배
dyfishim [남] 배가(倍加), 배증(倍增)
dyfishohet [동] 두 배가 되다, 배가되다
dyfishoj [동] 두 배로 하다, 배가하다
dyfishtë [형] 이중의; me fund të dyfishtë 바닥이 이중으로 된; bëj jetë të dyfishtë 이중 생활을 하다
dygjuhësh [형] 2개 언어를 사용하는
dyjavor [남] 2주, 14일

dyjavor [형] 격주의, 반달마다의; periudhë dyjavore 2주의 기간; pagë dyjavore 2주에 한 번 주는 봉급

dykatësh [형] (건물이) 2층의; shtëpi dykatëshe 2층짜리 집

dykrenor [형] [생물] 쌍두(雙頭)의; shqiponja dykrenore 쌍두의 독수리 (알바니아의 국장(國章)에 그려져 있음)

dykrerësh [형] [생물] 쌍두의, 머리가 둘 달린

dylben [남] (얇은) 수건, 베일

dylbi [여] (휴대용) 쌍안경; dylbi teatri (관극용의 작은) 쌍안경

dyluftim [남] 결투, 1대 1의 싸움

dyllë [남] 밀랍, 밀초, 왁스; dyllë bletësh 밀랍; dyllë i kuq 봉랍(封蠟); prej dylli 밀랍[초]을 바른

dyllos [동] 밀랍[왁스]을 바르다, 밀랍[왁스]으로 봉하다; dyllos një letër 편지를 초로 봉하다

dyllosje [여] (초로) 봉하기

dymbëdhjetë [수] 십이 (12) — [형] 제 12의, 열두번째의

dymujor [형] 두 달(간)의

dyndem [동] 밀려오다, 몰아치다, 쇄도하다, 엄습하다

dyndje [여] 밀려듦, 쇄도; dyndjet e barbarëve 야만인들의 무리가 밀려옴

dyngjyrësh [형] 두 가지 색으로 된

dynja [여] → botë

dynym [남] [면적의 단위] 1/10 헥타르

dypalësh [형] 쌍방의; marrëveshje dypalëshe 쌍방 합의

dyqan [남] 가게, 상점; dyqan buke 제과점, 빵집; dyqan ushqimesh 식료품점

dyqanxhi [남] 가게 주인; (소매) 상인

dyqind [수] 이백 (200)

dyqindvjetor [남] 200년마다의

dyrrokësh [형] 2음절의

dyst [부] 부드럽게, 매끄럽게; i kam punët dyst 일이 매끄럽

게 잘 진행되고 있다

dystë [형] ① (옷이) 수수한, 단색의, 장식 없는 ② (길이) 평탄한, 고른

dystim [남] 평탄하게 하기, 고르게 하기

dystoj [동] 평평하게 하다, 고르다

dysh [남] ① 둘, 숫자 2; më dysh 두 부분으로 ② 잔돈, 푼돈; jam pa një dysh 무일푼이다; s'vlen një dysh 전혀 가치가 없다

dysh [부] 두 부분으로, 반으로; pres më dysh 반으로[둘로] 자르다; ndaj më dysh 양분하다, 이등분하다

dyshek [남] 매트리스; dyshek kashte 짚을 넣은 요; këllëf dysheku (매트리스의) 잇

dysheme [여] 방바닥, 마루; shtrim dyshemeje 바닥 깔기

dyshim [남] 의심, 의혹; pa dyshim 의심의 여지 없이, 분명히, 명백하게, 확실히; me dyshim 의심하여, 불확실하게; jam në dyshim 의심하고 있다; kam dyshim për dikë ~ 을 의심하다

dyshimtë [형] 의심하는, 의혹을 품은; njeri i dyshimtë 용의자, 의심되는 인물

dyshkolonë [부] [군사] 2열 종대로

dyshoj [동] 의심하다, 의혹을 품다

dyshues [형] 의심을 품고 있는 — [남] 의심 많은 사람

dytë [형] 제 2의, 둘째의; së dyti 둘째로

dythundrak [형] [동물] 발굽이 둘인

dythundrakë [남·복] [동물] 발굽이 둘인 동물들

dyvjeçar [형] 2년(간)의

dyzet [수] 사십 (40)

dyzetë [형] 제 40의, 사십번째의

dyzim [남] ① 복사, 복제 ② (두 가지 가능성 사이에서) 망설임

dyzoj [동] ① 두 배로 하다 ② 망설이다, 동요하다

Dh

dha [동] (> jap) 그(녀)는 주었다
dhallë [여] 버터밀크 (버터를 빼고난 우유)
dhanore [여] [문법] 여격
dhaskal [남] → mësues
dhashë [동] (> jap) 나는 주었다
dhe [남] ① 땅, 지면; shtie në dhe (땅에) 묻다; nxjerr nga dheu 발굴하다, 파내다 ② 나라; shkoj në dhe të huaj (타국으로) 이주하다
dhe [접] 그리고, ~와
dhelparak [형] 교활한, 간교한
dhelpër [여] ① [동물] 여우 ② dhelpër e vjetër 간교한 사람
dhelpëri [여] 교활, 간교
dhelpërisht [부] 교활하게, 간교하게
dhemb [동] 아파하다, 고통스러워하다; më dhemb koka 나는 머리가 아프다, 두통이 있다
dhembje [여] 아픔, 고통, 통증; dhembje barku 복통, 배앓이; dhembje dhëmbi 치통; dhembje koke 두통; dhembjet e lindjes 산고(産苦), 출산의 고통; kam dhembje 고통스럽다, 아프다
dhembshëm [형] 아픈, 고통스러운
dhembshur [형] 애정 있는; 인정 있는, 상냥한, 온정 있는
dhembshuri [여] 애정, 다정, 친절; me dhembshuri 애정을 품고, 다정하게
dhen [남·복] [동물] 양(羊); vathë për dhen 양우리, 양사(羊舍)

dhentë [형] ① 양의, 양 같은 ② 양모의, 모직의

dhera [남·복] dhe의 복수형

dhespot [남] [기독교] 주교

dhëmb [남] ① 이, 치아; dhëmb që luan 이가 흔들리다; dhëmbët e përparmë 앞니; dhëmbët e sipërm 윗니; dhëmbët e poshtëm 아랫니; dhëmbi i pjekurisë 사랑니; dhëmb i prishur 썩은 이; dhëmbët e qumështit 젖니; dhëmbi i syrit (i qenit) 송곳니; dhëmb i vënë 틀니; mish i dhëmbëve 잇몸, 치은; dhëmbë të vëna (한 사람이 가진) 치아의 한 벌; dhëmbë elefanti 코끼리의 엄니; furçë dhëmbësh 칫솔; heqje dhëmbi 발치(拔齒), 이 뽑기; mbushje dhëmbi [치과] 충전(充塡); dhëmb për dhëmb 이에는 이(로 하는 복수); i tregoj dhëmbët dikujt 이를 드러내다, 적의를 보이다; zbardh dhëmbët 낄낄 웃다 ② 톱니

dhëmballë [여] 어금니

dhëmbërënë [형] 이가 없는, 이가 빠진

dhëmbës [남] 갈퀴, 써레

dhëmbëz [여] (톱니바퀴 따위의) 이; dhëmbëza-dhëmbëza 톱니가 있는, 들쭉날쭉한

dhëmbëzoj [동] 톱니 모양의 자국을 내다

dhëmbëzuar [형] 톱니 모양의 (자국이 난); rrotë e dhëmbëzuar 톱니바퀴

dhëmbor [형] 이의, 치과의

dhëndër [남] ① 신랑 ② 사위

dhënë [여] ① 자료; të dhëna (복수형으로) 자료; të dhëna ekonomike 경제 자료[데이터] ② 정보; kemi të dhëna se ~ 우리는 ~이라는 정보를 갖고 있다

dhënë [jap의 과거분사형] 주어진, 제공받은; kam dhënë 나는 받았다 — [형] 전념하는; 열정적으로 좋아하는; i dhënë pas muzikës 음악을 좋아하는

dhënës [남] 주는 사람, 수여자, 증여자

dhënie [여] 줌, 수여; dhënie titulli [diplome] 칭호[졸업장]의 수여

dhi [여] 암염소; dhi e egër 야생 (암)염소

dhiatë [여] [기독교] 성서; Dhiata e Re 신약성서; Dhiata e Vjetër 구약성서

dhimbet [동] (~에 대해) 인정을 보이다, 자비심을 갖다, 불쌍히 여기다

dhimbshëm [형] 인정 많은, 동정심 있는, 불쌍히 여기는

dhiqel [남] 괭이

dhisk [남] 쟁반; dhisk çaji 찻쟁반; dhisk kafeje 커피 쟁반

dhitem [동] [속어] 똥누다, 변을 보다

dhjak [남] [가톨릭] 부제(副祭)

dhjamë [남] 지방, 기름기; dhjamë lope 암소 기름; dhjamë derri 돼지 기름; me dhjamë 기름기 많은; vë dhjamë 지방이 많아지다, 살찌다, 뚱뚱해지다 — [형] 기름기[지방]가 많은

dhjes [동] [속어] 똥누다, 변을 보다

dhjetar [남] 십일조[10분의 1세] 징수원

dhjetë [수] 십 (10) — [형] 제 10의, 열 번째의 — [여] 십일조; 10분의 1세(稅); marr të dhjetën 십일조[10분의 1세]를 거두다

dhjetëditësh [남] → dhjetëditor

dhjetëditor [남] 열흘

dhjetëfish [부] 10배로 — [남] 10배[겹]

dhjetëfishim [남] 10배로 함, 10배 증가

dhjetëfishoj [동] 10배로 하다, 10배로 증가시키다

dhjetëmuajsh [형] 10개월의; foshnjë dhjetëmuajshe 생후 10개월 된 아기

dhjetërrokësh [형] 10음절의

dhjetësh [남] 다임, 파싱 (미국·영국 등지의 옛 동전); nuk kam asnjë dhjetësh 나는 푼돈도 없다

dhjetëshe [여] 십 (10)
dhjetëvjeçar [형] 10년(간)의 — [남] 10년(간)
dhjetëvjetor [남] 10주년
dhjetoj [동] 슷다, 제거하다, 고갈시키다; dhjetoj radhët e armikut 적을 죽이다
dhjetor [남] 12월 — [형] [수학] 십진법의; numër dhjetor 10진수
dhogë [여] → dërrasë
dhomë [여] ① 방; dhomë gjumi 침실; dhomë buke (가정 등의) 식당; dhomë pritjeje 거실; dhomë e miqve 객실; shok dhome 룸메이트 ② [기계] 실(室); dhomë e djegies [기계] (엔진의) 연소실 ③ Dhoma e tregtisë 상공회의소
dhrahmi [여] 드라크마 (그리스의 옛 화폐 단위)
dhunë [여] ① 침입; hyj me dhunë 침입하다 ② 폭력
dhunim [남] ① 침입; dhunim banese (불법) 주거 침입 ② 폭력
dhunoj [동] 폭력을 쓰다; 강간하다
dhunues [남] 폭력을 쓰는 사람; 강간범
dhunti [여] (특수한) 재능, 소질
dhuratë [여] 선물; dhuratë martese 결혼 선물
dhurim [남] 기부, 기증; dhurim gjaku 헌혈
dhuroj [동] 주다, 선물하다, 기부[기증]하다
dhurues [남] 주는 사람, 기부[기증]자; dhurues gjaku 헌혈하는 사람

E

e¹ [한정사] (복수형 : të) [주격 여성 단수형 명사를 표시] vajzë e mirë 선량한 소녀; djem të mirë 선량한 소년들; e ëma 그(녀)의 어머니; të motrat 그(녀)의 자매들

e² [대] [대격 인칭대명사] 그를, 그녀를; e takoj 나는 그(녀)를 만난다; nuk e kuptoj 나는 그것을 이해하지 못하겠다

e³ [접] 그리고, ~와[과]; ti e unë 너와 나

ecejake [여·복] (빈번한) 왕래, 오고 감

eci [동] 걷다, 가다; (일 따위가) 진행돼가다; eci në këmbë 걸어가다; eci shpejt i) 빨리 걷다 ii) 진행하다, 나아가다; punët ecin mirë 일이 잘 되고 있다; më ecën 일이 잘 된다, 행운이다, 운이 좋다

ecje [여] 걷기, 걸음

ecur [중] 걷기, 걸음

edukatë [여] ① 예법, 예절바름 ② 교육, 훈련

edukatore [여] 보육원 교사

edukim [남] 교육; 양육; 훈련

edukohem [동] 교육받다; 양육되다, 길러지다

edukoj [동] 교육하다; 양육하다, 기르다

edukuar [형] 교육을 잘 받은, 예절바른, 행실이 좋은

edhe [접] 그리고; ~도, 또한, 역시; shkova edhe unë 나도 갔다 — [부] 아직, 더; edhe më 아직 더; edhe një herë 한 번 더; edhe pse 비록 ~이지만; edhe ~ edhe ~ ~와 ~ 둘 다[모두]

efekt [남] 효과; me efekt 효과적인, 효과가 있는

egër [형] 야만적인, 미개한; 사나운, 흉포한

egërsi [여] 야만, 잔혹, 포악, 극악무도, 흉포
egërsirë [여] 야수(野獸)
egërsisht [부] 사납게, 흉포하게, 야만적으로
egërsohem [동] 사나워지다, 격노하다
egërsoj [동] 사납게 하다, 격노하게 하다
egoist [형] 이기적인, 자기 중심적인 - [남] 이기주의자, 자기 중심주의자
egoizëm [남] 이기주의, 자기 중심적임
Egjipt [남] 이집트
egjiptian [형] 이집트의 - [남] 이집트 사람
eja [감] 이리 와!
ekip [남] 단체, 무리, 그룹; [스포츠] 팀
ekonomi [여] ① 경제(학) ② 절약, 검약
ekonomik [형] 경제의, 경제적인, 경제학상의
ekonomikisht [부] 경제적으로
ekonomist [남] 경제학자
ekran [남] 화면, 스크린; 영사막; ekran televizori 텔레비전 화면
eksiq [부] → mangët
ekskavator [남] 굴착기
ekskursion [남] 소풍, 짧은 여행
eksperiencë [여] 경험, 체험; me eksperiencë 경험 있는
eksperiment [남] 실험, 시험
ekspert [남] 전문가 - [형] 숙련된, 전문가의, 노련한
eksplorim [남] 답사, 탐험 (여행)
eksplorohet [동] 탐험되다
eksploroj [동] 탐험하다, 답사하다
eksport [남] 수출
eksportoj [동] 수출하다
ekspozim [남] ① 전시, 진열 ② 드러냄, 노출
ekspozitë [여] 전시회
ekspozohem [동] 자신을 드러내다

ekspozoj [동] ① 전시하다, 진열하다 ② 드러내다, 노출하다
ekspres [형] ① 급행의 ② kafe ekspres 에스프레소 (커피)
ekstrem [형] 극단의, 극심한
ekuilibër [남] 평형, 균형
ekuipazh [남] (배의) 승무원
ekzaminim [남] 시험
ekzaminohem [동] 시험을 치르다
ekzaminoj [동] 시험을 치르게 하다, 테스트하다
ekzekutim [남] ① [음악] 연주 ② [법률] 사형 집행, 처형
ekzekutohem [동] ① [음악] 연주되다 ② 사형이 집행되다, 처형되다
ekzekutoj [동] ① [음악] 연주하다 ② 사형을 집행하다, 처형하다
ekzistencë [여] 존재, 생명
ekzistoj [동] 존재하다, 살다
ekzistues [형] 존재하는
elastik [형] 되튀는, 탄성 있는
elb [남] [식물] 보리
elbth [남] [병리] 다래끼
elefant [남] [동물] 코끼리
elegancë [여] 우아, 고상; 맵시 있음, 최신 유행에 따름
elegant [형] 우아한, 고상한; 맵시 있는, 최신 유행에 따른
elektoral [형] 선거의; fushatë elektorale 선거 운동; zonë elektorale 선거구
elektricist [남] 전기 기사
elektricitet [남] 전기
elektrifikim [남] 대전(帶電), 감전, 전화(電化)
elektrifikoj [동] 전기를 통하게 하다, 대전시키다
elektrik [남] 전기 에너지; elektrik xhepi (구어체에서) 손전등 — [형] 전기(성)의, 전기적인
elektrodë [여] ① 전극(電極), 전극봉(棒) ② 용접봉

element [남] 요소, 성분
elementar [형] 기본이 되는, 초보의
eliminim [남] 제거, 배제, 삭제
eliminoj [동] 제거하다, 배제하다, 삭제하다
elitë [여] (사회의) 엘리트(층)
elmaz [남] 유리 자르는 도구
e-mail [남] [컴퓨터] 이메일, 전자 우편
emancipim [남] 해방
emblemë [여] 상징, 표상, 엠블렘
embrion [남] 태아; 배(胚), 싹; në embrion 미완성의, 아직 성숙하지 않은
emër [남] ① 이름, 명칭; si e ke emrin? 이름이 무엇입니까? ② [문법] 명사 ③ 명성, 평판; kam emër të mirë 평판이 좋다; në emër të ~ ~의 이름으로, ~을 대신하여
emërim [남] 지명, 임명
emërohem [동] 지명되다, 임명되다
emëroj [동] 지명하다, 임명하다
emëror [형] ① 이름의, 명칭의; listë emërore 명부(名簿) ② rasa emërore [문법] 주격(主格)
emërtim [남] 명명, 명칭
emërtohet [동] 명명되다
emërtoj [동] 명명하다
emërues [남] [수학] 분모
emigrant [남] (다른 나라로 가는) 이민, 이주자
emigrim [남] (다른 나라로의) 이민, 이주
emigroj [동] (다른 나라로) 이민가다, 이주하다
emision [남] ① 방사, 내뿜음, 발산 ② (TV·라디오의) 프로그램
emocion [남] 감정, 정서
emocionohem [동] 흥분되다, 감정이 일어나다, 감동하다
emocionoj [동] 흥분시키다, 감정을 일으키다, 감동시키다

emocionues [형] 흥분시키는, 감동적인
emtë [여] 고모; e emta 그(녀)의 고모
enciklopedi [여] 백과사전
end¹ [남] [식물] 꽃가루, 화분
end² [동] (피륙 따위를) 짜다, 뜨다, 엮다
endacak [형] 유랑하는, 방랑하는, 떠도는, 배회하는; 유목민의
— [남] 유랑자, 방랑자, 배회하는 사람; 유목민
ende [부] 아직, 더
endem [동] 배회하다, 어슬렁거리다
endës [형] 짜는, 뜨는, 엮는; makinë endëse 직기(織機) —
[남] (천 등을) 짜는 사람
endje [여] ① 짜기, 뜨기, 엮기 ② 방랑, 유랑, 부랑
energji [여] 에너지
energjik [형] 정력적인, 원기 왕성한, 활기찬, 진취적인; masa energjike 단호한 수단, 과단성 있는 조치
energjikisht [부] 정력적으로, 원기 왕성하게, 활기 있게
enë [여] 기구, 용구; 그릇, 용기; enë kuzhine 주방 기구; enë qelqi 유리 제품; laj enët 설거지하다
engjëll [남] 천사
engjëllor [형] 천사의
engledisem [동] (구어체에서) 즐기다
enigmatik [형] 수수께끼 같은, 불가사의한, 알기 어려운
enigmë [여] 수수께끼
enkas [부] 고의로, 의도적으로
ent [남] (공공) 시설, 설립물
entuziazëm [남] 열광, 열의, 열중
entuziazmohem [동] 열광하다, 열중하다
entuziazmoj [동] 열광시키다, 열중시키다
entuziast [형] 열광적인, 열중하는
enjte [여] 목요일
epem [동] ① 구부러지다, 유연하다 ② 복종하다, 순순히 따르다

epërm [형] 위의, 상위의, 더 높은, 고등의; 우세한, 우위의
epërsi [여] 우세, 우월, 우위
epidemi [여] [의학] 유행병, 전염병
epilepsi [여] [병리] 간질
epokë [여] 시대, 시기
epror [형] (지위가) 상위의, 상급의, 상관의 — [남] 상관, 윗사람
epsh [남] 욕망, 육욕
epshëm [형] ① 구부러지기 쉬운, 휘기 쉬운, 유연한 ② 호색적인, 육욕을 탐하는, 외설적인, 음탕한
erdha [동] (> vij) 나는 왔다
erë [여] ① 바람; erë e lehtë 산들바람, 미풍; fryn erë 바람이 분다 ② 냄새; erë e keqe 악취, 불쾌한 냄새; me erë 냄새나는; marr erë 냄새를 맡다; i vjen era 냄새가 난다 ③ 시대, 시기; para erës së re 새로운 시대 이전에
erëza [여·복] 양념, 향신료
err [동] ① 어둡게 하다 ② 비참하게 하다, 재앙을 안겨 주다
erret [동] [비인칭] 어두워지다; po erret 어두워지고 있다; m'u errën sytë 나는 눈이 부셔 바로 보지 못했다
errësim [남] 어두워짐; 소등
errësirë [여] ① 어둠, 암흑 ② 불분명, 모호
errësohet [동] ① 어두워지다 ② 흐릿해지다, 불분명해지다
errësoj [동] ① 어둡게 하다 ② 불분명하게 하다, 모호하게 하다
errët [형] ① 어두운 ② (색깔이) 짙은 ③ 불분명한, 흐릿한, 모호한
esencë [여] 본질, 정수; 요점, 골자
esëll [부] ① 식전(食前)의, 공복의 ② 술이 깨어, 술 취하지 않아; bëhem esëll 술이 깨다
esperanto [여] 에스페란토 (자멘호프가 창안한 국제 인공어)
estetikë [여] 미학(美學)
estradë [여] 버라이어티 쇼
eshkë [여] 부싯깃

eshtër [여] 뼈
etapë [여] (변화하는 것의) 단계, 국면
etërt [남·복] ① [atë의 복수형] 아버지들 ② 선조들
etiketë [여] 라벨, 티켓, 표, 딱지; vë etiketë 표[딱지]를 붙이다
etiketohet [동] 라벨이 붙여져 표시되다
etiketoj [동] 라벨을 붙이다
etj (e të tjera의 준말로) (기타) 등등, ~등
etje [여] ① 목마름, 갈증; kam etje 목마르다; shuaj etjen 갈증을 해소하다 ② 열망, 갈망, 간절히 원함
etshëm [형] ① 목마른 ② 열망하는, 갈망하는, 간절히 원하는
etur [형] ① 목마른 ② 열망하는, 갈망하는, 간절히 원하는; i etur për gjak 피에 굶주린
ethe [여·복] (병으로 인한) 열, 열병; kam ethe 열병이 나다
ethshëm [형] 열이 있는, 열병이 난
evgjit [남] 집시, 로마 인
evidencë [여] 증거; në evidencë 뚜렷이, 증거로서
Evropë [여] 유럽
evropian [형] 유럽의 — [남] 유럽 사람
ezmer [형] 갈색 피부의, 거무스름한 피부색을 가진; vajzë ezmere 갈색 피부를 가진 사람

Ë

ëmbël [형] ① 단, 달콤한 ② (목소리가) 감미로운; 기분 좋은 － [부] 부드럽게, 온화하게
ëmbëlsi [여] ① 달콤함, 단맛; me ëmbëlsi i) 달콤하게 ii) 선율적으로 ② 부드러움, 온화함
ëmbëlsirë [여] 케이크, 사탕과자
ëmbëlsisht [부] 부드럽게, 온화하게
ëmbëlsohem [동] 달콤해지다
ëmbëlsoj [동] 달콤하게 만들다
ëmbëltore [여] 사탕 가게, 과자 가게
ëmë [여] 엄마, 어머니; e ëma 그(녀)의 어머니
ëndë [여] 즐거움, 기쁨; si ta ka ënda (네가) 좋을 대로
ëndërr [여] ① 꿈; ëndërr e keqe 악몽 ② 환각, 환영(幻影), 환상, 착각; rroj me ëndrra 꿈꾸듯이[환상에 빠져] 살다; ëndërr me sy hapur 백일몽, 공상
ëndërrim [남] 상상, 환상, 공상
ëndërroj [동] 꿈꾸다, 공상에 잠기다
ëndërrues [형] 꿈 같은; 환상[공상]의 － [남] 꿈꾸는 사람, 공상가
ënjt [동] 부풀게 하다; ënjt në dru dikë 멍이 들 정도로 누구를 흠씬 때려주다
ënjtem [동] 부풀다
ënjtje [여] 부풀기, 팽창
ënjtur [형] 부풀어 오른, 팽창한
është [동] (> jam) [3인칭 단수 현재형] ~이다, ~이 있다; kush është atje? 거기 누구요?, 누가 있소?

F

fabrikant [남] 제조업자, 공장주
fabrikë [여] 공장, 제조소, 설비; fabrikë birre (맥주) 양조장; fabrikë mielli 제분소; fabrikë sheqeri 설탕 제조소
fabrikohet [동] 생산되다, 제조되다
fabrikoj [동] 생산하다, 제조하다
faj [남] 과실, 잘못, 허물, 죄; i vë faj dikujt ~을 나무라다, 비난하다; bëj një faj 잘못을 저지르다
fajancë [여] 파양스 도자기 (프랑스제)
fajde [여] 고리대금, 폭리
fajdexhi [남] 고리대금업자
fajësi [여] 과실[죄]이 있음, 유죄임
fajësim [남] 죄를 씌움, 유죄로 함
fajësohem [동] 비난받다; 유죄로 인정되다
fajësoj [동] 비난하다, 나무라다; 죄를 씌우다, 유죄로 하다; 범죄를 고발하다
fajkua [남] [조류] 매
fajtor [형] 유죄의, 과실 있는, 책잡을 만한 — [남] 범죄자, 범인, 피고인
fakt [남] 사실; në fakt 사실은
faktoj [동] (사실로) 입증하다
faktor [남] 요소, 요인
fakultet [남] (대학의) 학부, 학과; Fakulteti i Inxhinierisë 공학부
fal [동] ① 용서하다; më fal(ni) 용서를 빕니다, 죄송합니다 ② 주다, 선사하다, 선물하다 ③ [법률] 무죄로 하다; [정치]

사면하다
fala [여·복] (안부) 인사; të fala vëllait 형한테 안부 전해줘
falas [부] 무료로, 공짜로
falem [동] ① 용서를 받다 ② [법률] 무죄 인정을 받다 ③ të falemnderit! 고마워요!
faleminderit [감] 고맙습니다, 감사합니다
falë [부] (~에게) 감사하게도, ~ 덕분에; falë aftësive të veta 그의 능력 덕분에
falënderim [남] 감사, 사의
falënderohem [동] 감사를 받다
falënderoj [동] 감사하다
falimentim [남] 파산, 도산
falimentoj [동] 파산하다, 도산하다
falje [여] 용서; 사면
fals [형] 틀린, 잘못된, 사실이 아닌
falsifikator [남] 위조자, 날조자, 거짓을 꾸미는 사람
falsifikim [남] 위조, 날조, 거짓을 꾸밈
falsifikoj [동] 위조하다, 날조하다, 거짓을 꾸미다
falsifikues [남] → falsifikator
falshëm [형] 용서할 수 있는, 용서할 만한
faltore [여] 신전, 사원
falur [형] 용서받은; 사면된 − [중] 용서; lyp të falur 용서를 구하다
fall [남] 길흉 판단, 운세 보기, 점; i shtie [i hedh] fall dikujt ~의 점[운세]을 봐주다
falltar [남] → fallxhi
falltare [여] → fallxheshë
fallxheshë [여] 여자 점쟁이
fallxhi [남] (남자) 점쟁이
fallxhore [여] → fallxheshë
famë [여] 명성, 명망

famëkeq [형] 악명 높은, 불명예스러운
famëmadh [형] 유명한, 저명한, 잘 알려진
familjar [형] ① 친한, 친밀한, 친숙한 ② 가족의; jetë familjare 가족 생활
familjarisht [부] 가족으로서
familjaritet [남] 친함, 친밀, 친숙
familjarizohem [동] (~에) 익숙해지다
familjarizoj [동] 친하게 하다; 익숙하게 하다
familje [여] 가족
famshëm [형] 유명한, 저명한, 잘 알려진
famulli [여] [기독교] 교구(敎區)
fanar [남] ① 등대 ② 랜턴, 제등(提燈)
fanatik [형] 광신적인, 열광적인 — [남] 광신자, 열광자
fanatizëm [남] 광신, 열광
fanellatë [여] (면(綿)) 플란넬
fanellë [여] 플란넬 제품, 내의, 셔츠; 저지 셔츠
fant [남] [카드놀이] 잭
fantastik [형] ① 공상의, 환상적인 ② 믿을 수 없는
fantazi [여] 상상, 공상, 환상
fantazmë [여] 유령, 환영(幻影)
faqe [여] ① 볼, 뺨; 얼굴; njeri me dy faqe 두 얼굴을 가진 사람, 위선자; i nxij faqen (~의) 망신이다, 명예 훼손이다 ② 쪽, 페이지 ③ 베갯잇 — [전] (~의) 면전에서, 정면에서; (~을) 마주 대하여
faqebardhë [형] 성공적인; dalç faqebardhë 성공하기를 (빈다)
faqezi [형] 부정직한, 비열한
faqore [여] 플라스크, 납작한 휴대용 병
faqos [동] (책 등에) 페이지를 매기다, 지면을 배정하다, 레이아웃하다
faqosje [여] (책 등의) 페이지 매기기, 지면 배정, 레이아웃
far [남] 등대

fare [부] 전혀, 아주, 매우, 전적으로; fare e natyrshme 아주 자연스러운; fare mirë 매우 잘; fare i zi 완전히 검은; për fare 영원히

farefis [남] 친척, 친족

farefisni [여] 친척 관계

farë [여] ① 씨(앗) ② (요구르트 따위의) 효모, 발효소 ③ farë e keqe 나쁜 놈, 나쁜 종자

farkë [여] 단조(鍛造) 공장, 대장간

farkëtar [남] 대장장이

farkëtari [여] 대장간, 철공장

farkëtohet [동] 단조되다

farkëtoj [동] ① (쇠를) 벼리다, 단조하다 ② 형태를 만들다, 형성하다

farmaci [여] 약국

farmacist [남] 약사

faros [동] 뿌리 뽑다, 근절하다

fasadë [여] (건물의) 정면, 앞면

fasule [여] [식물] 콩

fashë [여] 띠, 밴드; 붕대

fashist [남] 파시스트, 파시즘 신봉자

fashitet [동] 가라앉다, 누그러지다

fashizëm [남] 파시즘

fashoj [동] 붕대를 감다, (상처 따위를) 싸매다

fat [남] 운명, 운; fat i mirë 행운; fat i keq 불운; me fat 운 좋은, 행운의; pa fat 운 나쁜, 불운한; për fat 우연히, 뜻밖에

fatbardhë [형] 운 좋은, 행운의

fatbardhësisht [부] 운 좋게, 행운으로

fatkeq [형] 운 나쁜, 불운한, 불행한

fatkeqësi [여] 불운, 역경; 재난

fatkeqësisht [부] 불행하게도

fatlum [형] → fatbardhë
fatmirësisht [부] 운 좋게, 행운으로
fatos [남] ① 용감한 사람, 용사 ② 보육원에 다니는 아동
faturë [여] 송장(送狀); 계산서, 청구서
faturoj [동] 송장을 (만들어) 보내다
fatzi [형] 불운한, 불행한
favor [남] 호의, 친절; në favor të (~을) 편들어, (~에) 호의를 보여; të lutem të më bësh një favor 제발 ~해주세요
favorizoj [동] 호의를 보이다, 찬성하다, 지지하다, 돕다
favorshëm [형] 호의적인
fazan [남] [조류] 꿩
fazë [여] (변화의) 단계, 국면
fe [여] 종교
feçkë [여] 코끼리의 코; 돼지의 코[주둥이]
federatë [여] 연합, 동맹, 연맹
fejesë [여] 약혼
fejohem [동] 약혼하다
fejoj [동] 약혼시키다
fejuar [형] 약혼한 — [남] 약혼자; i fejuari im 나의 약혼자
fekale [여·복] 배설물, 똥
feks [동] 밝아지다, 빛나다
femër [여] 여자, 여성 — [형] 여자의, 여성의
femëror [형] ① 여성의; 여자다운 ② [문법] 여성의
fener [남] ① 랜턴, 안전등 ② (자동차의) 헤드라이트
fenomen [남] (나타나는) 현상
ferexhe [여] (이슬람교도 여성이 타인 앞에서 쓰는) 얼굴 가리는 베일
fermë [여] 농장, 목장
fermentohet [동] 발효하다, 발효되다
fermentoj [동] 발효시키다
ferr [남] 지옥

ferrë [여] 가시 덤불
feste [여] 페즈모(帽), 터키모
festë [여] 연회, 잔치, 축제; ditë feste 축제일
festim [남] 축하, 축전
festival [남] 축제
festohet [동] 축하[경축]되다
festoj [동] 축하하다, 경축하다
fetar [형] ① 종교적인 ② (신앙심이) 독실한, 경건한
fetë [여] 얇게 썬 조각, 슬라이스
feudal [남] (봉건) 영주
fëlliq [동] ① 더럽히다 ② (~의) 수치가 되다, 망신을 주다, (이름을) 더럽히다
fëlliqem [동] ① 더러워지다 ② 망신을 당하다
fëlliqësi [여] 더러움
fëlliqur [형] ① 더러운, 지저분한 ② 불명예의, 수치스러운, 망신스러운
fëmijë [여] 어린이, 아이; fëmijë gjiri 유아, 젖먹이; lindje fëmije 분만, 해산; lojë fëmijësh 어린애 장난, 아주 쉬운 일
fëmijëri [여] 어린 시절, 유년기; shok fëmijërie 놀이 친구, 어릴 적 친구
fëmijëror [형] ① 어린이의, 어린이 같은 ② 유치한
fërfërimë [여] 살랑살랑하는 소리
fërgesë [여] 프라이, 튀긴 음식
fërgëllimë [여] 떨림, 전율
fërgëlloj [동] 떨다, 전율하다
fërgohet [동] (기름에) 튀겨지다
fërgoj [동] (기름에) 튀기다
fërguar [형] (기름에) 튀긴; patate të fërguara 튀긴 감자
fërkim [남] 문지름, 마찰
fërkohem [동] 스스로 문지르다, 비비다
fërkoj [동] 문지르다, 비비다, 마찰하다; 윤을 내다

fërshëllej [동] 휘파람 불다
fërshëllimë [여] 휘파람
fërtele [여] 헝겊 조각, 넝마
fëshfërij [동] 살랑살랑 소리가 나다
fëshfëritje [여] 살랑살랑하는 소리
fëshfëshe [여] 방수 외투, 비옷
fët [부] 빨리, 신속하게; fët e fët 즉시
fiçor [남] 자갈
fidan [남] 실생(實生) 식물; 묘목
fidanishte [여] 묘상(苗床), 모판
fidhe [여·복] 베르미첼리 (파스타 종류)
fier [남] [식물] 양치류
figurë [여] 형상, 이미지; bëj figurë të keqe 초라해 보이다
figuroj [동] (~으로서) 나타나다
fije [여] ① (끈) 실; 섬유 ② 풀잎 ③ (종이의) 한 장 ④ 작은 양, 조금; fije shkrepëseje 성냥개비; një fije shpresë 한 줄기 희망; asnjë fije 조금도 ~않다; fije e për pe 상세하게
fik[1] [남] [식물] 무화과 (나무)
fik[2] [동] (불·스위치 따위를) 끄다
fikem [동] ① (불 따위가) 꺼지다 ② 패배하다, 몰락하다, 힘을 잃다 ③ fikem gazit 웃음이 터져 나오다
fikës [남] 불을 끄는 것, 소화기
fikët [중] 기절, 졸도; më bie të fikët 기절하다, 졸도하다
fikje [여] (불 따위의) 소화(消火), 진화, 꺼짐
fiks[1] [부] 날카롭게, 꼭 집어, 정확하게
fiks[2] [형] 고정된; 규칙적인, 정기적인; pagë fikse 고정급(固定給)
fiksoj [동] 고정시키다, 붙이다
filan [대] 아무개, 모(某); filan fësteku 아무개씨, 모씨
fildish [남] 상아(象牙)
filetim [남] 나삿니

filiz [남] [식물] 어린 가지
film [남] ① 필름 ② 영화; xhiroj film 영화를 찍다
filozofi [여] 철학
filozofik [형] 철학의, 철학적인
filtër [남] 필터, 거르개
filtrohet [동] 걸러지다, 여과되다
filtroj [동] 거르다, 여과하다
filxhan [남] 컵, 잔; filxhan çaji 찻잔; pjatë filxhani 받침 접시
fill [남] ① (끈) 실 ② për fill 한 치도 안 틀리게; fill i vetëm 홀로, 혼자서
fillestar [형] ① 처음의, 최초의 ② 초보의, 입문의, 기본의; njohuri fillestare 기본, 기초 (원리) − [남] 초보자, 초심자, 풋내기
fillim [남] 처음, 시작, 출발; në fillim 처음에(는); që në fillim 애초부터
fillimisht [부] 처음에(는)
fillohet [동] 시작되다
filloj [동] 시작하다, 출발하다
fillor [형] 기본의, 초보의, 초등의
financë [여] 재정, 재무
financiar [형] 재정의, 재무의
financiarisht [부] 재정적으로
financim [남] 자금 조달
financohet [동] 자금이 조달되다
financoj [동] 돈을 융통하다, 자금을 조달하다
finesë [여] 미묘, 교묘; 세련
finlandez [형] 핀란드의 − [남] 핀란드 사람
Finlandë [여] 핀란드
finlandisht [부] 핀란드어로
finlandishte [여] 핀란드어
finok [형] 꾀가 많은, 약삭 빠른, 교묘한

finjë [여] 세탁용수; (세탁용) 알칼리액
firë [여] (수축·증발 등에 의한) 양의 감소; bën firë 양이 감소하다, 줄다
firmë [여] ① 사인, 서명 ② 회사, 영업소
firmoj [동] 사인하다, 서명하다
fis [남] 친족, 동족; 부족, 씨족, 일문
fisnik [형] 귀족의, 고결한 — [남] 귀족, 신사
fisnikëri [여] 귀족적임, 고결함
fistul [여] [의학] 누(瘻), 누관(瘻管)
-fish [접미] ~배의; dhjetëfish 10배
fishek [남] 탄약통
fishekzjarr [남] 불꽃놀이
fishë [여] 피시 (정보 처리용 마이크로카드나 필름류)
fishk [동] 시들게 하다, 이울게 하다
fishkem [동] 시들다, 오그라들다, 이울다
fishkëllej [동] 휘파람 불다
fishkëllimë [여] 휘파람
fishkje [여] 시듦, 이욺
fitil [남] ① (양초 따위의) 심지 ② (폭약의) 신관(信管), 도화선
fitim [남] 수익, 이익; nxjerr fitime 수익을 올리다
fitimprurës [형] 수지 맞는, 수익이 있는
fitimtar [형] 이긴, 승리를 거둔; dal fitimtar 이기다, 승리하다 — [남] 승리자
fitohet [동] 수익이 얻어지다
fitoj [동] (돈을) 벌다, 수익을 얻다; (상을) 받다; (게임·전쟁 등에서) 승리하다
fitore [여] 승리; 벌이, 이득
fitues [남·복] 승리자
fizarmonikë [여] [음악] 아코디언
fizik [형] 신체의, 육체의; edukim fizik 체육 (교육)
fizikan [남] 물리학자

fizikë [여] 물리학
fizikisht [부] ① 신체[육체]적으로 ② 물리학적으로
fizkulturë [여] 체육
fjalaman [형] 수다스러운, 말이 많은
fjalë [여] ① 말; 단어; fjalë boshe 실없는 소리; fjalë e urtë 속담, 격언 ② 용어; fjalë shkencore 과학 용어 ③ 소식, 뉴스; a ka ndonjë fjalë? 뭐 새로운 소식 없어? ④ 문제, 일; përse bëhet fjalë? 뭐가 문제야?; personi në fjalë 문제의 사람, 해당되는 사람 ⑤ 연설; fjalë e hapjes 개회사 ⑥ 약속; fjalë e nderit 명예를 건 약속[맹세]; nuk e mbaj fjalën 약속을 지키지 않다 ⑦ bie fjala 예를 들면; fjalë për fjalë 축어적으로, 문자 그대로
fjalëkryq [남] 십자말풀이, 크로스워드 퍼즐
fjalëpakë [형] 말수가 적은, 과묵한
fjalëshumë [형] 말이 많은, 수다스러운
fjali [여] [문법] 문장, 절(節)
fjalim [남] 강연, 연설; mbaj fjalim 연설하다
fjalor [남] 사전(辭典); fjalor xhepi 소(小)사전, 단어집
fjalorth [남] 소사전, 단어집, 어휘집
fjalosem [동] 말하다, 이야기하다
fjetje [여] 잠, 수면
fjetore [여] 기숙사
fjetur [형] ① 정체된, 멈춰 선 ② 둔한, 느린
fjongo [여] 리본, 장식띠
flagrancë [여] 명백한 범죄; kap në flagrancë 현행범으로 붙잡히다
flak [동] (내)던지다; flak tutje 완전히 버리다, 던져 버리다
flakë [여] 불꽃, 화염; në flakë 활활 타올라; marr flakë 불붙다, 타오르다
flakëroj [동] ① 던져 버리다 ② 불태우다, 타오르게 하다
flakërues [형] 불타오르는

flakje [여] 던지기, 투척; 발사
flaktë [형] ① 불타는 ② 열렬한
flakur [형] 버려진, 던져진
flamë [여] (가금류 따위의) 역병(疫病)
flamur [남] 기(旗), 깃발
flamurtar [남] 기수(旗手)
flas [동] 말하다, 이야기하다; flas në hava 말을 마구 하다; flas keq [mirë] për dikë 남을 나쁘게[좋게] 말하다; flas prapa krahëve 험담하다; flas gjepura 실없는 소리를 하다
flashkët [형] 느린, 둔한, 약한
fle [동] ① 잠자다; fle shumë 너무 자다, 늦잠 자다; bie të fle 잠자리에 들다 ② e fle mendjen 안심하다
flegër [여] 콧구멍
fletë [여] ① 날개 ② (식물의) 잎 ③ (책의) 종이[페이지] 한 장 ④ (금속의) 박편, 포일 ⑤ (물고기의) 지느러미 ⑥ e kthej fletën 배반하다, 변절자가 되다
fletëhyrje [여] 입장료, 입장권
fletëlavdërim [남] 추천장
fletërrufe [여] 벽보
fletore [여] 습자 교본, 연습장
fli [동] (> fle) 잠자라!
fli [여] 희생자, 희생양; bëhem fli 몸을 바치다, 희생하다
flihet [동] [비인칭] 잠자고 싶다, 잠이 온다
flijim [남] 희생
flijohem [동] 자신을 희생하다
flijoj [동] 희생하다
flirtoj [동] 장난삼아 연애하다, 이성과 시시덕거리다
flitet [동] [비인칭] (사람들이) ~라고들 한다
flok [남] ① 머리카락; kapëse flokësh 머리핀; qeth [pres] flokët 머리카락을 자르다 ② 눈송이
flokëbardhë [형] 백발의, 흰머리의

flokëdredhur [형] 곱슬머리의
flokëgështenjë [형] 갈색 머리의
flokëkuq [형] 붉은 머리의
flokëthinjur [형] 반백의
flokëverdhë [형] 금발의
flokëzezë [형] 갈색 머리의
flokëzi [형] 갈색 머리의, 머리털이 어두운 색인
floktar [남] 이발사, 미용사
floktore [여] 이발소, 미장원
flori [남] 금(金), 황금; prej floriri (황)금의, 금으로 된
florinjtë [형] (황)금의, 금으로 된
flotë [여] 선단, 함대; flota ajrore 항공기 편대; flota tregtare 상선단; flota ushtarake 해군
flugër [여] 바람개비, 풍향계
flutur [여] [곤충] 나비
fluturim [남] 비행, 날기
fluturimthi [부] ① 날아다니는, 공중에 떠 있는 ② (총알처럼) 빨리, 즉시
fluturoj [동] ① 날다, 비행하다 ② fluturoj nga gazi 기뻐서 펄쩍펄쩍 뛰다
fluturues [형] 나는, 비행하는
fllad [남] 산들바람, 미풍
flladis [동] ① 시원하게 하다, 식히다 ② 신선하게 하다, 새롭게 하다
flladitem [동] ① 시원해지다 ② 신선해지다, 새로워지다
flladitës [형] 신선하게 하는, 새롭게 하는
flladitje [여] 신선함, 새로움
flluskë [여] ① [의학] 물집, 수포 ② 거품; flluskë sapuni 비누 거품
fodull [형] 오만한, 거만한, 거드름부리는
fodullëk [남] 오만, 거만, 거드름

fokë [여] [동물] 바다표범; 물개
fol [동] (> flas) 말해!
fole [여] 보금자리, 둥지, 둥우리; ngre fole 보금자리[둥지]를 짓다
folës [형] 말하는, 이야기하는 — [남] 말하는 사람
folje [여] [문법] 동사; folje kalimtare 타동사; folje jokalimtare 자동사
foljor [형] [문법] 동사의, 동사적인; emër foljor [문법] 동사적 명사
folklor [남] 민속, 민간 전승
folklorik [형] 민속의, 민간 전승의
folme [여] (어떤 지방의) 방언
folur [형] 구어(口語)의; gjuhë e folur 구어
folurit [중] 연설
fond [남] ① 기금; fonde investimi 투자 기금 ② 재고(품), 쌓아둔 것
foragjere [여·복] 가축의 먹이, 사료, 꼴
forcë [여] ① 힘, 세기, 세력, 정력 ② 군사력, 병력; forcat e armatosura 군대 ③ 폭력; marr me forcë 폭력을 써서 차지하다 ④ forca pune 노동력; forcë madhore 절대적 필요, 불가결
forcim [남] 강화, 강하게 함
forcohem [동] 강화되다, 강해지다
forcoj [동] 강화하다, 강하게 하다
forcues [형] [의학] (육체나 기관을) 튼튼하게 하는, 원기를 돋우는, 강장제의
formalisht [부] 공식적으로; 형식적으로
formalitet [남] 형식에 구애됨, 딱딱함; 정식
formë [여] ① 형상, 형태, 모양; në formë 상태가 좋은 ② 틀, 주형(鑄型)
formim [남] ① 형성 ② 조형, 소조, 주형

formohem [동] 형성되다, 모습을 갖추다
formoj [동] ① 형성하다, 모양을 만들다 ② 틀에 넣어 만들다, 본뜨다
formular [남] 문서의 양식, 서식
formulë [여] (일정한) 방식, 공식
formulim [남] (명확한) 어구, 표현
formulohet [동] 명확히 표현되다, 공식화되다
formuloj [동] 명확히 말하다, 공식화하다
fort [부] ① 단단하게, 꽉; shtrëngoj fort 꽉 매다[묶다], 꼭 붙잡다 ② 매우, 깊이; të dua fort 당신을 몹시 사랑하오
fortesë [여] 요새, 성채
fortë [형] ① 강한, 튼튼한, 강건한, 정력적인, 원기 왕성한 ② (빛이) 밝은; (소리가) 큰; (추위가) 혹독한 ③ 논리적으로 옳은, 설득력 있는 ④ 단단한, 억센, 쉽게 굽혀지지 않는 ⑤ 수준이 높은
fortësi [여] 단단함, 강함, 튼튼함
fortifikatë [여] 요새화; 축성술
fortifikoj [동] 요새화하다, 방어 공사를 하다
foshnjarak [형] 유치한, 어린애 같은
foshnjë [여] 아기, 유아; foshnjë gjiri 유아, 젖먹이
foshnjëri [여] 유아기, 어린 아이임
foshnjor [형] 어린이의, 유아의
fotoaparat [남] 스틸카메라
fotograf [남] 사진사
fotografi [여] 사진
fotografim [남] 사진 찍기
fotografoj [동] 사진을 찍다
fotoreporter [남] 보도 사진가
fqinj [형] 이웃의, 인접한 — [남] 이웃 (사람)
fqinjësi [여] 이웃(임); 이웃 사람다움
fragment [남] 부서진 조각, 파편

francez [형] 프랑스의 — [남] 프랑스 사람
Francë [여] 프랑스
franxhollë [여] (빵의) 긴 덩어리; 롤빵
frashër [남] [식물] 서양물푸레나무
frat [남] 탁발 수도사
frazë [여] 구(句); 어구
fre [남] 고삐, 굴레; lëshoj frerin 자유를 주다, 멋대로 하게 하다
frekuentohet [동] 자주[정기적으로] 가다[참석하다]
frekuentoj [동] 자주[정기적으로] 가다[참석하다]
frena [여·복] 브레이크, 제동기
frenim [남] ① 제동 ② 제한, 한정
frenohem [동] 스스로 억제하다, 자제하다
frenoj [동] ① 제동을 걸다 ② 제지하다, 억제하다
fresk [남] ① 시원함; bën fresk 시원하다 ② 신선함
freskët [형] ① 시원한 ② 신선한; bukë e freskët 갓 구운 빵 ③ 새로 나온, 최근의; lajme të freskëta 최신 뉴스
freski [여] ① 시원함 ② 신선함
freskim [남] 신선하게 함
freskohem [동] ① 시원해지다 ② 신선해지다, 새로워지다
freskoj [동] ① 시원하게 하다 ② 신선하게 하다, 새롭게 하다
freskore [여] (시원하게 하는) 부채
freskues [형] ① 시원하게 하는, 식히는 ② 신선하게 하는, 새롭게 하는; pije freskuese 가벼운 음료
frëng [남] 프랑스 사람
frëngji [여] 총안(銃眼), 내다보는 구멍
frëngjisht [부] 프랑스어로; flas frëngjisht 프랑스어로 말하다
frëngjishte [여] 프랑스어
frigorifer [남] 냉장고
frikacak [형] 겁내는, 두려워하는 — [남] 겁쟁이
frikaman [형] → frikacak

frikë [여] 공포, 두려움; mos ki frikë 두려워하지 마라!; i kall frikën 겁을 주다, 위협하다; nga frika se mos ~하지나 않을까 두려워서

frikësim [남] 협박, 위협, 겁을 줌

frikësohem [동] 겁먹다, 두려워하다

frikësoj [동] 겁을 주다, 협박하다, 위협하다

frikshëm [형] 무서운, 두려운, 겁을 주는

fron [남] ① 걸상 ② 발을 올려놓는 대 ③ 왕좌

frutdhënës [형] 열매를 많이 맺는; 수익이 좋은, 이득이 되는

frutë [여] 과일, 과실; dyqan frutash 과일 가게

frutor [형] 과일을 맺는; dru frutor 과수(果樹)

frutore [여] 과수원

fruth [남] [병리] 홍역

fryj [동] ① (공기 등으로) 부풀게 하다; 바람을 불어넣다; fryj hundët 코를 풀다 ② 바람이 불다; frynte erë 바람이 불었다 ③ fryj e iki 도망가다 ④ 피리를 불다

frymë [여] 숨, 호흡; marr frymë 숨쉬다, 호흡하다; vegla fryme 관악기, 취주 악기; pa frymë 숨이 차서; me një frymë 단숨에, 한번에

frymëmarrje [여] 숨쉬기, 호흡

frymëzim [남] 영감; 고무, 격려

frymëzohem [동] 영감을 받다; 고무되다

frymëzoj [동] 영감을 불어넣다; 고무하다, 격려하다

frymor [형] ① 호흡의 ② 관악기의; vegla frymore 관악기, 취주 악기

fryrë [형] ① 부푼, 팽창한 ② 자극받은, 고무된

fryrje [여] ① 부풀게 하기 ② 과장, 부풀림

fryt [남] 생산품, 열매, 결과물

frytshëm [형] 열매를 많이 맺는, 다산의

fshat [남] 마을; 시골; shtëpi fshati 시골 집

fshatar [남] 시골 사람, 시골뜨기

fshatarak [형] 시골의, 전원의
fshatarçe [부] 시골풍으로, 시골뜨기처럼
fshatarësi [여] 시골 사람들, 시골뜨기들
fsheh [동] 숨기다, 감추다
fsheharak [형] 교활한, 음흉한 — [남] 교활한 사람
fshehje [여] 숨기기, 감추기, 은폐
fshehtas [부] 몰래, 비밀리에
fshehtazi [부] 몰래, 비밀리에
fshehtë [여] 비밀 — [형] 숨겨진, 감춰진, 비밀의; vend i fshehtë 비밀 장소, 은밀한 장소; në mënyrë të fshehtë 비밀리에, 몰래
fshehtësi [여] 비밀, 은밀
fshehur [형] 숨겨진, 감춰진
fshehurazi [부] → fshehtas
fshesar [남] 가로 청소부
fshesë [여] (청소용) 비
fshihem [동] 숨다; këtu fshihet diçka 눈치 챌 수 있겠어, 냄새가 나
fshij [동] ① 쓸다, 솔질하다, 닦다 ② 지우다
fshik [동] 가볍게 스치다
fshikë [여] ① 물집, 수포 ② [해부] 낭(囊) ③ (누에) 고치
fshikëz [여] [해부] 낭(囊); fshikëz urine 방광
fshikull [남] 채찍
fshikulloj [동] 채찍질하다, 매질하다
fshirës [남] 청소하는 사람
fshirëse [여] 먼지떨이
fshirje [여] (굴뚝 따위의) 청소
ftesë [여] 초대(장)
ftoh [동] 시원하게 하다, 차갑게 하다
ftohem [동] 감기에 걸리다
ftohës [형] 냉각시키는, 차갑게 하는 — [남] 냉각기, 차갑게

하는 것

ftohtë [형] 차가운, 시원한 — [부] 시원하게, 차갑게; pres ftohtë dikë ~에게 쌀쌀맞게 대하다 — [중] 시원함, 차가움; kam të ftohtë 춥다; mblidhem nga të ftohtit 추위로 오그라들다

ftohtësi [여] 시원함, 차가움

ftohur [중] 차가움, 추위; marr të ftohur 감기에 걸리다

ftohem [동] 초대받다

ftoj [동] 초대하다

ftua, ftoi [남] [식물] 모과 (나무)

ftuar [남] 손님 — [형] 손님(용)의

ftues [남] [법률] 소환장을 전달하는 사람

fuçi [여] (나무 따위로 된) 통

fugë [여] (팽이 따위의) 회전하는 장난감

fugoj [동] 빨리 떠나다[가버리다]

fukara [형] 가난한, 빈곤한 — [남] 가난한 사람

fukarallëk [남] 가난, 빈곤

fulltakë [여] 물집, 수포

fund [남] ① 끝; nga fundi i vitit 그 해가 끝날 무렵까지는; në fund 마지막에는; më në fund 결국; i jap fund 일을 끝내다 ② 밑바닥; fund e krye 머리에서 발끝까지; pa fund 밑바닥 없는; me fund! 건배! ③ 결론 ④ 스커트

fundërri [여] ① 앙금, 찌꺼기 ② 하층민

fundit [형] ① 마지막의, 나중의; stacioni i fundit 터미널, 종착역 ② kohët e fundit 요즈음, 최근에

fundos [동] 가라앉히다

fundosem [동] (물에) 잠기다, 가라앉다

fundosje [여] (배가) 가라앉음, 물 속에 잠김

funeral [남] 장례식

funksion [남] ① 기능, 직능, 역할 ② [수학] 함수

funksionim [남] 기능을 함, 작용함

funksionoj [동] 기능하다, 작동하다, 작용하다

fuqi [여] 힘, 세력; fuqi blerëse 구매력; fuqi ligjore 법적 효력; ligji është në fuqi 법이 효력을 발휘한다; kalë fuqi [물리] 마력(馬力); Fuqitë e Mëdha 강대국들, 열강들

fuqidhënës [형] (육체나 기관을) 튼튼하게 하는, 원기를 돋우는, 강장제의

fuqimisht [부] 힘있게, 정력적으로, 원기 왕성하게

fuqiplotë [형] 전권을 가진

fuqishëm [형] 강력한, 힘 있는, 정력적인

fuqizim [남] 강화, 강하게 하기

fuqizoj [동] 강화하다, 강하게 하다

furçë [여] 솔, 브러시; furçë rroje 면도솔

furi [여] 격분, 격노, 격앙

furishëm [형] 격분한, 극도로 흥분한 — [부] 격분하여, 극도로 흥분하여

furkaçe [여] 지주, 말뚝

furkë [여] (물레의) 가락

furnellë [여] 버너, 스토브; furnellë me vajguri (휴대용) 석유 난로; furnellë elektrike 전기 솥

furnitor [남] 공급자

furnizim [남] 공급, 제공

furnizohem [동] 자급하다

furnizoj [동] 공급하다, 제공하다

furtunë [여] 폭풍

furrë [여] ① furrë buke 제빵소 ② 가마, 화로, 화덕, 오븐

furrik [남] 닭장, 계사(鷄舍)

furrnaltë [여] 용광로, 고로(高爐)

furrtar [남] ① 제빵업자 ② 용광로 작업자

furrxhi [남] → furrtar

fus [동] → fut

fustan [남] 드레스 (한 벌)

fustanellë [여] 킬트 (알바니아의 토스크 사람들이 입는 민속 의상)

fustë [여] 스커트

fushatë [여] (일련의) 군사 행동

fushë [여] ① 들판, 평지; fushë drush 목재를 쌓아 놓는 곳; fushë sportive 운동장, 경기장; fushë lufte 전쟁터, 전장 ② 영역, 분야; fushë pamjeje 시야, 시계(視界)

fushim [남] [군사] 야영지, 임시 주둔지, 캠프

fushoj [동] [군사] 야영하다

fushor [형] ① 평지의 ② [군사] 야전의

fushqetë [여] → fishekzjarr

fut [동] ① 넣다, 삽입하다, 도입하다 ② 안내하다, 인도하다

futem [동] (~으로) 들어가다; futem tinës 몰래 들어가다; i futem thellë një çështjeje 한 주제를 깊이 파고들다

futboll [남] [스포츠] 축구

futbollist [남] 축구 선수

futë [여] 앞치마

futje [여] 도입

fyej [동] 상처를 주다, 모욕하다, 감정을 상하게 하다

fyell [남] ① 피리 ② 정강이

fyerje [여] 모욕, 감정을 상하게 함

fyes [형] 모욕적인, 감정을 상하게 하는

fyhem [동] 성내다

fyt [남] 목구멍

fytas [부] 맹렬히 싸워, 일대일로 붙어

fytafyt [부] → fytas

fytyrë [여] 얼굴; ia them në fytyrë 터놓고 말하다; pati fytyrë ta mohonte 그는 그것을 부인할 만큼 뻔뻔스러웠다; me dy fytyra 표리적인, 위선적인

fytyrëhequr [형] 얼굴이 창백한

fytyrëngrysur [형] 얼굴이 어두운

G

gabim [남] 잘못, 실수, 결함; bëj një gabim 실수를 저지르다; gabim shtypi 미스프린트, 오식(誤植); e kam gabim 틀렸다, 잘못했다

gabimisht [부] 틀리게, 실수하여, 잘못되어

gabohem [동] 잘못되다

gaboj [동] ① 실수하다, 잘못하다; gaboj rëndë 큰 실수를 하다 ② 속이다, 사취하다

gabuar [형] 잘못된, 틀린

gabueshëm [형] 틀리기 쉬운, 오류에 빠지기 쉬운

gabzherr [남] [해부] 기관(氣管), 숨통

gacë [여] 타고 있는 석탄

gadishull [남] 반도(半島)

gafë [여] 과실, 실수

gaforre [여] [동물] 게

gagaç [남] 말을 더듬는 사람

gajas [동] ① 지치다, 녹초가 되다 ② 포복절도하다

gajasem [동] ① 지치다, 녹초가 되다 ② gajasem së qeshuri 포복절도하다; gajasem së qari 눈이 붓도록 울다

gajde [여] [음악] 백파이프

gajdexhi [남] 백파이프 연주자

gajgë [형] 껍질이 무른; arrë gajgë 껍질이 무른 호두

gajle [여] 걱정, 근심, 불안; s'ka gajle 신경쓰지 마시오, 걱정하지 마시오

galeri [여] ① 회랑(回廊))터널 ② (극장의) 2층 특별석 ③ 화랑, 갤러리

galë [여] [조류] 갈까마귀
galiç [부] 웅크리고 앉아; rri galiç 웅크리고 앉다
gallof [남] ① [조류] 흰까마귀 ② 어리석은 사람
galloshe [여] 오버슈즈, 덧신
gangrenë [여] [병리] 괴저(壞疽), 탈저(脫疽)
garanci [여] 보증
garant [남] 보증인; dal [bëhem] garant (~을) 보증하다
garantohem [동] (~을) 보증하다; 보증받다
garantoj [동] 보증하다
garazh [남] (자동차) 차고
gardalinë [여] [조류] 오색방울새, 황금방울새
gardh [남] 울타리, 담; rrethim me gardh 울타리 치기
garë [여] 경쟁, 겨루기, 콘테스트; 경주
gargarë [여] 양치질, 가글; bëj gargarë 가글하다, 양치질하다
garzë [여] (얇은) 깁, 거즈
gastare [여] → qelq
gastrit [남] [병리] 위염
gashtë [여] 시금석; 숫돌
gatë [여] [조류] 왜가리
gati [부] ① 준비되어; jam gati 준비되어 있다; bëhem gati 준비를 갖추다 ② 거의; gati po nisej 그는 막 출발하려 하고 있었다
gatim [남] 요리(하기)
gatis [동] 준비하다, 채비하다
gatishmëri [여] 준비가 되어 있음
gatitem [동] 준비되다
gatitje [여] 준비
gatshëm [형] ① 준비된; 기꺼이 ~하는; jam i gatshëm të ~ 할 준비가 되어 있다 ② (옷·음식 따위가) 이미 만들어진, 기성품의
gatuaj [동] ① 반죽하다, 개다 ② 요리하다

gatuar [형] 요리된
gatuhet [동] 요리되다
gavetë [여] (금속제의) 휴대용 식기, 반합
gaz¹ [남] 기체, 가스; gaz lotues 최루 가스; furnellë me gaz 가스레인지; i jap gaz (makinës) 가속하다
gaz² [남] 기쁨, 즐거움, 환희
gazetar [남] 보도 관계자, 저널리스트
gazetari [여] 신문 잡지업, 저널리즘
gazetashitës [남] 신문 파는 사람
gazetë [여] 신문, 잡지; gazetë e përditshme 일간지; shpërndarës gazetash 신문 배달원
gazmend [남] 큰 기쁨, 환희
gazmor [형] 기뻐하는, 즐거운, 유쾌한
gazozë [여] 소다수, 탄산수
gaztë [형] 기체의, 가스 상태의
gdhend [동] ① (끝 따위로) 파다, 새기다, 조각하다 ② 윤내다, 세련되게 하다
gdhendem [동] 세련되다
gdhendës [남] 조각가, 새기는 사람
gdhendje [여] 조각, 새기기; 채석; 끝질
gdhë [남] (목재의) 마디, 옹이
gdhihem [동] ① 밤을 꼬박 새다 ② po gdhihet 날이 밝아온다
gdhij [동] 날이 밝아오다, 새벽이 되다
gdhirë [중] 새벽, 여명; ndaj të gdhirë 새벽에
ger [남] → ketër
germë [여] 문자, 글자; germë për germë 글자 그대로, 축어적으로
gete [여·복] 각반(脚絆)
gëlbazë [여] [생리] 담(痰)
gëlon [동] 떼를 지어 모이다, 우글거리다
gëlqere [여] 석회(石灰); gëlqere e pashuar 생석회; sherbet

gëlqereje 백색[석회] 도료
gëlqeror [형] 석회석의, 석회질의; gur gëlqeror 석회석
gëlqeros [동] (회게) 회칠하다
gëlltis [동] (꿀떡) 삼키다
gëlltitem [동] ① 삼키다, 들이켜다 ② 주저하다, 머뭇거리다 ③ 삼켜지다
gëlltitje [여] 삼킴, 들이켬
gëmushë [여] 관목숲[덤불]
gënjehem [동] 속다, 사기를 당하다
gënjej [동] 거짓말하다; 속이다
gënjeshtar [남] 거짓말쟁이
gënjeshtër [여] 거짓말; them gënjeshtra 거짓말하다
gënjeshtërt [형] 틀린, 거짓의, 사실이 아닌
gërbulë [여] [병리] 나병, 한센병
gërbulët [형] 나병[한센병]에 걸린
gërgas [동] 괴롭히다, 못살게 굴다
gërgëre [여] 덜거덕거리는 소리
gërhas [동] 코를 골다; 그르렁거리다
gërhitës [형] 코를 고는
gërhitje [여] ① 코골기 ② (고양이 따위의) 그르렁거리는 소리
gërmadhë [여] (옛 건물 따위의) 잔해, 폐허
gërmim [남] (땅) 파기, 굴착
gërmis [동] 긁다, 쏠다
gërmoj [동] 파다, 굴착하다
gërmuq [형] 구부러진, 굴곡된
gërnetë [여] [음악] 클라리넷
gërnjar [형] 싸우기 좋아하는, 다투는
gërnjë [여] 싸움, 다툼
gërshet [남] 땋은 머리
gërshetim [남] (머리를) 땋기; (섞어) 짜기
gërshetohet [동] 엇갈리게 꼬이다, 섞어 짜지다

gërshetoj [동] (머리를) 땋다; 엇갈리게 꼬다, 엮다, (섞어) 짜다
gërshërë [여] 가위
gërshërëz [여] ① [곤충] 집게벌레 ② [건축] 서까래
gërthas [동] (새된 소리를) 외치다, 소리치다
gërthitje [여] 외침, 소리침
gërvisht [동] 할퀴다
gërvishtem [동] 스스로를 할퀴다
gërvishtje [여] 할퀴기
gërryhet [동] 침식[부식]되다
gërryej [동] 침식하다, 좀먹다; [화학] 부식시키다
gërryer [형] 침식된, 좀먹은, 부식된
gërryerje [여] 침식, 부식
gërryes [형] 침식하는, 좀먹는; [화학] 부식시키는
gështenjë [여] [식물] 밤; ngjyrë gështenjë 밤색
gëzim [남] 기쁨, 즐거움, 유쾌; me gëzim 즐겁게, 기쁘게
gëzof [남] 모피
gëzofpunues [남] 모피 가공업자
gëzoftar [남] → gëzofpunues
gëzohem [동] 즐기다, 기쁨을 누리다; gëzohem që ju njoha 당신을 알게 되어 기쁩니다
gëzoj [동] 즐기게 하다, 기쁨을 주다; 기뻐하다, 유쾌해하다
gëzuar [형] 기쁜, 즐거운, 유쾌한 ― [감] 건배!, 당신의 건강을 위하여!; Gëzuar Vitin e Ri! 새해 복 많이 받으세요, 근하신년
gëzueshëm [형] 기쁜, 즐거운, 유쾌한
gëzhojë [여] 탄피
gëzhutë [여] (곡물을) 체질하고 남은 것, 왕겨
gic [남] 새끼 돼지
gilcë [여] [해부] 건(腱), 힘줄
gisht [남] 손가락; gishti i madh i dorës 엄지손가락; gishti tregues 집게손가락; gishti i këmbës 발가락; tregoj me

gisht (손가락으로) 가리키다, 지적하다; eci mbi majat e gishtave 발끝으로 걷다; kam gisht në 말려들다, 연루되다, 섞이다; në majë të gishtave (~에) 정통하여
gishtës [남] (차바퀴의) 살
gishtëz [여] ① 골무 ② (총의) 방아쇠
gizë [여] 선철, 무쇠
glasë [여] 새똥
glebë [여] → sklepë
glistër [여] ① [동물] 선모충(旋毛蟲) ② [동물] 지렁이
glob [남] 공, 구(球)
gllabërim [남] 꿀떡 삼킴
gllabëroj [동] 꿀떡 삼키다, 게걸스럽게 삼키다
gllënjkë [여] 들이켬, 삼킴; me një gllënjkë 한 입에, 단숨에
gocë [여] ① 소녀, 여자 아이 ② gocë deti [패류] 굴
godas [동] 치다, 때리다
godinë [여] 건물, 빌딩
goditem [동] (타격에) 맞다
goditje [여] 타격, 치기, 일격
goditur [형] ① 타박상을 입은 ② 잘 된, 잘 한, 적절한
gogël [여] [식물] 도토리
gogësij [동] 하품하다
gogësimë [여] 하품
gogol [남] 도깨비; (겁을 주는) 허수아비
gojac [남] 말을 더듬는 사람
goja-gojës [부] 말로, 구두로
gojarisht [부] 말로, 구두로
gojë [여] 입; provim me gojë 구두 시험; mbaj nëpër gojë 잡담하다, 남의 이야기를 지껄이다; mbylle gojën! 입 닥쳐!
gojëmadh [형] 수다스러운
gojëmbël [형] 듣기 좋은 말을 하는
gojëmjaltë [형] 말을 잘 꾸며대는, 달콤한 말을 잘 하는

gojëhapur [형] 입을 벌린
gojëlëshuar [형] 입이 가벼운, 수다스러운
gojëmbyllur [형] 입을 굳게 다문
gojëndyrë [형] 입버릇이 상스러운
gojështhurur [형] → gojëlëshuar
gojëtar [남] 연설자, 연사, 웅변가
gojëtari [여] 웅변
gojëz [여] (물거나 먹는 것을 방지하기 위한) (동물의) 부리망
gojor [형] 말의, 구두의
gojos [동] 중상하다, 비방하다, 남을 나쁘게 말하다
gojosje [여] 남의 험담
gol [남] [스포츠] 골, 득점; bëj një gol 한 골을 기록하다
gollogungë [여] [식물] 노간주나무 열매
gollomesh [형/부] 벌거벗은, 벌거벗고
gomar [남] [동물] (당)나귀
gomaricë [여] 암탕나귀
gomarllëk [남] 어리석음, 우둔함
gomë [여] ① 지우개 ② (자동차의) 타이어; gomë rezervë 스페어 타이어
gonxhe [여] (식물의) 눈
goren [남] 북풍; 눈보라
gorillë [여] [동물] 고릴라
gorricë [여] [식물] 돌배(나무)
gosti [여] 연회, 정찬, 파티; gosti dasme 결혼 피로연
gostis [동] 잔치를 베풀다, 한턱내다, 대접하다
gostitje [여] 한턱내기, 대접, 향응
gotë [여] 유리잔; gotë vere 와인글라스; një gotë verë 와인 한 잔
govatë [여] ① 나무통 ② 외바퀴차
goxha [부] 다소, 꽤, 상당히; goxha shtrenjtë 꽤 값나가는
gozhdë [여] 못

gozhdohem [동] 못이 박히다
gozhdoj [동] 못을 박다
grabis [동] 훔치다, 도둑질하다
grabitem [동] 도둑질 당하다
grabitës [남] 도둑
grabitje [여] 도둑질, 절도
grabitqar [형] 강탈하는, 잡아채는
grabujë [여] (자루가 긴) 갈퀴
grackë [여] 덫, 올가미; kap në grackë 덫으로 잡다
gradë [여] ① 수준, 정도, 레벨 ② 계층 ③ gradë shkencore 학위
gradim [남] 승진, 진급
gradohem [동] 승진하다, 진급하다
gradoj [동] 승진시키다, 진급시키다
gradual [형] 점진적인
gradualisht [부] 점차, 점진적으로, 차츰, 이윽고
grafik [형] 도표의, 도해의, 그래픽의 — [남] 그래프; 도표
grahmë [여] (임종 때의) 가래 끓는 소리
gram [남] [무게의 단위] 그램 (g)
gramafon [남] 축음기, 유성기
gramatikë [여] 문법
granatë [여] [군사] 수류탄, 소화탄
granil [남] 낟알로 잘게 부서진 돌
granit [남] [지질] 화강암
grari [여] 여성들, 여자들
grarisht [부] 여성답게, 여자답게
grasatoj [동] 기름을 바르다[치다]
graso [여] (윤활유 등의) 기름, 그리스
grashinë [여] [식물] 야생 완두
grazhd [남] ① 여물통, 구유 ② 외양간
grehull [남] 덤불, 잡목 숲; 불모지

grek [형] 그리스의 - [남] 그리스 사람
gremç [남] (보트를 잡아당기는) 갈고리 장대
greminë [여] 나락, 낭떠러지
gremis [동] 넘어뜨리다
gremisem [동] 넘어지다, 자빠지다, 쓰러지다
gremisje [여] 넘어짐, 자빠짐, 쓰러짐
grenzë [여] [곤충] 말벌; 호박벌
grep [남] 갈고리; grep peshkimi 낚시
Greqi [여] 그리스
greqisht [부] 그리스어로
greqishte [여] 그리스어
grevë [여] 동맹 파업, 스트라이크, 노동 쟁의; grevë e përgjithshme 총파업; grevë urie 단식 투쟁; bëj grevë, jam në grevë 파업 중이다; shpall grevë 파업에 들어가다
grevëthyes [남] 파업을 방해하는 근로자, 파업 불참가자
grevist [남] 동맹 파업자
gri [형] 회색의
gribë [여] (자루가 긴) 갈퀴
grifshë [여] [조류] 어치
grihem [동] (~와) 다투다, 싸우다
grihë [여] 회전 숫돌, 맷돌
grij [동] 뭉개다, 잘게 썰다, 다지다; më griu uria 나 배고파 죽겠다; më griu barku 나는 복통이 심하다
grilë [여] 셔터, 덧문; 블라인드; 격자(格子)창[문]
grimcë [여] (음식의) 부스러기; 조각, 단편, 소량
grimë [여] 조금, 약간, 소량
grindavec [형] 싸우는, 다투는
grindem [동] 싸우다, 다투다, 언쟁하다
grindje [여] 싸움, 다툼, 언쟁
grip [남] [병리] 유행성 감기, 인플루엔자, 독감
grirë [형] 잘게 썬, 다진; mish i grirë 다진 고기

grirëse [여] 분쇄기, 그라인더, 써는 기구
grirje [여] 잘게 부수기, 다지기
gris [동] 찢다, 째다; 닳게 하다
griset [동] 찢어짖다
grisje [여] 찢기
grisur [형] 찢어진; 닳은, 해진
grish [동] 초대하다
grizhël [여] [조류] 까치
grizhëlemzë [여] [조류] 어치
gromësij [동] 트림을 하다
gromësirë [여] 트림(하기)
gropa-gropa [형] 움푹 팬, 구멍이 난
gropë [여] 구멍, 움푹 팬 곳
gropëz [여] 작은 구멍; gropëza e syrit [해부] 눈구멍, 안와 (眼窩)
gropos [동] 묻다, 매장하다
groposem [동] [군사] (자기 진지를 지키기 위해) 참호를 파다
groposje [여] 묻기, 매장
grosist [남] 도매상
grosh [남] 터키의 화폐 단위로 100분의 1리라에 해당하는 푼돈[잔돈]; s'kam asnjë grosh 푼돈도 없다, 빈털터리다
groshë [여] [식물] 콩, 강낭콩
grua [여] ① 여자, 여성; grua e shthurrur 품행이 나쁜 여자; prej gruaje 여자다운, 여성다운 ② 아내, 배우자
grumbull [남] 쌓은 더미; grumbull njerëzish 무리, 떼
grumbullim [남] 축적, 쌓기
grumbullohet [동] 모이다, 쌓이다, 축적되다
grumbulloj [동] 모으다, 쌓다, 축적하다
grunar [남] 곡물 창고
grunjtë [형] 밀의, 밀(가루)로 만든
grup [남] 떼, 그룹, 무리, 집단

grupe-grupe [부] 떼를 지어, 무리를 이루어

grupim [남] 그룹으로 나누기, 집단화

grupohem [동] 무리를 짓다

grupoj [동] 무리를 짓게 하다, 집단화하다

grurë [남] ① [식물] 밀 ② e kam grurë me dikë ~와 친하다

grusht [남] ① 주먹 ② 주먹질, 펀치; grusht shteti 쿠데타 ③ 소량, 소수

grykashkë [여] (아기의) 턱받이

grykë [여] ① 목구멍, 인후(咽喉); më dhemb gryka 인후염이 있다 ② [지리] 하구(河口), 강 어귀 ③ 골짜기, 산협(山峽) ④ 총구, 포구 ⑤ 병목

grykës [형] 대식하는, 폭식하는, 게걸스러운 − [남] 대식가, 폭식가

grykëse [여] (덧입는) 겉옷

grykor [형] [언어] 후음(喉音)의

guall [남] (견과류 따위의) 껍질

guaskë [여] 갑각(甲殼); guaskë deti 조개

gudulis [동] 간질이다

gudulisem [동] 간지럽다

gudulisje [여] 간질이기

gufë [여] (나무의) 공동(空洞)

gufër [여] (화산의) 분화구, 크레이터

gufim [남] 부풀어오른 곳

gufon [동] ① 내뿜다, 분출하다 ② 부풀다

guguçe [여] [조류] 호도애

gugurimë [여] (비둘기가) 구구 우는 소리

guguron [동] (비둘기가) 구구 울다

guhak [남] ① [조류] 산비둘기 ② 바보, 얼간이

gulç [남] 숨을 헐떡거림

gulçim [남] 호흡 곤란, 숨을 헐떡거림

gulçoj [동] 숨을 헐떡이다

gulçues [형] 숨을 헐떡이는
gumë [여] 모래톱
gumëzhij [동] 윙윙거리다
gumëzhimë [여] 윙윙거리는 소리
gumëzhitje [여] → gumëzhimë
gunë [여] 어깨 망토
gungaç [형] 곱사등이의, 꼽추의, 등이 굽은 - [남] 곱사등이, 꼽추
gungë [여] ① 혹 ② (나무의) 옹이
gur [남] ① 돌; gur çakmaku 부싯돌, 수석; gur i çmuar 보석, 보옥; gur kalldrëmi 포장용 돌, 포석; gur kilometrazhi (돌로 된) 이정표; gur mulliri 맷돌; gur themeli 주춧돌, 초석; gur varri 묘석, 묘비; gur zmeril 회전 숫돌, 맷돌; gur mprehës 숫돌 ② gur prove 시금석; gur dominoje 도미노 골패; gur tavlle 주사위; gur shahu (체스의) 졸, 폰; gur sahati 루비 ③ [의학] 결석(結石); gur në tëmth [의학] 담석 ④ nuk lë gur pa luajtur 갖은 수단을 다 쓰다; djalë që nuk lë dy gurë bashkë 개구쟁이 소년
gurabije [여] 쇼트케이크
gurgdhendës [남] 석수, 석재 조각가
gurgule [여] 소란, 소요, 소동
gurgullimë [여] (물 따위가) 콸콸 흘러나옴
gurgullon [동] (물 따위가) 콸콸 흘러나오다
guriçkë [여] 작은 돌, 자갈
gurinë [여] 돌 투성이의 땅
gurishte [형] 자갈 투성이의; tokë gurishte 돌이 많은 땅
gurishtë [여] → gurinë
gurmaz [남] [해부] 식도
guror [형] 돌의, 돌로 된
gurore [여] 채석장, 돌산
gurtë [형] ① 돌의, 돌로 된 ② 단단한; 돌과 같은

gusto [여] (좋은) 맛, 풍미
gushë [여] 목; 목구멍
gushëbardhë [형] 목이 흰
gushëkuq [남] [조류] 유럽울새, 로빈
gushis [동] ① (생선의) 내장을 제거해 손질하다 ② 자르다, 째다
gushore [여] ① 목걸이 ② (아기의) 턱받이
gusht [남] 8월
guvernator [남] (국가·지방의) 통치자
guvë [여] 속이 빈 곳, 동굴
guxim [남] 용기, 대담; me guxim 대담하게; marr guximin të 무례하게도[실례를 무릅쓰고] ~하다
guximshëm [형] 용감한, 대담한
guximtar [형] 용감한, 대담한 — [남] 용감한[대담한] 사람
guxoj [동] 용기를 내다, 대담하게도 ~하다; nuk guxoj të flas 나는 감히 말 못하겠다
gyp [남] 관, 파이프, 튜브

G

Gj

gjah [남] ① 사냥 ② 사냥감
gjahtar [남] 사냥꾼
gjak [남] 피, 혈액; derdhje gjaku 유혈(流血), 피 흘림; dhënie gjaku 수혈; enë gjaku 혈관; humbas gjak 피를 흘리다, 출혈하다; lidhje gjaku 혈연 관계, 친족; i etur për gjak 피에 굶주린, 살벌한, 잔인한
gjakatar [형] 피에 굶주린, 살벌한, 잔인한 — [남] 피에 굶주린 사람, 잔인한 사람
gjakderdhje [여] 유혈, 피 흘림
gjakësi [여] 피의 복수
gjakësor [형] 피에 굶주린, 잔인한 — [남] 살인자; 잔인한 사람
gjakftohtë [형] ① 냉정한, 침착한, 자제심이 있는 ② [동물] 냉혈 동물(파충류 따위)의
gjakftohtësi [여] 자제, 극기; me gjakftohtësi 냉정한, 침착한, 자제심이 있는
gjakmarrës [남] 피의 복수를 하는 사람
gjakmarrje [여] 피의 복수
gjaknxehtë [형] 성마른, 화를 잘 내는, 성급한
gjaknxehtësi [여] 성마름, 화를 잘 냄, 성급함
gjakos [동] 피로 얼룩지게 하다; 상처를 입히다
gjakosem [동] 피로 얼룩지다; 상처를 입다
gjakosje [여] 출혈
gjakosur [형] 피로 얼룩진, 피투성이의
gjakpirës [남] 흡혈귀, 뱀파이어
gjaktrazim [남] 근친상간

gjalmë [여] 끈, 줄, 실
gjalpë [남] 버터
gjallesë [여] 존재, 생명
gjallë [형] ① 살아있는; gjë e gjallë i) 생물 ii) 가축 ② 민활한, 민첩한 ③ 날 것의, 천연 그대로의, (고기 따위를) 익히지 않은 — [부] 살아있어; jam gjallë 살아있다; mbaj gjallë 살려 두다; në të gjallë të tij (그의) 일생에, (그가) 살아있는 동안에 — [남] 살아있는 사람, 산 사람
gjallëri [여] 생명력, 살아있음; me gjallëri 활발하게
gjallërim [남] 활기 있게 함, 생기를 줌
gjallërisht [부] 생생하게; 정력적으로, 활기 있게
gjallërohem [동] 소생하다, 활기를 띠다
gjallëroj [동] 활기 있게 하다, 생기를 주다
gjallërues [형] 생기를 주는, 활기를 띠게 하는
gjarpër [남] [동물] 뱀; gjarpër me syze 코브라; gjarpër me zile 방울뱀; gjarpër uji 독 없는 뱀의 일종
gjarpërim [남] 구불구불함, 만곡, 굽이
gjarpëroj [동] 구불구불하다, 굽이치다
gjarpërues [형] 구불구불하는, 굽이치는
gjasë [여] 가능성, 개연성, 있음직함; mbas gjase 아마, 어쩌면
gjasim [남] 닮음, 유사, 비슷함
gjashtë [수] 여섯 (6) — [형] 제 6의, 여섯째의
gjashtëdhjetë [수] 육십 (60) — [형] 제 60의, 60번째의
gjashtëdhjetëvjeçar [형] 60세의 — [남] 60대의 사람
gjashtëdhjetëvjetor [남] 60주년
gjashtëfish [남/형] 6배(의)
gjashtëkëndësh [남] [수학] 육각형
gjashtëmbëdhjetë [수] 십육 (16) — [형] 제 16의, 열여섯째의
gjashtëmuajsh [형] 6개월 된; 6개월 간의
gjashtëmujor [남] 6개월, 반년; 한 학기 — [형] 6개월의, 반년의
gjashtëqind [수] 육백 (600)

gjataman [형] 키 큰

gjatas [부] 길게, 세로로

gjatazi [부] 길게, 세로로

gjatë [전] ① (~을) 따라, 끼고; gjatë rrugës 길을 따라 ② (~하는) 동안; gjatë dimrit 겨울 동안, 겨우내; gjatë gjithë vitit 일년 내내; gjatë shekujve (한) 세기 동안 ― [부] ① 오래, 오랫동안; sa më gjatë 가능한 한 오랫동안 ② 길게, 세로로 ③ bie sa gjerë gjatë 뒤로 넘어지다; nuk di më gjatë 그게 내가 아는 전부다

gjatë [형] ① 키 큰 ② (길이가) 긴; flokë të gjatë 긴 머리; rrugë e gjatë 먼 길; një kohë e gjatë 오랜 시간 ③ nuk e ka të gjatë 그는 살 날이 얼마 안 남았다; kam gjuhë të gjatë 입이 가볍다, 수다스럽다

gjatësi [여] ① 길이 ② [지리] 경도(經度), 경선

gjej [동] ① 찾다, 구하다; 찾아내다; gjej punë 일자리를 구하다 ② 가져오다; shko më gjej pak shkumës 가서 분필 좀 가져오너라 ③ 추측하다, (~라고) 생각하다

gjel [남] 수탉

gjelbër [형] 녹색의

gjelbërim [남] 푸름, 청록, 녹색임

gjelbërohet [동] 녹색을 띠다

gjelbëroj [동] 녹색을 띠게 하다

gjelbëruar [형] 녹색의, 초록의

gjeldet [남] 칠면조의 수컷

gjellë [여] 요리, 음식, 식사; bëj gjellë 요리하다

gjellëbërës [여] 요리사

gjellëbërëse [여] 여자 요리사

gjellëtore [여] 식당, 레스토랑

gjemb [남] 가시; tel me gjemba 가시 철사; rri si mbi gjemba 초조하다, 조마조마하다

gjembaç [남] [식물] 엉겅퀴

gjemi [여] 기선(汽船); 범선

gjendem [동] ① 있다, 존재하다, 위치해 있다; shtëpia gjendet te qoshja 그 집은 모퉁이에 위치해 있다 ② 돕다; i gjendem dikujt ~을 도와주다

gjendje [여] 상태, 상황, 형편, 사정; gjendje shoqërore 사회 상황; gjendje shpirtërore 마음 상태, 심경; në gjendje të keqe ekonomike 곤궁한, 궁핍한; në gjendje të mirë ekonomike 부유한, 유복한; në gjendje të vështirë 곤란한 처지에 있어; gjendje civile 시민[공민]의 신분[지위]; jam në gjendje të (~을) 할 수 있다, 할 능력이 있다

gjeneral [남] [군사] 대장, 장군

gjenerator [남] [전기] 발전기

gjeni [남] 천재, 귀재

gjenial [형] 천재적인, 재기가 뛰어난; vepër gjeniale 천재의 작품

gjenital [형] 생식(기)의; organe gjenitale 생식 기관

gjeograf [남] 지리학자

gjeografi [여] 지리(학)

gjeolog [남] 지질학자

gjeologji [여] 지질학

gjeometër [남] 토지 측량사

gjeometri [여] 기하학

gjepura [여·복] 무의미한 말, 허튼 소리

gjer[1] [남] [동물] 겨울잠쥐

gjer[2] [전] ~까지; gjer nesër 내일까지; gjer tani 지금까지; gjer më sot 오늘날까지

gjeraqinë [여] [조류] 매, 새매

gjeras [부] 너비로, 폭으로

gjerazi [부] 너비로, 폭으로

gjerdan [남] ① 목걸이 ② gjerdan fishekësh 탄띠, 탄약대(帶)

gjerë [형] ① 폭넓은 ② (옷 따위가) 헐거운, 풍만한 ③ 광대

한; 넓은, 공간이 충분한 ④ për së gjeri 옆으로, 횡으로
— [부] 넓게, 폭넓게; flas gjerë e gjatë 폭넓게 말하다;
tregoj gjerë e gjatë 자세히 말하다[다루다]

gjerësi [여] ① 너비, 폭 ② [지리] 위도(緯度), 위선

gjerësisht [부] 널리, 폭넓게, 광범위하게

gjergjef [남] 베틀, 직기

gjerman [형] 독일의 — [남] 독일 사람

Gjermani [여] 독일

gjermanisht [부] 독일어로

gjermanishte [여] 독일어

gjersa [접] ~까지; prit gjersa të vijë 그가 올 때까지 기다려라

gjertanishëm [형] 지금까지의; rezultatet e gjertanishme 지금까지의 결과들

gjest [남] 몸짓, 제스처

gjeshtër [여] → gjineshtër

gjetiu [부] 어딘가 다른 곳에서

gjetur [형] 발견된; fëmijë i gjetur 주운 아이

gjeth [남] (식물의) 잎

gjevrek [남] 막대 모양의 딱딱한 빵[비스킷]

gjezdis [동] 여행하다

gjë [여] 물건, 물체, 것; gjë e vogël 하찮은 것, 시시한 일; çdo gjë 모든 것, 무엇이든지; doni gjë tjetër? 뭐 다른 것 원하십니까?; e bleva për hiç gjë 나는 그것을 거저나 마찬가지로 샀다; gjë prej gjëje 아무것도 없음; gjë e gjallë i) 생물 ii) 가축; s'ka gjë (그건) 상관없어, 문제되지 않아

gjëegjëzë [여] 수수께끼, 퍼즐

gjëkafshë [대] 어떤 것, 무언가

gjëkundi [부] 어딘가에서

gjëmë [여] 재난, 불행, 참사

gjëmim [남] 천둥 치는 듯한 큰 소리

gjëmon [동] 천둥 치는 듯한 큰 소리가 나다, 우르르 울리다
gjëndër [여] [생리·식물] 선(腺), 분비 기관
gjësend [대] 어떤 것, 무언가
gjësendi [대] 어떤 것, 무언가
gjëzë [여] 수수께끼, 퍼즐
gji [남] ① 가슴, 젖 ② 모유; foshnjë gjiri 젖먹이 ③ [지리] 만(灣)
gjigant [남] 거인
gjigant [형] 거대한, 거인과도 같은
gjilpërë [여] ① 바늘; gjilpërë me kokë 핀 ② [의학] 주사 ③ asnjë majë gjilpëre 조금도 ~않는
gjilpëryer [남] 포장용 큰 바늘
gjimnastikë [여] 체조
gjimnaz [남] 고등학교
gjimnazist [남] 고등학교 학생, 고교생
gjinde [여] 사람들
gjineshtër [여] [식물] 양골담초의 일종
gjini [여] ① 일족, 일가; 가족 ② [문법] 성(性) ③ [생물] 속(屬)
gjinkallë [여] [곤충] 매미
gjips [남] 석고, 깁스
gjirafë [여] [동물] 기린
gjiriz [남] 하수구
gjithandej [부] 어디에나, 도처에
gjithanshëm [형] 전면적인, 포괄적인
gjithashtu [부] 또한, 마찬가지로
gjithçka [대] 모든 것
gjithë [대] 모든 것, 전부, 전체; gjithë bota 전세계; gjithë ditën 하루 종일 — [부] 가득 차서; gjithë gaz 기쁨에 넘쳐서 — [형] 모든, 전부의, 전체의; i gjithë qyteti 도시 전체에; të gjithë bashkë 모두 다 함께; nga të gjitha

anët 모든 면에서; kjo është e gjitha 그게 전부다; do të t'i them të gjitha 너에게 모든 것을 말하겠다; të gjithë ne 우리 모두

gjithëfuqishëm [형] 전능한, 무엇이든 할 수 있는
gjithësi [여] 우주, 만유(萬有), 천지만물
gjithfarë [형] 다양한; 온갖 종류의
gjithherë [부] 항상, 언제나
gjithkah [부] 어디에나, 도처에
gjithkund [부] 어디에나, 도처에
gjithkush [대] 누구나, 모든 사람
gjithmonë [부] 항상, 언제나
gjithnjë [부] 항상, 언제나
gjithsaherë [접] ~할 때마다
gjithsecili [대] 누구나, 모든 사람
gjithsesi [부] 어쨌든, 어떤 경우라도; 꼭, 반드시
gjizë [여] 희고 부드러운 치즈, 코티지치즈
gjobë [여] 벌금
gjobis [동] 벌금을 물리다
gjobitem [동] 벌금을 물다
gjobitje [여] 벌금 물리기
gjoja [소사] 이른바; 추측건대, 아마; bëj gjoja 주장하다, 구실 삼다; gjoja se (~을) 핑계삼아, 구실로
gjoks [남] ① 가슴 ② rrah gjoksin 자만하다, 젠체하다; i vë gjoksin punës 일에 착수하다
gjoksgjerë [형] 가슴이 떡 벌어진
gjorë [형] 운 나쁜, 불행한
gju [남] 무릎; ulem në gjunjë 무릎 꿇다; i bie në gjunjë dikujt ~앞에 무릎 꿇다, ~에게 굴복하다
gjuaj [동] 사냥하다; 쏘다, 발사하다; gjuaj peshk 물고기를 잡다
gjuajtës [남·복] ① 사수, 사냥꾼 ② 전투기
gjuajtje [여] ① 발사 ② [스포츠] 스트로크; 킥

gjuetar [남] 사냥꾼
gjueti [여] 사냥
gjuhcë [여] [어류] 잉엇과의 물고기
gjuhë [여] ① 혀 ② 언어; gjuhë amtare 모국어; gjuhë e huaj 외국어; gjuhë letrare 표준어 ③ e kam gjuhën të gjatë 입이 가볍다
gjuhëz [여] ① [지리] 갑(岬) ② 종[방울]의 추
gjullurdi [여] 대혼란
gjumash [남] 숙면을 취하는 사람
gjumë [남] 잠, 수면; pa gjumë 잠 못 이루는; jam nëpër gjumë 잠이 온다; bëj gjumë të rëndë 푹 자다; marr një sy gjumë 잠깐 자다
gjunjas [부] 무릎을 꿇고
gjunjazi [부] 무릎을 꿇고
gjunjëzim [남] ① 무릎 꿇기 ② 복종, 굴복
gjunjëzohem [동] ① 무릎 꿇다 ② 복종하다, 굴복하다
gjunjëzoj [동] ① 무릎을 꿇게 하다 ② 복종[굴복]시키다, 진압하다
gjurmë [여] 발자국, 자취; ndjek gjurmët e (~의) 발자취를 따르다
gjurmim [남] 조사, 추적
gjurmohem [동] 추적 당하다
gjurmoj [동] 자취를 추적하다
gjykatë [여] 법원; gjykata e lartë 대법원; gjykatë ushtarake 군사 법원
gjykatës [남] 판사, 재판관
gjykatore [여] 법정
gjykim [남] [법률] 공판, 재판, 심리
gjykoj [동] ① [법률] 재판하다, 심리하다 ② [스포츠] 심판을 보다 ③ 생각하다, 고려하다
gjykues [형] 재판상의, 사법상의; trupi gjykues 재판관들

gjykueshëm [형] 이성이 있는, 합리적인
gjyle [여] ① 포탄 ② [스포츠] (투포환 경기의) 포환
gjym [남] (주둥이가 넓은) 물주전자
gjymtë [형] (신체) 장애가 있는, 불구의
gjymti [여] 병약, 신체 장애, 불구
gjymtim [남] (손발의) 절단
gjymtohem [동] (손발이) 절단되다, 불구가 되다
gjymtoj [동] (손발을) 절단하다, 불구로 만들다
gjymtyrë [여] 사지, 팔다리
gjynah [남] ① (종교상의) 죄 ② 실수, 잘못 ③ sa gjynah! 그거 참 안됐군!
gjynahqar [남] (종교상의) 죄인
gjyp [남] [조류] 독수리의 일종
gjyq [남] 재판 절차, 심리 절차; 소송; gjyq me dyer të mbyllura 밀실 재판; hedh në gjyq 재판에 걸다, 소송을 제기하다; humbas një gjyq 소송에 패하다
gjyqësor [형] 사법의, 재판의, 법관의
gjyqtar [남] ① 재판관, 판사 ② [스포츠] 심판
gjyryk [남] 풀무
gjysmak [형] 반쯤 된, 미완성의; masa gjysmake 어중간한 수단, 불철저한 조치
gjysmë [여] ① 반, 절반; gjysmë ore 반 시간, 30분; e lë punën në gjysmë 중도에 포기하다, 도중하차하다; gjysma e së keqes 작은 해악; me gjysmë zëri 낮은 목소리로 ② (구두의) 바닥, 밑창; këpucë me gjysma gome 고무 밑창 신발 — [부] 반쯤; gjysmë i dehur 반쯤 취한; me gjysmë çmimi 반값으로; e ndajmë gjysmë për gjysmë 반씩 나누다; ndaj për gjysmë 이등분하다, 반으로 나누다; gjysmë i vdekur 반 죽은, 거의 죽어가고 있는
gjysmërreth [남] 반원(半圓)
gjysmëzyrtar [형] 반(半)공식적인

gjysmohet [동] 이등분되다, 반으로 나뉘다
gjysmoj [동] 이등분하다, 반으로 나누다
gjysh [남] 할아버지
gjyshe [여] 할머니
gjyveç [남] 스튜 (요리)
gjyzlykë [남·복] 안경; gjyzlykë dielli 선글라스

H

ha [동] ① 먹다; ha bukë 식사를 하다; ha darkë 점심[정찬]을 들다; ha mëngjes 아침을 먹다 ② 좀먹다 ③ (개 따위가) 물다 ④ 가렵다, 근질근질하다; më ha trupi 내 몸이 가렵다 ⑤ ha fjalën 약속을 어기다; ha fjalët 말을 완곡하게 하다; më ha meraku 고민하다; i ha hakën dikujt ~에게 나쁘게 대하다

haber [남] ① 소식, 뉴스; haber i mirë 좋은 소식 ② 앎, 지식; s'kam haber nga muzika 음악에 대해 아무것도 모르다

habi [여] 놀람, 경악; me habi 깜짝 놀라

habis [동] 놀라게 하다

habitem [동] (깜짝) 놀라다

habitje [여] 놀람, 경악

habitshëm [형] 놀라운

hahem [동] ① 경쟁하다, 겨루다; hahem me fjalë 다투다, 논쟁하다 ② më hahet 배고프다

hair [남] 이익, 이득, 수익; me hair qoftë! 이익이 있기를!; bëfsh hair! 당신에게 행운이 있기를!

hajat [남] 현관 (홀)

hajde [감] 이리 와!

hajdut [남] 도둑; hajdut xhepash 소매치기

hajmali [여] 부적(符籍)

hajvan [남] 가축, 짐 싣는 짐승

hak [남] ① 당연히 지불되어야 할 것; i jap hakun dikujt ~에게 정당한 대우를 해주다 ② 복수, 보복; marr hakun 복수하다, 원수를 갚다 ③ kam hak 올바르다

hakërrim [남] 위협적인 목소리

hakërrohem [동] 위협하다, 으르다, 협박하다

hakmarrës [형] 복수심에 불타는, 앙심이 깊은 — [남] 복수하는 사람

hakmarrje [여] 복수, 보복, 앙갚음

hakmerrem [동] 복수하다, 원한을 풀다

halë [여] ① 물고기 뼈[가시] ② (침엽수의) 침엽 ③ (눈에 들어간) 티끌, 먼지; më ka halë në sy 그는 나를 꼴도 보기 싫어한다

haliç [남] 자갈, 조약돌

halor [형] [식물] 침엽수의

hall [남] ① 문제, 말썽; jam në hall 곤란하다, 문제가 생겼다 ② 필요; e bëra nga halli 나는 그것을 필요해서 했다

hallakas [동] 흩어버리다, 내던지다

hallakatem [동] 흩뿌려지다

hallakatje [여] 흩어버리기

hallall [부] 당연히 ~할 만한; e ka hallall 그는 당연히 그것을 받을 만하다; bëj hallall 정성을 다해서 주다

hallat [남] 도구, 용구

hallavitem [동] 시간을 낭비하다

hallexhi [남] 궁핍한 사람

hallë [여] 고모

hallkë [여] 연결 고리, (사슬의) 고리; hallkë e dobët 약한 연결 고리

hallvë [여] 할바 (깨와 꿀로 만드는 터키의 과자)

hamall [남] 짐꾼, 운반인; hamall porti 독[부두] 근로자

hamam [남] 증기 목욕, 터키식 목욕

hambar [남] ① 곡물 창고 ② [항해] (배의) 짐칸, 화물창

hamendje [여] 추정, 가정, 추측; gjej me hamendje 추측하다

hamës [남] 대식가, 폭식가

hamshor [남] 종마(種馬)

hamullore [여] 그루터기만 남은 밭
han [남] 여관
hanxhar [남] 식칼
hanxhi [남] 여관 주인
hap¹ [남] 걸음, 걸음걸이, 보폭; hap pas hapi 한 걸음 한 걸음; keni bërë hapa përpara (당신은) 대단한 진전을 보았소
hap² [동] ① (잠긴 것 따위를) 열다; hap zemrën 마음을 열다 ② hap sytë 망보다, 경계하다; hap veshët 귀를 쫑긋 세우다, 열심히 듣다; i hap rrugën (~을 위한) 길을 닦다; hap zjarr 사격을 개시하다 ③ 꽃이 피다
hape [남] 환약, 알약
hapem [동] ① 열리다; hapet me forcë 확 열리다 ② 마음을 열다[터놓다]; i hapem dikujt 남에게 (~을) 털어놓다 ③ (날씨가) 개다, 맑아지다
hapës [남] 열쇠, 여는 도구
hapësirë [여] (넓은) 공간
hapje [여] 개시, 첫머리, 시작 부분
haptas [부] 터놓고, 솔직하게; flas haptas 터놓고 말하다
hapur [형] 열린, 개방된, 터놓은; me zemër të hapur 숨김없이, 털어놓고
harabel [남] [조류] 참새
haraç [남] 공물, 조공
haram [남] 부정한 수단으로 얻은 이득
harar [남] 가방, 배낭
harbi [여] (총의) 탄약 꽂을대
harboj [동] (초목이) 덩굴지다, 우거지다
harbuar [형] 억제되지 않은; 사나운, 난폭한
harbut [형] 상스러운, 저속한, 야만적인 — [남] 버릇없는[야만적인] 사람
harbutëri [여] 버릇없음, 상스러움, 야만적임
hardhi [여] [식물] 포도나무

hardhucë [여] [동물] 도마뱀
hare [여] 기쁨, 즐거움
harengë [여] [어류] 청어
hareshëm [형] 명랑한, 즐거운; 의기양양한, 기운 나는
hark [남] ① [건축] 아치 ② 활; (바이올린 따위의) 활 ③ [수학] 호(弧), 원호(圓弧)
harkëtar [남] 궁수, 활잡이
harlis [동] (식물을) 무성하게 하다, 우거지게 하다
harliset [동] (식물이) 무성해지다, 우거지다
harlisje [여] (식물의) 무성함, 우거짐
harmoni [여] 조화, 일치, 화합; rroj në harmoni me (~와) 조화되어 살다
hartë [여] 지도(地圖)
hartim [남] 편집; 작문
hartohet [동] 편집되다; 작문되다
hartoj [동] 편집하다; 작문하다
harxhim [남] 사용, 소비
harxhohet [동] 사용되다, 소비되다; harxhoj frymën kot 쓸데없는 소리를 하다
harxhoj [동] 쓰다, 소비하다
harr [동] 잡초를 제거하다
harresë [여] 망각, 잊기 쉬움, 건망; 소홀히 함
harrohem [동] 잊혀지다, 망각되다
harroj [동] 잊다, 망각하다
harruar [형] 잊혀진, 망각된
has [동] (~을) 마주치다, 만나다; (~에) 면하다; has në një vështirësi 어려움에 직면하다
hasem [동] (~와) 만나다
haset [남] 시기, 질투
hasëll [남] (가축 사료용) 꼴, 마초
hasër [여] 거적, 멍석

hasm [남] 적, 원수

hasmëri [여] 적의, 적개심, 앙심, 숙원(宿怨)

hasha [부] bëj hasha 부인하다, 부정하다

hashash [남] 해시시 (마취제의 일종)

hata [여] 재난, 참사

hatashëm [형] ① 비참한, 피해가 막심한 ② 훌륭한, 놀라운, 굉장한

hatër [남] ① 마음(의 경향[성향]) ② 호의, 특혜; mbaj me hatër dikë ~에게 호의를 보이다 ③ 위함, 이익; për hatrin e (~을) 위해서

hatull [여] ① 다락 ② (처마의) 까치발

hauz [남] 웅덩이, 못

hava [여] ① 날씨; 기후 ② fjalë në hava 실없는 소리

havan [남] ① 막자사발, 절구 ② rrah ujë në havan 헛수고하다

hazdisem [동] 고삐가 풀리다, 억제되지 않다, 제멋대로 굴게 되다

hazdisur [형] 고삐 풀린, 억제되지 않은, 제멋대로 구는

hazër [부] (구어체에서) 준비된

hebraisht [부] 히브리어로

hebraishte [여] 히브리어

hedh [동] 던지다, 투척하다; hidhe poshtë 떨어뜨리다; hedh në erë 터지다, 파열하다, 폭발하다; hedh themelet 기초를 놓다; hedh në gjyq 고소하다, 소송을 제기하다; hedh poshtë 논박하다; hedh një sy 눈길을 던지다, 흘끗 보다; hedh në dorë 손에 넣다, 점유하다; hedh fjalën 암시하다, 시사하다, 힌트를 주다; ia hedh dikujt (꾀를 써서) (~을) 속이다

hedhje [여] ① 던지기, 투척 ② 뛰어오름, 도약 ③ hedhje në short 제비 뽑다

hedhur [형] ① 진취적인, 활동적인; djalë i hedhur 진취적인 사람 ② (체격이) 호리호리한

hedhurinë [여] 쓰레기, 폐물
hejbe [여·복] 숄더백, 새들백
hejdë [여] [식물] 메밀
hekës [남] [해부] 쇄골(鎖骨)
hektar [남] [면적의 단위] 헥타르
hekur [남] ① 쇠, 철; shufër hekuri 철봉 ② 다리미 ③ [복] 수갑 ④ u bë për hekura 그는 미쳤다
hekurishte [여] 파쇠, 고철, 쇠부스러기
hekurkthyes [남] 철공 근로자
hekuros [동] 다림질하다
hekurosem [동] (자기 옷을) 다림질하다
hekurosje [여] 다림질; hekur për hekurosje 다리미
hekurpunues [남] 철공 근로자
hekurt [형] ① 철의, 철로 된 ② 철과 같은, 엄한, 혹독한; disiplinë e hekurt 매우 엄한 규율
hekurudhë [여] 철로
helikë [여] 프로펠러
helikopter [남] 헬리콥터
helm [남] ① 독(毒), 독물 ② 고통, 괴로움; jam bërë helm 몹시 괴로워하다, 슬퍼하다
helmatis [동] ① 독을 주입하다, 독살하다 ② 몹시 슬프게 하다
helmatisem [동] 독이 주입되다
helmatisje [여] 독을 주입함, 중독
helmatisur [형] → helmuar
helmatues [형] 독성 있는
helmetë [여] 투구, 헬멧
helmim [남] 독을 주입함, 중독; helmim gjaku [병리] 패혈증(敗血症)
helmohem [동] 독이 주입되다, 독살되다
helmoj [동] ① 독을 주입하다, 독살하다 ② 몹시 슬프게 하다
helmuar [형] ① 독을 넣은 ② 슬퍼하는, 괴로워하는, 고통스

러워하는

helmues [형] 독이 있는, 독을 품은

hell [남] 꼬챙이; pjek në hell 꼬챙이에 꿰어 굽다

hem [접] hem ~ hem ~ ~와 ~ 둘 다[모두]

hendek [남] ① 도랑; 해자 ② (갈라진) 틈

heq [동] ① 제거하다, 삭제하다; (신발·모자 따위를) 벗다; (치아를) 뽑다; (얼룩을) 지우다; heq qafe 제거하다 ② heq zvarrë 끌다; heq dorë 포기하다

heqje [여] ① 제거, 삭제; (치아의) 발치(拔齒) ② 제비뽑기

hequr [형] 마른, 여윈, 홀쭉한

herak [형] 이른, 일찍 일어나는

herdhe [여·복] 고환, 불알

herë [여] ① 번, 회, 때; një herë 한 번; dy herë 두 번; një herë e mirë 단 한 번만; disa herë 여러 번; edhe një herë 한 번 더; herën e fundit 마지막으로; herën tjetër 다음 번에; herë pas here 때때로 ② [수학] 곱(하기); dy herë katër bëjnë tetë 2 곱하기 4는 8

herë-herë [부] 때때로, 가끔

herët [부] 일찍; ngrihem herët 일찍 일어나다

hero [남] 영웅

heroik [형] 영웅적인

heroikisht [부] 영웅답게

hershëm [형] ① 오래된, 옛날의, 고대의 ② (과일이) 올된, 이른 철에 나도는

hesap [남] ① 계산, 셈; bëj hesap 세다, 계산하다 ② për hesap të dikujt ~의 셈으로; për hesapin tim 나로서는, 나라면; i kërkoj hesap dikujt ~에게 책임을 묻다 ③ kam një hesap të vjetër për të larë me dikë ~에게 풀어야 할 숙원(宿怨)이 있다 ④ prish pa hesap 낭비하다

hesht [동] 조용히 있다, 조용히 하다; hesht! 조용히 해!

heshtë [여] 창, 투창

heshtje [여] 조용함, 고요
heshtur [형] 조용한, 고요한
hetim [남] 조사; 수사; bëj hetime 조사하다
hetohet [동] 조사받다
hetoj [동] 조사하다; 수사하다
hetues [남] 조사자; 수사관
hetuesi [여] 조사실; 수사실
hezitim [남] 망설임, 주저; pa hezitim 망설이지 않고, 주저 없이
hezitoj [동] 망설이다, 주저하다, 머뭇거리다
hënë [여] ① 달 (천체); hënë e re 초승달; hënë e plotë 보름달 ② 월요일
hëpërhë [부] 당분간은, 지금으로서는
hi [남] (타고 남은) 재; bëj shkrumb e hi 타서 재가 되다; i hedh hi syve dikujt 남의 눈을 속이다, 현혹하다
hiç [남] 아무것도 아님; filloj nga hiçi 아무것도 없는 상태에서 시작하다 — [대] 아무것도 ~아닌 — [부] 결코 (~아닌); hiç fare 아무것도 아님
hiçasgjë [대] (전혀) 아무것도 아님
hiçgjë [대] (전혀) 아무것도 아님
hide [여] [식물] 대추(나무)
hidraulik [남] 배관공, 연관공
hidrocentral [남] 수력 발전소
hidhem [동] (펄쩍) 뛰다, 뛰어오르다, 도약하다; 뛰어들다
hidhërim [남] 슬픔, 쓰라림; me hidhërim 슬퍼하여
hidhërohem [동] 몹시 슬퍼하다
hidhëroj [동] 몹시 슬프게 하다, 쓰라리게 하다
hidhëruar [형] 슬픈, 쓰라린, 괴로운; jam i hidhëruar 나는 몹시 슬프다
hidhët [형] (맛이) 쓴
hidhur [형] ① (맛이) 쓴 ② 쓰라린, 고통스런
hije [여] ① 그늘, 그림자; 어두움 ② 외양, 외모 ③ 우아, 우

미 ④ kjo rrobë të ka hije 이 옷들이 네게 잘 맞는구나; nuk të ka hije të ~ 네게 ~은 적절치 못하다

hijerëndë [형] ① 어두침침한 ② 인상적인, 당당한, 기품 있는

hijeshi [여] 우아, 우미, 매력; plot hijeshi 매력적인

hijshëm [형] 우아한, 매력적인

hikërr [여] ① 신 우유 ② [식물] 메밀

hile [여] 속임수, 사기; bëj hile 속임수를 쓰다; me hile 교활하게

hileqar [형] 속임수를 쓰는, 사기의 — [남] 사기꾼

himn [남] 찬가, 찬송가; himni kombëtar 국가(國歌)

hindi [여] 힌디어

hingëllij [동] (말(馬)이) 히힝하고 울다

hingëllimë [여] (말(馬)의) 울음

hinkë [여] 깔때기

hipi [동] (기어)오르다; (배에) 승선하다; 등산하다

hipje [여] (기어)오르기

hipotekë [여] [법률] (양도) 저당, 담보

hiqem [동] 제거되다, 삭제되다, 지워지다 hiqem zvarrë 기다, 기어다니다; hiqem mënjanë 물러나다, 철수하다

hir [남] ① 우아, 우미, 매력 ② 위함, 이익; për hir të tij 그를 위해서; për hir tim 나를 위해서 ③ 의지, 뜻; me hir a me pahir 싫든 좋든

hirësi [여] [기독교] (주교・대주교에 대한 호칭으로) 전하(殿下)

hirtë [형] 회색의

hirrë [여] 유장(乳漿; 치즈 만들 때 엉킨 젖을 거르고 난 물)

hise [여] 몫, 할당 부분

histori [여] ① 역사 ② 이야기; tregoj një histori për (~에 관해) 이야기하다

historik [형] 역사(상)의; 역사적인

historikisht [부] 역사적으로

hithër [여] [식물] 쐐기풀

hobe [여] 새총; gjuaj me hobe 새총을 쏘다
hoje [여] 벌집
holandez [형] 네덜란드의 — [남] 네덜란드 사람
Holandë [여] 네덜란드
holandisht [부] 네덜란드어로
holandishte [여] 네덜란드어
holla [여·복] ① 돈, 현금 ② 잔돈
hollë [형] ① 얇은, 가는, 마른, 야윈, 호리호리한 ② (목소리 따위가) 날카로운 ③ (맛이) 섬세한 — [부] ① 가볍게; vishem hollë 옷을 가볍게 입다 ② 약하게, 희박하게 ③ jam hollë 돈이 모자라다
hollësi [여] 세부, 자세한 사항; tregoj me hollësi 자세히 말하다
hollësishëm [형] 상세한
hollësisht [부] 상세하게, 자세하게
hollim [남] ① 가늘게 하기, 얇게 하기 ② 묽게 함, 희석
hollohem [동] 가늘어지다, 얇아지다
holloj [동] ① 가늘게 하다, 얇게 하다 ② 묽게 하다, 희석하다
hon [남] 나락, 낭떠러지
hop [남] (짧은) 동안, 잠깐, 잠시; punon me hope (그것은) 간헐적으로[때때로] 작동한다
hordhi [여] 떼거리, 다수
horizont [남] 지평선; 수평선
horr [남] 깡패, 불량배, 건달, 악한
hosten [남] (가축 따위를 모는) 막대기
hoshaf [남] 설탕에 절인 과일; hoshaf kumbulle 말린 자두
hotel [남] 호텔; hotel-pension 하숙집
hotelxhi [남] 호텔 경영자
hov [남] (움직이는) 힘, 격렬함, 맹렬함
hovarda [형] 아끼지 않는, 활수한
hovshëm [형] 갑자기 터져나오는, 격렬한
hoxhë [여] [이슬람] (모스크의) 기도 시각을 알리는 사람

hu [남] 말뚝

hua [여] 대부(貸付); jap hua 돈을 빌려주다, 대부하다; marr hua 돈을 빌리다; ai më ka hua 그는 내게 빚을 지고 있다

huadhënës [여] 채권자

huadhënie [여] (돈을) 빌려주기

huaj¹ [동] 빌려주다; 대부하다; huaj lekë 돈을 빌려주다

huaj² [형] 외국의, 외래의 ― [남] 외국인

huamarrës [남] 빌리는 사람, 꾸는 사람, 차용자

huamarrje [여] 빌림, 꾸기

hudhër [여] [식물] 마늘; thelb hudhre 마늘쪽

huhet [동] 대부를 받다

hulli [여] 밭고랑

humai [여] 고급 아마포

humanitar [형] 인도주의의, 인간애의

humanizëm [남] 인문주의; 인도주의

humb [동] → humbas

humbameno [여] 얼빠진 사람

humbas [동] ① 잃다; humbas rrugën 길을 잃다; humbas mendjen 당황하다, 어쩔 줄 모르다; humbas ndjenjat 기절하다, 졸도하다; s'kam ç'të humbas 나는 잃을[손해볼] 게 없다 ② 낭비하다; pa humbur kohë 시간을 낭비하지 않고 ③ 놓치다; humbas një rast 기회를 놓치다; humbas trenin 기차를 놓치다 ④ 길을 잃다, 타락하다 ⑤ humbas në punë 일에 몰입하다

humbët [형] 먼, 멀리 있는

humbëtirë [여] 머나먼 곳, 외딴 곳, 벽지

humbje [여] ① 잃음, 상실; shes me humbje 밑지고 팔다 ② (시간·정력 따위의) 낭비

humbur [형] ① (물건을) 잃어버린 ② 먼, 멀리 있는 ③ 잘 잊어버리는, 건망증이 있는, 방심 상태로 있는, 얼빠진 ④ njeri i humbur 쓸모없는 인간 ― [부] 헛되이; më vete mundimi humbur 나의 노력은 수포로 돌아갔다

humnerë [여] 나락, 낭떠러지

humor [남] 기분, 마음; në humor të mirë 기분이 좋아; në humor të keq 기분이 언짢아

hundë [여] 코; hundë të zëna 꽉 막힌 코; flas me hundë 콧소리로 말하다; shfryj hundët 코를 풀다; fus hundët në 간섭하다, 참견하다; heq për hunde 마음대로 부려먹다, 복종시키다; qesh nën hundë 교활하게 낄낄 웃다

hundëpërpjetë [형] 자부심이 강한, 우쭐대는, 거만한

hundëshkabë [형] 매부리코의

hundështypur [형] 납작코의

hundor [형] 코의, 비음(鼻音)의; tingull hundor [언어] 비음, 콧소리

hundroj [동] 콧소리를 내다

hungarez [형] 헝가리의 — [남] 헝가리 사람

Hungari [여] 헝가리

hungarisht [부] 헝가리어로

hungarishte [여] 헝가리어

hungërimë [여] 으르렁거리는 소리

hungëron [동] 으르렁거리다

huq [남] 기이한 버릇, 악벽(惡癖)

huqlli [형] 기이한 버릇이 있는; kalë huqlli 성질이 못된 말(馬)

hurdhë [여] 웅덩이, 못

hurmë [여] [식물] 대추야자

hutaq [형] 경솔한, 얼빠진 — [남] 경솔한 사람, 얼빠진 사람

hutë [여] [조류] 말똥가리

hutim [남] 혼란, 멍해 있음

hutin [남] [조류] 큰 부엉이의 일종

hutohem [동] 혼란스러워하다, 당혹하다

hutoj [동] 혼란스럽게 하다, 당혹스럽게 하다

hutuar [형] 혼란스러운, 당혹한

hyhet [동] [비인칭] 들어갈 수 있다, 입구가 있다
hyj [동] ① 들어가다, 들어오다 ② 참가하다 ③ 오그라들다; hyn në ujë (një plaçkë) (천 조각이) 오그라들다 ④ hyj në punë 일자리를 얻다
hyjneshë [여] 여신(女神)
hyjni [여] 신(神)
hyjnor [형] 신(神)의, 신성의
hyrë [중] 들어감, 시작, 초입; në të hyrë të dimrit 겨울의 문턱
hyrje [여] ① 들어감, 입장; hyrje kryesore (건물의) 정문, 중앙 출입구 ② (책의) 도입부, 서론 부분
hyzmeqar [남] → **shërbëtor**

I

i [한정사/소사] (복수형 : të) ① (주격 남성 단수형 명사를 표시) djalë i mirë 괜찮은 녀석; djem të mirë 괜찮은 녀석들; i pari 첫 번째; i dyti 두 번째; i vëllai 그의 형제; të vëllezërit 그의 형제들 ② (동사가 3인칭 단수의 대상과 관계됨을 나타냄) i) 그에게, 그녀에게; i dhashë (atij/asaj) 나는 (그에게/그녀에게) 주었다; i thashë (atij/asaj) 나는 (그에게/그녀에게) 말했다 ii) [복] 그들에게; i pashë (ata/ ato) 나는 그들을 보았다 ③ Këshilli i Ministrave i Republikës së Shqipërisë 알바니아 공화국 각료 회의

ia [대] ① 그(녀)에게, 그들에게; ia dhashë librin [librat] 나는 그에게 책[책들]을 주었다; ia thashë të vërtetën 나는 그에게 진실을 말했다; ia thashë të gjitha 나는 그에게 모든 것을 말했다 ② ia dola në krye 나는 성공했다

ibrik [남] 주전자, 포트; ibrik kafeje 커피 포트

ide [여] 생각, 아이디어; nuk kam as më të voglën ide 나는 전혀 모르겠다

identifikohet [동] 동일시되다

identifikoj [동] 동일시하다

idërshah [남] [식물] 제라늄

idhët [형] (맛이) 쓴

idhnak [형] 화를 잘 내는, 성질이 까다로운

idhnim [남] 화, 분노, 악의

idhnohem [동] 화를 내다

idhnoj [동] 화나게 하다

idhnuar [형] 화난, 성난

igrasi [여] 습기, 축축함

ijë [여] 옆구리; mbaj ijet nga të qeshurit 배꼽을 빼다, 포복절도하다

iki [동] ① 떠나다, 가버리다; iki me vrap 도망가다; ikim! 가자!; ikë! 가버려!; iki ushtar 군에 입대하다, 군대 가다 ② (시간 따위가) 가다, 경과하다 ③ më ikën 놓치다; më ikën inati 진정시키다, 누그러뜨리다

ikje [여] 떠남, 가버림

ilaç [남] ① 약(藥) ② 치료, 요법

ilik [남] 단춧구멍

im [대] [소유대명사] 나의; biri im, im bir 나의 아들; babai im, im atë 나의 아버지; vëllai im, im vëlla 나의 형제; libri im 나의 책; libri i djalit tim 내 아들의 책; takova mësuesin tim 나는 나의 선생님을 만났다; djemtë e mi 나의 아들들 — (여성형) bija ime, ime bijë 나의 딸; libri i bijës sime, libri i sime bije 내 딸의 책; i shkrova nënës sime 나는 내 어머니에게 글을 썼다; e hoqën nga puna vajzën time 그들이 내 딸을 해고했다 — (복수형) vajzat e mia 내 딸들

imagjinatë [여] 상상

imagjinoj [동] 상상하다, 마음에 그리다

iman [남] 믿음, 신앙; pa din e pa iman 종교나 신앙이 없는

ime [대] → im

imët [형] 자디잔, 미세한

imi [대] [소유대명사] 나의 것; është imi 그건 내 거야; e kam timin 그는 나의 친척 중 한 사람이다 — (복수형) të mitë 나의 것들 — (여성형) imja 나의 것 — (여성 복수형) të miat 나의 것들

imitohet [동] 모방되다

imitoj [동] 모방하다, 흉내내다

imponoj [동] (힘 따위를) 쓰다; 강요하다

import [남] 수입(輸入)
importohet [동] 수입되다
importoj [동] 수입하다
imtësi [여] 상세함, 자세함; me imtësi 자세하게
imtësisht [부] 상세하게, 자세하게
imzot [남] [기독교] 주교나 대주교에 대한 존칭
inat [남] 화, 분노, 악의; jam me inat 화가 나 있다; marr inat me dikë ~에게 화내다; për inat 악의로, 분풀이로
inatçshëe [형] 원한이 있는, 악의에 가득 찬
inatçi [남] 원한[악의]을 품은 사람
inatos [동] 화나게 하다, 분노하게 하다
inatosem [동] 화를 내다, 분노하다
inatosur [형] 화난, 분노한
incizoj [동] 기록하다; 새기다, 조각해 넣다
Indi [여] 인도(印度)
indian [형] 인도의 — [남] ① 인도 사람 ② 아메리카 인디언
indiferencë [여] 무관심, 냉담, 개의치 않음
indiferent [형] 무관심한, 냉담한, 개의치 않는
indirekt [형] 간접적인 — [부] 간접적으로
individ [남] 개인
individual [형] 개인의, 개인적인
individualisht [부] 개인적으로
indonez [형] 인도네시아의 — [남] 인도네시아 사람
Indonezi [여] 인도네시아
indonezian [부] 인도네시아어로
industri [여] 산업, 공업
industrial [형] 산업의, 공업의
industrializohet [동] 산업화되다
industrializoj [동] 산업화하다
infarkt [남] [병리] 경색(硬塞)(증); 심장 마비
infeksion [남] 전염, 감염

infektohem [동] 전염되다, 감염되다
infektoj [동] 전염시키다, 감염시키다
infermier [남] 남자 간호사
infermiere [여] 여자 간호사
influencë [여] 영향(력); 효과
informacion [남] ① 정보, 보고 ② 정보 기관
informatë [여] 정보, 보고
informatikë [여] 컴퓨터 과학
informator [남] 통지자, 정보 제공자
informohem [동] 정보를 제공받다
informoj [동] 알리다, 정보를 제공하다
ingranazh [남] [기계] 톱니바퀴의 일종
iniciativë [여] 시작 단계
inkurajim [남] 고무, 격려
inkurajoj [동] 고무하다, 격려하다
insekt [남] 곤충, 벌레
inspektim [남] 조사, 검사
inspektohet [동] 조사받다
inspektoj [동] 조사하다, 검사하다
inspektor [남] 조사자, 검사관
instalim [남] 설치, 가설
instalohem [동] 설치되다, 가설되다
instaloj [동] 설치하다, 가설하다
institucion [남] 시설; 제도
institut [남] 회(會), 협회
instrument [남] ① 도구, 기구, 용구 ② 악기
intelektual [남] 지식인, 식자
inteligjent [형] 영리한, 총명한, 지적인
interes [남] 이익, 이득; 이자
interesant [형] 재미있는, 흥미있는
interesim [남] 관심, 흥미; tregoj interesim (~에) 관심을 보

이다

interesohem [동] (~에) 관심[흥미]을 갖다; 관여하다

interesoj [동] ① 관심[흥미]을 갖다 ② 관심[흥미]을 불러일으키다; kjo më intereson 그것이 나의 관심을 불러일으킨다; ç'ju intereson? 왜 관심을 가지시오?

interesuar [형] 이해 관계가 있는

internacional [형] 국제적인

internet [남] 인터넷

internim [남] 구금, 유치, 억류

internohem [동] (일정한 구역 안에) 구금[억류]되다

internoj [동] (일정한 구역 안에) 구금[억류]하다

intervistë [여] 면접, 인터뷰; i marr një intervistë dikujt ~을 인터뷰하다

intervistoj [동] 회견하다, 인터뷰하다

intrigant [남] 음모를 꾸미는 사람, 책략가

intrigë [여] 음모, 책략

intrigoj [동] 음모를 꾸미다

invalid [남] 병약자, 지체 부자유자; invalid lufte 상이 군인

inventar [남] [상업] 재고 조사; bëj inventarin 재고를 조사하다

investim [남] [경제] (자본의) 투자, 출자

investoj [동] (자본을) 투자하다, 출자하다

inxhi [여] 진주

inxhinier [남] 기사, 기술자, 엔지니어

inxhinieri [여] 공학(工學)

injorancë [여] 무지, 무식

injorant [형] 무지한, 무식한 — [남] 무지[무식]한 사람

Irak [여] 이라크

irakian [형] 이라크의 — [남] 이라크 사람

Iran [여] 이란

iranian [형] 이란의 — [남] 이란 사람

iriq [남] ① [동물] 고슴도치 ② iriq deti [동물] 성게

irlandez [형] 아일랜드의 - [남] 아일랜드 사람
Irlandë [여] 아일랜드
ironi [여] 비꼼, 풍자, 반어(反語), 아이러니
islam(ik) [형] 이슬람(교)의; qytetërimi islamik 이슬람 문명
islamizëm [남] 이슬람(교)
islandez [형] 아이슬란드의 - [남] 아이슬란드 사람
Islandë [여] 아이슬란드
islandisht [부] 아이슬란드어로
islandishte [여] 아이슬란드어
iso [여] 단조로운 소리; i mbaj ison dikujt ~와 일치[동의]하다
istëm [남] [지리] 지협(地峽)
ish- 전(前), 이전의; ish-ministër 전 장관
isha [동] (> jam) 나는 ~이었다
ishull [남] 섬(島)
Itali [여] 이탈리아
italian [형] 이탈리아의 - [남] 이탈리아 사람
italisht [부] 이탈리아어로
italishte [여] 이탈리아어
ithtar [남] 따르는 사람, 지지자
izlam [형] = islam(ik)
izolant [남] [전기] 절연체
izolim [남] ① 고립, 격리 ② [전기] 절연
izolohem [동] ① 고립되다, 격리되다 ② [전기] 절연되다
izoloj [동] ① 고립시키다, 격리시키다 ② [전기] 절연하다
izoluar [형] ① 고립된, 격리된 ② [전기] 절연된
izolues [형] ① 고립시키는, 격리시키는 ② [전기] 절연하는
izraelit [형] 이스라엘 (사람)의; 유대인의 - [남] 이스라엘 사람; 유대인

J

ja [소사] 여기에 (~이 있다), 거기에 (~이 있다); ja ku jam 여기에 내가 있다; ja ku po vijnë 여기 그들이 온다; ja pse 이것이 ~하는 이유다; ja ~ ja [접속사적으로] 또는; ja sot ja nesër 오늘 또는 내일

jabanxhi [남] 외국인, 이방인

jahni [여] (고기와 야채로 만든) 스튜

jakë [여] 옷깃, 칼라

jaki [여] 반창고

jam [동] (과거형 : isha, 과거분사형 : qenë) ① ~이다; ~이 있다; unë jam 나는 ~이다; unë nuk jam 나는 ~이 아니다; kush është atje? 거기 누구요?; çfarë je duke bërë? 뭐하고 있소?; ai është marangoz 그는 목수다; dje ishte ftohtë 어제는 추웠다; a keni qenë ndonjëherë në Shqipëri? 알바니아에 가본 적 있어요?; qofsh 당신이 ~하기를!; qofsh i lumtur! 행복하시기를! ② (조동사로 쓰여) jam informuar 나는 통지받았다; si është puna? 뭐가 문제야?

janar [남] 1월

janë [동] (> jam) 그들은 ~이다

jap [동] ① 주다; 수여하다; 제공하다; jap një darkë 디너 파티를 열다; jap ndihmë 도움을 주다; jap kredi 차관을 제공하다; jap me qira 임대하다; jap shembull 본을 보이다 ② [법률] 판결을 내리다; jap një dënim 형을 선고하다 ③ jap e marr 온갖 노력을 다하다, 몹시 애쓰다; jap e marr me dikë ~와 관계가 있다; jap shpirt 숨을 거두다, 죽다; i jap zemër dikujt ~을 격려하다

japonez [형] 일본의 — [남] 일본 사람

Japoni [여] 일본

japonisht [부] 일본어로

japonishte [여] 일본어

jargavan [남] [식물] 라일락

jargë [여] 군침, 흘리는 침; lëshoj jargë 군침을 흘리다

jastëk [남] 베개; 쿠션; këllëf jastëku 베갯잇

jashtë [부] 밖에서, 밖으로; ha jashtë 외식하다; lë jashtë 밖으로 나가다[떠나다]; jashtë shtëpisë 집 밖에서; dil jashtë! 나가! — [전] ~밖에, ~ 너머에; jashtë qytetit 도시 밖에; jashtë mase 셀 수 없을 정도로; jashtë përdorimit 쓰지 않게 되어, 사용하지 않게 되어; jashtë çdo dyshimi 의심할 여지 없이, 물론; jashtë rrezikut 위험에서 벗어나

jashtëligjshëm [형] 불법의, 비합법적인

jashtëm [형] ① 밖의, 외부의; pjesa e jashtme 외부, 바깥 부분 ② 외국의; politikë e jashtme 외교 정책

jashtëzakonisht [부] 비상하게, 유별나게; 매우

jashtëzakonshëm [형] 비상한, 유별난

javash [부] 느리게, 천천히

javashëm [형] 느린

javë [여] 주(週), 1주일; brenda një jave 1주일 이내에; para një jave 1주일 전에; pas (brenda) një jave (앞으로) 1주일 이내로; çdo javë, javë për javë 매주, 주 1회; javën e ardhshme 다음 주

javor [형] 매주의, 주 1회의; të ardhura javore 주 1회 받는 급료[수입]

jaz [남] 용수로

je [동] (> **jam**) 너는 ~이다

jehon [동] 메아리가 치다, (소리가) 울려퍼지다

jehonë [여] 메아리, 에코, 반향

jele [여] (동물의) 갈기; jele luani 사자의 갈기

jelek [남] (양복) 조끼
jemi [동] (> jam) 우리는 ~이다
jeni [동] (> jam) 너희[당신]는 ~이다
jepem [동] ① (제공)받다 ② 포기하다, 항복하다 ③ 헌신하다, 바치다 ④ (~에) 빠지다, 몰두하다, 열중하다
jerm [남] 정신 착란 상태, 헛소리를 함; flas jerm 헛소리를 하다
jeshil [형] 녹색의
jeshilohet [동] 녹색이 되다
jeshilon [동] 녹색으로 만들다; 녹색이다, 녹색으로 보이다
jetesë [여] 생계, 살림; mjete jetese 생계 수단; mënyrë jetese 생활 양식
jetë [여] ① 삶, 생존; pa jetë 생명이 없는, 죽은; plot jetë 생기가 넘치는 ② 생활 (양식); jetë bashkëshortore 부부 생활; jetë familjare 가족 생활; jetë shoqërore 사회 생활 ③ 일생, 생애; për jetë 죽을 때까지, 종신토록; ndërroj jetë 죽다, 사망하다; jetë të gjatë! 오래 사시기를! ④ vë në jetë 실행에 옮기다
jetëdhënës [형] 기운 나게 하는, 생기를 더하는
jetëgjatë [형] 수명이 긴, 오래 사는
jetëgjatësi [여] 장수, 오래 삶
jetërsim [남] [법률] 양도, 이전
jetërsoj [동] [법률] 양도하다, 이전하다
jetësor [형] ① 생명에 관계되는 ② 극히 중대한, 필수적인
jetëshkrim [남] 전기, 일대기
jetëshkurtër [형] 수명이 짧은, 단명한, 덧없는
jetik [형] 절대 필요한, 필수의, 중요한
jetim [남] 고아
jetimore [여] 고아임
jetoj [동] ① 살다, 생활하다; jetoj mirë 안락하게 살다; jetoj keq 빈곤하게 살다 ② 거주하다; jetoj në Tiranë 티라나에 거주하다; jetoj në shtëpi të madhe 큰 집에서 살다

jo [부] 아니오; jo që ~ por ~이 아니라; jo vetëm që ~ 뿐만 아니라
jona [대] 우리들의 것
jonë [대] 우리들의; 우리들의 것
jonxhë [여] [식물] 자주개자리, 알팔파
jorgan [남] 누비 이불, 퀼트
josh [동] 꾀다, 유인하다
joshë [여] 꾐, 유인
joshës [형] 꾀는, 유인하는
jote [대] 너의; 너의 것
jotja [대] 너희들[당신들]의 것; 당신의 것
ju [대] 너희들, 당신들; 당신 (존칭); ju them juve 내가 당신에게 말한다; ju shoh 나는 당신을 보고 있다
juaj [대] ① 너희들의, 당신들의; 당신의; i[e] mikut tuaj 당신의 친구; djalit tuaj 당신의 아들에게; nuk e pashë filmin tuaj 나는 당신의 필름을 보지 못했다 ― (여성형) i[e] vajzës suaj 당신의 딸의; vajzës suaj 당신의 딸에게; vajzën tuaj 당신의 딸 ― (복수형) nxënësit tuaj 당신의 학생들; i[e] nxënësve tuaj 당신의 학생들의; nxënësve tuaj 당신의 학생들에게 ― (여성 복수형) vajzat tuaja 당신의 딸들 ② 너희들[당신들]의 것; 당신의 것
jug [남] 남쪽; drejt jugut 남쪽으로
jugë [여] 남풍(南風)
juglindje [여] 남동쪽
juglindor [형] 남동쪽의
jugor [형] 남쪽의; Poli Jugor 남극
jugosllav [형] (구)유고슬라비아의 ― [남] (구)유고슬라비아 사람
Jugosllavi [여] (구)유고슬라비아
jugperëndim [남] 남서쪽
jugperëndimor [형] 남서쪽의
juri [여] [법률] 배심원단; anëtar jurie 배심원

juridik [형] 사법상의, 재판상의
jurist [남] 법학자; 법학 교수
justifikim [남] 정당화
justifikohem [동] 스스로를 정당화하다, 변명하다
justifikoj [동] 정당화하다
jush [대] (> ju) 너희로부터; 당신으로부터; me nder jush 실례지만
juve [대] (> ju) 너희에게; 당신에게

K

ka¹ [동] (> kam) ① 그[그녀, 그것]은 ~을 갖고 있다; ~이 있다; ka disa njerëz 몇몇 사람들이 있다 ② s'ka përse 결코 ~아니다; s'ka gajle 신경쓰지 마세요

ka² [남] (복수형 : qe) 황소, 거세한 수소; mish kau 쇠고기

kaba¹ [형] 꼴사나운; 부피가 지나치게 큰

kaba² [여] (클라리넷 따위로 연주하는) 민속 음악

kabinë [여] 작은 방; (공중) 전화 박스

kabllo [여] [전기] 케이블

kacabu [남] [곤충] 갑충, 딱정벌레

kacafytem [동] 맞붙어 싸우다

kacafytje [여] 드잡이, 난투, 맞붙어 싸움

kacavarem [동] 기어오르다

kacavarje [여] 기어오르기

kacavirrem [동] 기어오르다; 기다

kacavjerrës [형] 기(어오르)는; bimë kacavjerrëse 덩굴 식물

kacek [남] ① 양가죽으로 만든 자루 ② 풀무 ③ m'u bë barku kacek 나는 배가 부풀어올랐다

kaci [여] 부삽

kacidhe [여] 푼돈, 잔돈; s'kam asnjë kacidhe 무일푼이다

kaçak [남] 무법자

kaçamak [남] 옥수수 죽, 굵게 간 옥수수

kaçavidë [여] 나사 돌리개, 드라이버

kaçe [여] [식물] (유럽에 흔한) 들장미의 일종

kaçile [여] 바구니, 광주리

kaçirubë [여] (새의) 볏, 관모(冠毛)

kaçkë [여] [식물] 호두

kaçubë [여] [식물] 관목숲, 덤불

kaçul [남] (새의) 볏, 관모(冠毛)

kaçule [여] (망토의) 두건, 후드

kaçurrel [형] (머리가) 곱슬곱슬한; flokë kaçurrelë 고수머리

kaçurrelë [여] 고수머리, 컬

kadastër [여] 토지 대장

kade [여] 큰 통

kadife [여] 우단, 벨벳, 플러시

kafaz [남] 새장, 우리

kafe [여] ① 커피; lugë kafeje 커피 스푼; filxhan kafeje 커피 잔; mulli kafeje 커피 열매를 빻는 기구; bojë kafe 커피색, 다갈색; kafe turke 터키 커피 ② 커피점, 카페

kafene [여] 커피점, 카페

kafexhi [남] 커피점[카페] 주인

kafkë [여] [해부] 두개골, 해골

kafshatë [여] 한 입 가득, 한 입(의 양)

kafshë [여] ① 동물, 짐승; kafshë e egër 야생 동물; kafshë pune 짐 싣는 짐승; kafshë shtëpiake 가축 ② 무례한 사람, 짐승 같은 인간

kafshim [남] (깨)물기

kafshoj [동] (깨)물다

kah [남] (움직임의) 방향

kaike [여] 노젓는 긴 배, 카약[카누] 비슷한 배

kajmak [남] (액체의) 더껑이, 크림

kajsi [여] [식물] 살구

kakao [여] 코코아; 핫초코

kakaris [동] (암탉이) 꼬꼬댁 울다

kakarisje [여] 꼬꼬댁 (우는 소리)

kakërdhi [여] (양·염소의) 똥

kala [여] 요새, 성채, 보루

kalama [남] 어린이, 아이, 아동; mos u bëj kalama 그렇게 유치하게 굴지 마라; mendje kalamani 어린 마음

kalaqafë [부] 걸터앉아, 올라타

kalb [동] 부패시키다, 썩게 하다

kalbem [동] 썩다, 부패하다

kalbët [형] 썩은, 부패한

kalbëzim [남] 부패 (작용)

kalbëzohem [동] 썩다, 부패하다

kalbëzoj [동] 부패시키다, 썩게 하다

kaldajë [여] (큰) 보일러, 기관(汽罐)

kalem [남] ① 연필 ② [식물] (접붙이기의) 접순

kalemxhi [남] 잡문가, 글쟁이

kalendar [남] 달력

kalë [남] (복수형 : kuaj) [동물] 말(馬); 종마(種馬); kalë karroce 짐마차 말; kalë shale 승용마; mizë kali [곤충] 말파리, 쇠둥에; punoj si kalë (말처럼) 힘차게 일하다

kalë-fuqi [여] [물리] 마력(馬力)

kalibër [남] 구경(口徑), 직경

kalim [남] ① 통로; vend kalimi 좁은 길[통로] ② (시험의) 패스, 합격, 통과 ③ kalim kohe 심심풀이, 오락

kalimtar [형] ① 일시적인, 잠시 동안의 ② [문법] 타동사의 — [남] 통행인, 보행자, 지나가는 사람

kalimthi [부] ① 말이 난 김에 ② 서둘러, 표면적으로만

kalit [동] ① (강철 따위를) 불리다, 단련하다, 단조하다 ② 단단하게 하다, 강화하다

kalitem [동] ① (강철 따위가) 불려지다, 단련되다, 단조되다 ② 단단하게 되다, 강화되다

kalitje [여] ① (강철 따위를) 불리기, 단련, 단조 ② 단단하게 하기, 강화; kalitje fizike 체육, 신체 단련

kalitur [형] 단단해진

kaloj [동] ① 지나가다, 통과하다, 통행하다; kaloj më toj 전

하다; kaloj tinës 몰래 가버리다; kalon afati (지불 등의) 기한이 넘다 ② (시험에) 합격하다, 패스하다, 통과하다 ③ 멈추다, 정지하다; shiu kaloi 비가 그쳤다 ④ 건너가다 ⑤ 능가하다, 초월하다, 넘다 ⑥ kaloj mbrëmjen 저녁 시간을 보내다; e kalofshi mirë! 좋은 시간 보내세요!

kalorës [남] 승마자, 기수

kalorësi [여] [군사] 기병대

kalori [여] [물리] 칼로리 (열량의 단위)

kalorifer [남] 라디에이터, 방열기

kaltër [형] 하늘색의, 담청색의

kaltërosh [형] 푸르스름한

kaluar^1 [부] 말(馬)을 타고

kaluar^2 [형] ① 지나간, 가버린; vitin e kaluar 지난 해, 작년 ② 나이 든; i kaluar në moshë 늙은, 나이 든 — [여] 지나간 시간, 과거

kalues [형] 합격의, 급제의; notë kaluese 합격점

kalueshëm [형] 통행할 수 있는, 지나갈 수 있는

kall [동] 넣다, 삽입하다; kall në dhe 묻다, 매장하다; kall tmerrin 공포에 몰아 넣다

kallaballëk [남] 다수, 무리

kallaj [남] [화학] 주석

kallajis [동] 주석을 입히다, 주석 도금하다

kallajiset [동] 주석으로 도금되다

kallajisje [여] 주석 도금

kallajxhi [남] 양철공, 주석 세공인

kallam [남] 막대기, 갈대; kallam sheqeri [식물] 사탕수수; kallam peshkimi 낚싯대

kallamar [남] ① 잉크병, 잉크스탠드 ② [동물] 오징어

kallamboq [남] [식물] 옥수수

kallamidhe [여] 탄피

kallauz [남] 안내자, 인도자, 가이드

kallcë [여] 각반(脚絆)

kalldrëm [남] (도로의) 포장; shtroj me kalldrëm (도로를) 포장하다, (도로에) 자갈을 깔다; udhë me kalldrëm 포장 도로

kallëp [남] ① 틀, 모형, 본뜨는 공구 ② (옥수수의) 알 ③ një kallëp sapun 비누 한 조각 ④ 종류, (비슷한) 무리; të një kallëpi 같은 종류의 무리

kallëzim [남] ① 서술, 이야기함 ② 탄핵, 공공연한 비난, 고발

kallëzoj [동] ① 말하다, 이야기하다, 서술하다 ② 보여주다 ③ 탄핵하다, 공공연하게 비난하다, 고발하다

kallëzor [형] [문법] 대격의

kallëzues [남] ① [문법] 술부, 술어 ② 비난자, 고발자

kallfë [남] 도제(徒弟), 수습생

kalli [남] (밀 따위의) 이삭

kallkan [부] bëhet kallkan (길 따위가) 얼어붙다, 결빙하다

kallm [남] [식물] 갈대

kallmishtë [여] 갈대가 무성한 땅

kallo [여] 굳은살, 못; me kallo (피부가) 굳은, 못박힌

kallp [형] 가짜의, 위조의; para kallpe 위조 화폐

kallumë [여] [항해] (배의) 용골(龍骨)

kam [동] ① 가지다, 소유하다; e kam inat dikë ~에게 원한을 품다 ② 느끼다, 체험하다; kam ftohtë 나는 춥다 ③ ~하다, ~이다; kam vapë 따뜻하다; kam të drejtë 내가 옳다; e kam gabim 내가 틀렸다; kam frikë 두려워하다 ④ [조동사로 쓰여] kam lexuar 나는 읽었다 (현재완료형); kam për të vajtur diku 나는 어딘가로 가야 한다 ⑤ e kam mirë me dikë ~와 좋은 사이다, 관계가 좋다; nga të kemi? 어디에서 왔니?, 어디 출신이니?; sa e ke orën? 몇 시입니까?; si i ke fëmijët 아이들은 어때요?; sot ka erë 오늘은 바람이 부는구나; ki mendjen! 좀 잘 봐!, 조심해!

kamare [여] 벽감(壁龕; 벽의 움푹 들어간 곳)

kamarier [남] → **kamerier**

kamariere [여] → kameriere
kamatë [여] (빌린 돈에 대한) 이자
kambalec [남] (자전거·오토바이 따위의) 가대(架臺), 스탠드
kambanë [여] (교회 등의) 종, 벨; u bie kambanave 종을 치다[울리다]
kambrik [남] (고급의) 얇은 아마포
kameleon [남] [동물] 카멜레온
kamerdare [여] (자전거 등의) 튜브
kamerier [남] (식당의) 급사, 웨이터
kameriere [여] (식당의) 웨이트리스
kamë [여] 쌍날 단검
kamës [형] 부유한, 유복한
kamion [남] 화물차, 트럭
kamje [여] 부(富)
kamomil [남] [식물] 카밀레
kamp [남] ① 캠프 ② kamp pushimi 요양소, 휴양소
kampion [남] ① 견본, 표본, 샘플 ② [스포츠] 선수권 보유자, 챔피언
kampionat [남] [스포츠] 선수권, 우승, 패권, 챔피언십
kamxhik [남] (말(馬))채찍
Kanada [여] 캐나다
kanadez [형] 캐나다의 - [남] 캐나다 사람
kanakar [남] 총아(寵兒), 마음에 드는 것
kanal [남] ① 수로, 운하; kanal i ujërave të zeza 하수도; kanal ujitës 관개 수로, 용수로 ② [해부] 도관(導管) ③ (TV 등의) 채널 ④ [지리] 해협
kanape [여] 소파, 긴 의자
kanarinë [여] [조류] 카나리아
kanat [남] ① 셔터, 덧문; kanat dritareje 창 덧문 ② 문짝 ③ portë me dy kanata 접문
kancer [남] [병리] 암(癌)

kandar [남] 대저울; nuk ngre kandar 중요하지 않다
kandidat [남] 후보; 지명된 사람
kandidaturë [여] 입후보 (자격); vë kandidaturën (선거에) 입후보하다, 출마하다
kandil [남] 석유 램프
kandis [동] 설득하다, 확신시키다
kandisem [동] 확신하다
kanellë [여] [식물] 계피, 육계
kanë [여] 깡통, 물통
kangur [남] [동물] 캥거루
kangjella [여·복] 계단의 난간
kanistër [여] 바구니, 광주리
kanosem [동] 위협하다, 협박하다, 으르다
kanosje [여] 위협, 협박
kanotierë [여] 내의, 셔츠
kantier [남] ① 작업장, 일터; kantier detar 조선소 ② 대지, 부지; kantier ndërtimi 건축 부지
kanun [남] 법규, 카논
kanxhë [여] 갈고리, 꺾쇠
kap [동] 붙잡다, 쥐다; 취하다; kap në befasi 기습하다, 불시에 치다; nuk e kapa dot trenin 나는 그 기차를 놓쳤다; kap rob 생포하다, 사로잡다
kapadai [남] 뻐기는 사람, 거만한 사람
kapadaillëk [남] 오만, 거만, 뻐기기
kapak [남] 뚜껑, 덮개, 커버; kapak i syrit 눈꺼풀
kapar [남] 계약금
kapardisem [동] 자랑하다, 뽐내다, 거들먹거리다
kapardisje [여] 자랑, 뽐내기
kaparos [동] 계약금을 내다
kapedan [남] 지도자, 지휘자, 명령권자
kapelë [여] 모자; kapelë republike 중산 모자; heq kapelën

모자를 벗다

kapem [동] 붙잡히다; kapem pas diçkaje ~을 붙잡다

kapërcehet [동] 가로질러지다, 뛰어넘어지다

kapërcej [동] ① 가로지르다, 횡단하다; 뛰어넘다; kapërcej murin 담을 넘다 ② (곤란·장애 등을) 극복하다, 이겨내다

kapërcim [남] ① 가로지르기, 횡단, 뛰어넘기, 건너기 ② (곤란·장애 등의) 극복

kapërcyeshëm [형] 가로지를 수 있는, 횡단 가능한; 극복할 수 있는

kapërdij [동] (꿀떡) 삼키다

kapëse [여] ① 버클 ② 헤어핀 ③ 빨래 집게

kapicë [여] 더미, 무더기

kapistall [남] 고삐, 굴레

kapistër [여] 고삐, 굴레

kapit [동] 완전히 지치게 하다, 녹초가 되게 하다

kapitem [동] 완전히 지치다, 녹초가 되다

kapital [형] 주요한, 으뜸가는; gërmë kapitale 대문자 — [남] [경제] 자본

kapitalist [형] 자본가[주의]의 — [남] 자본가, 자본주의자

kapitalizëm [남] 자본주의

kapiten [남] [군사] 대위

kapitje [여] 완전히 지침, 극도의 피로, 기진맥진

kapitull [남] (책의) 장(章), 챕터

kapitullim [남] 조건부 항복

kapitulloj [동] (조건부로) 항복하다

kapje [여] ① 붙잡음, 꽉 쥠, 움켜쥠 ② (포로 따위의) 생포

kaposh [남] 수탉

kapotë [여] 외투, 오버코트

kapriç [남] 변덕, 일시적인 생각

kapriçoz [형] 변덕스러운, 생각이 잘 변하는

kaproll [남] [동물] 노루

kaps [부] 변비에 걸려
kapsallit [동] 깜빡이다
kapsllëk [남] [의학] 변비
kapsollë [여] (총포탄의) 뇌관(雷管)
kaptinë [여] 머리; 둥근 꼭지; 윗부분
kaptoj [동] (뛰어)넘다, 뛰어오르다, 점프하다
kapuç [남] ① (외투 따위의) 두건 ② kapuç oxhaku 굴뚝 꼭대기의 통풍관
kaq [부/대] 그만큼 (많은), 그렇게; kaq shpejt 그렇게 일찍 [빨리]; kaq shumë 그렇게 많이; kaq mirë! 아주 좋아!; një mbrëmje kaq e këndshme! 아주 즐거운 저녁(이야)!
karabina [여] (건물 따위의) 뼈대, 골격
karabinë [여] 카빈총
karabush [남] ① 옥수수 자루 ② 얼뜨기, 멍청이, 바보
karafil [남] ① [식물] 카네이션 ② 경솔한 사람
karagjoz [남] 어릿광대, 익살꾼
karagjozllëk [남] 익살
karakatinë [남] 고물, 못 쓸 지경이 된 물건
karakoll [남] 위병소, 초소
karakter [남] 성격, 특색; njeri pa karakter 특색 없는 사람
karakteristik [형] (~에) 특유한, 독특한
karakteristikë [여] 특질, 특색, 특성
karamele [여] 캐러멜
karavidhe [여] [동물] 게
karburant [남] 연료
karburator [남] [기계] (내연 기관의) 기화기(氣化器), 카뷰레터
karficë [여] 안전핀, 브로치, 핀
karfos [동] (단단히) 고정시키다, 못 박다
karfoset [동] (단단히) 고정되다, 못 박히다
karikator [남] 탄약통 (연결) 클립
karikaturë [여] (풍자) 만화, 카툰, 캐리커처

karjollë [여] (판자) 침대
karkalec [남] ① [곤충] 메뚜기 ② karkalec deti [동물] 새우
karkat [동] 꽥꽥[까악까악] 울다
karnaval [남] 사육제(謝肉祭), 카니발
karotë [여] [식물] 당근
karpuz [남] [식물] 수박
karshi [부] 마주 보고 (있는), 맞은 편에 (있는); shtëpia karshi 맞은 편의 집 — [전] ① 마주 보고, 맞은 편에; karshi njëri-tjetrit 서로 마주보는; karshi një veprimi të tillë 그런 행동 앞에 ② (~을) 향한, (~에) 대한; sjellja e tij karshi meje 나에 대한 그의 행동
kartelë [여] 색인 카드
kartë [여] ① 서류, 문서; 편지 ② [정치] 헌장; Karta e Kombeve të Bashkuara 국제 연합(UN) 헌장
kartëmonedhë [여] 지폐
kartolinë [여] 우편 엽서
karton [남] 판지, 마분지
karthi [여] 마른 나뭇가지, 불쏘시개
karvan [남] ① (사막의) 대상(隊商) ② (사람·짐승 따위의) 행렬 ③ 호위함
karrem [남] 미끼, 유인물
karrierë [여] 경력, 이력, 커리어
karrige [여] 의자
karro [여] 손수레, 카트
karroceri [여] (자동차의) 차체
karrocë [여] 마차; karrocë dore 손수레, 카트, 외바퀴차; karrocë fëmijësh 유모차
karrocier [남] 마부, 마차꾼; 수레 끄는 사람
karroqe [여] 반(半) 부셸들이 통
kasafortë [여] 금고
kasap [남] 푸주한, 도살업자

K

kasaphanë [여] ① 도살장 ② 대량 학살
kasavet [남] 걱정, 근심, 염려; mos ki kasavet 걱정하지 마
kasë [여] ① 금고, 돈궤 ② (총의) 개머리판 ③ 상자, 박스
kasketë [여] 테 있는 모자
kaskë [여] 헬멧
kasnec [남] 사자(使者), 전령
kasolle [여] 오두막
kast [남] 의향, 의도, 미리 생각함; me kast 의도적으로
kasten [부] → kastile
kastile [부] 고의적으로, 일부러, 의도적으로
kastravec [남] [식물] 오이; kastravec turshi 오이 피클, 절인 오이
kashai [여] 문지르는 솔
kashais [동] 문지르다, 솔질하다
kashtë [여] 짚, 이엉; kapelë kashte 밀짚 모자
kashtore [여] 이엉으로 지붕을 인 오두막
kat [남] (건물의) 층; kati i parë 2층; kati përdhes 1층, 아래층; shtëpi me dy kate 2층짜리 집
katalog [남] 물품 목록, 카탈로그
katana [여] 연; ngre një katana 연을 날리다
katandi [여] 소유물, 재산, 부(富); pa shtëpi e pa katandi 가난해진
katandis [동] 나쁜 상태가 되게 하다
katandisem [동] 나쁜 상태로 전락하다
katastrofë [여] 대참사, 대재난
katedralë [여] 대성당
kategori [여] 범주, 부문, 카테고리
kategorik [형] 단정적인, 단언적인; refuzim kategorik 딱 잘라 하는 거절
katëk [남] [조류] 사낭(砂囊), 모래주머니
katër [수] ① 넷 (4) ② vrapoj me të katra 전속력으로 뛰다

katërfish [부] 네 배로 — [남] 네 배
katërfishohet [동] 네 배로 늘다
katërfishoj [동] 네 배로 하다[증가시키다]
katërfishtë [형] 네 배의
katërkëmbësht [남·복] 네발 동물, 4지 동물
katërkëndësh [남] [수학] 사각형, 네모; katërkëndësh kënddrejtë 직사각형
katërmbëdhjetë [수] 십사 (14) — [형] 제 14의, 열네번째의
katërqind [수] 사백 (400)
katërt [형] 제 4의, 넷째의
katërvjeçar [형] 4년(간)의
katil [남] 범죄자; 살인자
katolik [형] 가톨릭의, 천주교의; Kisha Katolike Romake 로마 가톨릭 교회
katragjysh [남] → stërgjysh
katran [남] 타르, 피치 (석탄·석유 따위의 찌꺼기); i zi katran 새까만
katranos [동] (일을) 망치다
katranoset [동] (일이) 망쳐지다
katror [형] 정방형의; metër katror 평방 미터 (㎡) — [남] 정사각형
katruve [여] 질냄비
katua [남] ① 저장소, 창고 ② 마구간
katund [남] 마을, 촌락
katundar [남] 마을 사람, 시골 사람
kath [남] [병리] 다래끼
kaurdis [동] (고기를) 굽다; (커피 원두를) 볶다
kaurdiset [동] 구워지다, 볶아지다
kaush [남] 원뿔꼴의 종이 봉지; kaush akulloreje 아이스크림 콘
kavall [남] ① (양치기 따위의) 피리 ② vrima e fundit e ka-

vallit 꼴찌

kavanoz [남] 단지, 항아리, 포트

kavo [여] 굵은 밧줄, 케이블; kavo çeliku 강철 케이블

kazan [남] 가마솥, 큰 냄비

kazermë [여] [군사] 막사, 병영, 바라크

kazmë [여] 곡괭이

ke [동] (> kam) 너는 ~을 갖고 있다

kec [남] 새끼 염소

kek [남] 케이크, 과자

kep [남] [지리] 곶, 갑(岬)

keq [형] 나쁜; 악한; njeri i keq 사악한 사람; më i keqi nga të gjithë 최악의 것 — [부] ① 나쁘게; 악하게; flas keq për dikë ~에 대해 나쁘게 말하다; shkoj keq me dikë ~와 사이가 나쁘다; keq e më keq 악화되어; bëj keq 나쁜 짓을 하다; i bëj keq dikujt ~에게 해를 끼치다, 나쁜 짓을 하다; s'e ke keq 그거 괜찮은 생각이군; më vjen keq 미안합니다 ② e dua keq 나는 그를 무척 사랑한다

keqardhje [여] 유감, 섭섭함, 후회; me keqardhje 유감스럽게도

keqas [부] (나쁜 뜻으로) 심각하게; u plagos keqas 그는 심하게 다쳤다

keqbërës [남] 악행자, 악인, 나쁜 짓을 하는 사람

keqe [여] ① 악(惡), 사악; s'ka asgjë të keqe 나쁜 것은 없다 ② 필요; e bëra nga e keqja 나는 그것을 필요해서 했다

keqësim [남] 악화, 심각화

keqësohem [동] 악화되다, 더 나빠지다

keqësoj [동] 악화시키다, 더 나쁘게 하다

keqkuptim [남] 오해

keqkuptohem [동] 오해받다

keqkuptoj [동] 오해하다, 잘못 알다

keqpërdor [동] 학대, 혹사

keqpërdorem [동] 학대[혹사]당하다
keqpërdorim [남] 학대, 혹사
keqtrajtim [남] 학대, 혹사
ketër [남] [동물] 다람쥐
kë [대] 누구를; 무엇을; kë kërkoni? 누구를 원하시오?; për kë po flisnit? 누구에 관해 말했소?; kë të doni 어느 것이라 할지라도, 무엇이라도
këlthas [동] → bërtas
këlysh [남] (동물의) 새끼; këlysh qeni 강아지
këllas [동] → kall
këlleç [남] 칼, 검
këllëf [남] (꼭 맞는) 집, 케이스
këllirë [여] 개숫물, 구정물
këllk [남] 엉덩이
këmbac [형] 절름발이의, 절뚝거리는, 불구의
këmba-këmbës [부] (~의) 바로 뒤를 따라서
këmbalec [남] 가대(架臺), 버팀다리
këmbehem [동] 교환되다
këmbej [동] 바꾸다; 교환하다, 물물 교환하다; këmbej të holla 환전하다
këmbë [여] ① 발; 다리; në[më] këmbë 걸어서; çohem në këmbë 일어서다; eci në këmbë 걸어가다; më merren këmbët 비틀거리다 ② ngul këmbë 우기다, 고집하다, 주장하다
këmbëkryq [부] 다리를 꼬고, 책상다리를 하고
këmbëmbarë [형] 행운의, 운 좋은
këmbëngul [동] 우기다, 고집하다, 주장하다
këmbëngulës [형] 고집 센, 완고한, 버티는
këmbëngulje [여] 고집, 끈질기게 버팀
këmbësor [남] ① 보행자 ② [군사] 보병
këmbësori [여] [군사] 보병대

këmbëshkurtër [형] 다리가 짧은
këmbëz [여] ① (총의) 방아쇠 ② (사다리의) 단(段)
këmbëzbathur [형] 맨발의
këmbim [남] 전환, 교환
këmborë [여] (가축에 다는) 방울
këmbyeshëm [형] 바꿀 수 있는
këmishë [여] 셔츠; këmishë nate 잠옷
kënaq [동] 만족시키다, 기쁘게 하다
kënaqem [동] 만족하다, 기뻐하다, 즐기다
kënaqësi [여] 즐거움, 만족; me kënaqësi 기꺼이, 즐거이
kënaqshëm [형] 만족스러운, 즐겁게 하는
kënaqur [형] 만족한, 기뻐하는
kënd [남] ① [수학] 각도, 각; kënd i drejtë 직각 ② 구석
kënddrejtë [형] 직각의
këndej [부] 여기에; këndej e tutje 앞으로(는)
këndez [남] 수탉
këndim [남] 읽기, 독서; libër këndimi 독본
këndohet [동] 노래불리다
këndoj [동] ① 노래하다 ② (글을) 읽다
këndshëm [형] 유쾌한, 기분 좋은
kënetë [여] 늪, 습지
këngë [여] 노래; këngë popullore 민요
këngëtar [형] 노래하는 — [남] 노래하는 사람, 가수
këpucar [남] 제화업자; 구두 직공, 구두 수선공
këpucari [여] 구두 만들기, 제화; 구두 가게
këpucë [여] 신발, 구두; këpucë me qafa 장화, 부츠; vesh [heq] këpucët 구두를 신다[벗다]
këpucëbërës [남] 제화업자
këpushë [여] [동물] 진드기
këpus [동] ① (꽃·과일 따위를) 따다 ② (사슬·밧줄 따위를) 끊다 ③ 관계를 끊다 ④ këput qafën! 비켜, 꺼져!

këputem [동] ① 완전히 지치다, 녹초가 되다; këputem së punuari 과로하다 ② këputem së qeshuri 웃음이 터지다

këputje [여] ① (꽃·과일 등을) 따 모으기 ② (밧줄 따위를) 끊기 ③ 결렬, 불화, 관계를 끊음

këqyr [동] 고찰하다, 자세히 보다

këqyrem [동] (거울 따위로) 자신의 모습을 보다

kërbaç [남] 채찍

kërbisht [남] [해부] 엉치등뼈; 허리 부분

kërcas [동] ① 지끈 터지게 하다, 우두둑[달가닥] 소리가 나게 하다 ② 손가락을 튕기다 ③ (의자 따위가) 삐걱거리다

kërce [여] [해부] 연골 (조직)

kërcej [동] ① 뛰어오르다, 껑충 뛰다, 도약하다 ② 춤추다 ③ më kërcen damari 화를 내다

kërcell [남] [식물] 줄기, 대

kërcëllij [동] (이 따위를) 갈다; 이를 드러내다

kërcëllimë [여] 우지직[달가닥]하는 소리

kërcënim [남] 위협, 협박

kërcënohem [동] 위협 당하다

kërcënoj [동] 위협하다, 협박하다, 으르다

kërcënues [형] 위협하는, 협박하는, 으르는

kërci [남] 정강이

kërcim [남] ① 뛰어오름, 껑충 뜀, 도약 ② 춤(추기)

kërcimtar [남] 춤추는 사람, 댄서

kërcitje [여] 지끈 터짐; 우지직 소리가 남; 이를 갊; 손가락을 튕김; 뻥 터짐[튀어나옴]

kërcu [남] 통나무; (나무의) 그루터기

kërdi [여] 전멸, 대규모 파괴, 황폐; bëj kërdinë 파괴하다, 파멸시키다

kërkesë [여] 요구, 요청; bëj një kërkesë për (~을) 요청하다; plotësoj një kërkesë 요청을 들어주다

kërkim [남] 연구, 조사; kërkime shkencore 과학적 연구

kërkohem [동] 요청받다, 요구되다; kërkohem nga policia 경찰의 요청을 받다

kërkoj [동] 찾다, 구하다; kërkoj punë 일자리를 구하다, 구직하다; kërkoj dikë 누군가를 찾다; kërkoj të falur 용서를 구하다

kërkues [남] 찾는 사람, 구하는 사람; 연구[조사]자

kërmë [여] 썩은 고기, 죽은 짐승

kërmill [남] [동물] 달팽이

kërp [남] [식물] 삼, 대마(大麻)

kërpaç [남] 실수하는 사람, 솜씨 없는 사람

kërpudhë [여] [식물] 버섯

kërshëndella [여·복] 성탄절, 크리스마스

kërshëri [여] 호기심

kërthi [남] 신생아, 갓 태어난 아기

kërthizë [여] ① 배꼽 ② 중앙, 한가운데

kërrabë [여] 갈고리; 포크

kërriç [남] ① 수탕나귀 ② 당나귀 새끼 ③ 바보, 멍청이

kërrus [동] 구부리다, 휘게 하다

kërrusem [동] 구부러지다, 휘다

kësaj [대] (> kjo) 이것에게; para kësaj kohe 이번 전에; jepja kësaj vajzës këtu 이 소녀에게 그것을 주어라

kësi [대] (> ky, këta) 이와 같이

kësilloj [부] → kësisoj

kësisoj [부] 이와 같이, 이렇게

kësmet [남] (행)운

këso [대] (> kjo, këto) 이와 같이

kësodore [부] 이와 같이, 이렇게 — [대] 이러한, (이와) 유사한

këst [남] 할부, 분할불; me këste 할부로

kësulë [여] (테 없는) 모자

këshill [남] 회의, 평의회; Këshilli i Ministrave 각료 회의

këshillë [여] 충고, 조언
këshillim [남] 충고, 조언; 훈계
këshillohem [동] (남과) 상의하다
këshilloj [동] 충고하다, 조언하다
këshilltar [남] 조언자, 상담가
këshillueshëm [형] 권할 만한
kështjellë [여] 성(城), 요새
kështu [부] 그렇게, 이렇게; e kështu me radhë 기타 등등, ~등
kështu që [접] 그러므로, 그리하여
këta [대] 이것들 (남성형)
këtë [대] 이(것); kush e bëri këtë? 누가 이것을 했는가?; këtë vit 올해, 금년
këtej [부] 이렇게, 이쪽에; këtej e tutje 지금부터, 앞으로
këtejmë [형] 이쪽의, 이곳의
këtejshëm [형] → i këtejmë
këtij [대] 이것에게, 이것에 대해
këtillë [형] 이와 같은, 이러한; të këtillë njerëz 이런 사람들
këto [대] 이것들 (여성형)
këtu [부] 여기에; këtu afër 가까이에; këtu rrotull 이 근처에; këtu poshtë 여기에, 이쪽에; deri këtu 지금까지, 이 정도까지
këtueshëm [형] 이곳으로부터의, 이 부분들로부터의
këtyre [대] 이것들에게, 이것들에 대해
kiamet [남] ① [기독교] 최후의 심판일 ② 대참사, 대격변
kiç [남] [항해] 고물, 선미(船尾)
kikirik [남] [식물] 땅콩
kilogram [남] [무게의 단위] 킬로그램 (kg)
kilometër [남] [길이의 단위] 킬로미터 (km)
kilovat [남] [전기] 킬로와트 (kW)
kilovat-orë [여] [전기] 킬로와트시(時) (kWh)

kimë [여] 다진 고기와 튀긴 양파로 만든 요리
kimi [여] 화학
kimik [형] 화학의, 화학적인
kind [남] 옷단
kinema [여] 영화관; shkoj në kinema 영화관에 가다, 영화 보러 가다
kinez [형] 중국의 - [남] 중국 사람
kinezisht [부] 중국어로
kinezishte [여] 중국어
Kinë [여] 중국
kinkaleri [여] 잡화상; 잡화, 자질구레한 장신구류
kinostudio [여] 영화 촬영소
kinse [접] ① 아마도, (~으로) 추측되어 ② 마치 ~인 것처럼
kirurg [남] 외과 의사
kirurgji [여] [의학] 외과
kirurgjik [형] 외과의, 외과적인
kisha [동] (> kam) 나는 가졌다
kishë [여] 교회
kishtar [형] 교회 조직의
kitarë [여] [음악] 기타
kizë [여] 전지용 칼
kjason [동] (액체 등이) 새다, 스며나오다; kjason muri 담이 (틈이 있어) 샌다
kjo [대] 이것(은) (여성형); ç'është kjo? 이것이 무엇인가?; më pëlqen kjo vajzë 나는 이 소녀를 좋아한다
klasë [여] ① 학급; 교실 ② 부류; 등급 ③ 계층, 서열; i klasës së parë 1등급, 일류
klasifikim [남] 분류
klasifikohem [동] 분류되다
klasifikoj [동] 분류하다, 등급으로 나누다
klasik [형] 고전의, 고전적인, 클래식의

kleçkë [여] ① 작은 막대기 ② 이쑤시개 ③ gjej kleçka (~의) 흠을 잡다, (~을) 나무라다

klerik [남] 성직자

klient [남] 고객, 단골

klimë [여] 기후

klinikë [여] 진료소

klithmë [여] 갑작스런 큰 소리, 외침, 비명

klub [남] ① 사교 클럽 ② 사교 모임이나 오락 등을 위한 장소

kllapë [여] ① (문 따위의) 걸쇠 ② 괄호, 각(角)괄호

kllapi [여] 격분, 격앙, 일시적 착란 상태

klloçkë [여] 알을 품는 암닭

koalicion [남] [정치] 연립, 제휴

kobash [형] 절도의, 손 버릇 나쁜 — [남] 좀도둑

kobë [여] 절도, 도둑질

kobis [동] 훔치다, 좀도둑질하다

kobshëm [형] ① 치명적인, 재앙이 되는, 파멸을 가져오는 ② 나쁜, 사악한

kobure [여] (연발) 권총

kobzi [형] 재앙이 되는, 파멸을 가져오는

kockaman [형] 뼈만 남은, 앙상한, 빼빼 마른

kockë [여] 뼈; kocka e nofullës 턱뼈; kockë e lëkurë 뼈만 남은, 앙상한, 빼빼 마른

koçan [남] 옥수수속; koçan lakre 양배추 줄기

koçimare [여] [식물] 딸기 나무

koçkull [여] [식물] 야생 완두

kod [남] 규약, 법; kodi i punës 노동법

kodër [여] ① 언덕, 낮은 산 ② flas kodra pas bregu 실없는 소리를 하다

kodosh [남] 포주, 뚜쟁이

kodrinë [여] 작은 언덕, 낮은 산

kodrinor [형] 언덕[낮은 산]이 많은; vend kodrinor 언덕이

많은 지역

kofshë [여] 넓적다리, 허벅지; (양고기 등의) 다리 부분

kohë [여] ① 시간; 잠시, 잠깐, 순간; kaloj kohën 시간을 보내다; në kohën e duhur 알맞은 때에, 적절한 시각에; para kohe 시간 전에, 때 이르게; në çdo kohë 어느 때나, 언제든지; kohë pas kohe 때때로; para pak kohe 최근에; për pak kohë 잠시 동안; me kohë 시간이 흐름에 따라; nuk më del kohë 나는 시간이 없다[급하다]; koha është flori [속담] 시간은 돈이다 ② 날씨; kohë e keqe 나쁜 날씨; si është koha? 날씨가 어때요? ③ 시대, 시기; në kohën tonë 요즈음, 현대에; koha e lashtë 고대, 옛날 ④ [문법] 시제; koha e tashme 현재 시제

kohëpaskohshëm [형] 이따금씩의, 가끔의, 때때로의

kokallë [여] 뼈

kokë [여] 머리; më dhemb koka 나는 머리가 아프다; bisedë kokë më kokë 사적인 대화; ai nuk e çan kokën fare 그는 조금도 신경쓰지 않는다; nga koka te këmbët 머리부터 발끝까지; kokë e madhe 천재; kokë për kokë 개별적으로, 따로

kokëçarje [여] 걱정, 근심, 염려, 문제

kokëfortë [형] 고집 센, 완고한

kokëfortësi [여] 고집 셈, 완고함

kokëgdhë [형] 멍청한, 어리석은

kokëkrisur [형] 성급한, 성마른, 무모한

kokëkungull [형] 멍청한, 어리석은

kokël [여] 덩어리, 덩이; kokël sheqeri 각설탕

kokëmadh [형] (몸에 비해) 머리가 큰

kokëmish [형] 어리석은, 멍청한

kokëngjeshur [형] → **kokëfortë**

kokëposhtë [부] 거꾸로, 곤두박질로, 뒤집혀

kokërdhok [남] [해부] 눈알, 안구

kokërr [여] (작고 둥근) 낟알, 입자
kokëshkëmb [형] 완고한, 고집 센
kokëshkretë [형] → kokëkrisur
kokëtrashë [형] 머리가 둔한
koklavit [동] 뒤얽히게 하다, 복잡하게 하다
koklavitet [동] 뒤얽히다, 복잡해지다
koklavitje [여] 뒤얽힘, 복잡
kokorosh [남] 튼튼한 사람
kokrrizë [여] 잔 낟알, 미립(微粒)
kokulur [형] 겸손한; 복종하는, 자기를 낮추는
koleg [남] 동료
kolegj [남] (단과) 대학
koleksion [남] 수집, 모음
kolektiv [형] 집합적인
kolerë [여] [병리] 콜레라
kolibe [여] 오두막
kolonel [남] [군사] 대령
koloni [여] 식민지
kolonjë [여] 오드콜로뉴 (화장수)
kolovajzë [여] 시소; 그네
kolovit [동] 흔들리게 하다
kolovitem [동] 흔들리다, 아래위로 움직이다
kolovitje [여] 흔들림
koll [남] (세탁용) 풀
kollaj [부] 쉽게, 간단히
kollajshëm [형] 쉬운, 간단한
kollan [남] 허리띠, 벨트
kollare [여] 넥타이
kollaris [동] (옷감을) 풀을 먹여 다리다
kollem [동] 기침하다
kollë [여] 기침

kollitem [동] → kollem
kollitje [여] 기침하기
kollotumba [여] 공중제비, 재주넘기
kolltuk [남] 안락의자
komandant [남] [군사] 사령관, 지휘관
komandohem [동] 명령 받다, 지휘를 받다
komandoj [동] 명령하다, 지휘하다
komb [남] 민족, 국민, 나라; kombi shqiptar 알바니아 민족
kombajnë [여] [농업] 콤바인
kombësi [여] 국민; 국민임; 국민성
kombëtar [형] 민족의, 국민의, 나라의
kombëtarizohet [동] 국민성을 부여받다
kombëtarizoj [동] 국민성을 부여하다
kombinat [남] 공업 단지, 콤비나트
kombinim [남] 결합, 합동, 조합
kombinohet [동] 결합되다
kombinoj [동] 결합시키다, 합동시키다
komblik [남] [해부] 골반
komedi [여] 희극, 코미디
koment [남] 논평, 코멘트
komentohet [동] 논평되다
komentoj [동] 논평하다, 코멘트하다
komentues [남] 논평가
kometë [여] [천문] 혜성
komik [형] 우스운, 익살맞은, 코믹한
kominoshe [여·복] 작업복
komision [남] 위원회(의 위원들)
komitet [남] 위원회
komo [여] (서랍 달린) 옷장
komodinë [여] (침대 옆에 놓는) 침실용 탁자
kompani [여] 회사, 상사; kompani ajrore 항공사

kompensatë [여] 베니어판, 합판
kompjuter [남] 컴퓨터
komplot [남] 음모, 책략
komposto [여] 설탕에 끓인 과일
komshi [남] 이웃
komunal [형] 공동의; 공동 사회의, 자치 단체의
komunikoj [동] 알리다, 정보를 전달하다
komunist [형] 공산주의(자)의 - [남] 공산주의자
komunitet [남] 공동 사회, 공동체, 커뮤니티
komunizëm [남] 공산주의
konak [남] 하숙집
koncert [남] ① 음악회, 연주회, 콘서트 ② [음악] 협주곡
kondak [남] (총의) 개머리
konditë [여] 조건; me konditë që (~을) 조건으로 하여
kone [여] 강아지
konfiskohet [동] 몰수되다, 압수되다
konfiskoj [동] 몰수하다, 압수하다
kongres [남] 국회; 대의원회
konkret [형] 구체적인, 실제의
konkretisht [부] 구체적으로, 실제적으로
konkurs [남] 경쟁, 겨루기; 경쟁 시험
konkurrencë [여] 경쟁, 겨루기
konkurrent [남] 경쟁자
konkurrim [남] 경쟁, 겨루기
konkurroj [동] 경쟁하다, 겨루다
konop [남] 줄, 끈, 코드
konservë [여] 통조림, 보존 식품; konservë mishi 고기 통조림
konservohet [동] (식품이 통조림 등으로) 보존되다
konservoj [동] (식품을 통조림 등으로) 보존하다
konsiderohem [동] 생각되다, 고려되다
konsideroj [동] 생각하다, 고려하다

konsiderueshëm [형] 중요한, 고려해야 할
konstatoj [동] 확증하다, 입증하다, 확인하다, 규명하다
konstruktoj [동] 건설하다, 세우다, 만들다
konsultohem [동] 상담하다, 조언을 구하다
konsultoj [동] 조언을 해주다, 상담하다
konsull [남] 영사(領事)
konsullatë [여] 영사관
konsum [남] 소비; artikuj të konsumit të gjerë [경제] 소비재
konsumator [남] 소비자
konsumohem [동] 소비되다, 닳다
konsumoj [동] 소비하다
kontakt [남] 접촉; mbaj kontakte 접촉을 지속하다
kontinent [남] 대륙; 본토
kontinental [형] 대륙의
kontrabandë [여] 밀수출[입], 불법 거래
kontrabandist [남] 밀수업자
kontratë [여] 계약, 약정; kontratë qiraje 임대차 계약
kontribut [남] 기부, 공헌, 기여
kontroll [남] ① 감시, 단속, 통제, 규제 ② 조사, 검사 ③ 확인, 조회, 입증, 점검
kontrollim [남] 점검; 조사; 입증
kontrollohem [동] 의사를 찾다, 몸 상태를 검진 받다
kontrolloj [동] ① 조사하다, 검사하다 ② 확인하다, 입증하다, 점검하다
kontrollor [남] 조사관, 검사관; kontrollor biletash 승차권[티켓] 검사원
konvikt [남] 기숙 학교
konviktor [남] 기숙 학교의 학생
konjak [남] 코냑
kooperativë [여] 협동 조합
kopan [남] (옷감을 두드리는 데 쓰는) 주걱[방망이]

kopanis [동] (주걱[방망이]으로) 옷감을 두드리다
kope [여] (가축의) 떼, 무리; kope dhensh 양떼
kopër [여] [식물] 딜 (미나릿과의 식물)
kopil [남] 사생아, 서자 (아들)
kopile [여] 사생아로 태어난 딸
kopje [여] 복사; 사본; kopje e pastër 정서(淨書), 정확한 사본
kopjim [남] 복사
kopjohet [동] 복사되다
kopjoj [동] 복사하다, (똑같은 것을) 재생산하다
kopr(r)ac [남] 구두쇠, 인색한 사람
kopr(r)ac [형] 인색한, 구두쇠의
kopr(r)aci [여] 인색; 탐욕
kopsë [여] 단추
kopsit [동] 단추를 채우다
kopsitem [동] 단추가 채워지다
kopsht [남] 뜰, 정원; kopsht perimesh 채마밭; kopsht fëmijësh 유치원; kopsht zoologjik 동물원
kopshtar [남] 정원사, 원예사
kopshtari [여] 정원 가꾸기, 원예
kopuk [남] 악한, 나쁜 놈
koqe [여] ① 낟알 ② [해부] 고환, 불알
kor [남] 합창; 합창단
koral [남] ① [동물] 산호 ② 합창단, 성가대
koran [남] [어류] 민물송어의 일종
korb [남] [조류] 까마귀, 갈까마귀
korbë [여] 불운한 여자; korba unë! 불쌍한 나 자신이여!
kordele [여] 끈, 리본
kordon [남] ① 장식 리본, 수장(綬章) ② 전기 코드
kordhë [여] 칼, 검
kordhëtar [남] 검객, 검술가
kore[1] [여] (빵 따위의) 껍질; kore buke 빵 껍질; zë kore

겉껍질이 생기다
Kore² [여] 한국; Korea Jugore 남한, 대한민국; Korea Veriore 북한
korean [형] 한국의 — [남] 한국 사람
koreanisht [부] 한국어로
koreanishte [여] 한국어
korent [남] → korrent
korë [여] 상(像), 초상, 아이콘
korije [여] 잡목 숲
koris [동] 명예를 더럽히다, 망신을 주다, 수치스럽게 하다
koritem [동] 불명예[수치]스러운 일을 당하다, 망신을 당하다
koritë [여] 여물통; 물통; koritë mulliri 물방아용 저수지
koritje [여] 망신, 수치, 불명예
kornizë [여] ① 틀, 액자 ② 커튼 봉
korr [동] ① (작물을) 수확하다, 베어들이다 ② 획득하다, 따내다; korr sukses 성공을 달성하다
korra [여·복] ① 수확(고) ② 수확기
korrekt [형] 옳은, 정확한
korrektësi [여] 옳음, 정확함
korrektim [남] 교정, 바로잡기; shtëpi korrektimi 소년원
korrektoj [동] 교정하다, 바로잡다, 고치다
korrekturë [여] (인쇄물의) 교정(校正)
korrent [남] [전기] 전류
korret [동] 수확되다, 베어들여지다
korrës [형] 수확[추수]하는; makinë korrëse 자동 수확기 — [남] 수확[추수]하는 사람
korridor [남] 복도, 로비
korrier [남] 특사, 급사, 밀사, 전령
korrigjim [남] 교정, 바로잡기
korrigjohem [동] 태도를 고치다, 개심(改心)하다
korrigjoj [동] 교정하다, 수정하다, 고치다, 바로잡다

korrik [남] 7월
korrje [여] 수확, 추수
korrupsion [남] 타락, 부패
korruptim [남] 타락, 부패
korruptohem [동] 타락하다, 부패하다
korruptoj [동] 타락시키다, 부패시키다
korruptuar [형] 타락한, 부패한; nëpunës të korruptuar 부패한 공무원들
korruptueshëm [형] 타락[부패]하기 쉬운
kos [남] 요구르트
kosar [남] 깎는[베는] 기계
kosë [여] 낫
kosis [동] 낫질하다, (잔디 따위를) 깎다[베다]
kositës [남] 깎는[베는] 기계
kositje [여] (잔디 따위를) 깎기, 베기
kosore [여] 낫의 일종
kosovar [형] 코소보의 - [남] 코소보 사람
Kosovë [여] 코소보 (세르비아 내에 있는 알바니아계의 미승인 국가)
kosto [여] 비용, 경비; ul koston 제조 원가를 줄이다
kostum [남] 의복 한 벌, 슈트; kostum banje 수영복
kosh [남] 바구니, 나무 상자; 쓰레기통; kosh letrash 휴지통
koshere [여] 벌통
kot [부] 소용 없이, 쓸모 없이, 헛되이; kot më kot 전혀 보람없이, 헛되이
kotec [남] 닭장, 계사(鷄舍)
kotele [여] 새끼 고양이
kotem [동] 꾸벅꾸벅 졸다, 선잠 자다
kotë [형] 헛된, 소용 없는, 쓸모 없는
kotësi [여] 허무, 헛됨
kotoletë [여] 저민 고깃점, 커틀렛

kotorr [남] 어린 수소

kotruve [여] 물주전자, 단지

kotullim [남] 졸음, 선잠

kotullohem [동] 꾸벅꾸벅 졸다, 선잠 자다

kothere [여] (빵 따위의) 껍질; një kothere bukë 빵 껍질

kovaç [남] 대장장이

kovaçanë [여] 대장간

kovë [여] 들통, 양동이

krah [남] ① 팔; me krahë hapur 두 팔을 벌리고; punë krahu 육체 노동; krah pune 노동력, 일손 ② 날개; me krahë 날개 달린 ③ 한 아름; një krah dru 나무[목재] 한 아름 ④ i dal krah dikujt ~을 원조[지지]하다; krah për krah 나란히

kraharor [남] 가슴

krahas [부] 나란히, 평행하게 놓여

krahasim [남] 비교; në krahasim me ~와 비교하여 볼 때

krahasohem [동] 비교되다

krahasoj [동] 비교하다

krahasueshëm [형] 비교되는, 필적하는

krahëhapur [부/형] 두 팔을 벌리고[벌린], 진심으로 환영하는

krahinë [여] 지역, 지방

krahinor [형] 지역의, 지방의

kral [남] 왕, 임금

krap [남] [어류] 잉어

krasit [동] (불필요한 부분을 깎아[쳐서]) 다듬다, 손질하다

krasitet [동] 다듬어지다

krasitës [남] (불필요한 가지 등을 쳐내어) 나무를 다듬는[손질하는] 사람

krasitje [여] (나무를) 다듬기, 가지 치기

kravatë [여] 넥타이

kredi [여] ① 신용, 신뢰 ② me kredi 외상으로, 신용 대부로

kreditor [남] 채권자
kredh [동] (물 속 따위에) 뛰어들다, 잠수하다
kredhje [여] (물 속 따위에) 뛰어들기, 잠기기, 잠수, 다이빙
kreh [동] 빗질하다
krehër [남] ① 빗, 헤어브러시 ② 갈퀴 ③ krehër fishekësh 탄약통 연결 클립
krehje [여] 빗질
krejt [부] 전부, 모두
krejtësisht [부] 완전히, 전적으로, 철저하게
krekosem [동] 과시하다, 자랑하다
krekosje [여] 과시, 자랑
krela [여·복] 고수머리, 머리의 컬
krem [남] ① 크림, 유지(乳脂); krem karamele 커스터드 ② 화장용 크림
kremastar [남] 옷걸이
kremte [여] 종교적 축제일
kremtim [남] (축제일 따위의) 기념, 경축
kremtohet [동] 기념되다, 경축되다
kremtoj [동] (축제일 따위를) 기념하다, 경축하다
krenar [형] 자부심을 가진; 거만한
krenari [여] 자부심; 거만; me krenari 자부심을 가지고, 자랑스럽게
krenohem [동] 자랑하다, 자부심을 갖다
krerë [여·복] [kokë의 복수형] ① (가축의) 두수; njëzet krerë bagëti 양 20두 ② [경제] 자본
kresë [여] 베개
kreshmë [여] (기독교인들의) 금식 기간
kreshnik [형] 용감한, 용맹스런, 씩씩한 — [남] 기사(騎士)
kreshtë [여] ① (말(馬)의) 갈기 ② (닭의) 볏 ③ 산등성이, 산마루
kreshtë [형] 털이 억센

krevat [남] 침대; krevat portativ 접침대
kridhem [동] (물 속 따위에) 뛰어들다, 잠기다
krifë [여] 갈기; 볏
krihem [동] (자신의 머리를) 빗질하다
krijesë [여] 창조물
krijim [남] ① 창조 ② 창설, 설립
krijimtari [여] 창조성, 창조력
krijohet [동] 창조되다
krijoj [동] 창조하다
krijues [남] ① 창조자 ② 창설자, 설립자 ③ 예술가; 작가
krijues [형] 창조적인
krik [남] (무거운 물건을 들어올리는 데 쓰는) 잭
krikëll [여] 맥주잔
krim [남] 범죄; kryej një krim 범죄를 저지르다
krimb¹ [남] 벌레; krimb toke 지렁이
krimb² [동] 더럽히다
krimbem [동] 벌레먹다; 더럽혀지다
krimbur [형] 벌레먹은; (이가) 썩은
kriminel [남] 범죄자; 살인자
krip [동] (소금·밀가루 따위를) 치다, 뿌리다
kripanik [남] 소금통
kripë [여] ① 소금; mbajtëse kripe 소금통; me kripë 소금기 있는, 짠; pa kripë 소금을 치지 않은 ② shaka pa kripë 요점이 없는 농담; kam mbetur kripë 나는 파산했다, 무일푼이다
kripore [여] 암염갱(坑); 제염소; 소금통
kris [동] (유리 따위가) 깨지다; 깨뜨리다
krisë [여] 갈라진[터진] 틈; merr krisë (유리 따위가) 깨지다
krisje [여] 갈라짐, 터짐, 깨짐
krismë [여] 갑자기 터지는 소리
kristal [남] 수정, 크리스털

kristaltë [형] 수정 같은, 투명한
krisur [형] ① 갈라진, 터진, 깨진 ② 무모한, 미친
krishterë [형] 기독교(인)의 ― [남] 기독교도, 크리스천
krishterim [남] 기독교, 그리스도교
krishtlindje [여] 성탄절, 크리스마스; dita e Krishtlindjes 성탄절, 크리스마스날
kritik [형] 위기의, 아슬아슬한; gjendje kritike 비상 상황
kritikë [여] 비평, 비판
kritikohem [동] 비평[비판]을 받다
kritikoj [동] 비평하다, 비판하다
krizë [여] ① 위기 ② (병의) 발작; krizë zemre [병리] 심장 발작[마비]
Kroaci [여] 크로아티아
kroat [형] 크로아티아의 ― [남] 크로아티아 사람
krodhë [여] (빵 따위의) 껍질; krodhë buke 빵 껍질
krokodil [남] [동물] 악어
krom [남] [화학] 크롬
kromë [여] [병리] 옴, 개선(疥癬)
krua [남] 샘, 수원지
kruaj [동] (가려운 곳을) 긁다
kruarje [여] 가려움
kruese [여] 긁는[깎는] 기구
kruhem [동] (자신의 몸의 가려운 곳을) 긁다
krunde [여·복] 밀기울, 겨
krupë [여] ① 욕지기, 메스꺼움; kall krupën 메스껍게 하다 ② 혐오
kruspull [부] 웅크리고, 쪼그리고; mblidhem kruspull 웅크리다, 쪼그리다
kruspullohem [동] 웅크리다, 쪼그리다
kruspullosje [여] 웅크리기, 쪼그리기
krushk [남] ① 결혼식 하객 ② 혼인에 의한 인척

krushqi [여] 혼인에 의한 인척 관계; lidh [bëj] krushqi 혼인에 의해 (~와) 결연하다, 인척 관계가 되다

krye [중] 머리

krye [남] ① 머리; 상부; 장(長); në krye të faqes 페이지 상단에 ② (책의) 장(章), 챕터 ③ ngre krye 반란을 일으키다; ia dal në krye një pune 일을 성공적으로 하다

kryeartëz [여] [조류] 오색방울새, 황금방울새

kryeartikull [남] (신문·잡지의) 사설, 논설

kryefamiljar [남] 가장(家長)

kryefjalë [여] [문법] 주어

kryhet [동] 수행[완수]되다

kryej [동] ① 수행하다, 완수하다, 달성하다, 이룩하다 ② (범죄 따위를) 저지르다

kryekëput [부] 완전히, 아주

kryekomandant [남] [군사] 최고 사령관, 총사령관

kryelartë [형] 자부심이 강한, 우쭐대는

kryelartësi [여] 자부심, 자만심, 우쭐댐

kryellogaritar [남] 경리부장, 경리 주임

kryeministër [남] 총리, 수상

kryeministri [여] 각료 회의

kryemjeshtër [남] 직공장

kryeneç [형] 고집 센, 완고한

kryeneçësi [여] 고집 셈, 완고함

kryengritës [남] 반란자, 폭도

kryengritje [여] 반란, 폭동, 봉기

kryepeshkop [남] [기독교] 대주교

kryeplak [남] 작은 시[자치체]의 장(長)

kryeprokuror [남] 검찰총장

kryepunëtor [남] (노동자의) 십장, 직장(職長)

kryeqendër [여] 주요 도시, 대도시

kryeqytet [남] 수도(首都)

kryer [형] 수행된, 완수된, 다 이루어진; fakt i kryer 기정 사실
kryerje [여] 수행, 완수, 달성, 성취, 이룩함
kryesi [여] 의장의 직
kryesisht [부] 주로, 대개, 대부분
kryesoj [동] 의장이 되다, 주재하다
kryesor [형] 주요한, 주된
kryetar [남] 의장, 수장, 지도자; kryetar shteti 국가 원수; kryetar bande (갱단 따위의) 두목
kryeulët [형] 겸손한, 겸허한
kryeultësi [여] 겸손, 겸허
kryeurë [여] 교두보
kryevepër [여] 걸작, 대표작
kryezot [남] 대군주, 지배자
kryq [남] 십자가, 십자형; rri me duar kryq 팔짱을 끼고 있다; fjalë kryq 크로스워드 (퍼즐)
kryqe [여·복] [해부] 엉치등뼈
kryqëzim [남] ① 잡종 ② 교차점[로]
kryqëzohem [동] ① 십자가에 못박히다 ② 교차되다, 엇갈리다 ③ 팔짱을 끼다 ④ 이종 교배되다, 잡종이 만들어지다
kryqëzoj [동] ① 십자가에 못박다 ② 교차시키다 ③ 팔짱을 끼다 ④ 이종 교배하다, 잡종을 만들다
kryqëzuar [형] 십자가에 못박힌
kthehem [동] ① 돌아오다; do të kthehem së shpejti 나는 곧 돌아올 것이다.형을 바꾸다; kthehem majtas[djathtas] 왼쪽[오른쪽]으로 돌다
kthej [동] 돌리다, 방향을 바꾸다; 뒤집다; 구부리다; (마음 따위를) 바꾸다; (소매 따위를) 말다; (물건을) 돌려주다; kthej shpinën 등을 돌리다; kthej përgjigje 대답하다
kthesë [여] ① 방향 전환, 커브; 구부림, 휨; marr kthesë 돌다; kthesë e fortë 급커브 ② 변화; kthesë rrënjësore 급변, 갑작스러운 변화

K

kthetër [여] (짐승의) 갈고리 발톱

kthim [남] ① 돌아옴, 귀환 ② 반환, 상환; kthim të hollash 변제, 상환

kthinë [여] 칸막이된 공간

kthjellët [형] 맑은, 깨끗한; ujë i kthjellët 맑은 물

kthjellim [남] 맑게 함, 정화

kthjellohem [동] 맑아지다, 정화되다

kthjelloj [동] 맑게 하다, 정화하다

kthjelltësi [여] 맑음, 깨끗함

ku [부] 어디에

kuaçis [동] (암탉이) 꼬꼬 울다

kuaçitje [여] (암탉이) 꼬꼬 우는 소리

kuadër [남] ① 그림 ② 틀, 구조 ③ [전기] 배전반(配電盤)

kuadrat [남] 정사각형, 정방형; me kuadrate 체크 무늬의

kuaj [남] → **kalë**

kub [남] [수학] 입방체, 큐브

kube [여] 돔, 둥근 천장; me kube 둥근 천장이 있는

kubik [형] 입방(체)의

kuçedër [여] [그리스신화] 히드라 (머리가 여럿 달린 괴물)

kudo [부] 어디에나, 도처에, 두루, 구석구석; kudo që 어디에나; kudo qoftë 어디에나

kudhër [여] 모루

kufi [남] ① 경계, 국경; rojë kufiri 국경 경비대; kaloj kufirin 경계를 넘다 ② 한계; pa kufi 한없는

kufitar [형] 경계의; postë kufitare 경계표 - [남] 국경 경비대

kufizim [남] 제한, 한정

kufizohem [동] ① 스스로를 제한하다, 일정한 경계 안에 있다 ② 인접하다

kufizoj [동] ① 제한하다, 한정하다 ② 접경하다

kufkë [형] 속이 빈; arrë kufkë 속이 빈 호두

kufomë [여] 시체, 송장

kuintal [남] [무게의 단위] 퀸틀 (100kg)

kuis [동] 깽깽 울다, 비명을 지르다

kuisje [여] 깽깽 울기, 비명을 지르기

kujdes [남] 주의, 조심, 배려, 관심, 마음 씀; tregoj kujdes për dikë ~을 돌보다, 뒷바라지하다; me kujdes 조심스럽게, 주의하여; kujdes! 조심해!

kujdesem [동] 조심하다, 주의하다, 유의하다, 신경 쓰다; nuk kujdesem për vete 자신에게 신경 쓰지 않다

kujdesje [여] 걱정, 배려, 관심, 신경 씀

kujdesshëm [형] 조심스러운, 주의하는, 신중한

kujdestar [남] 보호자, 관리인, 후견인

kujdestari [여] 보호, 감독, 관리, 후견

kujë [여] 울부짖음, 흐느낌; vë kujën 슬퍼하다, 울다, 흐느끼다

kujt [대] ① 누구에게; kujt ia the? 누구에게 그것을 말했소? ② 누구의; i kujt është ky libër? 이것은 누구의 책인가?

kujtdo [대] 누구나를

kujtesë [여] 기억; humbje e kujtesës 기억상실증, 건망증

kujtim [남] ① 기억(하기); kujtimet e rinisë 젊은 시절의 기억 ② 기념품; si kujtim të miqësisë sonë 우리 우정을 기념하는 물건으로서 ③ [복] 회고록

kujtohem [동] 기억하다, 상기하다; më kujtohet 나는 기억한다

kujtoj [동] ① (마음에) 떠오르게 하다, 상기시키다, (기억을) 일깨우다 ② 생각하다, 상상하다, 마음에 그리다

kujunxhi [남] 금[은] 세공인; 보석[귀금속] 상인

kukafshehtas [부] 숨바꼭질하여; luaj kukafshehtas 숨바꼭질하다

kukudh [남] 악귀, 도깨비

kukull [여] 인형, 꼭두각시; teatër kukullash 인형극; qeveri kukull 괴뢰 정부

kukumjaçkë [여] → kukuvajkë

kukurec [남] 구운 양(羊) 창자

kukuvajkë [여] [조류] 가면올빼미

kulaç [남] 도넛; 롤빵

kular [남] (U자 모양의) 멍에

kuletë [여] 지갑

kulm [남] ① 정상, 꼭대기 ② 절정, 클라이맥스 ③ ky është kulmi! 그 이상의 것은 없어, 그게 최고야

kulmak [남] [식물] 골풀, 등심초

kulpër [여] [식물] 클레마티스

kult [남] 컬트, 숭배

kultivim [남] 경작, 재배

kultivoj [동] 경작하다, 재배하다, 기르다

kulturë [여] ① 문화 ② 농작물, 수확물

kulturor [형] 문화의, 문화적인

kulturuar [형] 교화된, 교양 있는, 세련된, 문명화한

kullesë [여] 여과기, 거르는 장치

kullë [여] 탑; kullë vrojtimi 망루, 감시탑; kullë bari 건초 두는 곳

kullim [남] 여과, 거르기; 배수

kullohem [동] 여과되다; 정화되다

kulloj [동] 여과하다, 거르다; 정화하다; 배수하다

kulloshtër [여] 초유(初乳)

kullos [동] (가축이) 풀을 뜯다; (가축을) 방목하다

kullotë [여] 목장, 목초지

kullotje [여] (가축의) 방목

kulluar [형] ① 맑은, 투명한, 깨끗한 ② 흠 없는, 순수한

kullues [형] 배수의; kanal kullues 배수로

kulluese [여] → kullesë

kullufis [동] 한꺼번에 꿀떡 삼키다, 재빨리 삼켜버리다

kullure [여] 머핀 (케이크의 일종)

kum [남] 모래

kumar [남] 도박, 노름; luaj kumar 도박[노름]을 하다

kumarxhi [남] 도박꾼

kumbar [남] [가톨릭] 대부(代父; 아이의 세례식에 입회하고 영혼의 부모로서 종교 교육을 보증하는 사람)

kumbara [여] 저금통

kumbim [남] 반향, 울림

kumbon [동] 반향하다, 울리다

kumbues [형] 반향하는, 울리는

kumbull [여] [식물] 서양자두, 플럼; kumbulla të thata 말린 자두

kumë [여] [가톨릭] 대모(代母)

kumtesë [여] 학술 논문

kumtër [남] → kumbar

kumtim [남] 알림, 정보, 보고

kumtoj [동] 알리다, 통지하다

kunadhe [여] [동물] 담비

kunat [남] 자형, 매부, 처남, 시숙 (등)

kunatë [여] 형[제]수, 처형[제], 시누이, 올케 (등)

kund [부] 어딘가에; 어디에나

kundër [전] (~에) 반하여[대항하여]; kundër vullnetit tim 내 의지[뜻]에 반하여; kundër rrymës 흐름을 거슬러

kundërajror [형] [군사] 방공(防空)(용)의

kundërhelm [남] 해독제

kundërmim [남] 향기, 방향; 강한 냄새

kundërmoj [동] (좋은 혹은 나쁜) 냄새가 나다

kundërmues [형] 향기로운; 냄새나는

kundërparullë [여] 군호, 응답 신호

kundërpeshë [여] 평형추

kundërpërgjigje [여] 원작의 모사, 복제

kundërrevolucion [남] 반(反)혁명

kundërsulm [남] 역습, 반격

kundërshtar [남] 반대자, 상대편

kundërshtim [남] 반대; në kundërshtim me ~에 반대하여; nuk kam asnjë kundërshtim 나는 이의가 없다; bie në kundërshtim me 반대하다
kundërshtoj [동] 반대하다, 반박하다
kundërt [형] 반대의, 반대되는 - [여] 반대, 역(逆); krejt e kundërta 정반대
kundërthënie [여] 반대, 반박
kundërvajtës [남] 위법[위반]자
kundërvajtje [여] 위법, 위반
kundërveprim [남] 반작용, 반동
kundërveproj [동] 반작용하다, 반동하다
kundërveprues [형] 반작용하는, 반동하는
kundërvë [동] 반대하다, 맞서다
kundërvihem [동] 반대하다, (의견 따위가) 충돌하다
kundrejt [전] (~에) 맞서, 반대하여; (~을) 향하여
kundroj [동] 관찰하다, 잘 살피다
kunel [남] [동물] 토끼
kungatë [여] [기독교] 성찬식에 사용되는 빵과 포도주
kungim [남] [기독교] 성찬식
kungohem [동] [기독교] 성찬식에 참여하다
kungoj [동] [기독교] 성찬식을 베풀다
kungull [남] ① [식물] 호박; kunguj të njomë [식물] 주키니 (서양호박의 일종) ② 바보, 얼간이, 미숙한 사람
kungulleshkë [여] [식물] 주키니
kunup [남] [곤충] 모기
kunj [남] ① 못 ② 가시 돋친 말, 신랄한[통렬한] 말
kupë [여] ① 컵, 잔; 사발; e mbush kupën 잔을 가득 채우다 ② kupa e gjurit [해부] 슬개골
kuptim [남] 의미, 뜻; pa kuptim 의미 없는, 아무 뜻도 없는; me dy kuptime 다의성(多義性)의
kuptimplotë [형] 의미 있는, 중요한

kuptohem [동] 이해되다; kutohet vetiu 그것은 말할 나위도 없다, 너무도 당연하다

kuptoj [동] 이해하다

kuptueshëm [형] 이해할 수 있는, 알 만한

kuq [동] ① (기름에) 튀기다 ② 붉게 하다, 빨갛게 만들다

kuq [형] 빨간, 붉은; të kuq buzësh 립스틱

kuqalash [남] 얼굴이 불그레한 사람

kuqe [여] 빨강, 붉은 색

kuqem [동] 빨개지다, 붉히다

kuqërrem [형] 불그레한, 불그스름한

kuqje [여] ① (기름에) 튀기기 ② 붉게 만들기

kuqtë [중] 붉음, 불그레함

kuqur [형] ① (기름에) 튀긴 ② 붉어진, 빨개진

kur [부] 언제, 어느 때에; kur do të shkoni? 언제 갈래? ― [접] ① ~할 때 ② ~이므로; kur nuk të pëlqen, mos shko 가고 싶지 않다면 가지 마

kurajë [여] 용기, 기운; humb kurajën 낙담하다, 풀이 죽다

kurajoz [형] 용기 있는, 기운 있는

kuran [남] [이슬람] 코란

kurban [남] (종교적) 희생물; 희생양, 순교자

kurbat [남] 집시, 로마 인

kurbet [남] (타국으로의) 이주, 이민

kurbetçi [남] (타국으로 가는) 이주자, 이민

kurdis [동] ① (시계의) 태엽을 감다 ② (악기를) 조율하다 ③ 꾸며내다, 조작하다

kurdisem [동] 끊임없이 재잘거리다

kurdo [부] ~할 때는 언제나; kurdo qoftë 언제든지

kurdoherë [부] 항상, 언제나, 어느 때나

kureshtar [형] 따져 묻기를 좋아하는, 알고 싶어하는, 호기심 강한

kureshtje [여] 호기심

kurë [여] 치료, 요법

kurim [남] 치료, 치유
kuriozitet [남] 호기심
kurmagjak [남] 블러드 소시지 (돼지의 피를 섞어 만든 소시지)
kurnac [형] 인색한, 탐욕스러운 — [남] 구두쇠, 인색한 사람
kurohem [동] 치료되다, 치유되다
kuroj [동] 치료하다, 치유하다
kurorë [여] ① 화환, 화관(花冠) ② 왕관 ③ 결혼 생활, 혼인; vë kurorë 결혼하다
kurorëshkelës [남] 간부(姦夫), 간통자
kurorëzim [남] ① 대관(식) ② 결혼식
kurorëzohem [동] ① 왕관이 씌워지다, 왕위에 앉다 ② 결혼하다 ③ 성공적으로 일이 마쳐지다
kurorëzoj [동] ① (~의) 머리에 왕관을 씌우다, (~을) 왕위에 앉히다 ② 결혼식을 거행하다 ③ kurorëzoj me sukses 성공적으로 일을 마치다
kurs [남] ① 학습 과정, 교육 과정, 강좌, 코스; kurs përgatitor 예비 코스, 예과 ② 학년; student i kursit të parë 1학년생 ③ 환율
kursant [남] 교육 과정[코스]의 참석자
kurse [접] (~에) 반하여, ~하지만, 한편으로는; kurse në të vërtetë 그러나 사실은
kursehem [동] 수고를 아끼다, 몸을 사리다, 애쓰지 않다; nuk kursehem 몸을 사리지 않다
kursej [동] ① 절약하다, 아끼다 ② 수고를 아끼다
kursim [남] 절약, 검약; 저축; librezë kursimi 저축 통장; arkë kursimi 저축 은행
kursimtar [형] 절약하는, 검약하는
kurth [남] 덫, 올가미; bie në kurth 덫에 걸리다, 함정에 빠지다
kurrë [부] 결코 ~아니다; kurrën e kurrës 결코 ~없다; kurrë më 두 번 다시 ~않다

kurrfarë [대] 어떤 ~도 ~않다
kurrgjë [대] 아무것도 ~않다
kurrillë [여] [조류] 학, 두루미
kurriz [남] ① [해부] 등, 등뼈, 척추; me kurriz 곱사등의, 꼽추의; ul kurrizin 웅크리다, 등을 굽히다 ② më del kurrizi 과로로 죽다, 과로사하다
kurrizdalë [형] 곱사등의, 꼽추의
kurrizo [형] → kurrizdalë
kurrizor [형] [해부] 척추의; shtylla kurrizore 등뼈, 척추
kurrkujt [대] 아무에게도 ~않다
kurrkund [부] 아무데도 ~없다
kurrkush [대] 아무도 ~않다
kurrsesi [부] 결코 ~않다
kusar [남] 노상 강도
kusari [여] 강도(짓)
kusi [여] 소스 냄비, 스튜 냄비
kusur [남] ① 나머지, 남은 것 ② 거스름돈 ③ 결점, 결함, 흠, 단점; ç'kusur kam unë që ~ ~은 내 잘못이다
kush [대] ① [의문대명사] 누구; kush jeni ju? 당신은 누구십니까?; kujt ia dhe? 누구에게 그것을 주었소?; kë ke parë dje? 어제 누구를 보았어요?; prej kujt ke frikë? 누가 두렵소? ② 누군가, 어떤 사람(이); atë s'e do kush 아무도 그를 사랑하지 않는다
kushdo [대] 누구나, 어떤 사람이든지; kushdo qoftë 아무나, 누구나
kushedi [부] 아마, 어쩌면, 혹시
kushëri [남] 사촌; kushëri i parë 사촌, 종형제[자매]
kushërirë [여] (여성인) 사촌
kushinetë [여] [기계] 축받이, 베어링
kusht [남] ① 조건; me kushte 조건부로; me kusht që ~ ~라는 조건으로 ② (계약 따위의) 조건, 조항 ③ me çdo ku-

sht 반드시, 꼭, 어떤 대가를 치르더라도

kushtetutë [여] 헌법

kushtëzohet [동] ~이라는 조건이 붙여지다

kushtëzoj [동] ~이라는 조건을 붙이다

kushtëzuar [형] 조건부의

kushtim [남] 바침, 봉헌

kushtohem [동] (~에) 전념하다, 몸을 바치다

kushtoj [동] ① (~을) 바치다, 봉헌하다 ② kushtoj kujdes 주의를 기울이다

kushton [동] 값이 ~이다; sa kushton? 얼마에요?

kushtrim [남] 낭랑한 부름 소리; 경보

kushtueshëm [형] 비용이 많이 드는, 비싼

kut [남] [길이의 단위] 1쿠트(kut)는 80cm에 해당

kuti [여] 상자, 박스, 케이스; kuti postare 우편함

kuturis [동] 위험을 무릅쓰다

kuturu [부] 마구잡이로, 닥치는 대로; flas kuturu 두서 없이 말하다

kuvend [남] 집회, 회합, 회의; Kuvendi Popullor 인민 회의

kuvendim [남] 대화, 회화

kuvendoj [동] 대화하다, 이야기를 나누다

kuvertë [여] ① [항해] 갑판, 덱 ② (침대 따위의) 덮개

kuvli [여] 새장, 우리

kuzhinë [여] ① 부엌 ② 요리(법)

kuzhinier [남] 요리사

ky [대] (복수형 : këta, 여성 복수형 : këto) 이(것), 저(것); ç'është ky? 이건 무엇인가?; jepja këtij[kësaj] 이 사람에게 그것을 주어라; këtë e dua më shumë 나는 이것을 더 좋아한다; këtyre 이것들에게; këto ditë 최근 며칠(간)

kyç [동] (자물쇠로) 잠그다 — [남] ① 열쇠; 자물쇠; mbyll me kyç 잠그다 ② 손목

kyçem [동] 방문을 걸어잠그고 안에서 나오지 않다

L

la [동] (> lë) 남겨진; ai na la 그는 죽었다
laborator [남] 실험실
labot [남] [식물] 수영, 소라쟁이 등의 식물
lafshë [여] (새의) 볏
lag [동] 젖게 하다, 적시다, 축축하게 하다
lagem [동] 젖다, 축축해지다
lagështi [여] 습기, 축축함
lagët [형] 젖은, 축축한
lagësht [형] 습기찬, 축축한
lagie [여] 젖어서 축축함
lagur [형] 젖은, 축축한
lagje [여] (도시의) 지구, 구(區)
lahem [동] 목욕하다, 자신의 몸을 씻다
lahur [남] 얇은 천
lahutë [여] [음악] (류트 비슷한) 알바니아 전통 현악기의 일종
laj [동] ① 씻다, 세탁하다, 닦다, 헹구다 ② 완전히 갚다, 청산하다; laj borxhin 빚을 전액 갚다
lajkatar [형] 아첨하는, 알랑거리는 ― [남] 아첨꾼, 알랑쇠
lajkatim [남] 아첨, 알랑거림
lajkatoj [동] 아첨하다, 알랑거리다
lajm [남] 보고; 소식, 뉴스; 정보
lajmërim [남] 발표, 고지, 통지; lajmërim në gazetë 발표, 광고
lajmërohem [동] 통지받다
lajmëroj [동] 알리다, 고지하다, 통지하다

lajmës [남] 중개자, 중매인; 결혼 중매인

lajmëtar [남] 사자(使者), 전령(傳令)

lajthi [여] [식물] 헤이즐넛, 개암

lajthishtë [여] 개암나무 숲

lajthis [동] 실수하다, 잘못을 저지르다

lajthitje [여] 실수, 잘못

lak [남] 고리, 올가미

lakër [여] ① [식물] 양배추 ② [복] lakra 잘못된 생각

lakërarme [여] 절인 양배추

lakmi [여] 부러움, 갖고 싶어함; 탐욕, 욕망

lakmitar [형] (남의 것을) 몹시 탐내는, 부러워하는, 갖고 싶어하는 — [남] (남의 것을) 몹시 탐내는 사람

lakmohem [동] 부러움을 받다

lakmoj [동] (남의 것을) 몹시 탐내다, 부러워하다, 갖고 싶어하다

lakmueshëm [형] 샘나는, 부러운

lakohet [동] ① 구부러지다 ② [문법] 어형이 변화되다

lakoj [동] ① 굽히다, 구부리다, 휘다 ② [문법] 어형 변화를 하다

lakore [여] [수학] 곡선

lakror [남] (채소·계란·치즈·고기 따위를 넣고 만든) 큰 파이

lakueshëm [형] 휘기 쉬운, 굽히기 쉬운

lakuriq¹ [남] [동물] 박쥐

lakuriq² [부] 벌거벗고, 나체로

lakuriqësi [여] 나체임, 벌거벗음

lambik [남] 증류기(蒸留器)

lamtumirë [여] 작별, 헤어짐; lamtumirë! 안녕히 가세요!

lanet [남] 악마, 마귀, 악귀; e bëj lanet dikë ~을 저주하다

langua [남] 사냥개

laparos [동] 더럽히다, 지저분하게 하다

laparosem [동] 더러워지다, 지저분해지다

lapërdhar [남] 입버릇이 상스러운 사람

lapërdhi [여] 상스러운 말

laps [남] 연필

laracoj [동] 반점을 찍다, 얼룩덜룩하게 하다

laradash [남] [조류] 펠리컨, 사다새

laragan [형] 반점이 찍힌, 얼룩덜룩한

lara-lara [형] → laragan

laraman [형] → laragan

laraskë [여] [조류] 까치

larash [형] → laragan

larë [형] ① 씻긴, 세탁된, 깨끗해진 ② (빚 따위가) 청산된

larës [형] 씻는, 세탁하는; makinë larëse 세탁기

larëse [여] ① 씻는[세탁하는] 사람 ② 씻는[세척하는] 기계; larëse rrobash 세탁기; larëse pjatash 접시 닦는 기계

larg [부] 멀리, 먼 곳에; nga larg, për së largu 멀리서(부터); sa larg është 얼마나 먼가?; a është larg që këtu? 여기에서 먼가요?; më larg 더 멀리; larg syve, larg zemrës [속담] 눈에서 멀어지면 마음에서도 멀어진다

largësi [여] 거리, 간격; në një largësi prej ~의 거리에

largët [형] 먼, 원거리의; më i largët 가장 먼

largim [남] 떠남, 이동, 멀리 함

largohem [동] 떠나다, 이동하다, 멀리 가다; largohu! 떨어져!

largoj [동] 멀리 보내다, 떠나게 하다, 이동시키다, 소원하게 하다, 내쫓다

largpamës [형] 멀리 내다보는

largpamësi [여] 멀리 내다봄

larje [여] ① 씻기, 세탁; 목욕 ② (빚의) 청산

larmë [형] 반점이 찍힌, 얼룩덜룩한

laro [남] ① 반점이 있는 동물 ② 악한, 불량배 ③ 부하 (직원)

lart [부] 위에, 위쪽에; nga lart 위로부터; lart e poshtë 위아래로, 상하로; si më lart 위[상기]와 같이; duart lart! 손들어!

lartë [형] ① (높이가) 높은; 키가 큰 ② 목소리가 큰 ③ (물

가가) 높은; (명령·배반 따위가) 최고에 해당하는
lartësi [여] ① 높이 ② [지리] 고도
lartësohem [동] 일어나다, 오르다
lartësoj [동] 올리다, 높이다
lartpërmendur [형] 상기(上記)한, 위에서 말한
larush [형] 얼룩덜룩한
lastar [남] [식물] 잔가지, 작은 가지
lashë [동] lë의 수동형, 과거분사형
lashta [여·복] 겨울 작물
lashtë [형] 고대의, 옛날의
lashtësi [여] 고대임, 낡음
latë [여] ① 티켓, 쿠폰 ② 손도끼
latohet [동] 새겨지다, 조각되다
latoj [동] 새기다, 조각하다
laturis [동] 더럽히다, 지저분하게 하다
laturisem [동] 더럽혀지다, 지저분해지다
laureshë [여] [조류] 종달새
lavaman [남] 세면대
lavanderi [여] 세탁실
lavapjatë [여] (부엌의) 개수대, 싱크대
lavd [남] 칭찬
lavdërim [남] 칭찬, 추천; fletë lavdërimi 추천장
lavdërohem [동] 칭찬받다; 자랑하다
lavdëroj [동] 칭찬하다, 추켜세우다
lavdërueshëm [형] 칭찬할 만한
lavdi [여] 영광
lavdishëm [형] 영광스러운
lavire [여] 매춘부, 음탕한 여자
lavjerrës [남] [물리] 진자, 흔들이
le [소사] (명령형을 만드는 소사) ~하자, 합시다; le të shkojmë! 갑시다!; le të hyjë 그를 들어오게 하시오! — [접]

le që ~ por ~뿐만 아니라 ~도 또한
lebeti [여] 공포, 패닉
lebetis [동] 무섭게[겁나게] 하다
lebetitem [동] 무서워하다, 겁나다
leckaman [형] 남루한, 누더기를 걸친 — [남] 부랑아, 누더기를 걸친 사람
leckë [여] 누더기, 넝마
leckos [동] 갈가리 찢다, 누더기로 만들다
leckosem [동] 누더기가 되다, 갈가리 찢기다
leckosur [형] 누더기가 된, 갈가리 찢긴
ledh [남] 둑, 제방, 방벽
ledhatar [남] 아첨꾼, 알랑거리는 사람
ledhatim [남] 애무, 껴안기
ledhatoj [동] 애무하다, 쓰다듬다, 어루만지다
legal [형] 법적인, 합법적인
legalizohem [동] 적법화되다
legalizoj [동] 적법화하다
legen [남] ① 세면기, 세숫대야 ② [해부] 골반
legjendar [형] 전설(상)의
legjendë [여] 전설
leh [동] (개 따위가) 짖다
lehe [여] 작은 경작지[밭]; lehe lulesh 화단
lehje [여] (개 따위가) 짖기
lehtas [부] → lehtë
lehtë [형] ① 쉬운, 간단한; (옷차림 등이) 가벼운 ② i lehtë nga mendja 바보, 어리석은 사람 — [부] 쉽게, 간단히; 가볍게, 살짝
lehtësi [여] ① 쉬움, 간단함; me lehtësi 쉽게 ② 호의, 친절; më bëj një lehtësi (제발) ~해주시오
lehtësim [남] 안심; 위로
lehtësisht [부] 쉽게, 간단하게, 가볍게

lehtësohem [동] 안심하다
lehtësoj [동] 안심시키다, (슬픔 따위를) 덜다
lehtësues [형] (고통 따위를) 완화하는, 누그러뜨리는; rret- hana lehtësuese 진정 국면
leje [여] → lejë
lejekalim [남] → lejëkalim
lejë [여] ① 허락, 허가; 면허 ② 휴가; lejë e zakonshme 유급 휴가
lejëkalim [남] 통행 허가증
lejim [남] 허가, 인가
lejlek [남] [조류] 황새
lejohem [동] 허가받다, 허락받다
lejoj [동] 허가하다, 허락하다, ~하게 하다, 인가하다
lejuar [형] 허가받은, 허락받은
lejueshëm [형] 허가할 만한; 참아줄 만한, 용인할 수 있는
lek [남] 레크 (알바니아의 화폐 단위)
lemeri [남] 공포, 패닉
lemeris [동] 무섭게 하다, 겁나게 하다
lemerisem [동] 무서워하다, 겁먹다
lemerishëm [형] 무서운, 두려운, 무시무시한
lemzë [여] 딸꾹질
lende [여] [식물] 도토리, 오크 몰식자(沒食子), 오배자(五倍子)
leopard [남] [동물] 표범
lepur [남] ① [동물] 토끼 ② i ka hyrë lepuri në bark 그는 무서워한다, 겁을 낸다
lepurush [남] 어린 토끼
leqendis [동] ① 약하게 하다, 약화시키다 ② 괴롭히다, 슬프게 하다
leqendisem [동] 약해지다, 약화되다
lerë [여] 더러움, 불결
leros [동] 더럽히다, 지저분하게 하다

lerosem [동] 더러워지다, 지저분해지다
lerth [남] [식물] 담쟁이덩굴
lesë [여] ① 고리버들 (세공품) ② 써레
lesim [남] 써레질
leskër [여] 비늘; 껍질
leskërohet [동] 비늘[껍질]이 벗겨지다
leskëroj [동] 비늘[껍질]을 벗기다
lesohet [동] 써레질되다
lesoj [동] 써레질하다
lesh [남] ① 양털, 양모, 울; prej leshi 양털로 된; lesh xhami 섬유 유리 ② [복] leshra 머리카락; më ngrihen leshrat përpjetë 그것이 내 머리카락을 쭈뼛 서게 만든다 ③ lesh e li 거꾸로, 뒤집혀
leshatak [형] 털이 많은, 텁수룩한
leshdredhur [형] 곱슬머리의, 컬한 머리의
leshko [형] 바보의, 멍청한
leshra [남·복] → lesh
leshterik [남] [식물] 해초, 해조(海藻)
leshtë [형] 양털로 된, 양모의; pallto e leshtë 양털 코트
leshtor [형] → **leshatak**
leshverdhë [형] 금발의
letër [여] ① 편지; letër dashurie 연애 편지, 러브레터; letër e porositur 등기 편지; marr letër 편지를 받다 ② 종이; letër zmerile 연마용 종이; letër ambalazhi 포장용지; letër higjienike 화장지; letër shkrimi 필기 용지; fije letre 종이 한 장; kosh letrash 휴지통 ③ letra loje (놀이) 카드; lojë me letra 카드놀이
letërkëmbim [남] 서신 왕래, 편지로 하는 통신
letërnjoftim [남] 신분증
letërsi [여] 문학
letërthithëse [여] 압지

L

letrar [형] 문학의, 문예의

levend [형] 활발한, 활기찬, 기운찬

leverdi [여] 이익, 이득, 수익; s'ka leverdi, është pa leverdi 전혀 유리하지 않다

leverdis [동] 이익이 되다, 유리하다; nuk më leverdis me këtë çmim 그런 가격으로는 이익이 되지 않는다

leverdishëm [형] 이익이 되는, 유리한

levë [여] 지레, 레버

lexim [남] 읽기, 독서; libër leximi 독본

lexohet [동] 읽히다

lexoj [동] 읽다, 독서하다; lexoj germë për germë (한 글자 한 글자) 판독하다

lexues [남] 읽는 사람, 독자

lexueshëm [형] 읽기 쉬운, 읽을 만한

lez [남] (피부의) 사마귀, 쥐젖

lezet [남] ① 섬세함, 날카로운 감각; them me lezet 재치 있게 말하다 ② kjo rrobë ju ka lezet 이 드레스는 당신에게 잘 맞는다; nuk të ka lezet të sillesh kështu 그런 행동은 너에게 어울리지 않는다

lezetshëm [형] 멋진, 잘생긴, 마음에 드는; vajzë e lezetshme 멋진 여자

lë [동] ① 남기다, 남겨두다; 맡기다; ma lerë mua 내게 맡겨; lermë rehat! 날 혼자 있게 내버려둬!; e lë në dorë të fatit 운(명)에 맡기다; lë mënjanë 제쳐 두다; e lë të lirë dikë ~을 해방하다, 놓아주다 ② 빠뜨리다, 놓치다; lë shumë për të dëshiruar 그것은 미진한 점이 많다

lëfyt [남] ① 병목 ② [해부] 후두

lëkund [동] 흔들다, 진동시키다

lëkundem [동] ① 흔들리다, 떨리다, 진동하다 ② 마음이 흔들리다, 망설이다, 주저하다

lëkundje [여] ① 흔들림, 떨림, 진동; lëkundje tërmeti 지진

② 망설임, 주저

lëkundshëm [형] 망설이는, 주저하는, 머뭇거리는

lëkurë [여] 피부; (짐승의) 가죽; (나무의) 껍질, 외피; sëmundje lëkure 피부병; lëkurë e regjur 무두질한 가죽

lëkurëkuq [형] 피부가 붉은, 아메리카 인디언의

lëkurëpunues [남] 가죽[무두질] 직공

lëkurtë [형] 가죽의, 가죽으로 만든

lëmë [남] 타작 마당

lëmim [남] 닦기, 윤내기

lëmohet [동] 닦이다, 윤이 나다, 매끄러워지다

lëmoj [동] 닦다, 윤내다, 매끄럽게 하다

lëmoshë [여] 보시, 시여(施與), 기부금, 의연금, 구호금

lëmsh [남] ① 실꾸리, 실뭉치 ② 공, 구(球)

lëmuar [형] 닦인, 윤이 나는, 매끄러운

lëna [여·복] 나머지, 남겨진 것

lëndë [여] ① 물질, 재료, 제재; lëndë e parë 원료, 원자재; lëndë djegëse 연료; lëndë plasëse 폭발물; lëndë druri 목재, 재목; lëndë ndërtimi 건축 자재 ② 주제; lëndë mësimore 학과, 과목; tryeza e lëndës(e një libri) (책의) 내용, 목차

lëndim [남] 상처, 상해

lëndinë [여] 잔디(밭), 풀밭

lëndohem [동] 상처[상해]를 입다; 모욕 당하다

lëndoj [동] 상처[상해]를 입히다; lëndoj sedrën 자존심을 건드리다

lënduar [형] 상처 받은; 슬퍼하는

lënë [형] 방심 상태의, 멍하니[얼빠져] 있는

lëng [남] 액체; 즙; lëng frutash (과일) 주스; me lëng 즙이 많은; lëng mishi 육즙; më lëshon goja lëng 그것이 나를 군침 돌게 만드는군요

lëngatë [여] ① 오랜 치료 기간을 요하는 질병 ② 깊은 시름

L

[번민]
lëngështim [남] 액화, 용해
lëngështohet [동] 액화되다, 용해되다
lëngështoj [동] 액화시키다, 용해하다
lënget [형] 액체의, 유동체의
lëngëtyrë [여] (죽 등의) 반(半)유동식
lëngëzim [남] 액화, 용해
lëngëzohet [동] 액화되다, 용해되다
lëngëzoj [동] 액화시키다, 용해하다
lëngim [남] 깊은 시름[번민]
lëngoj [동] 오랫동안 괴로워하다, 깊은 시름[번민]에 잠기다
lëngshëm [형] 액체의, 유동체의
lënie [여] 남김, 유기
lëpihem [동] 자신의 입술을 핥다
lëpij [동] 핥다, 핥아먹다
lëpjetë [여] [식물] 수영, 참소라쟁이
lëpushë [여] [식물] 머위, 관동(款冬)
lërim [남] 쟁기질, 경작
lërohet [동] (토지가) 경작되다, 쟁기질되다
lëroj [동] (토지를) 갈다, 경작하다, 쟁기질하다
lërueshëm [형] 경작할 수 있는, 경작에 알맞은; tokë e lërueshme 경작 가능한 토지, 경작지
lëshim [남] 양보, 관용; bëj lëshime 양보하다, 물러나다
lëshohem [동] ① 내보내지다 ② 돌진하다, 급습하다
lëshoj [동] ① 떨어뜨리다 ② 내보내다, 가게 하다, 놓아주다, 풀어놓다; (배를) 진수시키다 ③ 그만두다 ④ 주다, 전하다 ⑤ lëshoj pe 항복하다
lëvdatë [여] 자랑, 과시; 칭찬
lëvdohem [동] 자랑하다
lëvdoj [동] 칭찬하다
lëvere [여] 옷, 의복; laj lëvere 옷을 세탁하다

lëviz [동] 움직이다; 움직이게 하다; nuk lëviz as gishtin 손가락 하나 까딱하지 않다

lëvizës [형] 움직이는; 움직이게 하는

lëvizje [여] ① (물리적) 움직임, 운동; jam në lëvizje 움직이고 있다; vë në lëvizje 움직이게 하다; vihem në lëvizje 움직이다 ② (정치적) 운동

lëvizshëm [형] 움직이는, 움직일 수 있는

lëvizshmëri [여] 움직이기 쉬움, 운동성

lëvozhgë [여] 껍질, 꼬투리

lëvrij [동] 끊임없이 움직이다; (혈액 따위가) 순환하다

lëvrim [남] 경작

lëvroj [동] 경작하다, 갈다

li¹ [남] [식물] 아마(亞麻); vaj liri 아마인유(油)

li² [여] [병리] 천연두, 마마; lia e dhenve [병리] 수두; i vrarë lie (nga lia) 얽은

libër [남] 책, 도서, 서적; libër shkolle 교과서; libri i arkës 금전 등록부; libër llogarie 회계 장부, 원장(元帳); libër gatimi 요리책

librar [남] 책 파는 사람, 책방 주인

librari [여] 서점, 책방

librashitës [남] 책 파는 사람

librezë [여] ① 소책자 ② 은행[예금] 통장

lidh [동] ① 묶다, 매다, 동이다; lidh me zinxhir 사슬로 묶다 ② 족쇄를 채우다; i lidh duart dikujt ~의 손을 묶다 ③ 구두 끈을 묶다 ④ 연결하다, 연합하다 ⑤ lidh kontratë 계약을 맺다

lidhem [동] 자신을 묶다; lidhem me krushqi 결혼으로 맺어지다

lidhëse [여] 구두끈

lidhëz [여] [문법] 접속사

lidhje [여] ① 묶기, 매기, 동이기 ② 연결, 결합; lidhje krushqie 결혼으로 맺어진 인척 관계; lidhje gjaku 혈육, 혈족 관계; lidhje miqësie 우정으로 다져진 유대감; lidhje familjare 가족 관계; mbaj lidhje me (~와) 접촉을 지속하다; në lidhje me letrën tuaj 너의 편지에 관하여

lidhor [형] [문법] 관계사[절]의; përemër lidhor 관계대명사; mënyra lidhore 가정법

lidhur [형] 묶인, 맨; 연결된; trup i lidhur 튼튼한 몸; mendime të lidhura 조리가 서는 생각 — [전] (~에) 관하여

lig[1] [형] 나쁜, 사악한; njeri i lig 사악한 사람, 악인

lig[2] [동] 야위게 하다, 수척하게 하다

ligem [동] 야위다, 수척해지다

ligë[1] [여] 연맹, 동맹

ligë[2] [여] 악(惡), 사악

ligësi [여] 사악함, 악의

ligështi [여] 약함, 연약함, 허약함

ligështim [남] 약화시킴

ligështohem [동] 약해지다

ligështoj [동] 약화시키다, 약하게 하다

ligët [형] 야윈, 수척한

ligsht [부] 나쁘게, 좋지 않게, 불편하게; më vjen ligsht 나는 거북하다, 불편하다, 유감스럽다

ligj [남] 법(律); nxjerr një ligj 법령을 통과시키다; miratoj një ligj 법안을 통과시키다; sipas ligjit 법에 따르면; me ligj 법에 의하여

ligjëratë [여] 담론, 토론, 담화

ligjërim [남] ① 적법화; 법률화 ② 연설, 강연

ligjërisht [부] 적법하게; 법률상

ligjëroj [동] ① 적법화하다 ② 연설하다, 강연하다

ligjor [형] 법률상의; fuqi ligjore 법적 구속력[효력]; mjekësi ligjore 법의학

ligjshëm [형] 적법한, 합법적인

ligjshmëri [여] 적법함, 합법적임; 법률, 법령
ligjvënës [형] 입법상의, 법률을 제정하는 - [남] 입법자
lihem [동] 남겨지다
lijosur [형] (마마 때문에) 얽은
liker [남] 술, 알코올 음료; liker vishnje 체리 브랜디
likuidohet [동] 청산되다
likuidoj [동] (빚 따위를) 청산하다
lilth [남] [해부] 성문(聲門)
liman [남] 항구
limë [여] (쇠붙이 따위를 가는) 줄, 강판; ha me limë 줄질하다
limoj [동] 줄질하다
limon [남] [식물] 레몬; lëng limoni 레몬 주스
limonatë [여] 레모네이드
limonti [여] 나태, 무기력
limontoz [남] (분말 형태의) 구연산
lind [동] ① 태어나다, 탄생하다; kam lindur në Korçë më 1970 나는 코르차에서 1970년에 태어났다 ② (태양이) 떠오르다; (날이) 밝아오다 ③ (~으로부터) 일어나다, 발생하다, 생기다, 야기되다; gjithë kjo lindi nga një keqkuptim 모든 일은 오해로부터 비롯되었다 ④ 낳다, 생겨나게 하다; ajo lindi djalë 그녀는 남자 아이를 낳았다 ⑤ 생산하다
lindje [여] ① 탄생, 출생; dita e lindjes 생일; çertifikatë lindjeje 출생 증명서; që nga lindja 날 때부터 ② 일출, 해가 뜸; 해 뜨는 곳, 동쪽
lindor [형] ① 탄생의, 출생의 ② 해 뜨는 곳의, 동쪽의
lindshmëri [여] 출생률
lindur [형] 타고난, 천성의, 선천적인
linjë [여] ① 선, 라인; linjë ajrore 항공로 ② 조립 라인, 어셈블리 라인
linjta [여·복] 속옷, 내의, 팬츠
linjtë [형] 아마포[리넨]으로 만든

lipset [동] [비인칭] ~해야 하다, ~할 필요가 있다; lipsej ~해야 하다

liqen [남] 호수

lirë [형] ① 자유로운, (~으로부터) 풀려 있는; jam i lirë 할 일이 없다, 한가하다 ② 열려 있는, 트인; 비어 있는; lë të lirë kalimin 복도를 비워두다; i lirë është ai vend pune? 그 자리 비었어요? ③ 값싼 — [부] ① 자유롭게, 풀려 있어 ② 값싸게; kushton lirë (그것은) 값이 싸다

lirësi [여] 값이 쌈, 저렴함

liri [여] 자유; liri e fjalës 언론의 자유; i jap liri veprimi dikujt ~에게 행동의 자유를 주다

liridashës [형] 자유를 사랑하는

lirim [남] 해방, 자유롭게 놓아줌

lirisht [부] 자유롭게; (언어를) 유창하게, 술술

lirishtë [여] 숲 속의 빈 터

liroj [동] ① 자유롭게 하다, 놓아주다, 해방하다 ② 자리를 내주다 ③ 값을 싸게 하다 ④ 헐겁게 하다, 느슨하게 하다

lirshëm [부] 헐겁게; 원활하게, 술술

lirshëm [형] 헐거운, 느슨한, 풀린

lis [남] [식물] 오크 (떡갈나무류); dru lisi 오크 목재

lisën [여] [식물] 타임, 백리향

lisnajë [여] 오크 숲

listelë [여] [건설] 슬래브

listë [여] 목록, 리스트, 명부, 표; lista e çmimeve 가격표; lista e gjellëve 메뉴, 차림표; listë e pagave 임금 대장; listë e zezë 블랙리스트

litar [남] 밧줄, 로프

litër [남] [부피의 단위] 리터

livadh [남] 풀밭, 초지

loço [여] 얼간이, 바보, 멍청이

lodër [여] 장난감

lodërtar [형] 놀기 좋아하는 — [남] 북 치는 사람, 드러머
lodroj [동] 놀다, 까불다, 경쾌하게 뛰어다니다
lodh [동] 피곤하게 하다, 지치게 하다, 괴롭히다
lodhem [동] 피곤하다, 지치다
lodhje [여] 피곤, 피로
lodhshëm [형] 지루한, 따분한, 피곤하게 하는
lodhur [형] 피곤한, 지친; 싫증난, 넌더리난; jam i lodhur nga (~에) 질리다, 넌더리나다
logjikë [여] 논리(학)
logjikisht [부] 논리적으로
logjikshëm [형] 논리적인, 합리적인
lojë [여] ① 놀이, 게임; 경기, 승부; lojë me letra 카드 놀이 ② 농담; 속임수, 짓궂은 장난; i bëj një lojë dikujt ~에게 치사한 속임수를 쓰다; vë në lojë dikë ~을 놀림감으로 삼다, 조소하다
lojtar [남] 놀이[게임]를 하는 사람
lojtur [형] 미친, 제정신이 아닌
lokal [남] ① 구내 ② 레스토랑; 카페 ③ lokal nate 나이트클럽
lokomotivë [여] 기관차
lopar [남] 소 치는 사람, 카우보이
lopatë [여] 삽, 가래; lopatë varke (배를 젓는) 노
lopçar [남] → lopar
lopë [여] 암소; mish lope 쇠고기
lot [남] 눈물; derdh lot 눈물을 흘리다; me lot në sy 눈물을 흘리며, 울며
lotari [여] 복권(표); heqje lotarie 제비뽑기
lotoj [동] 눈물을 흘리다, 울다
lotsjellës [형] 눈물을 흘리게 하는
lotues [형] 눈물을 자아내는; gaz lotues 최루 가스
lozonjar [형] (어린이가) 놀기 좋아하는, 잘 까부는
luadh [남] 풀밭, 초지

luaj [동] ① 움직이다, 이동하다 ② 놀다; luaj me top 공놀이를 하다; luaj bixhoz 도박[노름]을 하다; luaj me fjalë 말장난을 하다 ③ (악기를) 연주하다; luaj në piano 피아노를 치다 ④ luaj mendsh 미치다, 정신이 나가다

luajtshëm [형] 움직일 수 있는, 이동시킬 수 있는; pasuri e luajtshme 동산(動産)

luajtur [형] 미친, 제정신이 아닌

luan [남] [동물] 사자

luaneshë [여] 암사자

lubi [여] 도깨비

luftarak [형] ① 투쟁적인, 호전적인, 싸우기 좋아하는 ② 전쟁의, 군사의

luftë [여] 전쟁, 전투, 싸움; jam në luftë me (~와) 전쟁 중이다; luftë civile 내란, 내전; bie në luftë 전사하다

luftëtar [남] 전사(戰士)

luftim [남] 싸움, 전투

luftoj [동] 싸우다, 분투하다

luftues [형] 투쟁적인

lug [남] 도랑, 홈통; 물통

lugat [남] 도깨비, 요괴

lugë [여] 숟가락, 스푼; lugë çaji 찻숟가락, 티스푼; lugë supe 식탁용 스푼

lugët [형] 오목한, 요면(凹面)의

luginë [여] 골짜기, 협곡

luhatje [여] ① 진동, 요동 ② 주저, 망설임

luhet [동] ① 움직여지다, 이동되다 ② (악기가) 연주되다 ③ diç luhet këtu 이거 눈치가 수상한데, 냄새가 나는데 ④ 움직이다; (악기를) 연주하다; 공연하다

luks [남] 호화, 화려, 사치; jetoj në luks 호화롭게 살다

luksoz [형] 호화로운, 화려한, 사치스러운; hotel luksoz 호화호텔

lukth [남] [해부] 위(胃), 위장
lule [여] 꽃; saksi lulesh 화분; me një lule nuk vjen pranvera [속담] 하나를 가지고 속단하지 말아라
luleblete [여] [식물] 인동덩굴
lulebliri [여] [식물] 린덴 꽃
luleborë [여] [식물] 스노드롭
luledele [여] [식물] 데이지
luledielli [여] [식물] 해바라기
luledhensh [여] [식물] 데이지
lulegruri [여] [식물] 수레국화
lulekaçe [여] [식물] 들장미의 일종
lulekumbonë [여] [식물] 금강초롱
lulelakër [여] [식물] 콜리플라워, 꽃양배추
lulelivandë [여] [식물] 라벤더
lulembajtëse [여] 분받침
lulemëllagë [여] [식물] 접시꽃
lulemos-më-harro [여] [식물] 물망초
lulemustak [남] → lulebletë
lulepllatkë [여] [식물] 계란풀
luleqyqe [여] [식물] 황새냉이 종류
luleshëmitri [여] [식물] 국화
luleshëngjergji [여] [식물] 은방울꽃
luleshitës [남] 꽃장수, 꽃가게 주인; 꽃 파는 남자
luleshitëse [여] 꽃 파는 여자
luleshpatë [여] [식물] 붓꽃, 아이리스
luleshqerrë [여] [식물] 데이지
luleshtrydhe [여] [식물] 딸기
luletaçe [여] [식물] 아네모네
lulevizhë [여] [식물] 끈끈이주걱
lulevjeshte [여] [식물] → luleshëmitri
lulëkuqe [여] [식물] 앵속화, 개양귀비

lulëzim [남] ① 꽃이 핌, 개화 ② 번영, 번창

lulëzohet [동] 번영하다, 번창하다

lulëzoj [동] ① 꽃이 피다, 개화하다 ② 번영하다, 번창하다, 융성하다

lulëzuar [형] ① 꽃 피는, 개화하는 ② 번영하는, 번창하는, 융성하는

lulishtar [남] 꽃밭을 가꾸는 사람

lulishte [여] 꽃밭, 화원

lum [소사] 축복받은; lum ti! 행운이 있기를!

lumë [남] ① 강, 하천 ② më mori lumi! 나는 파멸했다!

lumëmadh [형] 불행한, 불운한

lumor [형] 강[하천]의; port lumor 하항(河港)

lumtë [감] 잘했어!, 브라보!

lumtur [형] 행복한, 행운의, 운 좋은; bëj të lumtur 행복하게 하다; qofsh i lumtur 행복하시기를

lumturi [여] 행복

lumturisht [부] 행복하게, 운 좋게

lumthi [소사] 축복받은

lundër [여] (강에서 타는) 배, 보트; lundër peshkimi 낚싯배

lundërtar [남] 항해자, 선원

lundërz [여] [동물] 수달

lundrim [남] 항해, 항행, 범주(帆走); lundrim me varkë 노젓기; lundrim me vela 범주

lundroj [동] 항해하다, 범주하다

lundrues [형] 항해의

lundrueshëm [형] 항행할 수 있는

lungë [여] [병리] 농양, 종기

luqerbull [남] [동물] 살쾡이

lus [동] 빌다, 기원하다; 간청하다, 애원하다; mos prit të të lusin 요청 받을 때까지 기다리지 마라

luspë [여] (물고기의) 비늘

lustër [여] 광택, 윤; me lustër 광택[윤]이 나는, 번질번질한
lustraxhi [남] 구두닦이
lustrim [남] 윤내기, 광택 가공
lustroj [동] 윤내다, 광택을 내다, 번질번질하게 하다
lutem [동] 빌다, 기원하다; 간청하다, 애원하다; të [ju] lutem 제발 ~해주시오
lutës [형] 탄원하는, 애원하는
lutje [여] 기도, 빌기; 요구, 요청; bëj një lutje 요청하다
luvari [여] [식물] → dafinë
luvër [여] [식물] → kulth
luzmë [여] 떼, 무리, 집단
luzmon [동] 떼지어 모이다, 무리를 짓다
lyej [동] ① 페인트를 칠하다; 회칠하다; 구두를 닦다 ② 빵에 버터를 바르다 ③ lyej qerren 뇌물을 써서 일을 원활하게 하다
lyerje [여] 페인트칠; 회칠
lyhem [동] 얼굴에 색을 칠하다, 화장하다
lym [남] 진흙, 미사(微砂)
lyp [동] ① 탄원하다, 간청하다, 빌다; lyp të falur 용서를 빌다 ② 베풀어 주기를 청하다
lypës [남] 거지
lypsar [남] → lypës
lyrdhëz [여] (피부의) 사마귀, 쥐젖
lyrë [여] 그리스, 유지(油脂), 윤활유 따위의 기름
lyros [동] 그리스를 칠하다, 기름칠하다
lyroset [동] 기름칠이 되다
lyrosje [여] 그리스칠, 기름칠
lyrshëm [형] 기름기 묻은, 기름칠이 된
lyth [남] 사마귀; 피부 경결(硬結), 못

Ll

llaç [남] 모르타르, 회반죽; punëtor llaçi 벽돌 직공의 보조
llaf [남] → fjalë
llafazan [형] 수다스러운, 말이 많은 - [남] 수다쟁이
llagap [남] ① 성(姓) ② 별명
llagëm [남] 하수구; 지하 터널
llahtar [남] 공포, 불안
llahtari [여] → llahtar
llahtaris [동] 무섭게[겁나게] 하다
llahtarisem [동] 무서워하다, 겁내다
llahtarshëm [형] 무서운, 두려운, 공포스러운
llamarinë [여] 얇은 강판, 철판
llambadar [남] (전등의) 소켓
llambadhe [여] 촛대
llambë [여] 전등, 등불, 램프; llambë me vajguri 석유 램프; llambë neoni 네온 등
llamburit [동] 빛나다
llamburitës [형] 빛나는, 밝은
llambushkë [여] 작은 등불
llap [동] 쓸데없는 소리를 지껄이다
llapa [여] 빵죽, 걸쭉한 것
llapë [여] ① 혀 ② 귓불
llapush [형] 귓불이 큰
llastik [여] ① 고무 밴드 ② 새총
llastohem [동] 제멋대로 처신하다
llastoj [동] 응석을 받아주다, 제멋대로 하게 내버려두다

llastuar [형] (응석을 받아주어) 버릇을 망친
llërë [여] 아래팔, 팔뚝
llixhë [여] 온천, 스파
llogari [여] ① 계좌, 계정; llogari rrjedhëse 당좌 계정; hap një llogari (은행에) 계좌를 개설하다; për llogari të (~의) 앞으로, (~의) 계정으로 ② i kërkoj llogari dikujt ~의 책임을 묻다, ~을 꾸짖다
llogaris [동] ① 계산하다 ② 고려하다
llogaritar [남] 회계원, 부기 계원, 경리
llogaritet [동] ① 계산되다 ② 고려되다
llogaritës [형] 계산의, 계산하는; makinë llogaritëse 계산기
llogaritje [여] 계산
llogaritshëm [형] 셀 수 있는, 가산(可算)의
llogore [여] 참호; 도랑
llohë [여] 진눈깨비
lloj [남] 종류, 종(種); të çdo lloji 어떤 종류의 ~이라도, 어떤 것이라도; nga të gjitha llojet 모든 종류의, 온갖; një lloj zogu 새(鳥)의 일종
lloj-lloj [형] 다양한, 여러 가지의
llokmë [여] 조각, 덩어리
llokoçis [동] 물을 튀기다
llokoçitje [여] 물을 튀김
llokum [남] 터키 과자 (설탕에 버무린 젤리 모양의 과자)
llom [남] ① 진흙, 진창 ② 더러움, 불결
llomotis [동] 재잘거리다, 지껄이다
llomotitje [여] 재잘거림, 지껄임
lloz [남] ① 빗장, 걸쇠 ② 지레, 레버; 철봉, 바 ③ (총의) 개머리
llucë [여] 진흙, 진창
llufis [동] 게걸스레 먹다, 삼켜 버리다
llukanik [남] 소시지
llullaq [남] 연한 자줏빛; 남색

llullë [여] (담배) 파이프
llum [남] ① 침전물, 앙금, 찌꺼기 ② 사회의 찌꺼기, 하층민 ③ e bëj llum 서투르게 하다, 망치다
llup [동] 게걸스레 먹다, 삼켜버리다
llupës [형] 게걸 들린, 많이 먹는 — [남] 대식가, 폭식가
llurbë [여] ① 진창 ② (사료용) 밥찌꺼기

M

ma [대] 나에게; ma jep 나에게 (그것을) 다오; m'i pruri librat 그는 나에게 그 책들을 가져다 주었다
mace [여] [동물] 고양이; mace e egër 들고양이
maçok [남] 수고양이
madem [남] 채석장; 광산
madje [소사] 더구나, 게다가; 사실은, 참으로
madh [형] ① 큰, 거대한 ② 어른의, 성인의 ③ i madhi i fëmijëve (자식들 중) 맏이; mbahem me të madh 젠체하다, 뽐내다
madhëri [여] 위엄, 장엄, 웅대
madhërishëm [형] 위엄 있는, 장엄한, 웅대한
madhërisht [부] 위엄 있게, 장엄하게, 웅대하게
madhësi [여] 크기, 사이즈
madhështi [여] 장려, 웅장, 장엄, 웅대
madhështor [형] 웅장한, 웅대한, 장엄한, 장려한
madhohem [동] (더) 커지다, 확대되다
madhoj [동] 크게 하다, 확대하다
madhor [형] ① 주요한, 두드러진 ② 성인의, 성년의, 나이가 찬
mafishe [남] 머랭 과자
magazinë [여] ① 백화점 ② 창고, 저장소
magazinier [남] 창고지기
magazinim [남] 저장, 보관
magazinoj [동] 저장하다, 보관하다
magnet [남] 자석
magnetik [형] 자석의, 자기(磁氣)의, 자성을 띤

magnetizohet [동] 자성을 띠다
magnetizoj [동] 자성을 띠게 하다
magnetofon [남] 테이프 리코더, 녹음기
magje [여] (나무로 된) 반죽통
magjeps [동] 매료시키다, 매혹하다
magjepsem [동] 매료되다, 매혹되다
magjepsës [형] 매료시키는, 매혹하는
magjepsje [여] 매료, 매혹
magjepsur [형] 마법에 걸린, 매혹된
magji [여] 마법, 마술; 마법의 주문
magjik [형] 마법의, 마술의
magjistar [남] 마법사
mahis [동] [의학] 염증을 일으키다
mahiset [동] [의학] 염증이 일어나다
mahisje [여] [병리] 염증
mahmur [부] 반쯤 잠들어, 비몽사몽간에
mahnis [동] (깜짝) 놀라게 하다
mahnitem [동] (깜짝) 놀라다
mahnitës [형] 놀라운, 경이로운
mahnitje [여] 놀라움, 경이
mahnitshëm [형] 놀라운, 감탄할 만한
maj [남] 5월
maja [여] 효모, 누룩, 이스트
majasëll [남] [병리] 치질, 치핵
majdanoz [남] [식물] 파슬리
majë [여] ① 정상, 꼭대기, 피크 ② (바늘·손가락 따위의) 끝; majë pene 펜촉 ③ mbush gjer në majë 넘치도록 가득 붓다
majm [동] 살찌우다
majmem [동] 살찌다
majmë [형] 살찐, 기름기 많은

majmëri [여] 살찜, 비만
majmun [남] [동물] 원숭이
major [남] [군사] 소령
majtas [부] 왼쪽에, 왼편에
majtazi [부] 왼쪽에, 왼편에
majtë [형] 왼쪽의, 왼편의; në të majtë 왼쪽에, 왼편에 — [여] 왼쪽, 왼편; nga e majta 왼쪽으로
makarona [여·복] 마카로니
makineri [여] 기계류, 기계 장치
makinë [여] ① 자동차 ② 기계
maksimal [형] 가장 높은, 최대[최고]의, 맥시멈의
makth [남] 악몽, 가위눌림
makut [형] 많이 먹는, 폭식하는, 게걸스레 먹는 — [남] 대식가, 폭식가
makutëri [여] 폭식, 대식, 게걸스레 먹음
mal [남] ① 산(山); 산지, 산악 지대 ② varg malesh (쌓아올린) 더미; më bëhet zemra mal 기뻐하다
malazez [형] 몬테네그로의 — [남] 몬테네그로 사람
malazias [형] 몬테네그로의 — [남] 몬테네그로 사람
malcim [남] [병리] 염증
malcohet [동] 염증이 일어나다
malcoj [동] 염증을 일으키다
malësi [여] 고지, 고원
malësor [남] 고지인, 산지 사람
Mali i Zi [남] 몬테네그로
malok [남] 산지 사람; 촌뜨기
malor [형] 산지의, 산악의
mall [남] ① 상품, 제품; tren mallrash 화물 열차; shtëpia e mallrave 백화점 ② 재산; zot malli 재산 소유자 ③ 향수, 동경, 갈망; kam mall për 나는 그립다
mallëngjehem [동] 감동받다

mallëngjej [동] 감동시키다
mallëngjim [남] 감정, 감동
mallëngjyes [형] 감동적인, 마음을 움직이는
mallkim [남] 저주, 욕설
mallkoj [동] 저주하다, 욕설하다; mallkoj veten 자신을 책망하다
mallkuar [형] 저주받은; mallkuar qoftë! 빌어먹을!
mallohem [동] 그리워하다, 갈망하다
mama [여] 엄마, 어머니
mami [여] 조산사, 산파
mamuz [남] 박차(拍車)
man [남] [식물] 뽕나무, 오디
manaferrë [여] [식물] 검은딸기, 블랙베리
manar [남] (말 잘 듣는) 착한 아이
manastir [남] 수도원
mandapostë [여] 우편환(換)
mandarinë [여] [식물] 만다린귤나무
mandat [남] 위임장
mandatë [여] 나쁜 소식; 부고(訃告); i jap mandatën dikujt 나쁜 소식을 요령 있게 전하다
mandatpagesë [여] 우편환(換)
mangall [남] (석탄용) 버너, 화로
mangët [형] ① 불완전한, 불충분한, 미비한 ② 정신 박약의 — [부] 짧게; 불완전하게
mani [여] 한 가지에 열광하며 집중함, 사로잡힘, 중독
maniak [형] 열광적인, 사로잡힌, 중독된, 미친 — [남] 열광자, 마니아, 미치광이
manifestues [남] 시위 운동자, 데모 참가자
manovër [여] 작전 행동; 군사 훈련
manovrohet [동] 작전적으로 행동하다
manovroj [동] 작전적으로 행동하게 하다, 교묘히 이동하다; 작전 행동을 취하다

mantel [남] 망토, 소매 없는 외투
manto [여] (여자용) 외투
manual [남] 안내서, 소책자, 매뉴얼
manushaqe [여] [식물] 제비꽃
mapo [여] 백화점
maqedon [형] 마케도니아의 — [남] 마케도니아 사람
Maqedoni [여] 마케도니아
maqedonisht [부] 마케도니아어로
maqedonishte [여] 마케도니아어
marangoz [남] 목수, 소목[가구]장이
maraq [남] [식물] 회향(茴香), 펜넬
maraz [남] 화, 성, 분노; 슬픔
mare [여] [식물] 딸기나무
marenë [여] [식물] 체이스트 트리
margarinë [여] 마가린
margaritar [남] 진주
marifet [남] ① (일을 다루는) 솜씨, 기술 ② 책략, 속임수
marifetçi [남] 책략가, 속임수를 쓰는 사람
marinar [남] 항해가, 선원, 뱃사람
marinë [여] (한 나라의) 전 해군 함선; marina tregtare (한 나라의) 전체 상선
markë [여] 등록 상표, 트레이드마크; 브랜드
markuç [남] 고무 호스
marmelatë [여] 마멀레이드
mars [남] 3월
marsh [남] ① 행진, 전진, 나아감; [음악] 행진곡; marsh! 전진하라! ② (자동차의) 변속 기어; marshi i parë (자동차의) 저속 기어
marshim [남] 행진, 걷기
marshoj [동] 행진하다, 걷다
martesë [남] 결혼, 혼인; 결혼 생활; unazë martese 결혼 반지

martë [여] 화요일
martir [남] 순교자
martohem [동] (~와) 결혼하다
martoj [동] 결혼시키다, (~을) 며느리[사위]로 주다
martuar [형] 결혼한
marule [여] [식물] (양)상추
marr [동] ① 잡다, 취하다; 얻다, 획득하다, 받다; marr çmimin e parë 1등상을 받다; marr për burrë [grua] (~을) 남편[아내]으로 얻다, 결혼하다 ② marr parasysh 고려하다, 참작하다; merr zjarr 불붙다; marr me mend 추측하다, 상상하다; marr djathtas 오른쪽으로 돌다
marrë [형] 미친, 실성한; 어리석은
marrëdhënie [여] 관계, 관련
marrës [남] ① 수령인, 받는 사람 ② [통신] 수신기
marrëveshje [여] 동의, 합의, 협의; në marrëveshje me (~와) 조화[일치]되어
marrëzi [여] 어리석음, 우둔; bëj marrëzira 어리석게 행동하다; flas marrëzira 실없는 소리를 하다
marrëzisht [부] 어리석게; 제정신이 아닌
marri [여] → marrëzi
marrje [여] ① 잡음, 취함; 얻음, 획득, 받음, 수령 ② marrje mendsh 현기증
marros [동] 미치게 하다, 격노하게 하다
marrosem [동] 미쳐 날뛰다, 격노하다; u marrose? 당신 미쳤어?
marrosje [여] 미침, 광기; 어리석음
marrtë [형] 불투명한, 흐릿한
mas [동] → mat
masakër [여] 대량 학살, 살육
masakrohem [동] 대량 학살을 당하다
masakroj [동] 대량 학살하다, 살육하다

masat [남] 부싯돌

masazh [남] 마사지, 안마; bëj masazh 마사지하다

masë [여] ① 측정, 측량 ② 치수, 사이즈; i marr masën (~의) 치수를 재다 ③ 한계, 한도, 정도; tejkaloj masën 한도를 넘다, 측정할 수 없다; të dua pa masë 난 너를 말할 수 없을 만큼 사랑해; deri në një farë mase 어느 정도까지(는) ④ 조치, 대책; marr masat e duhura 필요한 조치를 취하다

maskara [남] 악당, 불량배, 깡패

maskë [여] 가면, 마스크

maskim [남] 변장, 가면 쓰기

maskohem [동] 가면을 쓰다, 변장하다

maskoj [동] 가면을 씌우다, 변장시키다

maskuar [형] 가면을 쓴, 변장한

masur [남] 실감개, 실패, 얼레

mashë [여] 난로용 철물 (부젓가락 등)

mashkull [남] 남자, 남성, 수컷

mashkullor [형] 남성의, 수컷의

mashtrim [남] 사기, 속임

mashtrohem [동] 속다, 사기 당하다

mashtroj [동] 속이다, 사기하다; (여자를) 유혹하여 농락하다

mashtrues [남] 사기꾼

mashurka [여·복] [식물] 강낭콩, 깍지콩

mat [동] ① 재다, 측정[측량]하다 ② 치수[무게]가 ~이다 ③ i mat fjalët 말을 신중하게 하다

matanë [부/전] ~ 너머, 저편에

matara [여] (우유 따위를 담는) 큰 통

matem [동] ① 측정되다 ② 준비가 되다; matem të iki ~하려 하다

matematik [형] 수학의, 수학적인

matematikan [남] 수학자

matematikë [여] 수학(數學)
material [남] 물질, 재료
maternitet [남] 조산원
matës [남] ① 측정[측량]자 ② 측정[측량] 도구, 계량기
matje [여] 측정, 측량, 계량
matrapaz [남] 암거래상
matuf [남] 노망한 늙은이
matufosje [여] 망령, 노망
matufosur [형] 망령난, 노망한
matur [형] 신중한, 사려 분별이 있는
maturant [남] 고등학교 졸업생
maturë [여] (학교의) 졸업 시험
maturi [여] 신중, 사려 분별
maunë [여] [항해] 바지선(船)
mavi [형] 검푸른; 퍼렇게 멍든
mavijos [동] 검푸르게 하다; 퍼렇게 멍들도록 만들다
mavijosem [동] 검푸르게 되다; 퍼렇게 멍이 들다
mazgallë [여] (벽에 낸) 총안(銃眼)
mbahem [동] ① 자활하다, 스스로를 부양하다; mbahem mirë me shëndet 상태[컨디션]가 좋다 ② më mbahet goja 말을 더듬다
mbaj [동] ① (손 따위에) 가지고 있다, 들고 있다; 입고[쓰고] 있다 ② 유지하다, 보유하다; mbaj fjalën 약속을 지키다; mbaj llogaritë 경리를 맡다 ③ (가족을) 부양하다 ④ mbaj veten 자제하다, 스스로를 억제하다; i mbaj mëri dikujt ~와 말을 건넬 정도의 사이도 아니다, 사이가 나쁘다; s'di nga t'ia mbaj 어디로[어느 길로] 돌아야 할 지 모르다 ⑤ 지속하다; sa mban që këtu? 여기서 얼마나 먼가요?
mbajta [동] mbaj의 과거형
mbajtës [남] 가지고[들고] 있는 사람
mbajtëse [여] 지지대, 받침대, 홀더

mbajtje [여] ① 지지, 받들기 ② 회계 관리 ③ 갖고[들고] 있기 ④ 유지, 지속

mbajtur [형] ① (이미) 사용된, 쓰인 ② 잘 보존된, 간수가 잘 된; (여자가) 나이에 비해 젊어 보이는, 외모 관리를 잘 한

mballomë [여] (구두 따위를 수선하는 데 쓰는) 천 조각

mballos [동] (구두 따위를) 수선하다

mballoset [동] (구두 따위가) 수선되다

mballosje [여] (구두 따위의) 수선

mbanë [부] (~을) 통하여; ia dal mbanë ~을 하는 데 성공하다

mbaresë [여] [문법] 어미

mbarë[1] [형] 전체의, 전부의; bota mbarë 전세계

mbarë[2] [형] 좋은, 알맞은, 유리한; 번영하는, 잘 되어가는 — [부] 좋은 면을 보여, 유리하게, 알맞게

mbarësi [여] 행운; 성공

mbarështoj [동] 올바르게 하다; 관리하다

mbarëvajtje [여] (성공적인) 진보, 진전

mbarim [남] 끝, 종결; pa mbarim 끝없이; fillim e mbarim 처음부터 끝까지

mbarohet [동] 끝나다

mbaroj [동] ① 끝내다, 마치다, 결론짓다 ② 끝나다; 죽다

mbars [동] 임신[수태]시키다

mbarsem [동] 임신하다

mbarsë [형] (동물이) 임신한

mbarsje [여] 임신

mbarsur [형] 임신한

mbart [동] ① 나르다, 운반하다 ② (자금을) 이월하다

mbartem [동] 이동하다, 이사가다

mbartës [남] 짐꾼, 운반하는 사람

mbartje [여] 운반, 운송

mbartur [형] ① 운반된, 운송된 ② (자금이) 이월된

mbaruar [형] 끝난, 완료된; 완벽한

mbas [부/전] (~)후에, 뒤에
mbase [부] 아마, 어쩌면, 혹시
mbasi [접] ① ~이므로, ~이기 때문에 ② ~후에; pak mbasi u nis 떠난 직후에
mbath [동] ① (신발·양말 따위를) 신다; 말에 편자를 박다 ② ua mbath këmbëve 도주하다
mbathem [동] (신발·양말 따위를) 신다
mbathje [여] ① (신발·양말 따위를) 신기 ② [여·복] 팬츠, 속바지
mbathura [여·복] 팬츠, 속바지
mbesë [여] ① 조카딸 ② 손녀, 외손녀
mbetem [동] ① 남다, 남아 있다; mbetem pa ujë 물이 바닥 나다; s'më mbetet gjë tjetër 더 이상 내가 할 일이 남아 있지 않다 ② (~이[으로]) 되다; mbetem jetim 고아가 되다; mbeta i habitur 나는 놀랐다 ③ [수학] (빼고난 후에) 수가 남다; dhjetë pa shtatë mbeten tre 10에서 7을 빼면 3이 남는다 ④ mbetem me gojë hapur (깜짝) 놀라다; mbetet në fuqi 유효하다, 효과가 지속되다; mbetem pa mend, pa gojë 크게 놀라 할 말을 잃다; mbetem prapa 뒤처지다
mbetje [여] 나머지, 잔여, 남은 것
mbetura [여·복] 나머지, 잔여, 남은 것; të mbeturat e gjellës 먹다 남은 음식
mbeturinë [여] 쓰레기, 찌꺼기
mbërthehem [동] 단추가 채워지다
mbërthej [동] ① (못 따위를 박아) 고정시키다 ② 단추를 채우다
mbërthim [남] 고정시키기
mbërrij [동] 이르다, 도착하다
mbërritje [여] 도착, 도달
mbështes [동] 기대게 하다, 받치다, 뒷받침하다; 기초[근거]

를 제공하다

mbështetem [동] 기대다, 의지하다; 신임하다

mbështetëse [여] 지주, 버팀목

mbështetje [여] 받침; 도움, 원조

mbështillem [동] 싸이다, 감기다, 말리다

mbështjell [동] 싸다, 감다, (둘둘) 말다

mbështjellë [형] 싸인, 감긴, (둘둘) 말린

mbështjellëse [여] 봉투, 덮개, 싸는 것

mbështjellje [여] 싸기, 감기, 말기

mbi [전] ① ~(위)에; mbi të gjitha 무엇보다도 ② (~에) 대하여, 관하여; flas mbi ~ ~에 관해 말하다 ③ ~보다 (더)

mbiçmoj [동] 과대 평가하다

mbiemër [남] ① 성(姓) ② [문법] 형용사

mbikëqyr [동] 감독하다, 감시하다, 지켜보다

mbikëqyrje [여] 감독, 감시

mbill [동] mbjell의 명령형

mbillet [동] 씨뿌려지다, 파종되다

mbin [동] 싹트다, 발아하다; (~으로부터) 생겨나다; nga na mbiu ky? 이것은 어디로부터 생겨났는가?

mbinatyrshëm [형] 초자연적인

mbingarkoj [동] (짐 따위를) 너무 많이 싣다

mbinjerëzor [형] 초인적인

mbiquahem [동] 별명을 얻다

mbiquaj [동] 별명을 붙이다[짓다]

mbiquajtur [형] 별명[칭호]을 얻은, ~이라 일컬어지는

mbirje [여] 싹이 틈, 발아

mbishkrim [남] 명(銘), 비명(碑銘)

mbishkruaj [동] (비석 등에) 새기다

mbitaksë [여] 지나친 과세

mbivlerë [여] [경제] 잉여 가치

mbivlerësim [남] 과대 평가

mbivlerësohem [동] 과대 평가되다
mbivlerësoj [동] 과대 평가하다
mbizotërim [남] 우세, 탁월, 발군, 출중, 지배
mbizotëroj [동] 우세하다, 주권을 장악하다, 지배하다
mbizotërues [형] 우세한, 지배적인
mbjell [동] 씨를 뿌리다, 파종하다; 식물을 심다; mbjell për- çarje 불화의 씨앗을 뿌리다
mbjella [여·복] 파종된 밭
mbjellje [여] 씨뿌리기, 파종; 식물을 심기
mbledh [동] ① (한 곳으로) 모으다, 집합시키다; (꽃 따위를) 따 모으다 ② [수학] 합계를 내다 ③ mbledh mendjen 정신을 차리다
mbledhje [여] ① 모으기; 회합 ② [수학] 합계 (내기)
mbles [남] 결혼 중매인
mblesë [여] 약혼
mbleseri [여] (결혼) 중매
mblidhem [동] 오그라들다, (추위·공포 따위로) 움츠려들다; (근육이) 수축하다; 집결하다, 모이다
mbllaçit [동] (소리나게) 씹다
mbllaçitem [동] (소리나게) 씹다
mbllaçitje [여] 씹기, 저작
mbramë [형] → i fundit
mbrapa [부] ① 뒤에, 후방에; lë mbrapa 뒤에 남겨두다 ② 나중에, 후에; tash e mbrapa 지금 이후로 — [전] 뒤에; mbrapa shpine 남의 등 뒤에서
mbraps [동] 뒤로 가게 하다[밀다], 후퇴시키다
mbrapsem [동] 뒷걸음질치다, 물러나다, 후퇴하다
mbrapsht [부] ① 안과 밖이 뒤바뀌어, 거꾸로, 뒤집혀 ② 나쁘게, 틀리게, 부적합하게 ③ 뒤로, 반대로; eci mbrapsht 뒤로 걷다; kthehem mbrapsht 되돌아가다
mbrapshtë [형] (어린이 따위가) 장난이 심한, 개구쟁이의, 제

멋대로의, 말을 안 듣는

mbrapshti [여] 장난이 심함, 개구쟁이임; 괴팍함, 심술궂음

mbrej [동] (말에) 마구(馬具)를 채우다

mbresë [여] ① 흉터 ② (표면 따위에 남은) 흔적

mbret [남] 왕, 임금

mbretëreshë [여] 여왕; 왕비

mbretëri [여] 왕국

mbretërim [남] 치세, 군림, 통치

mbretëroj [동] (왕이) 통치하다, 군림하다

mbretëror [형] 왕의, 왕가의, 왕족의

mbrëma [부] 저녁에; dje mbrëma 어젯밤

mbrëmë [부] 어젯밤에

mbrëmje [여] 저녁; mbrëmje dëfrimi 이브닝 파티

mbrohem [동] 자위하다, 스스로를 방어하다

mbroj [동] ① 방어하다, 보호하다, 지키다, 막다 ② (이론 따위를) 지지하다

mbrojtës [형] 방어적인, 보호하는 — [남] 방어자, 보호자

mbrojtje [여] 방어, 보호

mbroth [부] 잘, 좋게, 성공적으로, 장애나 지체 없이; puna i vete mbroth 그는 잘 해나가고 있다

mbrothësi [여] 진전, 진보; 번영

mbruj [동] ① 반죽하다, 개다 ② 형성하다, 모양을 만들다

mbrujtje [여] ① 반죽, 개기 ② 형성, 모양을 만들기

mbrujtur [형] 반죽된, 갠

mbufas [동] 부풀게 하다, 팽창시키다

mbufatem [동] 부풀다, 팽창하다

mbufatje [여] 부풀기, 팽창

mbulesë [여] 덮개, 커버; mbulesë tavoline 테이블보

mbulim [남] 덮기

mbuloj [동] ① 덮다, 가리다 ② 숨기다, 감추다

mbuluar [형] ① 덮인, 가려진 ② 숨겨진, 감춰진

mburojë [여] ① 방패 ② 토루(土壘) ③ 차폐물

mburr [동] 칭찬하다, 치켜세우다

mburracak [형] 자랑하는 - [남] 자랑꾼, 허풍선이

mburravec [남] → mburracak

mburrem [동] 자랑하다, 떠벌리다

mburrje [여] 자랑하기, 떠벌리기

mbush [동] ① (가득) 채우다; (속을) 채워넣다; 충치를 때우다 ② i mbush mendjen dikujt ~을 확신시키다, 납득시키다

mbushem [동] ① (가득) 채워지다 ② më mbushet mendja 확신하다, 납득하다

mbushje [여] (짚·다진 고기 따위로) 속을 채우기; [치과] 충전

mbushur [형] ① (~으로) 채워진, 가득 찬; speca të mbushur (발칸 반도의) 다진 고기 따위로 속을 채운 고추 요리 ② [치과] 충전된

mbyll [동] ① (문 따위를) 닫다; 폐쇄하다, 잠그다 ② (사람을) 가두다 ③ (스위치를) 끄다; (수도꼭지 따위를) 잠그다

mbyllem [동] ① 닫히다, 잠기다; dera mbyllet vetë 그 문은 자동적으로 닫힌다 ② (상처가) 아물다

mbyllët [형] 어두운; e kuqe e mbyllët 검붉은

mbyllje [여] ① 닫기, 잠그기, 폐쇄 ② (모임의) 폐회 ③ mbyllje e llogarive 결산(決算)

mbys [동] ① 질식시키다, 목을 조르다 ② 익사시키다 ③ (배를) 침몰시키다, 가라앉게 하다

mbytem [동] ① 익사하다 ② (배가) 침몰하다, 가라앉다

mbytës [형] 질식시키는

mbytje [여] ① 질식, 목 조르기 ② 익사 ③ (배의) 침몰, 난파

mbytur¹ [부] 흐릿하게, 알아채지 못할 정도로

mbytur² [형] ① 질식한, 목 졸린 ② 익사한 ③ (배가) 침몰한, 난파한 ④ (빚 때문에) 꼼짝 못하는; (일 따위에) 압도된

me [전] ① (~와) 함께, (~을) 가지고; me durim 인내심을 가지고 ② ~에게, (~을) 향해; u soll keq me mua 그는

나에게 나쁘게 대했다 ③ (~에) 대항하여; luftoj me armiqtë 적에 대항하여 싸우다 ④ ~으로(써), (~에) 의해; marr me forcë 힘으로 (~을) 취하다; udhëtoj me makinë 자동차로 여행하다; me inat 화가 난 어조로 ⑤ me ta parë 그를 보자마자

medalje [여] 메달
medoemos [부] 반드시, 틀림없이, 꼭
megjithatë [접] (~에도) 불구하고, 그래도
megjithë [접] (~에도) 불구하고
megjithëqë [접] ~이지만, (~에도) 불구하고
megjithëse [접] ~이지만, (~에도) 불구하고
mejdan [남] ① 사방이 터진 곳[땅] ② 전쟁터, 싸움·논쟁의 장(場) ③ dal në mejdan 나타나다, 보이다
meje [대] unë의 탈격
mejhane [여] 선술집
mejhanexhi [남] 선술집 주인
mekanik [형] 기계(상)의, 기계에 의한 — [남] 수리공, 정비사, 공원(工員)
mekanikë [여] 역학, 기계학
mekanikisht [부] 기계적으로
mekanizëm [남] 기계 장치
mekem [동] 기절하다, 졸도하다; mekem së qari 흐느껴 울다
meksikan [형] 멕시코의 — [남] 멕시코 사람
Meksikë [여] 멕시코
mel [남] [식물] 기장
melhem [남] 연고, 고약
melodi [여] 멜로디, 선율, 곡조
memec [형] 말 없는, 벙어리의 — [남] 벙어리, 말 못하는 사람
mençëm [형] 현명한, 영리한
mençur [형] 영리한, 똑똑한; 현명한
mençuri [여] 지혜, 현명; me mençuri 현명하게

mend¹ [중] ① 지성, 지력(知力), 이지(理智), 두뇌; 정신; djalë me mend 머리가 좋은 소년 ② 기억(력); mbaj mend 기억하다, 마음에 간직하다; sjell ndër mend 기억하다 ③ 상상 ④ 의도, 의향; kam ndër mend të ~ 나는 ~하려는 생각이 있다, 내 의도는 ~이다 ⑤ luaj mendsh 미치다, 실성하다; me gjithë mend 정말로, 실제로; mbetem pa mend 깜짝 놀라다; mend për tjetër herë 이것을 타산지석으로 삼아라; s'do mend (그것은) 말할 나위도 없다, 당연하다

mend² [소사] 거의; mend u mbyta 나는 거의 물에 빠질 뻔했다

mendër [여] [식물] 박하, 페퍼민트

mendërisht [부] 정신적으로; 지적으로

mendësi [여] 지력(知力), 지성, 지능

mendim [남] ① 생각, 사고; i zhytur në mendime, bie në mendime 생각[사색]에 잠기다 ② 관념, 개념; mendim i ngulët 고정 관념 ③ 의견, 견해; për mendimin tim 내 생각에는 ④ 관점; përputhje mendimesh 관점의 일치

mendimtar [남] 생각하는 사람, 사색가

mendje [여] ① 사고력, 정신적 능력, 지적 능력; vras mendjen 머리를 짜내다, 궁리하다 ② humbas mendjen 당황하다, 어쩔 줄 모르다; jam me dy mendje 망설이다, 주저하다; ndërroj mendje 마음을 바꾸다; më thotë mendja 뭔가 예감이 든다; ki mendjen! 조심해!, 마음을 써!, 신경 써!; e fle mendjen 안심하고 있다; me mendje të ngritur 불안한, 혼란스러운

mendjefyçkë [형] → mendjelehtë

mendjehollë [형] 재치 있는, 스마트한

mendjelehtë [형] 경솔한, 무책임한

mendjelehtësi [여] 경솔, 무책임

mendjemadh [형] 자부심이 강한, 자신을 과대 평가하는

mendjemadhësi [여] 자부심, 자존, 자신에 대한 과대 평가

mendjemprehtë [형] 재기(才氣)가 날카로운, 재치 넘치는
mendjemprehtësi [여] 재기가 날카로움, 재치 넘침
mendjengushtë [형] 마음이 좁은, 옹졸한
mendjengushtësi [여] 마음이 좁음, 옹졸함
mendjeshkurtër [형] → mendjengushtë
mendoj [동] 생각하다, 판단하다; çfarë mendoni ju për këtë? 그것에 대해 어떻게 생각하세요?
mendor [형] 정신적인, 정신에 관한; sëmundje mendore 정신병, 정신 장애
menduar [형] 생각이 깊은, 사색에 잠긴 — [부] 생각이 깊게
menduarit [중] 생각(하기), 숙고, 사색
mendueshëm [부] → menduar
mengene [여] 바이스 (기구의 일종)
mensë [여] (구내) 식당
menteshë [여] 경첩
menjëherë [부] 즉시, 당장, 곧바로; duhej bërë menjëherë 그것은 즉시 실행되어야 한다
menjëhershëm [형] 즉시의, 즉각적인
meqenëse [접] ~이므로, (~인) 까닭에
meqë [접] ~이므로, (~인) 까닭에; meqë ra fjala 그런데
merak [남] 걱정, 근심, 염려; pa merak 걱정 없는; mos u bëj merak (그것에 대해) 걱정하지 마시오; s'bëhem merak fare 나는 조금도 신경쓰지[걱정하지] 않는다
merakos [동] 걱정하다, 근심하다, 염려하다
merakosem [동] (~에 대해) 걱정하다, 근심하다, 염려하다
meremetim [남] 수선, 고치기
meremetohet [동] 수선되다
meremetoj [동] 수선하다, 고치다
merhum [남] 고인(故人), 죽은 사람
merimangë [여] [동물] 거미
meritë [여] ① 장점, 메리트 ② 공적, 공로, 공훈; sipas me-

ritave 공로에 따라

meritoj [동] (~을) 마땅히 받을 만하다

merituar [형] (~을) 마땅히 받을 만한; artist i merituar 명예 칭호를 받은 예술가

merluc [남] [어류] 대구

mermer [남] 대리석

mermertë [형] 대리석의

merrem [동] (~에) 빠지다, 몰두하다, 전념하다; me se merreni? 뭐 하고 있어요?; merremi vesh i) 서로를 이해하다 ii) 동의하다, 합의를 보다

merxhan [남] [동물] 산호

mes [남] ① 가운데, 중간; në mes të rrugës 길의 한가운데서; në mes të ditës 백주에, 공공연히; mes për mes 교차하여, 엇갈리게; mesi i natës 한밤중, 자정; në mes tonë 우리들 중에서; mu në mes 한가운데(에) ② 용건, 관심사; në këtë mes unë s'kam të bëj 내 알 바 아니다

mesatar [형] 가운데의, 중간의; 평균의

mesatare [여] 평균; mbi mesataren 평균 이상

mesatarisht [부] 평균하여, 대체로

mesazh [남] (국가 원수에 의한) 공식 메시지

mesditë [여] 한낮, 정오

mesdhetar [형] 지중해의; Deti Mesdhe 지중해

mesëm [형] 중간의; Lindja e Mesme 중동; shkollë e mesme 중등학교

mesës [남] 중매인, 중개인

meshollë [형] 허리가 가는, 날씬한

mesit [남] 중매인, 중개인, 브로커

mesjetë [여] [역사] 중세 (시대)

meskëputur [형] 허리가 가는, 날씬한

mesnatë [여] 한밤중, 자정; në mesnatë 한밤중에

mesoburrë [남] 중년 남성

mesogrua [여] 중년 여성
mespërmes [부] 통과하여, 가로질러
meshar [남] [가톨릭] 미사 경본(經本)
meshë [여] [가톨릭] 미사
meshin [남] (얇은) 가죽
meshoj [동] (성직자가) 집례[집전]하다
metal [남] 금속
metalik [형] 금속의, 금속제의
meteorologji [여] 기상학
metë[1] [부] → mangët
metë[2] [여] 결함, 흠; e metë mendore 정신적 결함; pa asnjë të metë 결점 없는, 흠 없는
metë[3] [형] ① 부족한, 불충분한, 결함 있는 ② 미친, 제정신이 아닌
metër [남] [길이의 단위] 미터; metër katror 제곱 미터(㎡); metër shirit 줄자
metodë [여] 방법, 방식
metro [여] 지하철
meze [여] 애피타이저, 식욕을 돋구는 맛있는 음식 한 조각
mezi [부] 어렵게, 힘들게
më[1] [대] 나를, 나에게; mos më fol! 나에게 말하지 마!; a më kuptoni? 내 이야기를 이해하시겠어요?
më[2] [부] 더욱, 더; më shumë 더욱; më i zgjuar se 보다 더 영리한; më pak 보다 적은; më keq 더 나쁜; më mirë 더 좋은; më i mirë se (~보다) 더 좋은; më i mirë nga të gjithë 무엇보다도 더 좋은; më i madh 더 큰; më i vogël 더 작은; më se një herë 한 번만이 아니라, 몇 번이고; më mirë vonë se kurrë [속담] 늦더라도 안 하는 것보다는 낫다
më[3] [전] ① ~에; më të djathtë 오른쪽에; më të majtë 왼쪽에; më një mars 3월 1일에 ② ~에서 ~으로; qytet

më qytet 도시에서 도시로; gojë më gojë 입에서 입으로
mëditës [남] 일급쟁이, 날품팔이
mëditje [여] 일급; punëtor me mëditje 일급쟁이
mëdyzaj [부] 망설이며, 주저하며, 머뭇거리며
mëgojzë [여] (말에게 물리는) 재갈
mëhallë [여] 근처, 이웃(임)
mëkat [남] (종교·도덕상의) 죄, 죄악; bie në [bëj] mëkat 죄를 저지르다
mëkatar [형] 죄가 있는, 죄 많은 - [남] (종교·도덕상의) 죄인
mëkatoj [동] 죄를 짓다
mëkëmb [동] 새롭게 하다, 복구하다, 회복시키다
mëkëmbem [동] (건강 따위를) 되찾다, 회복하다
mëkëmbës [남] 총독
mëkëmbje [여] 회복, 복구
mëkohem [동] 먹을 것을 받다
mëkoj [동] (어린이에게) 젖을 물리다; (병자 등에게) 음식을 먹이다
mëkuarit [중] (어린이에게) 젖을 물리기
mëlçi [여] [해부] 간(肝), 간장
mëllagë [여] [식물] 접시꽃
mëllenjë [여] [조류] 지빠귀 무리
mëmë [여] 어머니
mëmëdhe [남] 모국, 고향
mëmëligë [여] 옥수수 가루 등으로 만든 죽
mënd [동] 젖을 먹이다, 모유로 키우다
mëndafsh [남] 비단, 실크; krimb mëndafshi [곤충] 누에
mëndafshtë [형] 명주의, 비단의
mëndeshë [여] 유모(乳母)
mëngë [여] ① 소매 ② [지리] (강의) 곡류(曲流); 후미
mëngoj [동] 아침 일찍 일어나다
mëngore [여] 양복 조끼의 일종

mëngjarash [형] ① 왼손잡이의 ② 서투른

mëngjes [남] ① 아침; nesër në mëngjes 내일 아침; në mëngjes herët 아침 일찍 ② 아침 식사; ha mëngjes 아침 식사를 하다

mëngjesor [형] 아침의

mëngjesore [여] 아침 식사를 제공하는 바[카페]

mëngjër [형] 왼쪽의, 왼편의, 좌측의

mënoj [동] 늦다, 더디다

mënyrë [여] ① 방법, 방식, (~하는) 투; mënyrë jetese 생활 방식; në këtë mënyrë 이런 식으로; në asnjë mënyrë 결코 ~아닌; në mënyrë që ~하기 위하여 ② 유행, 패션, 스타일 ③ [문법] 법(法)

mënjanë [부] 옆에, 떨어져서, 따로 두고; lë mënjanë 제쳐두다, 무시하다; rri mënjanë 옆으로 비켜서다

mënjanim [남] 기피; 제거, 배제

mënjanohem [동] 옆으로 비켜서다; 무시되다

mënjanoj [동] 회피하다; 배제하다, 무시하다

mëparshëm [형] 이전의, 전(前)~

mëpastajshëm [형] 뒤에 오는, 후의, 다음의

mërdhas [동] 추워하다, 차갑게 느끼다

mërdhij [동] 추워하다, 차갑게 느끼다

mërgim [남] (타국으로의) 이주; 추방; në mërgim 추방되어, 망명 중에

mërgimtar [남] (타국으로의) 이주자; 추방된 사람, 망명자

mërgohem [동] (타국으로) 이주하다; 추방되다

mërgoj [동] (타국으로) 이주하다; 추방하다, 내쫓다

mëri [여] 악의, 원한; mbaj mëri 원한을 품다

mëritur [형] 악의에 찬, 앙심을 품은

mërkurë [여] 수요일

mërmëris [동] 중얼거리다, 낮은 목소리로 말하다

mërmëritje [여] 중얼거림

mërqinjë [여] [식물] 찔레, 들장미
mërsinë [여] [식물] 은매화(銀梅花)
mërshë [여] ① 썩어가는 시체 ② 흐물흐물한[축 늘어진] 살
mërshor [형] 육체의, 살의
mërzi [여] 성가심, 귀찮음, 지루함
mërzis [동] 성가시게 하다, 귀찮게 하다, 지루하게 하다; mos u mërzit 걱정하지 마!
mërzitem [동] 성가시다, 귀찮다; 지루하다
mërzitje [여] 성가심, 귀찮음; 지루함
mërzitshëm [형] 성가시게 하는, 귀찮게 하는; 지루하게 하는
mërzitur [형] 성가신, 귀찮은
mësallë [여] ① 테이블보 ② 앞치마 ③ mësallë me dy faqe 위선적인 사람
mësim [남] ① 가르치기, 교수; jap mësim 가르치다, 교수하다; kjo do t'i bëhet mësim 그가 이것을 교훈으로 삼도록 해라 ② 학과, 수업, 레슨; marr mësime 수업을 받다; mësimi mbaroi 수업이 끝났다; sot nuk kemi mësim 오늘은 학과가 없다
mësimdhënës [남] 선생, 교사, 교수
mësimor [형] 가르치는, 교수의
mësipërm [형] 위에서 말한, 상기의
mësohem [동] 익숙해지다
mësoj [동] ① 가르치다 ② 배우다; mësoj përmendsh 외우다, 암기하다
mësonjëtore [여] (초등) 학교
mësuar [형] ① 배운 ② 익숙해진; i mësuar me punë 일에 익숙해진
mësues [남] 선생, 교사, 가르치는 사람
mësyj [동] 공격하다
mësymje [여] 공격, 습격
mësysh [부] marr mësysh dikë ~에게 마법을 걸다, 악의에

찬 눈초리를 보내다

mëshirë [여] 동정, 자비; ki mëshirë! 내게 동정을 베풀어 주시오!; lë në mëshirën e fatit 운명에 맡기다

mëshirohem [동] 불쌍히 여김을 받다

mëshiroj [동] 동정하다, 불쌍히 여기다

mëshirshëm [형] 자비로운, 인정 많은

mëshoj [동] 압력을 가하다, 내리누르다

mëshqerrë [여] (아직 새끼를 낳지 않은) 어린 암소

mështekën [여] [식물] 자작나무

mëtejshëm [형] 나중의; 보다 더 나아간

mëvonshëm [형] 뒤에 오는, 그 다음의, 이어지는

mëz [남] 망아지

mi¹ [대] 나의; djemtë e mi 나의 아들들; vajzat e mia 나의 딸들

mi² [남] [동물] 쥐, 생쥐

micak [남] [동물] 굴뚝새

mide [여] ① [해부] 위, 위장 ② 식욕, 입맛; më është prishur mideja 식욕을 잃었다

midis [전] ~가운데, ~중에; ~사이에; midis të tjerave 여럿 가운데서, 그 중에; midis nesh 우리 사이에; midis orës tetë e nëntë 8과 9 사이 — [남] 가운데, 중간, 중앙

midhje [여] [패류] 홍합, 대합, 굴

miell [남] 밀가루; 분말

mih [동] 괭이질하다, 파내다

mijë [여] 천 (1000)

mijëshe [여] 천 (1000); 1천 레크짜리 지폐

mijëvjeçar [남] 천년간, 밀레니엄

mijtë [형] 천번째의

mik [남] ① 친구, 벗; miq të ngushtë 가까운 친구들 ② 손님

mikeshë [여] (여자인) 친구; 여자 친구, 걸프렌드

mikpritës [형] 대접이 좋은, 친절한

mikpritje [여] 환대, 친절
mikrob [남] 미생물, 세균
miliard [남] 10억
milimetër [남] [길이의 단위] 밀리미터
milingonë [여] [곤충] 개미
milion [남] 백만
milioner [남] 백만장자
milor [남] 어린 숫양
mill [남] 칼집
minare [여] (이슬람 성원의) 첨탑(尖塔)
minator [남] 광부, 갱부
minder [남] 긴 의자, 소파
mineral [남] 광물, 미네랄; 광석 — [형] 광물의
minë [여] [군사] 지뢰
minierë [여] 광산; minierë ari 금광
ministër [남] 장관, 대신
ministri [여] (정부의) 부(처), 성(省); Ministria e Punëve të Jashtme 외무부
minoj [동] [군사] 지뢰를 부설하다
minoritet [남] 소수(파)
minutë [여] 분(分); 순간, 잠깐, 잠시; një minutë! 잠깐만 기다려요!
miqësi [여] 우정, 친분; lidh miqësi me dikë ~와 친해지다, 친구가 되다
miqësisht [부] 친하게, 친분을 가지고
miqësohem [동] (~와) 친구가 되다
miqësoj [동] (~와) 친해지다
miqësor [형] 우호적인, 친한
miratim [남] 찬성, 승인
miratohet [동] 찬성[승인]을 얻다
miratoj [동] 찬성하다, 승인하다

mirë [여] 좋은 것[점], 이익, 유리, 호의; ç'të mirë ka kjo? 그것이 좋은 점이 무엇인가?; për të mirën e tij 그 자신을 위해서; gjithë të mirat! 만사 형통하기를 빈다; më bëj një të mirë 나에게 호의를 베풀어 주시오, 제발 ~해주시오 — [형] 좋은, 멋진, 친절한; kohë e mirë 좋은 날씨; aktor i mirë 훌륭한 배우; natën e mirë! 잘 자요! — [부] 좋게, 잘, 괜찮게; jam mirë me shëndet 건강이 좋다; bëhem mirë 더 나아지다; më mirë 더 나은, 더 좋은; mjaft mirë 상당히 잘; mirë e mirë 충분히 잘; fort mirë 아주 잘; shumë mirë 만족스러운, 괜찮은; mirë t'i bëhet 그 녀석 꼴 좋다; aq më mirë 더욱 더 좋은; ju bëftë mirë! 맛있게 드세요!; për të mirë! 당신의 건강을 위해!; shkoj mirë me dikë ~와 좋은 사이이다

mirëbesim [남] 신임, 신뢰; ia lë në mirëbesim 믿고 (~에게 ~을) 맡기다

mirëbërës [남] 은혜를 베푸는 사람

mirëdashës [형] 자비로운, 인정 많은, 친절한

mirëdashje [여] 자비, 인정, 친절, 호의

mirëdita [감] 안녕하세요! (낮 인사)

mirëfilli [부] 맨 처음부터, 시작부터

mirëfilltë [형] 진짜의, 진품의

mirëkuptim [남] (상호간의 굳은) 이해, 동의

mirëmbahet [동] 잘 돌봄을 받다, 잘 유지되다

mirëmbaj [동] 잘 돌보다, 잘 유지하다

mirëmbajtje [여] 유지, 관리

mirëmbrëma [감] 안녕하세요! (저녁 인사)

mirëmëngjes [감] 안녕하세요! (아침 인사)

mirënjohës [형] 고맙게 여기는, 감사하는; ju jam shumë mirënjohës 나는 당신에게 무척 감사하고 있습니다

mirënjohje [여] 감사하는 마음, 사의

mirënjohur [형] 잘 알려진, 유명한

mirëpo [접] 그러나, 하지만
mirëpres [동] 환영하다
mirëpritem [동] 환영받다
mirëpritje [여] 환영, 환대
mirëqenie [여] 행복, 안녕, 복지, 복리
mirëseardhje [여] 환영; uroj mirëseardhjen 환영하다
mirë se erdhët [감] 환영합니다!, 어서 오세요!
mirë se vini [감] 환영합니다!, 어서 오세요!
mirë se vjen [감] 환영합니다!, 어서 오세요!
mirësi [여] 친절, 호의; lutem, kini mirësinë 부디 ~해주세요, 친절을 베풀어 ~해주세요
mirësjellje [여] 예의바름, 매너가 좋음
mirupafshim [감] 안녕, 잘 가
misër [남] [식물] 옥수수
misërishte [여] 옥수수 자루
misërnike [여] 옥수수 빵
misërok [남] 칠면조의 수컷
miskë [여] 칠면조의 암컷
mister [남] 신비, 비밀, 수수께끼, 미스터리
mistrec [남] 장난이 심한 사람
mistri [여] (미장이가 사용하는) 흙손
misur [남] 큰 그릇, 사발
mish [남] ① (짐승의) 고기; mish qingji 새끼 양의 고기; mish i grirë 다진[저민] 고기; mish kutie 고기 통조림 ② (사람의) 살; vë mish 살이 찌다 ③ mish për top ("대포의 밥"이란 뜻에서) 전사할 위험이 많은 병사들; as mish as peshk 정체를 알 수 없는, 알쏭달쏭한, 이도 저도 아닌
mishërim [남] 구체화, 구현
mishërohem [동] 구체화되다, 구체적인 모습을 갖추다
mishëroj [동] 구체화하다
mishmash [부] 난잡하게, 엉망진창으로

mishngrënës [형] 육식의, 고기를 먹는 - [남] 육식 동물
mishshitës [남] 정육점 주인
mishtor [형] 살의, 고기의, 육질의; 살찐
mitë[1] [대] 나의 것
mitë[2] [여] 뇌물
mitër [여] [해부] 자궁
miting [남] 회합, 회의, 모임
mitraloz [남] 기관총
mitur [형] 어린이의; 미성년의
mituri [여] 유년, 어린 아이임
mizë [여] [곤충] 파리; mizë kali [곤충] 말파리, 쇠등에
mizëri [여] 군중, 다수, 많은 사람
mizëron [동] 떼를 지어 모이다, 우글거리다
mizor [형] 잔인한, 악의 있는
mizori [여] 잔인함, 악의
mizorisht [부] 잔인하게, 악의를 가지고
mjaft [부] 충분히, 상당히; mjaft më! 충분해, 됐어, 그만해
mjaftë [형] 충분한
mjaftohem [동] 만족하다
mjaftoj [동] 충분하다
mjaftueshëm [형] 충분한
mjaltë [남] 꿀; muaji i mjaltit 신혼 (여행), 밀월
mjaullimë [여] 고양이가 야옹하고 우는 소리
mjaullin [동] 고양이가 야옹하고 울다
mjedis [남] 환경, 주변
mjedhër [여] [식물] 나무딸기, 라즈베리
mjegull [여] 안개
mjegullt [형] 안개가 낀
mjek [남] 의사
mjekër [여] ① 턱 ② 턱수염; me mjekër 수염이 난
mjekërosh [형] 수염이 난

mjekësi [여] 의학

mjekësor [형] 의학적인; shërbim mjekësor 의료 서비스; ndihmë mjekësore 의료 원조

mjekim [남] (의학적) 치료; 투약

mjekohem [동] 치료받다

mjekoj [동] (의학적으로) 치료하다

mjel [동] 젖[우유]을 짜다

mjelës [남] 젖[우유] 짜는 남자

mjelëse [여] 젖[우유] 짜는 여자, 목장에서 일하는 여자

mjelje [여] 젖[우유] 짜기, 착유(搾乳)

mjellmë [여] [조류] 백조, 고니

mjerë [형] 불행한, 비참한; i mjeri! 불쌍한 녀석! - [감] 아, 슬프도다!; mjerë unë! 불쌍한 나 자신이여!

mjerim [남] 불운, 불행, 역경, 곤란

mjerisht [부] 불운하게, 불행하게, 불쌍하게

mjerohem [동] 돌봄을 받지 못하다, 버려지다, 불쌍한 처지가 되다

mjeroj [동] 돌보지 않다, 버리다, 불쌍한 처지로 만들다

mjeruar [형] 불행한, 불쌍한, 비참한

mjerueshëm [형] 통탄할, 슬퍼할, 애통할

mjeshtër [남] 명인, 명수, 대가, 거장, 전문가; punë prej mjeshtri 명인의 작품

mjeshtëri [여] ① (기술적인) 솜씨, 기량, 재능 ② 숙련된 솜씨를 요하는 전문 직업

mjet [남] ① 도구, 수단; mjete transporti 교통 수단 ② 방법, 길; me çdo mjet 반드시, 꼭; mjete jetese 생존 방법 [수단]

mlysh [남] [어류] 강꼬치고기

mobilie [여] 가구(家具), 실내 비품

mobilieri [여] 가구점

mobilizohem [동] 동원되다, 힘이 결집되다

mobilizoj [동] 동원하다, 힘을 결집하다

mobilohet [동] 가구[비품]가 갖춰지다
mobiloj [동] 가구[비품]를 갖추다
mobiluar [형] 가구[비품]가 갖춰진
moçal [남] 늪, 습지
moçalor [형] 늪의, 습지의
moçëm [형] 오래된, 옛것의
model [남] 유형, 스타일
modern [형] 현대적인
modernizohet [동] 현대화되다
modernizoj [동] 현대화하다
modest [형] 겸손한
modesti [여] 겸손, 겸허
modë [여] 유행, 스타일; është në modë 유행하고 있다; ndjek modën 유행을 따르다; i dalë mode, nga moda 유행을 따르지 못하는, 시대에 뒤떨어진, 구식의
mohim [남] 부인, 부정
mohohet [동] 부인되다, 부정되다
mohoj [동] 부인하다, 부정하다
mohues [형] 부정적인
mokër [여] 맷돌
moleps [동] 오염시키다, 더럽히다
molepsem [동] 오염되다
molepsje [여] 오염
mol [남] 부두, 선창; 방파제
molë [여] [곤충] 나방; e ngrënë nga mola 좀먹은
molis [동] 약화시키다, 약하게 하다
molisem [동] 약화되다
molisje [여] 약함
mollaqe [여·복] 엉덩이
mollë [여] ① [식물] 사과 ② mollë sherri 분쟁의 씨앗, 말썽거리

mollëkuqe [여] [곤충] 무당벌레

mollëz [여] [해부] 광대뼈

moment [남] 순간, 잠깐, 잠시

monedhë [여] ① 경화(硬貨), 동전 ② 화폐, 통화; monedhë e huaj 외화(外貨)

monetar [형] 화폐의, 통화의

monopat [남] 보행자용 길, 보도

montator [남] 조립공, 맞추는 사람

montohet [동] 조립되다

montoj [동] 조립하다, 맞추다

montues [남] 조립공, 맞추는 사람

monument [남] 기념비, 기념 건조물

mora [동] marr의 과거형

moral [남] ① 도덕, 도의, 윤리 ② 사기, 의욕; i ngre moralin dikujt ~의 사기를 높이다 - [형] 도덕(상)의, 윤리의

moralisht [부] 도덕적으로, 윤리적으로

mori [여] 군중, 다수

mornica [여·복] 떨림, 전율; më shkojnë mornica 떨다, 전율하다

mort [남] ① 죽음, 사망 ② s'ka mort 내구성이 있다

mortajë [여] [군사] 박격포

mortje [여] 죽음, 사망

morr [남] [곤충] 이

morracak [형] 이가 들끓는

morris [동] 이를 죽이다

mos¹ [부] ① ~하지 마라 (부정 명령); mos harroni 잊지 마세요; mos! 하지 마! ② ~하지나 않을까 하고; kam frikë se mos na shajë 그가 우리를 꾸짖지는 않을까 두렵다; si mos më keq 한탄스러운 상황에 (있어) ③ mos e njihni atë? 그를 아세요?

mos-² [복합어에서] "불(不), 비(非)"의 뜻 (부정의 뜻을 나타냄)

mosaprovim [남] 불찬성, 안 된다고 함
mosardhje [여] 부재(不在), 오지 못함
mosbesim [남] 불신, 의혹
mosbindje [여] 불복종
mosdashje [여] 마음 내키지 않음
mosinteresim [남] 무관심, 냉담
moskokëçarje [여] 무관심, 무심
moskuptim [남] 이해 불가; 오해
mosmarrëveshje [여] 불일치, 불화
mosmirënjohës [형] 감사할 줄 모르는, 은혜를 모르는, 배은망덕한
mosmirënjohje [여] 감사할 줄 모름, 은혜를 모름, 배은망덕
mosndërhyrje [여] 불간섭, 불개입
mosnjohje [여] 무지, 모름
mospagim [남] 지불하지 않음, 미불
mospajtim [남] 양립할 수 없음, 상반
mosparaqitje [여] 나타나지 않음, 부재(不在)
mospëlqim [남] 불찬성
mospërdorim [남] 사용하지 않음, 폐기
mospërfillës [형] 경멸하는
mospërfillje [여] 경멸, 무시
mospërputhje [여] 불일치, 맞지 않음
mospranim [남] 거절, 받아들이지 않음
mosqenie [여] 존재하지 않음
mosrespektim [남] 무례, 경멸; (규칙 따위를) 준수하지 않음
mossukses [남] 실패, 성공하지 못함
mossulmim [남] 불침략
mostër [여] 견본, 표본, 실례, 샘플
mostretje [여] [병리] 소화 불량
mosveprim [남] 비활동
moszbatim [남] 불이행

M

moshatar [남] 동갑, 동년배

moshatar [형] 동갑의, 같은 나이의

moshë [여] 나이, 연령; moshë madhore 법적 성년; moshë e thyer 노년; ç'moshë ke? 몇 살입니까?

moshuar [형] 나이 든, 늙은

mot [남] ① 날씨; mot i keq 좋지 않은 날씨 ② 연(年), 해; mot e jetë 항상, 영원히; një herë në mot 아주 드물게 — [부] 다음 해에, 내년에

motak [형] 1년 된, 한 살의

motel [남] 모텔

motër [여] 자매, 여자 형제; motër prej babe [nëne] 아버지 [어머니]가 다른 자매

moti [부] 오래 전에

motiv [남] ① 이유, 원인 ② (예술 작품의) 모티브

motoçikletë [여] 오토바이

motoçiklist [남] 오토바이를 타는 사람

motor [남] 모터, 엔진

motoskaf [남] 모터보트, 발동기선

mpihem [동] 무감각해지다, 마비되다

mpij [동] 무감각하게 하다, 마비시키다

mpiks [동] 응고시키다, 굳히다

mpikset [동] 응고되다, 굳어지다

mpiksur [형] (액체 따위가) 응고한, 엉긴, 굳어진

mpirë [형] ① 무감각한, 마비된 ② 둔한, 활동하지 않는

mpirje [여] 무감각, 마비 상태

mpitë [형] 마비된

mposht [동] (반란 따위를) 진압하다; (경쟁자 등을) 패배시키다; (역경 따위를) 극복하다

mposhtem [동] 정복되다, 진압되다

mpreh [동] (칼・연필 따위를) 깎다, 갈다, 날카롭게 하다

mprehës [형] 깎는, 가는, 날카롭게 하는

mprehëse [여] 연필깎이; (칼 따위를) 가는 도구
mprehje [여] 깎기, 갈기, 날카롭게 하기
mprehtë [형] ① 날카로운, 깎인, 간; (목소리가) 날카롭게 높은; (아픔 따위가) 격렬한, 통렬한 ② 재기(才氣)가 날카로운
mprehtësi [여] 날카로움, 예리함
mprihet [동] mpreh의 수동형
mrekulli [여] 기적, 경이; për mrekulli 기적적으로
mrekullisht [부] 기적적으로, 놀랍게도, 경이롭게
mrekullueshëm [형] 기적적인, 놀라운, 경이로운
mu [부] 정확히, 꼭, 바로; mu në mes 한가운데
mua [대] [unë의 대격 및 여격] 나를, 나에게; ma dha mua 그는 그것을 나에게 주었다; sa për mua 나로서는
muaj [남] (한) 달; në muaj 한 달에; muaj për muaj 달마다, 매달
mugëllon [동] (날이) 어두워지다
mugët [중] 땅거미, 황혼, 해질녘
mugëtirë [여] 땅거미, 황혼, 해질녘
mugullon [동] 싹트다, 자라기 시작하다
muhabet [남] 대화, 회화
muhalebi [여] 크림, 유지(乳脂)
muhaxhir [남] 피난자, 망명자
mujor [형] 매달의, 한 달에 한 번의; pagë mujore 월급
mullëz [여] [해부] 위, 식도
mulli [남] ① 물방아; 풍차; 제분기; gur mulliri 맷돌 ② 커피 분쇄기
mullibardhë [여] [조류] 개똥지빠귀
mullis [남] 제분업자, 물방앗간 주인
mumie [여] 미라
mund [동] ① ~할 수 있다; nuk mund ~할 수 없다 ② ~일 수도 있다; mund të keni të drejtë 네가 옳을 지도 모르겠다 ③ ~해도 좋다(고 허락을 받다); mund të pish du-

han këtu? 여기서 담배를 피워도 되나요? ④ (적을) 패배시키다; (적에게) 이기다, 승리를 거두다

mund [남] → mundim

mundem [동] ① ~할 수 있다; nuk mundem 나는 할 수 없다 ② 패배하다, 적에게 얻어맞다; (~와) 싸우다 ③ mundet 아마, 어쩌면, ~일 수도 있다

mundës [남] ① 승리자 ② 레슬링 선수

mundësi [여] ① 가능성, 개연성, 있음직함 ② 권한, 힘; brenda mundësive të mia 내 힘으로(는)

mundësisht [부] 가능하다면

mundim [남] 노력, 수고; me mundim 고되게, 어렵게; nuk ia vlen mundimi 그것은 노력[수고]을 들일 만한 가치가 없다

mundimshëm [형] 지치는, 피로하게 하는, 힘든, 어려운, 고된

mundje [여] [스포츠] 레슬링

mundohem [동] 땀흘리다, 열심히 일하다; 노력하다, 애쓰다; 시도하다

mundoj [동] 지치게 하다, 힘들게 하다; 괴롭히다

mundshëm [형] 가능한, 개연성 있는

mundur [형] ① 정복당한 ② 가능한; s'është e mundur 그것은 가능하지 않다; sa më shpejt që të jetë e mundur 가능한 한 빨리; bëj ç'është e mundur 최선을 다하다

mungesë [여] ① 부재(不在); në mungesë time 내가 없는 동안 ② 부족, 결핍; për mungesë kohe 시간이 부족하니까

mungoj [동] 없다, 결석하다; 결핍되다; kush mungon sot? 오늘 누가 결석이죠?; mungon folja 동사가 빠졌다

munxë [여] 엄지손가락을 코끝에 대고 다른 네 손가락을 펴보이는 동작 (멸시의 표시); jap munxët (경멸의 표시로) 손가락질을 하다

mur [남] 벽, 담; mbyllem brenda katër mureve 틀어박히다, 칩거하다; vë dikë me shpatulla në mur ~을 궁지로 몰아넣다

murator [남] 석수장이, 석공, 벽돌공
murg [남] 수도사, 탁발 수도사
murgeshë [여] 수녀
murmurit [동] 중얼거리다
murmuritje [여] 중얼거림
muroj [동] 벽[담]으로 둘러싸다
murtajë [여] 역병(疫病), 전염병
murriz [남] [식물] 서양산사나무
murrlan [남] 북쪽에서 불어오는 찬 바람, 삭풍
murrmë [형] 어두운 회색의
musëndër [여] 붙박이장, 벽장
muskul [남] 근육
muslluk [남] (수도 따위의) 꼭지
mustak [남] ① 콧수염 ② 물고기의 수염
mustaqe [여] ① 콧수염 ② 고양이의 수염
mushama [여] 방수포; 비옷, 우비
mushicë [여] → mushkonjë
mushk [남] 노새의 수컷
mushkë [여] 노새 (암말과 수나귀와의 잡종)
mushkëri [여] [해부] 허파, 폐
mushkonjë [여] [곤충] 모기
musht [남] 포도액
mut [남] 똥, 대변, 배설물
muze [남] 박물관
muzë [여] [그리스신화] 뮤즈, 무사이 (학예·시가·음악·무용 따위를 관장하는 아홉 여신들)
muzg [남] 땅거미, 황혼, 해질녘; në muzg 황혼에
muzikant [남] 음악가
muzikë [여] 음악
muzikor [형] 음악의, 음악적인
myfti [남] [이슬람] 법률 학자, 법률 고문

myhyr [남] 반지
myk [남] (흰)곰팡이
mykem [동] 곰팡이가 슬다[피다]
mykur [형] 곰팡이가 슨[핀]
mynxyrë [여] (큰) 재난, 불행
mysafir [남] 손님, 방문객
mysliman [형] 이슬람의, 이슬람 교도의 — [남] 이슬람 교도
myshk [남] ① [식물] 이끼 ② 사향(麝香)(의 향기)
myshteri [남] 고객, 단골, 의뢰인

N

na¹ [대] 우리를, 우리에게; na thanë se ~ 그들은 우리에게 ~라고 말했다

na² [소사] 자, 여기 있소, 가져가시오; na këtë libër 이 책 가져가!

naftë [여] 나프타; 원유(原油); pus nafte 유정(油井)

nagaçe [여] (손)도끼

naiv [형] 순진한, 나이브한

nakar [남] 질투, 시기; 악의

nakatos [동] 섞다, 혼합하다

nakatosem [동] 섞이다, 혼합되다; (남의 일에) 관여하다, 간섭하다, 참견하다

nallane [여] 나무 샌들[신발]

nallban [남] 편자공

nam [남] 명성, 명망, 평판; me nam të mirë 평판이 좋은; më del nami 유명해지다; pa nam e pa nishan 자취를 남기지 않고

namus [남] 자존, 존엄, 품위

namusli [여] 존엄성[품위]을 가짐

namusqar [형] 존엄성[품위]을 가진

nanuris [동] 달래어 재우다

napë [여] (고급의) 얇은 아마포

natë [여] 밤, 야간; çdo natë 매일 밤, 밤마다; natë e ditë 밤낮, 밤이나 낮이나; këmishë nate 잠옷; rojë nate 야번(夜番), 밤에 경계를 보는 사람; tërë natën 밤새도록

natën [부] 밤에, 야간에

natyral [형] 자연의

natyrë [여] ① 자연 ② 성질, 본질, 특징 ③ 유형, 종류, 타입

natyrisht [부] 당연히, 물론

natyror [형] 자연의, 천연의; pasuri natyrore 천연 자원

natyrshmëm [형] 자연과 조화된, 자연의, 인공적이 아닌; është e natyrshme (그것은) 당연하다

naze [여·복] 까다로움, 괴팍스러움; mos bëj kaq naze 그렇게 까다롭게 굴지 마라

nazeli [형] 까다로운, 괴팍스러운, 이것저것 가리는

nazeqar [형] → nazeli

ndahem [동] 떨어지다, 떠나다, 벗어나다; 이혼하다

ndaj[1] [동] ① 나누다, 분할하다; 분리하다, 떼어 놓다; (~와) 이혼하다 ② (몫·이익을) 나눠 갖다 ③ 카드의 패를 도르다

ndaj[2] [전] ① ~에; ndaj të gdhirë 아침에, 아침까지; ndaj të ngrysur 해질녘에 ② ~으로, (~을) 향해

ndajfolje [여] [문법] 부사

ndajnatëherë [부] 해질녘에

ndal [동] ① 멈추다, 정지시키다 ② 끊다, 중단시키다

ndalem [동] 멈추다, 정지하다, 서다

ndalesë [여] 멈춤, 정지; pa ndalesë 직행, 논스톱; ndalesë autobusi 버스 정류장

ndalim [남] ① 중지 ② 금지

ndalohet [동] 금지되다; ndalohet hyrja! 입장 금지; ndalohet duhani! 금연

ndaloj [동] ① 금하다, 금지하다, 못하게 하다 ② 중지시키다, 그만두게 하다 ③ 보류하다

ndaluar [형] 금지된

ndanë [부] 가까이에, 옆에

ndarë [형] 나눠진, 분할[분리]된, 떨어진 — [여] (분할된) 구획, 구분

ndarje [여] ① 나눔, 분할, 분리; 이혼 ② (몫·이익의) 나눔, 분할 ③ (상의) 수여 ④ 구획 ⑤ 작별, 떠남

ndashëm [형] 나눌 수 있는, 분할[분리]할 수 있는
ndej [동] 걸다, 널다, 펼치다
ndejë [여] 앉아 있기
ndenja [동] rri의 과거형
ndenjëse [여] 좌석, 자리
ndenjje [여] 한 자리에 머물러 있음, 앉아 있기; dhoma e ndenjjes 거실
ndenjur [형] (물 따위가) 흐르지 않는, 정체된 — [부] 앉아서, 앉아 있어; rri ndenjur 앉다, 자리를 잡다
nder [남] ① 명예; 영광; luhet me nderin tim 내 명예가 위태롭다; anëtar nderi 명예 회원; kam nderin të ~하는 영광을 가지다; fjalë e nderit 명예를 건 맹세[약속]; për nder 명예를 걸고; për nder të ~에게 경의를 표하여; me nder jush 실례입니다만 ② 호의, 친절; më bëj një nder 부디 ~해주세요, 친절을 베풀어 주세요
nderë [형] ① 펼쳐진 ② 팽팽한, 긴장된
nderim [남] 경의, 존경; me nderime 경의를 표하여, 존경심을 갖고
nderohem [동] 존경[존중]을 받다
nderoj [동] ① 존경하다, 존중하다, 경의를 표하다 ② 경례하다, 인사하다
ndershëm [형] 정직한, 공정한
ndershmëri [여] 명예, 정직, 고결
ndershmërisht [부] 명예롭게, 정직하게
nderuar [형] 명예로운, 훌륭한
ndesh [동] (~와) 만나다, 마주치다; (~에) 직면하다, 부딪치다
ndeshem [동] ① 만나다, 마주치게 되다 ② 싸우다
ndeshje [여] ① 만남; 부딪침, 충돌 ② 겨루기, 경쟁
ndez [동] ① 불을 붙이다, 점화하다; ndez një cigare 담배에 불을 붙이다 ② 엔진의 시동을 걸다 ③ (전등·라디오 따위를) 켜다

ndezje [여] 불붙이기, 점화
ndezshëm [형] 불붙기 쉬운
ndezur [형] ① 불이 붙은, 불타고 있는 ② 엔진에 시동이 걸린 ③ (색깔 따위가) 밝은
ndër [전] ① ~가운데, ~중에; ndër të tjera 여럿 가운데, 그 중에서 ② ~(안)에; ndër ne 우리 나라에서, 내 고향에서 — [접두] "사이, 상호"의 뜻
ndërgjegje [여] 양심, 도의심, 책임감
ndërgjegjshëm [형] ① 의식하고 있는, (~을) 알고 있는 ② 양심적인, 책임감을 느끼는
ndërhyj [동] 끼어들다, 간섭하다; 중개하다, 개재하다
ndërhyrës [남] 중개자, 중매인
ndërhyrje [여] 끼어들기, 간섭; 중개, 개재
ndërkaq [부] 그동안, 그러는 사이에
ndërkohë [부] 그동안, 그러는 사이에
ndërkombëtar [형] 국제상의, 국제적인
ndërlidh [동] 연결하다, 잇다, 결합하다, 접속하다
ndërlidhem [동] 연결되다, 이어지다
ndërlidhës [형] 연락하는, 전달하는 — [남·복] 연락하는 사람, 전달자
ndërlidhje [여] 통신; 연락, 전달
ndërlikim [남] 복잡(함), 얽힘
ndërlikohet [동] 복잡해지다, 얽히다
ndërlikoj [동] 복잡하게 하다
ndërluftues [형] 교전 중인, 전쟁 당사자의
ndërmarr [동] (일을) 떠맡다, 책임 맡다
ndërmarrje [여] (일을) 떠맡음; 기획, 사업
ndërmend [동] 마음에 떠올리다, 상기하다; kam ndërmend 의도하다, ~할 작정이다
ndërmjet [전] ~사이에, ~중에; më i riu ndërmjet tyre 그들 중 가장 젊은 (이); ndërmjet të tjerash 여럿 가운데에, 그

중에서(도)

ndërmjetëm [형] 중간의, 개재하는

ndërmjetës [남] 중개자, 중매인

ndërmjetësi [여] 중개, 중재

ndërmjetësoj [동] 중개하다; 끼어들다

ndërprerë [형] 가로막힌, 중단된

ndërprerje [여] ① 중단; pa ndërprerje 중단되지 않고, 연속적으로 ② [수학] 교점(交點), 교선(交線)

ndërpres [동] ① 가로막다, 중단시키다 ② 교차하다, 엇갈리다

ndërpritem [동] ① 가로막히다, 중단되다 ② 교차되다, 엇갈리다

ndërsa [접] ① ~하는 동안, ~하는 때에; ndërsa po shkonin në shtëpi 그들이 집으로 가고 있을 때에 ② ~하는 반면에; ai është i kujdesshëm, ndërsa i vëllai është kokëkrisur 그는 신중하지만, (반면에) 그의 형은 제정신이 아니다

ndërsehem [동] ① 부추김을 받다, 유발되다 ② 끈이 풀어지다, 자유롭게 되다

ndërsej [동] ① 부추기다, 조장하다, 유발시키다 ② 끈을 풀어주다, 자유롭게 하다

ndërtesë [여] 건물, 빌딩

ndërtim [남] 구조, 구성

ndërtimtar [남] 건설자

ndërtohet [동] 건설되다

ndërtoj [동] 짓다, 세우다, 건설하다

ndërtues [남·복] 건설자

ndërzej [동] (동물을) 짝짓다, 교미시키다

ndërzim [남] (동물의) 짝짓기, 교미

ndërresa [여·복] 리넨, 속옷류

ndërrim [남] ① 변경, 교환; pjesë ndërrimi 교환용[예비] 부품 ② (근무 따위의) 교대

ndërrohem [동] 옷을 갈아입다

ndërroj [동] ① 바꾸다, 변경하다; 교환하다 ② ndërroj jetë

죽다, 사망하다

ndërrueshëm [형] 변하기 쉬운, 변경할 수 있는

ndëshkim [남] 벌, 형벌, 징계

ndëshkimor [형] 벌의, 형벌의, 징벌의, 징계의; masa ndëshkimore 징계 처분

ndëshkohem [동] 벌받다

ndëshkoj [동] ① 벌하다, 징계를 내리다; [스포츠] 벌칙을 적용하다, 페널티를 과하다 ② [법률] 유죄 판결을 내리다, 형을 선고하다

ndiej [동] ① 느끼다, 느낌이 ~이다; ndihem më mirë 기분이 더 낫다 ② (소리가) 들리다; pa u ndier 소리 없이, 조용히

ndihmë [여] 도움, 원조, 조력; me ndihmën tuaj 너의 도움으로; ndihmë! 도와주세요!; kërkoj ndihmën e dikujt ~에게 도움을 청하다; ndihmë e shpejtë 구급 치료, 응급 치료

ndihmës [형] 도와주는, 보조의 — [남·복] 도와주는 사람, 보조, 조수

ndihmësgjyqtar [남] 예비 판사

ndihmësmjek [남] 대진 의사, 의사의 보조원

ndihmoj [동] 돕다, 원조하다, 보조하다

ndijim [남] 감각, 느낌

ndikim [남] 영향, 효과

ndikohem [동] 영향을 받다

ndikoj [동] 영향을 끼치다

ndiqem [동] ① 추구되다 ② 쫓기다; ndiqem penalisht 기소되다

ndizem [동] 불이 붙다

ndjej [동] 용서하다; më ndje! 용서해 주시오!

ndjek [동] ① 좇다, 추구하다, 따르다 ② (학교에) 다니다, 통학하다 ③ 쫓다, 쫓아내다

ndjekës [남] 추종자, 따르는 사람, 제자

ndjekje [여] 추구, 따름, 추종

ndjell [동] ① 가축을 먹이로 유인하다[부르다] ② 부르다, 꾀다; 초대하다 ③ 불길함[재난]을 예감하다

ndjenjë [여] 느낌, 감정, 정서; pa ndjenja 무감각한

ndjerë [형] (최근에) 죽은, 고(故)~

ndjesë [여] 용서

ndjesi [여] 느낌, 감각

ndjeshëm [형] 느낄 수 있는, 지각할 수 있는, 민감한

ndjeshmëri [여] 민감, 감수성, 느끼기 쉬움

ndodh [동] ① (일이) 일어나다, 생기다, 발생하다; kur ndodhi kjo? 그 일이 언제 일어났어요?; çfarë i ndodhi? 그에게 무슨 일이 생겼어요? ② (~에) 있다; rastësisht ndodha atje 나는 어쩌다가 거기에 있게 되었다

ndodhem [동] (~에) 있게 되다, 위치하다

ndodhi [여] (사건 등의) 발생, 일어남

ndofta [부] 아마, 어쩌면

ndokujt [대] 누군가에게; kjo i përket ndokujt 그것은 ~에게 속한다

ndokund [부] 어딘가에; e ke parë ndokund? 그를 어딘가에서[어디에서든지] 보았어요?

ndokush [대] 누군가, 어떤 사람(이든지); ka ndokush pyetje? 누구든지 뭐 물어볼 것 있는 사람 있어요?

ndonëse [접] 비록 ~이지만, 그래도

ndonjë [대] 어떤(것이든지), 무언가; ke ndonjë cigare? 담배 좀 있어요?; a do ndonjë frutë? 과일 좀 먹고 싶어요?; a ka ndonjë mjek? (혹시) 의사가 있나요?

ndonjëherë [부] ① 때때로 ② (부정을 나타내는 말과 결합하여) 결코 ~않다; s'e kam parë ndonjëherë 나는 그 전에는 결코 그를 본 적이 없다

ndonjëri [대] 누군가, 누구든지, 어떤 사람(이든지)

ndopak [부] 약간, 조금

ndormë [형] (빵이) 베이킹파우더[누룩]를 넣지 않은

ndoshta [부] → ndofta

ndot [남] 아주 싫음, 혐오, 역겨움; më vjen ndot (나는) 아주 싫다, 넌더리가 난다 — [동] 더럽히다, 지저분하게 하다

ndotem [동] 더러워지다

ndotje [여] 오염, 더러워짐

ndotur [형] 더러운, 오염된

ndrag [동] 더럽히다, 지저분하게 하다

ndragem [동] 더러워지다

ndreq [동] ① 고치다, 수선[수리]하다 ② (잘못을) 바로잡다, 정정하다

ndreqem [동] ① 잘못을 고치다 ② 날씨가 좋아지다

ndreqje [여] 수선, 고치기, 조정, 바로잡기

ndriçim [남] 조명, 빛을 비추기

ndriçoj [동] 빛을 비추다, 밝게 하다

ndriçues [형] 빛을 비추는, 밝게 하는

ndrikull [여] [가톨릭] 대부(代父)의 아내; 대모(代母)

ndrit [동] ① (밝게) 빛나다 ② (일이) 잘 되다 ③ (반어적으로) 일을 망치다; e ndrite! (비꼬는 투로) 잘 됐다!

ndritshëm [형] 밝은, 빛나는

ndritur [형] 밝은; sy të ndritur 밝게 빛나는 눈

ndrydh [동] ① (발목을) 삐다 ② (감정 따위를) 억누르다

ndrydhem [동] (감정 따위가) 억압되다

ndrydhje [여] ① 삠, 접질림 ② (감정 따위의) 억제

ndryj [동] 가두다, 잠그다

ndryhem [동] 틀어박히다

ndrymje [여] 감금, 폐쇄

ndrys [동] 문지르다, 마사지하다

ndryshe [부] 다르게, 달리, 다른 방법으로, 그렇지 않게; nxito, ndryshe do të vonohesh 서둘러, 그렇지 않으면 늦을 거야

ndryshëm [형] 다른 (종류의); 다양한

ndryshim [남] 차이; 변경, 바꾸기
ndryshk [남] (금속의) 녹 - [동] 녹슬게 하다; zë ndryshk 녹슬다
ndryshkem [동] 녹슬다
ndryshkur [형] 녹슨
ndryshohem [동] 바뀌다, 변화를 겪다
ndryshoj [동] 변화하다, 바꾸다; 바뀌다; 다르다, 같지 않다; ndryshojnë shumë nga njëri-tjetri 그들은 (서로) 아주 다르다
ndryshueshëm [형] 변하기 쉬운, 잘 바뀌는
nduk [동] 잡아 뽑다
ndyhem [동] 더러워지다
ndyj [동] 더럽히다; ndyj gojën 상스러운 말을 쓰다
ndyrë [형] 더러운, 불결한; punë e ndyrë 추잡한 속임수
ndyrësi [여] 더러움, 불결; them ndyrësira 추담(醜談)을 하다
ndyrësirë [여] 오물, 쓰레기
ndytë [형] → i ndyrë
ne [대] 우리(는); neve 우리에게, 우리를; eja me ne 우리와 함께 가자; ndërmjet nesh 우리 가운데서
negativ [형] 부정[부인]의, 부정적인
negativisht [부] 부정적으로
negër [남] 흑인
nejse [소사] 어쨌든, 하여간, 어떻든 간에
nemitem [동] 말이 없어지다, 조용해지다
nen [남] (법) 조항
nenë [여] [식물] 아마란스
nepërkë [여] [동물] 독사, 살무사
neps [남] 탐욕
nepsqar [형] 탐욕스러운
neqez [형] 인색한, 깍쟁이의; 탐욕스러운 - [남] 구두쇠, 인색한 사람

nergut [부] 고의로, 의도적으로

nerv [남] [해부] 신경; me nerva 초조한, 흥분된; më hipin nervat, jam me nerva 몹시 신경 과민이다; i ngre nervat dikujt ~의 신경을 건드리다, 신경질나게 하다

nervor [형] [해부] 신경의; sistem nervor 신경계, 신경 계통

nervoz [형] 신경질적인, 안달하는; ai më bën nervoz 그가 내 신경을 건드린다

nesër [부] 내일; nesër mbrëma 내일 밤

nesërm [형] 내일의

nesërme [여] ① 다음 날; të nesërmen 다음 날 ② 미래, 장래; ç'na sjell e nesërmja 앞으로 무슨 일이 있을지

neshter [남] (외과용) 메스

neto [형] 순(純)~; të ardhura neto [경제] 순이익

neve [대] → ne

neveri [여] 경멸, 멸시, 혐오, 질색

neverit [동] 경멸하다, 멸시하다, 혐오하다, 몹시 싫어하다

neveritem [동] 역겹다, 혐오스럽다

neveritës [형] 불쾌한, 혐오감을 일으키는, 역겨운

neveritje [여] 혐오, 역겨움

neveritshëm [형] 경멸할 만한, 치사한, 비열한

nevojë [여] ① 필요, 소용; kam nevojë për 나는 (~이) 필요하다; nuk është nevoja të vini 너는 올 필요가 없다; në rast nevoje 필요시에는; është nevoja (~은) 필요하다 ② 배설물; bëj nevojën 용변을 보다

nevojitem [동] 필요하다; nuk më nevojitet 나는 그것이 필요하지 않다

nevojshëm [형] 필요한; shumë i nevojshëm 긴요한

nevojtar [형] 가난한, 빈곤한, 궁핍한 - [남] 빈곤한 사람

nevojtore [여] 화장실

nevrik [형] 성급한, 성마른

nevrikos [동] 화나게 하다, 짜증나게 하다

nevrikosem [동] 화를 내다
në [전] ① ~에, ~안에; banoj në Tiranë 나는 티라나에 산다; rri në shtëpi 집에 머무르다 ② ~(안)으로; shkoj në shkollë 나는 학교에 간다 ③ në mesnatë 한밤중에, 자정에; tri herë në ditë 하루에 세 번 — [접] ~인지 아닌지; në qoftë se → **nëqoftëse**; në rast se ~하는 경우에는; s'e di në është gjallë 나는 그가 살아있는지 죽었는지 모른다
nëmë [여] 저주
nën [전] ~아래에, 밑에; nën pemë 나무 아래에; nën gjashtëmbëdhjetë vjeç 16세 미만; dhjetë gradë nën zero 섭씨 영하 10도; nën nivelin e detit 해수면 아래 — [접두] 아래, 하위, 부(副)
nënbarkëz [여] (말(馬)의) 뱃대끈
nënbishte [여] 껑거리 끈 (마구(馬具)의 일종)
nënçmim [남] 과소평가, 얕잡아 봄
nënçmohem [동] 과소평가되다
nënçmoj [동] 과소평가하다, 얕잡아 보다
nëndetëse [여] 잠수함
nëndrejtor [남] 부(副)지도자
nëndheshëm [형] 지하의
nënë [여] 어머니; gjuha e nënës 모국어
nënëmadhe [여] 할머니
nënkolonel [남] [군사] 중령
nënkryetar [남] 부의장, 부회장
nënkuptim [남] 암시, 힌트
nënkuptohet [동] 암시되다
nënkuptoj [동] 암시하다, 넌지시 비추다
nënkuptueshëm [형] 암시적인, 함축적인
nënndarje [여] 세분, 잘게 나눔
nënoficer [남] [군사] 부사관
nënpresident [남] 부통령

nënprodukt [남] 부산물, 부차적 결과
nënqesh [동] 미소짓다
nënqeshje [여] 미소
nënshkrim [남] 서명, 사인(하기)
nënshkruaj [동] 서명하다, 사인하다
nënshkruar [남] 서명자
nënshkrues [남] 서명자, 조인자
nënshkruhet [동] 서명되다
nënshtetas [남] 시민, 공민, 백성, 국민
nënshtetësi [여] 시민임, 공민임, 국민임
nënshtrim [남] 복종, 굴복
nënshtrohem [동] 복종하다, 굴복하다; 정복되다
nënshtroj [동] 억제하다, 정복하다; 굴복시키다, 종속시키다
nëntë [수] 아홉 (9) — [형] 제 9의, 아홉 번째의
nëntëdhjetë [수] 구십 (90) — [형] 제 90의, 90번째의
nëntëmbëdhjetë [수] 십구 (19) — [형] 제 19의, 열아홉 번째의
nëntëqind [수] 구백 (900)
nëntitull [남] 부제(副題), 작은 표제
nëntoger [남] [군사] 소위
nëntokë [여] 지하, 지표면 아래
nëntokësor [형] 지하의, 지표면 아래의
nëntor [남] 11월
nënvizim [남] 밑줄 긋기
nënvizohet [동] 밑줄이 그어지다
nënvizoj [동] 밑줄 긋다
nënvleftësim [남] 과소 평가
nënvleftësohem [동] 과소 평가되다
nënvleftësoj [동] 과소 평가하다, 얕잡아 보다
nënvlerësim [남] 과소 평가
nënvlerësoj [동] 과소 평가하다, 얕잡아 보다
nëpër [전] (~을) 두루 걸쳐; nëpër botë 세계적으로, (전)세

계에 걸쳐

nëpërmes [부/전] (~을) 가로질러, 건너편으로

nëpërmjet [전] (~에) 의하여, ~으로써, (~을) 통하여; nëpërmjet jush 당신을 통하여

nëpunës [남] 사무원; nëpunës i gjendjes civile 호적 사무원

nëpunësi [여] 일자리, 직(職)

nëqoftëse [në qoftë se] [접] (~한) 경우에(는)

nëse [접] ~인지 어떤지

nga [전] ① ~에서, ~으로부터 (비롯하여); nga vini? 어디에서 왔어요?; nga latinishtja 라틴어로부터; nga larg 멀리서부터; nga mbrapa 뒤로부터; nga poshtë 아래로부터; nga sipër 위로부터 ② (~으로) 인해; vdes nga uria 기아로 인해 죽다, 아사(餓死)하다; nga halli 필요해서, 필요에 의해; dridhem nga të ftohtit 추위로 인해 떨다 ③ (~에) 의해(서); libri është shkruar nga ~ 그 책은 ~에 의해 씌어졌다, ~이 그 책을 썼다 ④ (~을) 향해; nga dreka 정오를 향해; nga fundi i vitit 한 해의 끝을 향해 ⑤ nga dita në ditë 하루하루

ngacmim [남] 괴롭힘, 들볶음

ngacmoj [동] 괴롭히다, 들볶다

mgacmues [형] 괴롭히는, 들볶는

ngadalë [부] 느릿느릿, 서서히, 차츰

ngadalësi [여] 느림

ngadalësim [남] 속도를 늦춤

ngadalësohet [동] 느려지다, 속도가 늦춰지다

ngadalësoj [동] 느리게 하다, 속도를 늦추다

ngadalshëm [형] (속도가) 느린

ngado [부] 어디든지, 어디에라도; ngado që shkoj 내가 가는 곳은 어디나

ngadhënjej [동] 이기다, 승리하다; 정복하다

ngadhënjim [남] 승리, 이김

ngadhënjimtar [형] 승리를 얻은, 이긴 ─ [남] 승리자
ngaherë [부] 항상, 언제나; për ngaherë 영원히
ngalët [형] 느린, 둔한, 활발하지 못한
ngandonjëherë [부] 때때로
nganjëherë [부] 때때로
ngarkesë [여] 짐; 화물
ngarkim [남] ① 짐 싣기, 적재; ngarkim-shkarkim 하역(荷役) ② lë në ngarkim të dikujt ~을 ~에게 맡기다
ngarkohem [동] (~을) 떠맡다
ngarkoj [동] ① 짐을 싣다, 적재하다 ② (남에게 무엇을) 맡기다, 할당하다
ngarkuar [형] ① 짐을 실은, 적재된 ② (일을) 맡은; i ngarkuar me punë 담당자
ngas [동] ① (자동차나 말(馬)을) 몰다, 운전하다 ② 화나게 하다, 지분거리다, 약올리다
ngase [접] (~이라고) 가정하면, ~이므로, (~이기) 때문에
ngastër [여] 한 구획의 토지, 한 필지
ngashërim [남] 흐느껴 울기; qaj me ngashërim 흐느껴 울다
ngashërej [동] 감동시키다
ngashnjej [동] 꾀다, 유혹하다
ngashnjim [남] 꾐, 유혹
ngashnjyes [형] 꾀는, 유혹하는
ngatërresë [여] 뒤죽박죽, 혼란, 엉망진창
ngatërrestar [남] 참견 잘 하는 사람, 중뿔난 사람; 말썽을 일으키는 사람
ngatërrohem [동] 혼란스럽다, 뭐가 뭔지 알 수 없다
ngatërroj [동] 혼란스럽게 하다, 엉키게 하다
ngathët [형] 둔한, 서투른
ngathtësi [여] 둔함, 서투름
ngazëllim [남] 크게 기뻐함, 환희
ngazëllohem [동] 크게 기뻐하다

ngazëlloj [동] 크게 기뻐하다

ngazëllues [형] 크게 기뻐하는

nge [여] 여가 (시간); më nge 한가한 때에

ngec [동] 딱 달라붙다, (한 자리에서) 꼼짝도 못하다

ngel [동] ① (한 자리에서) 꼼짝도 못하고 머물러 있다 ② (시험 따위에) 실패하다

ngeshëm [형] 한가한, 볼일이 없는, 놀고 있는

ngërç [남] [의학] (근육의) 경련, 쥐

ngërdheshem [동] 얼굴을 찌푸리다

ngërdheshje [여] 얼굴을 찌푸림

ngihem [동] 충분히 만족하다; 배불리 먹다

ngij [동] 충분히 만족시키다

ngojëz [여] (굴레의) 재갈

ngop [동] → ngij

ngopje [여] 포만, 충분히 만족함

ngopur [형] 포만한, 충분히 만족한; 싫증난, 물린

ngordh [동] (동물이) 죽다; e ngordh në dru dikë 때려 죽이다; ngordh urie 굶어 죽다, 아사하다

ngordhësirë [여] ① (동물의) 시체 ② 영양 실조가 된 사람, 뼈만 남은 사람

ngordhje [여] ① (동물의) 죽음 ② 굶주림, 기아

ngordhur [형] ① (동물이) 죽은 ② 생기 없는; 굶주린

ngratë [형] 불쌍한, 불행한, 운 없는

ngre [동] ① (높이) 올리다; 집어들다; (무거운 것을) 들어올리다; (고개·눈 따위를) 들다, (목소리를) 높이다, (가격을) 인상하다 ② (건물을) 짓다, 세우다, 건설하다

ngreh [동] (천막을) 치다; (쥐덫을) 놓다; (시계의 태엽을) 감다

ngrehinë [여] 건물

ngrënë [동] ha의 분사

ngrënie [여] 먹기, 식사, 음식 섭취; dhoma e ngrënies (가정 등의) 식당

ngrënshëm [형] 먹을 수 있는, 식용의

ngricë [여] 얼어붙는 듯한 추위

ngrihem [동] 오르다, 일어서다; më ngrihet mendja 겁 먹다, 깜짝 놀라다; ngre në qiell dikë ~을 극구 칭찬하다

ngrij [동] 얼리다; 얼어붙다; 추위를 느끼다; ngrin uji 물이 언다

ngrirë [형] ① 언, 얼어붙은 ② (사람이) 둔한

ngrirje [여] 결빙, 동결; pika e ngrirjes 빙점, 어는 점

ngrita [동] → ngre

ngritje [여] ① 상승, 인상, 오름; (건물의) 건설, 건축; (무거운 것을) 들어올림; (사기를) 높임, 고양시킴 ② (기념비 따위의) 설치

ngroh [동] 따뜻하게 하다

ngrohem [동] 따뜻해지다

ngrohje [여] 따뜻하게 함, 가열

ngrohtë [형] 따뜻한 — [부] 따뜻하게; bën ngrohtë 따뜻하다; pres ngrohtë dikë ~을 따뜻하게 맞이하다 — [중] 따뜻함, 온기

ngrohtësi [여] ① 따뜻함, 온기 ② 열렬, 열정, 열심

ngrys [동] ① (낯빛 따위를) 어둡게 하다 ② (눈썹을) 찌푸리다 ③ 삶의 마지막 시간을 보내다 ④ u ngrys 날이 어두워진다

ngrysem [동] 날이 어두워지다; si u ngryse? 좋은 하루를 보냈어요?; ngryset 날이 어두워지다; po ngryset 밤이 오고 있다; rri derisa të ngryset 해질녘까지 머물다

ngrysje [여] 어두워짐

ngrysur [중] 황혼, 해질녘; ndaj të ngrysur 해질녘에

nguc [동] 꽉 죄다, 밀어넣다, 압착하다

ngucem [동] 죄어 들어가다, 밀려 들어가다, 압착되다

ngucur [부] 너무 가깝게, 꽉 끼어; rri ngucur 바싹 다가 앉다

ngul [동] ① (못·말뚝 등을) 박다; (칼로) 찌르다; (꼬챙이에)

꿰다 ② ngul këmbë 우기다, 주장하다; ngul në kokë 주입하다, 심어주다; ngul sytë mbi dikë[diçka] ~에 시선을 고정시키다

ngulem [동] 자리잡다, 들어앉다
ngulët [형] 고정된; mendim i ngulët 고정 관념
ngulis [동] 주입하다, 심어주다
ngulitet [동] 주입되다, 심어지다
ngulitur [형] 뿌리 깊은, 깊이 뿌리내린
ngulje [여] 고정; 못 박기
ngulm [남] 주장, 우기기; me ngulm 강경하게, 집요하게
ngulmoj [동] 우기다, 주장하다, 고집하다
ngulmues [형] 우기는, 주장하는, 고집스러운
nguros [동] 돌이 되게 하다, 석화(石化)시키다
ngurosem [동] 돌이 되어버리다, 석화되다
ngurosje [여] 석화; 굳어짐
ngurtë [형] 고체의; 단단한, 굳어진, 딱딱한, 경직된; trup i ngurtë 고체
ngurtësi [여] 고체성, 고형성; 단단함, 굳음, 딱딱함, 경직됨
ngurtësim [남] 응결, 고체화
ngurtësohet [동] 응결되다, 고체화되다
ngurrim [남] 망설임, 주저; pa ngurrim 머뭇거리지 않고, 주저없이
ngurroj [동] 망설이다, 주저하다, 머뭇거리다
ngurrues [형] 망설이는, 주저하는, 머뭇거리는
ngushëllim [남] 위로, 위안
ngushëllohem [동] 스스로를 달래다, 자위(自慰)하다
ngushëlloj [동] 위안하다, 동정하다
ngushëllues [형] 위안하는, 위로하는
ngushtë [형] ① 좁은, 갑갑한, 꽉 끼는 ② (사이가) 가까운, 친밀한
ngushtë [부] ① 꽉 끼어, 타이트하게; lidh ngushtë 꽉 묶다 ② (~이) 부족하여; jam ngushtë me lekë 나는 돈이 부족

하다
ngushtësi [여] 좁음, 갑갑함, 꽉 낌
ngushtësisht [부] 좁게, 꽉 끼어, 타이트하게
ngushticë [여] ① [지리] 해협 ② 금전적 곤란
ngushtim [남] 좁힘
ngushtohet [동] 좁아지다
ngushtoj [동] 좁히다, 좁게 하다
ngut [남] 서두름, 급함; me ngut 서둘러, 급하게 ― [동] 서두르게 하다, 재촉하다
ngutem [동] 서두르다
ngutësi [여] 서두름
ngutësisht [부] 서둘러, 급하게
ngutje [여] 서두름, 급함
ngutshëm [형] 긴급한, 절박한
ngjaj [동] 닮다, 비슷하다, 유사하다
ngjalë [여] [어류] 뱀장어
ngjall [동] 소생시키다, 부활시키다, 살리다; (감정 따위를) 깨우다
ngjallem [동] ① 소생하다, 되살아나다 ② 살찌다
ngjallur [형] 살찐, 비만의
ngjan [동] (일이) 일어나다, 발생하다
ngjarë [중] 가능성, 가망; ka të ngjarë 있음직하다, 그럴 만하다
ngjarje [여] 사건, 일어난 일
ngjasim [남] 닮음, 비슷함, 유사
ngjasoj [동] → **ngjaj**
ngjashëm [형] 비슷한, 유사한
ngjashmëri [여] 비슷함, 닮음, 유사함
ngjatjetim [남] 인사
ngjatjetoj [동] 인사하다
ngjesh [동] 압축하다, 압착하다

ngjeshje [여] 압축, 압착

ngjeshur [형] ① 압축된, 압착된; 다져서 굳어진 ② (신체가) 튼튼한, 강건한 ③ (스타일이) 간결한, 간명한

ngjet [동] → ngjan

ngjeth [동] 후들후들 떨게 하다

ngjethem [동] (추위·공포로 인해) 후들후들 떨다, 전율하다

ngjethës [형] 떠는, 전율하는

ngjethje [여] 떨기, 전율

ngjethura [여·복] 떨기, 전율

ngjir [동] 목 쉬게 하다

ngjirem [동] 목이 쉬다

ngjirur [형] 목 쉰; zë i ngjirur 목 쉰 목소리

ngjis[1] [동] ① 붙이다, 달라붙게 하다; (플래카드 따위를) 벽에 붙이다 ② 납땜하다 ③ (병을) 전염시키다 ④ (잘못 따위를) 누구의 탓으로 돌리다

ngjis[2] [동] (기어)오르다

ngjishem [동] ① 몰려들다, 군집하다, 붐비다; 가까이 다가 앉다 ② 잔뜩 먹다

ngjitem [동] (기어)오르다

ngjitet [동] ① (달라)붙다 ② (병이) 전염되다 ③ (잘못 따위가) 누구에게 귀착되다

ngjitës [형] ① 접착성이 있는, 달라붙는 ② (병이) 전염성의 — [남] 풀, 접착제

ngjitje [여] ① 끈적거림, 들러붙음 ② 납땜(질) ③ (산 따위에) 오르기 ④ (병의) 전염

ngjitur [형] 달라붙은; 납땜한 — [부] 가까이, 바싹 붙어; ngjitur me (~에) 가까이

ngjiz [동] 응유(凝乳)로 굳히다, (우유로부터) 치즈나 요구르트 따위를 만들다

ngjizet [동] 응유로 굳어지다, (우유로부터) 치즈나 요구르트 따위가 만들어지다

ngjyej [동] ① 물들이다, 염색하다 ② 펜촉을 잉크에 담그다
ngjyhet [동] ① 물들다, 염색되다 ② 펜촉이 잉크에 담가지다
ngjyerje [여] 물들이기, 염색
ngjyra-ngjyra [형] 무지개 빛깔의, 다채로운, 여러 가지 색깔의
ngjyrë [여] 색(깔), 빛깔; ngjyrë e çelur 연한 빛깔; pa ngjyrë 색깔이 없는, 무색의
ngjyrim [남] 물들이기, 염색, 착색
ngjyros [동] 물들이다, 염색하다, 착색하다
ngjyroset [동] 물들다, 염색[착색]되다
ngjyrosje [여] 물들이기, 염색
ngjyrues [형] 착색하는
niet [남] 의도, 목적; kam niet të ~ 나는 ~하려고 한다, ~할 작정이다
nip [남] ① 조카 ② 손자
nis [동] ① 시작하다, 개시하다, 착수하다 ② (편지 따위를) 보내다, 발송하다
nisem [동] 시작하다, 출발하다; nisemi! 가자!
niseshte [여] 녹말, 전분
nisje [여] 출발
nismë [여] 시작, 솔선, 선창
nishan [남] ① 목표, 표적; marr nishan 겨냥하다, 조준하다 ② (피부의) 점; 흉터; pa nam e pa nishan 자취[흔적]를 전혀 남기지 않고
nivel [남] 수준, 레벨; 표준; nivel jetese 생활 수준
noçkë [여] ① 발목 ② 손가락 관절[마디]
nofkë [여] 별명
nofull [남] 턱 (신체)
nojmë [여] 몸짓, 제스처
nopran [형] 고집스러운, 괴팍한, 심술궂은
normë [여] 규칙, 규정; 규범
norvegjez [형] 노르웨이의 — [남] 노르웨이 사람

Norvegji [여] 노르웨이
norvegjisht [부] 노르웨이어로
norvegjishte [여] 노르웨이어
not [남] 수영(하기)
notar [남] 수영하는 사람, 수영 선수
noter [남] 공증인(公證人)
notë [여] ① [음악] 음표 ② (평가의) 점수, 등급
notim [남] 수영(하기)
notoj [동] 수영하다, 헤엄치다
nuancë [여] 미묘한 차이, 뉘앙스
nuga [여] 누가 (아몬드 따위로 만든 과자)
nuhas [동] 냄새 나다
nuhatje [여] 냄새가 남
nuk [소사] (~이) 아닌; nuk kam 나는 갖고 있지 않다; nuk e di 나는 모른다; nuk vjen edhe ti? 너도 같이 오지 않니?
nullë [여] [해부] 잇몸, 치은(齒齦)
numër [남] 숫자; numër çift 짝수; numër tek 홀수
numërim [남] 숫자를 세기, 계산
numëroj [동] 숫자를 세다, 계산하다
nun [남] [가톨릭] 대부(代父)
nunë [여] [가톨릭] 대모(代母)
nur [남] 매력, 잘생겨[아름답게] 보임
nurshëm [형] 매력적인, 잘생겨[아름답게] 보이는
nuse [여] ① 신부(新婦) ② 며느리
nuselale [여] [동물] 족제비
nusëri [여] 신부(新婦)임
nusëror [형] 신부의
nxeh [동] ① 가열하다, 데우다 ② 흥분시키다, 자극하다
nxehem [동] 화를 내다, 흥분하다
nxehje [여] 가열, 데우기
nxehtë [형] 뜨거운 — [부] 뜨거워; bën nxehtë (그것은) 뜨

겁다 — [중] ① 뜨거움, 열 ② (병으로 인한) 열, 신열; kam të nxehtë 나는 열이 있다
nxehtësi [여] 뜨거움, 열
nxehtësisht [부] 따뜻하게
nxë [동] ① 담고 있다, 포함하다 ② 배우다
nxënës [남] (남)학생
nxënëse [여] 여학생
nxihem [동] ① 검게 되다 ② 햇볕에 타다
nxij [동] ① 검게 하다 ② 햇볕에 태우다, 선탠하다
nxirë [형] 검어진, 검게 된; i nxirë nga dielli 햇볕에 탄[그을린]
nxirje [여] 검게 하기
nxis [동] 자극하다, 고무하다, 격려하다
nxitem [동] 자극받다, 고무되다, 격려를 받다
nxitës [형] 자극하는 — [남] 자극하는 것
nxitim [남] 서두름, 급함; me nxitim 서둘러, 급하게
nxitje [여] 자극, 고무
nxitohem [동] 서두르다; nxito! 서둘러!
nxitoj [동] 서두르게 하다, 재촉하다
nxituar [형] 서두르는, 급한; punë e nxituar 급한 일
nxjerr [동] ① 뽑다, 빼다, 꺼내다, 추출하다 ② (결론 따위를) 이끌어내다, 도출하다 ③ (비밀 따위를) 드러내다, 누설하다
nxirrem [동] 꺼내어지다
nxjerrje [여] ① (법률 따위의) 공포, 선포 ② 방사, 발산, 내뿜음 ③ (지폐·우표 따위의) 발행
nyell [남] [해부] (손가락·발목 등의) 관절[마디]
nyjë [여] ① 매듭, 마디 ② [문법] 관사

Nj

nja [소사] 약, 대략, ~정도의; nja dhjetë veta 열 명 가량의 사람들
njehsim [남] 계산
njehsoj [동] 계산하다
njelmët [형] 소금물의, 소금기가 있는, 짠; ujë i njelmët 소금물, 염수(鹽水)
njerëzi [여] ① 사람들; flasin njerëzia 사람들이 말하기를 ② 예의바름; sillem me njerëzi 예의바르다
njerëzim [남] 인간, 인류
njerëzishëm [형] 친절한, 정중한, 예의바른
njerëzisht [부] 예의바르게, 정중하게, 친절하게
njerëzor [형] 인간의, 인류의
njeri [남] 사람, 인간; s'kishte njeri 거기엔 아무도 없었다; mos i thoni njeriu 아무에게도 말하지 말라; njerëzit e mi 우리 식구[가족]
njerk [남] 의붓아버지, 계부
njerkë [여] 의붓어머니, 계모
një [수] ① 하나 (1); një nga një 하나씩; një pas një 연속적으로 ② (부정관사처럼 쓰여) 하나의, 어떤; një derë (하나의) 문 — [형] 같은, 동일한; të një moshe 같은 나이의, 동갑의 — [부] ① 매한가지로, 똑같이; për mua është një 나에게는 모두 똑같다, 마찬가지다 ② një të thënë, një të bërë 말하자마자 행동했다
njëanësi [여] 편파, 편견
njëanshëm [형] 편파적인, 편견을 가진

njëanshmëri [여] 편파, 편견
njëfarë [대] 이러이러한 것, 여차여차한 것
njëfarësoj [부] 얼마간, 다소, 그저 그런 정도로
njëfish [부] 한겹의, 단일한
njëherë [부] 한 번, 한 차례; na ishte njëherë 한 때 (~이) 있었다
njëherësh [부] 한 번에, 단숨에
njëjës [남] [문법] 단수(형)
njëjtë [형] 같은, 동일한; e njëjta gjë është (그것은) 똑같다
njëkohësisht [부] 동시에
njëkohshëm [형] 동시에 일어나는
njëlloj [부] (똑)같이, 동일하게; për mua është njëlloj 나에게는 (아무래도) 똑같다
njëllojshëm [형] 같은 종류의
njëllojtë [형] → i njëllojshëm
njëmbëdhjetë [수] 십일 (11) — [형] 제 11의, 열한번째의
njëmijë [수] → mijë
njëpasnjëshëm [형] 연속적인, 계속되는
njëqind [수] 백 (100)
njëqindtë [형] 100번째의
njëqindvjeçar [형] 100세 이상 장수하는 — [남] 100세 이상의 장수 노인
njëqindvjetor [남] 100년간, 100년제(祭)
njëra [대] (여성형) 하나; njëra mbi tjetrën 하나씩 포개어
njëra-tjetra [대] (여성형) 서로
njëri [대] (남성형) 하나; njëri prej tyre 그들 중 하나
njëri-tjetri [대] (남성형) 서로
njërrokësh [형] [언어] 단음절의
njësi [여] (측정 따위의) 단위
njësim [남] 통일, 단일화, 결합
njësit [남] [군사] 부대, 파견대

njësoj [동] 하나로 하다, 단일화하다, 통합하다 — [부] (똑)같이, 같은 식으로

njësh [남] 숫자 1

njëshkolonë [부] 일렬로, 한 줄로

njëtrajtshëm [형] 한결같은, 똑같은, 균일한

njëvlefshëm [형] 동등한

njëzet [수] 이십 (20)

njëzetë [형] 제 20의, 스무번째의

njëzetfish [남] 20배[겹]의

njëzetvjeçar [남] 20세의 사람

njëzëri [부] 한목소리로, 만장일치로

njihem [동] 알려지다; 인식되다, 인지되다

njoftim [남] 통지, 알림; 소식, 정보; marr njoftim 주의하다, 주목하다

njoftohem [동] 소식을 전해 듣다

njoftoj [동] 알리다, 통지하다, 소식을 전하다

njoh [동] 알다; 인식하다, 인지하다

njohës [남] 전문가

njohje [여] 알고 있음; 인식, 인지

njohur [형] ① 알려진; ia bëj të njohur dikujt ~에게 알리다 ② 잘 알려진, 유명한 — [남] 아는 사람, 알려진 사람

njohuri [여] 앎, 지식

njollë [여] 반점, 얼룩

njollos [동] ① 반점을 찍다, 얼룩지게 하다 ② 더럽히다

njollosem [동] 더러워지다

njom [동] 젖게 하다, 적시다, 축축하게 하다

njomë [형] ① 젖은, 축축한, 습기찬 ② (식품 따위가) 신선한 ③ 미숙한, 어린

njomje [여] 흠뻑 젖음

O

o [접] 또는, (어느 쪽의) ~이든지
objekt [남] 물건, 물체; 대상
oborr [남] ① 뜰, 안마당; 뒤뜰 ② 왕궁, 궁정
oborrësi [여] 왕궁[궁정]의 일원; 궁정풍, 기품 있음
oborrtar [남] 조신(朝臣)
odë [여] 방; 응접실
ofendim [남] → fyerje
ofendoj [동] → fyej
ofendues [형] → fyes
ofensivë [여] 공격, 공세
ofertë [여] 제공
oficer [남] [군사] 장교
ofiq [남] 직책
ofiqar [남] 관리, 공무원
ofroj [동] 팔려고 내놓다, 값을 매기다
ofshaj [동] 한숨 쉬다, 탄식하다
ogiç [남] 다른 양들을 이끌기 위해 종을 차고 있는 큰 양(羊)
ogur [남] 전조, 조짐
ogurzi [형] 불길한, 나쁜 징조의
okllai [여] (반죽을 미는) 밀대
olimpiadë [여] 올림픽 대회
ombrellë [여] 우산
omëletë [여] 오믈렛
operacion [남] 작용, 움직임; bëhem operacion 작용되다
operator [남] 카메라맨

operë [여] ① 오페라 ② 가극장, 오페라 하우스
operim [남] [의학] 수술
operohem [동] 수술을 받다
operoj [동] 수술하다; operoj dikë nga apendiciti ~의 맹장 수술을 하다
opingar [남] 가죽신을 만드는 사람
opingë [여] 가죽신
opinion [남] 의견, 견해; opinioni publik 여론
opozitë [여] 반대, 저항
optikë [여] 광학(光學)
optimist [형] 낙천주의의, 낙관적인
optimizëm [남] 낙천주의
oqean [남] 대양(大洋); Oqeani Paqësor 태평양; Oqeani Atlantik 대서양; Oqeani Indian 인도양
orar [남] ① 시간표, 스케줄표 ② 노동 시간, 근무 시간
oreks [남] 식욕, 입맛
orendi [여·복] 가구(家具)
orë [여] ① 한 시간; çerek ore 15분; gjysmë ore 반시간, 30분 ② 시간; sa është ora? 지금 몇 시에요?; ora është dy 2시에요; në orën dy 2시에 ③ 시계; orë muri 벽시계; orë me zile 자명종; orë dore 손목 시계; ora më shkon dy minuta para[mbrapa] 내 시계는 10분 빠르다[늦다] ④ orë e çast 때때로, 이따금
orëndreqës [남·복] 시계 수리공[제작자]
organ [남] ① [생물] 기관(器官), 장기, 조직 ② (비유적으로) 조직체, 단체
organizatë [여] 단체, 조직
organizim [남] 단체, 조직
organizohem [동] 조직되다
organizoj [동] 조직하다, 편제하다
organizuar [형] 조직된

orientim [남] 방위를 맞추기; pikë orientimi 경계표
orientohem [동] (스스로 ~에) 방향을 맞추다
orientoj [동] 특정 방위에 맞추다; 돌리다, 향하게 하다
origjinal [형] 원래의, 근원의, 기원의, 최초의
origjinë [여] 기원, 근원, 발단, 유래, 태생; jam me origjinë shqiptare 알바니아 태생이다
oriz [남] 쌀
orizore [여] 논
orkestër [여] 관현악단, 오케스트라
ortak [남] 동료, 협력자, 파트너
ortakëri [여] 공동, 협력, 제휴, 연합
ortek [남] 눈사태
ortodoks [형] 정교회(正敎會)의
ortodoksi [여] [기독교] 동방 정교회
orvatem [동] 시도하다, 노력하다
orvatje [여] 시도, 노력
ose [접] 또는; ose ~ ose ~이거나 ~이거나
osman [형] [역사] 오스만 제국의; Perandoria Osmane 오스만 제국
osh [부] heq osh 끌다
oshënar [남] (종교적) 은자(隱者)
oshëtimë [여] ① 메아리, 에코 ② (바다의) 크게 일렁임, 큰 파도, 노호(怒號)
oshëtin [여·복] ① 반향하다, 울리다 ② (바다가) 크게 일렁이다, 큰 파도가 치다, 노호하다
oturak [남] 요강, 침실용 변기
oxhak [남] 굴뚝
oxhakpastrues [남] 굴뚝 청소부

P

pa¹ [전] ~없이; [속담] peshk pa hala s'ka 가시 없는 생선[장미]은 없다 — [접] ~전에; ai doli nga shtëpia pa gdhirë 그는 새벽이 되기 전에 집에서 나갔다 — [부] ~보다 적게, (~을) 뺀; dy pa dhjetë minuta 2시 10분 전이다 — [접두] "비(非)", "불(不)"의 뜻; i pafat 불운한; e pamundur 불가능한

pa² [동] 그는 보았다; ai e pa me sytë e tij 그는 자기 눈으로 (직접) 그것을 보았다

paafrueshëm [형] ① 접근할 수 없는 ② 비사교적인, 붙임성 없는

paaftë [형] 할 수 없는, 능력이 없는

paaftësi [여] 할 수 없음, 불능, 부적당, 서투름

paanë [형] 끝없는, 무한한

paanësi [여] ① 끝없음, 무한 ② 중립, 불편부당

paanësisht [부] 편견 없이, 치우치지 않고

paangazhuar [형] 비동맹의, 중립의

paanshëm [형] 편견 없는, 치우치지 않은, 불편부당한

paanulueshëm [형] 되부를 수 없는

paaprovuar [형] 찬성 받지 못한, 미승인된

paargasur [형] ① (가죽이) 날 것의, 생피(生皮)의 ② 경험 없는, 미숙한

paarmatosur [형] 무기가 없는, 비무장한

paarsyeshëm [형] 불합리한, 비이성적인, 조리에 맞지 않는

paarrirë [형] (아직) 익지 않은; 미성숙한

paarritshëm [형] 도달하기 어려운, 얻기 어려운
paautorizuar [형] 권한이 없는, 인정받지 않은
pabanuar [형] 주민이 거주하지 않는
pabanueshëm [형] 사람이 살[거주할] 수 없는
pabarabartë [형] 같지 않은, 동등하지 않은
pabarazi [여] 같지 않음, 불평등
pabazuar [형] 근거 없는
pabesë [형] 신의가 없는, 불성실한
pabesi [여] 불성실
pabesisht [부] 불성실하게
pabesueshëm [형] 믿을 수 없는, 믿어지지 않는
pabërë [형] 다 되지 않은, 미완성의; 준비가 되지 않은
pabindur [형] 불복종하는
pabotuar [형] (아직) 출판[발간]되지 않은
paburrëri [여] 겁이 많음
pacaktuar [형] 불확정의, 명확하지 않은, 부정(不定)의
pacenuar [형] 손대지 않은, 손상되지 않은
pacenueshëm [형] 불가침의
pacilësuar [형] 불확정의
pacipë [형] 뻔뻔한, 부끄러운 줄 모르는
paça [동] (kam의 원망법) 내가 ~했으면![하기를!]; paç dorën e mbarë! 행운이 있으시기를!
paçavure [여] 넝마, 헝겊 조각; 행주
paçe [여] 소·양의 위(胃)에서 사람이 먹을 수 있는 부분(으로 만든 스튜)
paçmuar [형] 아주 귀중한, 값을 평가할 수 없는
paçmueshëm [형] 아주 귀중한, 값을 평가할 수 없는
padallueshëm [형] 구별할 수 없는
padashur [부] 본의 아니게, 무심코, 모르는 사이에

padenjë [형] 가치 없는
padepërtueshëm [형] 밀폐된, 뚫고 들어갈 수 없는, 불침투성의
padepërtueshmëri [여] 밀폐, 불침투성
padetyrueshëm [형] 임의의, 선택적인, 필수가 아닌
padëgjuar [형] 들어본 적 없는, 전례가 없는
padëgjueshëm [형] ① 따르지 않는, 불복종하는 ② 들을 수 없는, 들리지 않는
padëmshëm [형] 해가 없는, 무해한
padëmtuar [형] 손상되지 않은, 그대로인
padëshiruar [형] 바라지 않은, 달갑지 않은
padëshirueshëm [형] 탐탁지 않은, 바람직스럽지 않은
padi [여] 기소, 고발; ngre padi kundër dikujt ~을 고소하다
padije [여] 모름, 무지
padijeni [여] 지식의 부족, 잘 모름
padiktueshëm [형] 탐지할 수 없는, 식별[분간]할 수 없는
padis [동] 고발하다, 고소하다
padisiplinuar [형] 규율 없는, 훈련 받지 않은
padiskutueshëm [형] 논란의 여지가 없는, 명백한
paditës [남] [법률] 원고, 고소인
paditur[1] [남] [법률] 피고(인)
paditur[2] [형] 모르는, 무지한
padituri [여] 모름, 무지
padjallëzi [여] 순진, 단순, 솔직
padjallëzuar [형] 순진한, 솔직한, 꾸미지 않은
padobi [여] 무익, 무용, 무효
padobishëm [형] 소용 없는, 무익한
padrejtë [형] 불공정한, 부정한, 부당한
padrejtësi [여] 불공정, 부정, 부당
padrejtësisht [부] 불공정하게, 부정하게, 부당하게

padron [남] 주인, 상관; 소유주
padukshëm [형] (눈에) 보이지 않는
padurim [남] 성급함, 조바심, 안달; me padurim 성급하게, 참을성 없이
paduruar [형] 성급한, 조바심 내는, 안달하는; 간절히 ~하고 싶어하는
padurueshëm [형] 참을 수 없는, 견딜 수 없는
padyshimtë [형] 확실한, 명백한
padhunueshëm [형] 불가침의
paedukuar [형] 본데없는, 버릇없는, 막된
paefektshëm [형] 무효의, 효과가 없는
paepur [형] 굽혀지지 않는, 유연성이 없는, 단단한, 뻣뻣한
paevitueshëm [형] 피할 수 없는, 불가피한
pafaj [형] 결백한
pafajësi [여] 결백
pafajshëm [형] 죄 없는, 결백한
pafalshëm [형] 용서할 수 없는
pafat [형] 불운한, 불행한
pafe [형] 무종교의, 신앙심이 없는
pafre [형] 굴레를 매지 않은; 규제되지 않은
pafrenueshëm [형] 저항할 수 없는; 억누를 수 없는
pafrikshëm [형] 대담한, 두려움 없는
pafrytshëm [형] 결실이 없는, 무익한
paftë [여] 금속판
paftuar [형] 불청객의
pafund [형] 끝없는, 무한한
pafundësi [여] 끝없음, 무한
pafundmë [형] → i pafund
pafuqi [형] 약한, 힘 없는, 무력한 — [여] 약함, 연약

pafuqishëm [형] → i pafuqi
pagabueshëm [형] 오류가 없는, 잘못이 없는, 틀리지 않는
pagdhendur [형] 거친, 조잡한, 세련되지 못한
pagesë [여] 지불, 지급; pa pagesë 무료로
pagë [여] 급료, 임금; pagë ditore 일급(日給); ulje e pagave 임금 인하, 급료 삭감; me gjysmë page 반봉(半俸), 반급(半給)
pagëzim [남] [기독교] 세례(식)
pagëzohem [동] 세례를 받다
pagëzoj [동] 세례를 베풀다
pagim [남] 변제, 상환, 돈을 갚기
pagojë [형] 말없는, 무언의, 침묵한
paguaj [동] 지불하다, 지급하다, 값을 치르다; paguaj me këste 할부로 지불하다
paguhem [동] 지불되다, 값이 치러지다
pagur [남] 수통; 플라스크
pagjasë [형] 그럴 것 같지 않은, 개연성 없는
pagjumë [형] 잠이 오지 않는, 불면의
pagjumësi [여] 불면증
pah [남] 외면, 겉모습, 표면; nxjerr në pah 두드러지게 하다
paharruar [형] 잊혀지지 않은
paharrueshëm [형] 잊을 수 없는
pahijshëm [형] 보기 흉한, 추한; sjellje e pahijshme 꼴사나운 행동
pahir [남] 마음이 내키지 않음; me pahir 마음 내키지 않아, 마지못해
painteresuar [형] 무관심한, 이해 관계가 없는
pajetërsueshëm [형] (권리 등이) 양도할 수 없는
pajë [여] 신부의 지참금

pajime [여·복] 장비, 도구 한 벌; 마구(馬具)

pajis [동] 제공하다, 갖추어 주다

pajisem [동] 갖추다

pajisje [여] 장비, 도구 한 벌

pajisur [형] (장비 따위를) 갖춘

pajtim [남] ① 조화, 일치; në pajtim me (~와) 일치하여 ② (신문 따위의) 구독 ③ 고용

pajtimtar [남] ① 조정자 ② 구독자

pajtohem [동] ① 조정되다, 조화되다, 화해하다, 일치되다; 동의하다 ② (신문 따위를) 구독하다

pajtoj [동] ① 조정하다, 조화시키다, 화해시키다, 일치시키다 ② 고용하다

pajtues [형] 조정하는, 화해시키는 — [남] 조정자, 화해시키는 사람

pajustifikueshëm [형] 조리가 닿지 않는, 이치에 맞지 않는

pak [부] 조금, 적게, 약간; pak nga pak 조금씩; për pak kohë 잠깐 동안; edhe pak 조금 더; më pak 보다 적게; së paku 적어도

pakalues [형] notë pakaluese (학생의) 나쁜 성적

pakalueshëm [형] 넘어설 수 없는, 이겨내기 어려운, 능가하기 어려운

pakallur [형] 묻혀지지 않은, 매장되지 않은

pakapërcyeshëm [형] 넘어설 수 없는, 이겨내기 어려운, 능가하기 어려운

pakapshëm [형] 도달할 수 없는; 지각할 수 없는

paketë [여] 작은 꾸러미; (담배 따위의) 한 묶음

paketim [남] 포장, 짐꾸리기

paketohet [동] (짐이) 꾸려진, 포장된

paketoj [동] (짐을) 꾸리다, 포장하다

pakë [형] 적은, 근소한; 약한
pakënaqësi [여] 불만(족)
pakënaqshëm [형] 불만족스러운, 마음에 차지 않는
pakënaqur [형] 불만족한, 불만인
pakëndshëm [형] 불유쾌한; 보기 흉한, 꼴사나운
pakësim [남] 감소, 축소
pakësohet [동] 감소되다
pakësoj [동] 감소시키다
pakët [형] 적은, 부족한; 약한, 희미한, 가벼운
pakëz [부] 약간, 조금
pakicë [여] 적음, 부족함, 소량임; tregti me pakicë 소매업
pako [여] 짐꾸러미, 소포
pakontrollueshëm [형] 통제할 수 없는, 제어할 수 없는
pakorrigjueshëm [형] 교정할 수 없는, 구제할 수 없는
pakrahasueshëm [형] (~와) 비교할 수 없는, 비길 데 없는
pakripur [형] 소금을 넣지 않은, 간하지 않은
pakryer [형] ① 미완성의, 완료되지 않은 ② [문법] 미완료 (시제)
paksa [부] 조금, 약간
paksëpaku [부] 적어도
paktë [형] → pakë
paktën [부/접] 적어도, 최소한; të paktën 적어도
pakthyer [형] 구부러지지 않은, 똑바른
pakthyeshëm [형] 뒤집을 수 없는
paku [부] 적어도
pakualifikuar [형] 자격이 없는, 적격이 아닌
pakufishëm [형] ① 제한 없는, 무한한 ② [문법] 부정(不定)의
pakufizuar [형] 제한 없는, 무한한
pakujdesi [여] 부주의, 경솔, 소홀

pakujdesshëm [형] 부주의한, 경솔한
pakundërshtueshëm [형] 논쟁의 여지가 없는, 명백한
pakuptim [형] 무의미한
pakuptueshëm [형] 이해할 수 없는
pakursyer [형] 아낌없는, 후한
palaço [여] (어릿)광대
palara [여·복] 집안의 수치, 남부끄러운 일; nxjerr të palarat në shesh 남 앞에서 치부를 드러내다
palarë [형] 더러운, 깨끗하지 못한
palcë [여] 골수; 핵심
palejueshëm [형] 용납할 수 없는; 금지된
palestër [여] 체육관
paleverdisshëm [형] 불리한, 이익이 없는
palexueshëm [형] 읽기 어려운, 판독하기 어려운
palezetshëm [형] 매력적이지 못한, 예쁘지 않은
palë [여] ① (신발의) 한 켤레; (양복·카드 패의) 한 벌 ② [법률] (계약·소송 등의) 당사자 ③ 주름, 접힌 곳
palëkundshëm [형] 흔들리지 않는, 확고부동한, 굳은
palë-palë [부] 쌍으로, 그룹으로
palëruar [형] 쟁기질되지 않은, 경작되지 않은
palëvizshëm [형] 움직임이 없는, 정지한
palidhur [형] ① 묶이지[연결되지] 않은, 풀린 ② 조리가 없는
paligjshëm [형] 불법의, 위법의
paligjshmëri [여] 불법, 위법
palmë [여] [식물] 야자수
palodhshëm [형] 지치지 않는, 지칠 줄 모르는
palodhur [형] 지칠 줄 모르는
palogjikshëm [형] 비논리적인, 불합리한
palos [동] 접다, 주름을 잡다

paloset [동] 접히다, 주름이 잡히다
palosje [여] 접기, 주름 잡기
paluajtshëm [형] 움직일 수 없는; (재산이) 부동(不動)의
palundrueshëm [형] 항행할 수 없는
pall [동] (소·나귀 따위가) 울다
pallaskë [여] 각판(刻板)
pallat [남] ① 궁전 ② 아파트 건물; 복층의 대형 건물
pallavra [여·복] 재잘거리기, 수다, 공담(空談)
palldëm [남] 마구(馬具)
pallë [여] ① 칼, 검 ② bëj pallë 호화롭게[안락하게] 살다
pallje [여] (소·나귀의) 울음 소리
pallogaritshëm [형] 헤아릴 수 없는
pallto [여] 오버코트, 외투
pallua [남] [조류] 공작
pamartuar [형] 미혼의, 독신의
pamasë [형] 광대한, 막대한, 엄청난, 무한한
pamatshëm [형] 헤아릴 수 없는, 광대한
pamatur [형] ① 성급한, 경솔한 ② 광대한
pambaruar [형] ① 미완성인 ② 끝없는, 무한한
pambrojtur [형] 보호받지 못한
pambuk [남] 목화, 솜, 면화
pamenduar [형] 생각이 깊지 않은, 생각 없는
pamerituar [형] 받을 만한 값어치가 없는, 당찮은
pamësuar [형] 배우지 못한; 경험 없는
pamëshirshëm [형] 무자비한, 인정 없는
pamjaftueshëm [형] 불충분한, 부족한
pamjaftueshmëri [여] 불충분, 부족
pamje [여] ① 관점, 측면 ② 봄, 시력; në pamje të parë 첫눈에 ③ 외양, 겉모습

pamobiluar [형] (방에) 가구가 비치되지 않은
pamohueshëm [형] 부정[부인]할 수 없는
pamposhtur [형] 정복할 수 없는, 무적의
pamundësi [여] 불가능(성)
pamundshëm [형] 불가능한
pamundur [형] ① 불가능한; është e pamundur (그것은) 불가능하다 ② 몸이 편치 않은, 아픈
panafakë [형] 불운한
panair [남] 정기시(定期市)
pandalshëm [형] 끊임없는, 쉴 새 없는
pandarë [형] 분할되지 않은
pandashëm [형] 나눌 수 없는, 분할할 수 없는
pandeh [동] 가정하다, 상상하다
pandehur [형] 고소[고발]당한
pandershëm [형] 부정직한, 불명예스러운
pandershmëri [여] 부정직, 부도덕
pandershmërisht [부] 부정직하게
pandërgjegjshëm [형] ① 비양심적인, 무책임한 ② 모르는, 알아채지 못하는
pandërprerë [형] 중단되지 않은
pandjeshëm [형] 무감각한, 지각할 수 없는
pandjeshmëri [여] 무감각
pandreqshëm [형] ① (손상이) 돌이킬 수 없는, 회복할 수 없는 ② (사람이) 교정할 수 없는, 구제할 수 없는
pandryshkshëm [형] 스테인리스의
pandryshueshëm [형] 불변의, 변하지 않는
pandryshueshmëri [여] 불변, 고정, 확고
panel [남] 패널, 벽판; vesh me panele (벽에) 패널을 끼우다
panevojshëm [형] 불필요한, 쓸데없는, 소용 없는

panënshtruar [형] 정복되지 않은
panginjur [형] 만족하지 못한, 포만감이 없는, 배부르지 않은
pangopësi [여] 만족이 없음, 욕심 많음
pangopur [형] 만족하지 못한, 배부르지 않은, 욕심이 많은
pangrënë [형] 음식을 공급받지 못한
pangrënshëm [형] 먹을 수 없는, 식용에 적합하지 못한
pangushëllueshëm [형] 위로할 길 없는, 슬픔에 잠긴
pangjarë [형] 전례가 없는
pangjashëm [형] 닮지 않은, 비슷하지 않은, 서로 다른
pangjyrë [형] 무색의; 착색되지 않은
panik [남] 공포, 공황, 패닉
panine [여] (빵의) 덩어리, 롤
pankreas [남] [해부] 췌장, 이자
panoramë [여] 파노라마, 전경(全景)
pantallona [여·복] 바지
pantofël [여] 슬리퍼
panumërt [형] 셀 수 없는, 무수한
panxhar [남] (식용의) 근대 뿌리; panxhar sheqeri [식물] 사탕무
panxhë [여] (갈고리 발톱이 있는) 발
panjerëzishëm [형] ① 무례한 ② 몰인정한, 냉혹한, 비인간적인
panjë [여] [식물] 단풍 (나무)
panjohshëm [형] 식별할 수 없는, 인지할 수 없는
panjohur [형] 알려지지 않은
panjollë [형] 얼룩지지 않은, 오점 없는, 흠 없는
papagall [남] [조류] 앵무새
papaguar [형] 지불되지 않은, 미납의
papajisur [형] 공급되지 않은
papajtueshëm [형] 양립할 수 없는, 서로 용납하지 않는

papajtueshmëri [여] 양립 불가능, 서로 용납하지 않음
papandehur [부] 갑자기, 돌연, 예기치 않게
paparapashëm [형] 예측할 수 없는
paparashikuar [형] 생각하지 않은, 뜻하지 않은, 우연한
paparë [형] ① 전례가 없는, 알려지지 않은 ② 욕심 많은
papastër [형] 깨끗하지 않은, 순수하지 않은
papastërti [여] 더러움, 불순함
papëlqyeshëm [형] 바람직하지 못한, 부적절한, 보기 흉한
papërballueshëm [형] 저항할 수 없는
papërcaktuar [형] 결정되지 않은, 정해져 있지 않은
papërdorshëm [형] 쓸 수 없는, 쓸모없는
papërdorur [형] 사용하지 않은, 아직 쓰이지 않은
papërfillur [형] 무시된, 경시된, 소홀히 여겨진
papërfunduar [형] 미완성인, 끝나지 않은
papërfytyrueshëm [형] 상상할 수 없는
papërgjegjshëm [형] 무책임한, 책임을 지지 않는
papërkulshëm [형] 구부러지지 않는, 경직된
papërkulshmëri [여] 구부러지지 않음, 경직됨
papërlyer [형] 순결한; 깨끗한
papërmbajtshëm [형] 저항할 수 없는
papërmbajtur [형] 억제되지 않은
papërpunuar [형] 날 것의, 천연 그대로의, 가공하지 않은
papërsosur [형] 불완전한
papërshkrueshëm [형] 형언할 수 없는, 말로 표현할 수 없는
papërshkueshëm [형] 꿰뚫을 수 없는; (공기・물 따위가) 침투할 수 없는, 스며들지 않는, 밀폐된
papërshkueshmëri [여] 불침투성
papërshtatshëm [형] 부적당한
papërtuar [형] 근면한, 지치지 않는

papërvojë [형] 경험 없는, 미숙한
papërzier [형] 섞이지 않은, 순수한
papjekur [형] ① (빵이) 굽지 않은; (고기가) 설익은; (과일이) 덜 익은 ② 경험 없는, 미숙한
papjekuri [여] 미성숙
papjesëtueshëm [형] 분할할 수 없는, 나눌 수 없는
paplasur [형] 폭발되지 않은; 터지지[갈라지지] 않은
paplotë [형] 불완전한
paplotësuar [형] 달성되지 않은, 이루어지지 않은
papopulluar [형] 사람이 살지 않는, 주민이 없는
papranueshëm [형] 용납할 수 없는, 받아들일 수 없는
paprapsueshëm [형] 철회할 수 없는, 뒤집을 수 없는
papregatitur [형] 준비되지 않은
paprekshëm [형] 손으로 만질 수 없는, 실체가 없는
paprekur [형] 손대지 않은, 손상되지 않은
paprerë [부] 중단되지 않고, 끊임없이
papritmas [부] 갑자기, 돌연, 예기치 않게
papritur [형] 예기치 않은 — [부] 돌연, 예기치 않게
papritur [여] (깜짝) 놀람
paprovuar [형] 증명되지 않은
papunë [형] 고용되지 않은, 일자리가 없는, 실업 상태의
papunë [남] 실직자, 실업자; të papunët 실직자들
papunësi [여] 실직, 실업 상태
papunuar [형] (토지가) 갈지 않은, 경작되지 않은
papushtueshëm [형] 철벽의, 확고한
paqartë [형] 모호한, 불분명한
paqe [여] 평화
paqedashës [형] 평화를 사랑하는
paqenë [형] 존재하지 않는

paqethur [형] (머리를) 자르지 않은; (양털을) 다듬지 않은
paqëndrueshëm [형] 불안정한, 흔들리기 쉬운
paqëndrueshmëri [여] 불안정, 흔들리기 쉬움
paqëruar [형] 껍질을 벗기지 않은
paqësisht [부] 평화적으로
paqësohem [동] 화해되다, 평화롭게 되다, 누그러지다
paqësoj [동] 화해시키다, 평화를 회복시키다, 누그러뜨리다
paqësor [형] 평화를 사랑하는, 평화적인; 평화로운, 평온한
paqmë [형] 깨끗한, 단정한
paqortueshëm [형] 흠잡을 데 없는
paqytetëruar [형] 미개한, 야만의, 비문명화된; 교양 없는
para^1 [여] 돈, 화폐; 통화; para xhepi 용돈; me para në dorë 현금으로; i bëj paratë rrush e kumbulla 돈을 낭비하다
para^2 [부] 앞으로, 전방으로 — [전] ~ 앞에, ~ 전에; para jush 당신 앞에; para erës sonë 새로운 시대를 앞두고; para shumë kohësh 오래 전에; para një viti[jave] 일년 [일주일] 전에 — [감] 앞으로 가!, 전진!
para^3 [소사] 거의[좀처럼] ~않다, 잘 ~않다; nuk para shoh nga sytë 나는 잘 보지 못한다; nuk para bën 그건 별로 좋지 않다
para^4 [여] 시작, 시초, 처음; **nga e para** 처음부터
paraardhës [남] 전임자, 선배
paraburgim [남] [법률] 구치, 유치, 구금
paracaktim [남] 선결, 예정
paracaktoj [동] 미리 결정하다
paradë [여] 행렬, 퍼레이드, 행진, 열병(閱兵)
paradreke [여] 오전 — [부] 오전에
paradhënie [여] 선불(先拂)
paradhomë [여] 대기실

parafango [여] (자동차 등의) 흙받이
parafundit [형] 끝에서 두 번째의
parafytyrim [남] 상상(력)
parafytyroj [동] 상상하다
paragjykim [남] 편견, 선입관
parajsë [여] 낙원, 천국, 파라다이스
parakalim [남] 행렬, 행진, 퍼레이드
parakaloj [동] ① 행진하다 ② 앞차를 추월하다
parakohshëm [형] 조숙한, 발달이 빠른
parakrah [남] [해부] 아래팔, 팔뚝
paralajmërim [남] 경고, 주의
paralajmëroj [동] 경고하다, 주의시키다
paralajmërues [형] 경고하는, 주의시키는
paralizë [여] [병리] 마비, 중풍
paralizoj [동] 마비시키다
paramendim [남] 고의, 미리 계획함; vrasje me paramendim [법률] 제 1급 모살
paramenduar [형] 고의적인, 미리 계획한
parandalim [남] 예방, 미리 막음
parandalohet [동] 예방되다
parandaloj [동] 예방하다, 미리 막다, 선손 쓰다
parandalues [형] 미리 막는, 예방의
parandiej [동] 예감하다
parandjenjë [여] 예감
parapagim [남] 선불(先拂)
parapaguaj [동] 선불하다, 값을 미리 치르다
parapaguhet [동] 선불되다, 값이 미리 치러지다
paraparë [형] 예견된
parapërgatitur [형] 사전에 조정된

paraprak [형] 예비적인, 준비의
paraprihet [동] 앞질러지다
paraprij [동] (앞에서) 이끌다; 앞장서다
paraqes [동] ① 나타내다, 보이다; (사람을) 소개하다 ② (감정·견해 따위를) 표하다, 드러내다
paraqitem [동] 나서다, 나타나다
paraqitje [여] 표시, 표현, 나타냄; 나타남
pararendës [남] 선구자
pararojë [여] 전위, 선봉
parasysh [부] 고려하여, 참작하여; marr parasysh 고려하다, 참작하다; duke marrë parasysh se ~ ~을 생각하면[고려해볼 때]
parashikim [남] 예보, 예언; 일기예보; jashtë çdo parashikimi 예상 외로
parashikohet [동] 예보[예언·예견]되다
parashikoj [동] 예보하다, 예언하다, 예견하다, 내다보다
parashikues [형] 예언하는, 예보하는 — [남] 예보자, 예언자
parashkollor [형] 취학 전의
parashkrim [남] [법률] 시효(時效)
parashkruaj [동] [법률] 시효로 하다
parashkruhet [동] [법률] 시효에 의해 취득되다
parashoh [동] → parashikoj
parashtesë [여] [문법] 접두사
parashtrim [남] 제출, 제시, 나타냄
parashtrohet [동] 상세히 설명되다
parashtroj [동] 상세히 설명하다
parashutë [여] 낙하산
parathem [동] 예고하다, 예언하다
parathënie [여] 머리말, 서문

parazit [남] 기생충
parcelë [여] 작은 구획의 땅, 땅 한 뙈기
pardje [부] 그저께
pare [여] ① 돈, 화폐 ② (물고기의) 비늘
parealizuar [형] 실현[달성]되지 않은, 이루어지지 않은
paregjur [형] ① 생가죽의, (가죽이) 무두질하지 않은 ② 경험 없는, 미숙한
parehatshëm [형] 불편한, 거북한
parespektueshëm [형] 무례한, 실례되는, 경멸하는
pareshtur [부] 끊임없이, 쉴 새 없이, 그치지 않고
paret [남] 칸막이(벽)
parë^1 [부] (이)전에, 앞서; kohë më parë 오래 전에; sa më parë 될 수 있는 한 빨리[곧]
parë^2 [shoh의 과거분사형] (~을) 본; kam parë 나는 보아 왔다
parë^3 [형] 첫(번)째의, 제 1의; më parë 일찍이; së pari 처음에; kati i parë 첫 번째 층; lëndë e parë 원자재, 원료
parë^4 [중] 조상(들), 선조(들)
parëndësishëm [형] 중요하지 않은, 사소한
parësi [여] 귀족(들), 귀족 계급
parfum [남] 향수, 향료
pari^1 [여] → parësi
pari^2 [부] 첫째로, 처음에는
parim [남] 원칙, 원리; e kam parim të ~ ~을 원칙의 문제로 삼다
parimisht [부] 원칙적으로, 기본적으로
parimor [형] 원칙에 의거한, 기본적인
park [남] 공원, 정원; 용지, ~장(場)
parket [남] 쪽모이 세공(으로 깐 마루)
parlament [남] 의회

parmak [남] (계단 따위의) 난간

parmbrëmë [부] 지지난 저녁, 그저께 저녁

parmendë [여] 나무 쟁기

parmë [형] 앞의, 전방의

parti [여] [정치] 당, 정당

partizan [남] 열렬한 지지자[당원]

parukë [여] 가발

parullë [여] ① 표어, 슬로건 ② 암호, 패스워드

parvaz [남] 문틀; 창틀; 창턱

parvjet [부] 재작년

parvjetshëm [형] 2년전의, 재작년의

parzëm [여] 가슴

parzmore [여] 가슴받이, 흉갑(胸甲)

parrahur [형] ① 옆길, 샛길 ② 경험이 없는[미숙한] 사람

parregullsi [여] 혼란, 무질서, 난잡, 불규칙

parregullt [형] [문법] 불규칙 변화의

parregulluar [형] 단정하지 못한

parrezikshëm [형] 해가 없는, 위험하지 않은

parruar [형] 면도하지 않은

pas [부] 뒤에, 후방에; nga pas 뒤로부터, 뒤에서; më pas 나중에, 후에; mbetem pas 뒤처지다 — [전] ① 후에, 나중에; pas dy muajsh 두 달 후에; pas kësaj 이것 뒤에 ② (~에) 대하여; pas murit 벽에 대고 ③ i bie pas një pune 일을 돌보다; lë pas dore një punë 일을 소홀히 하다

pasagjer [남] 승객

pasaktë [형] 부정확한, 틀린

pasaktësi [여] 부정확

pasanik [남] 부자, 부유한 사람

pasaportë [여] ① 여권 ② 신분증

pasardhës [형] 뒤를 잇는, 승계하는 — [남] 후계자; 자손, 후예
pasdarke [여] 저녁 식사 이후의 시간 — [부] 저녁 식사 후에
pasdite [여] 오후 — [부] 오후에, 점심 식사 후에
pasdreke [여] 오후 — [부] 오후에, 점심 식사 후에
pasi [접] ~후에; pasi të jeni takuar 네가 (~을) 만난 후에
pasiguri [여] 불확실성, 불안정
pasigurt [형] 불확실한, 불안정한, 의심스러운
pasiguruar [형] 안전하게 되지 않은, 보험에 들지 않은
pasinqertë [형] 성의 없는, 성실하지 못한
pasitur [형] (밀가루 따위가) 체질하지 않은
pasje [여] 부(富); 재산, 소유물
pasjellshëm [형] 버릇 없는, 예절 바르지 못한
paskëtaj [부] 차후에, 앞으로, 장차
pasluftë [여] 전후(戰後)
pasmë [형] 뒤의, 후방의
pasnesër [부] 모레
pasoj [동] 따르다, 뒤를 잇다, 계승하다
pasojë [여] (뒤따르는) 결과; si pasojë 그 결과(로서), 따라서
pasosur [형] 끝없는, 한없는
pasqyrë [여] ① 거울 ② 차례, 목차; 개요
pasqyrim [남] 반사, 반영(된 이미지)
pasqyrohem [동] 반사되다, 반영되다
pasqyroj [동] 반사하다, 반영하다
pasqyrues [형] 반사하는, 반영하는
pastaj [부] 후에, 그러면, 나중에; e pastaj? 다음은 뭐야?
pastajmë [형] 나중의, 다음의, 그 후의
pastë [여] 가루 반죽, 패스트리; pastë dhëmbësh 치약
pastër [형] ① 깨끗한, 청정한, 순수한 ② 정직한, 공정한 —
 [부] 깨끗하게, 순수하게

pastërma [여] 소금에 절인 (쇠)고기; 베이컨
pastërti [여] 깨끗함, 순수함; 단정함
pastërvitur [형] 훈련받지 않은, 경험이 없는
pastiçer [남] 패스트리 제조인[장수]
pastiçeri [여] 제과점
pastrehë [형] 집이 없는; 노출된, 덮개 따위가 없는, 보호받지 못하는
pastrim [남] 깨끗이 하기, 청소; (옷 따위를) 털기; 이 닦기; 정화, 정제
pastroj [동] 깨끗이 하다, 청소하다; (옷 따위를) 털다; 이를 닦다; 정화[정제]하다
pastrues [형] 깨끗이 하는, 청소하는; 정화[정제]하는 - [남] ① (거리의) 청소부 ② 세제
pasthënie [여] 맺는 말, 발문(跋文), 후기
pasthirrmë [여] [문법] 감탄사
pasues [형] 따르는, 추종하는 - [남] 따르는 사람, 지지자, 추종자
pasuksesshëm [형] 성공적이지 못한
pasur [형] ① 부유한 ② (토양이) 비옥한
pasuri [여] 부(富); pasuri e tundshme 동산(動産), 개인 재산
pasurim [남] 부유하게 함
pasurohem [동] 부유해지다
pasuroj [동] 부유하게 하다
pash [남] 두 팔을 벌린 길이, 패돔
pasha [남] [역사] (오스만 제국 시절의) 주지사, 군사령관
pashembullt [형] 비할 바 없는, 견줄 데 없는
pashë[1] [여] → pasha
pashë[2] [shoh의 과거형] 나는 보았다
pashëm [형] 잘 생긴, 아름다운

pashërueshëm [형] 불치의, 치료할 수 없는
pashfrytëzuar [형] 개발되지 않은, 미개척의
pashfrytëzueshëm [형] 개발할 만하지 않은
pashije [형] 맛없는, 무미건조한
pashijshëm [형] → i pashije
pashkelur [형] (땅 등이) 아직 탐험[답사]되지 않은
pashkë [여] 부활절
pashkëputur [형] 중단되지 않은, 연속된
pashkollë [형] 무식한, 교육을 받지 못한, 글을 읽지 못하는
pashkruar [형] 기록되어 있지 않은, 불문율(不文律)의
pashlyer [형] ① (의무・빚 따위가) 청산되지 않은, 상환되지 않은, 이행되지 않은 ② 잊혀지지 않은, 지워지지 않는
pashlyeshëm [형] 지울 수 없는, 지워지지 않는
pashmangshëm [형] 피할 수 없는, 불가피한
pashoq [형] 비길 데 없는, 필적하는 것이 없는
pashoqërueshëm [형] 비사교적인
pashoshitur [형] 검사되지 않은
pashpallur [형] 공언되지 않은, 포고되지 않은
pashpirt [형] 잔인한, 잔혹한, 무자비한
pashpjegueshëm [형] 설명할 수 없는, 불가해한
pashpresë [형] 희망이 없는, 절망적인
pashquar [형] [문법] 부정(不定)의
pashtershëm [형] 무진장한, 다함이 없는
pashtruar [형] 제멋대로 하는, 통제할 수 없는, 다루기 어려운
pashuar [형] (불 따위가) 꺼지지 않은, 아직 타고 있는
pat [남] (건물의) 층
pata [kam의 단순 과거 시제] 나는 (~을) 가졌다
patate [여] [식물] 감자; patate të skuqura 감자 튀김, 프렌치 프라이

patejdukshëm [형] 불투명한
patejdukshmëri [여] 불투명
patentë [여] ① (발명품의) 특허(권) ② 운전 면허
patericë [여] 목다리, 목발, 협장(脇杖)
patë [여] [조류] 거위
patëllxhan [남] [식물] 가지
patëmetë [형] 결점 없는, 완벽한
patinë [여] 스케이트; patina me rrota 롤러 스케이트
patinazh [남] 스케이트 타기, 스케이팅
patjetër [부] 어김없이, 꼭, 무슨 일이 있어도
patllake [여] 탄창 회전식 연발 권총, 리볼버
patok [남] 거위의 수컷
patrazuar [형] ① 섞인 것이 없는, 순수한 ② 방해받지 않은, 교란되지 않은
patregueshëm [형] 형언할 수 없는, 말로 표현할 수 없는
patrembur [형] 무서워하지 않는
patretshëm [형] ① 녹지 않는 ② 소화되지 않는
patretur [형] ① (버터 따위가) 녹지 않은 ② (음식물이) 소화되지 않은
patriot [남] 애국자
patriotizëm [남] 애국심
patrullë [여] 순찰, 순시
patrulloj [동] 순찰하다, 순시하다
patundshëm [형] 움직일 수 없는, 부동의
patundur [형] 흔들리지 않는, 부동의
patur, pasur [kam의 과거분사형] ~한
paturp [형] 수치를 모르는, 뻔뻔스러운
paturpësi [여] 수치를 모름, 뻔뻔스러움
paturpësisht [부] 뻔뻔스럽게

paturpshëm [형] 수치를 모르는, 뻔뻔스러운
pathemeltë [형] 근거 없는
pathyeshëm [형] ① 깨지지 않는 ② 이길 수 없는, 무적의
paudhë [형] 악마 같은, 나쁜 행동을 하는
paudhësi [여] 나쁜 짓
paudhi [남] 악마
paushqyer [형] 음식[영양]을 공급받지 못한
pavarësi [여] 독립
pavarësisht [부] (~와) 관계없이; pavarësisht nga ~ ~에 관계없이, ~에도 불구하고
pavarur [형] 독립적인, 관계 없는
pavdekësi [여] 불사, 불멸, 불후
pavdekshëm [형] 죽지 않는, 불멸의
pavdirë [형] 불사의, 불멸의
pavend [형] 부적절한, 부적당한
pavendosmëri [여] 우유부단, 주저
pavendosur [형] 아직 결정되지 않은
pavetëdijë [여] 모름, 알아채지 못함
pavetëdijshëm [형] 모르는, 알아채지 못하는
pavënëre [형] 주의[주목]되지 않은
pavëmendshëm [형] 부주의한, 태만한, 등한시한
pavlefshëm [형] 쓸모없는, 무용한, 가치 없는
pavolitshëm [형] ① 불편한 ② 부적절한
pavullnetshëm [형] 마음이 내키지 않는
pazakonshëm [형] 보통이 아닌, 일반적이지 않은, 특별한
pazar [남] 시장, 장터; bëj pazarin 쇼핑하러 가다; bëj pazar 물건 값을 흥정하다
pazarak [남] 시장에서 물건을 파는 사람
pazarllëk [남] 매매 교섭, 흥정

pazbatueshëm [형] 응용[적용]할 수 없는
pazëshëm [형] 조용한, 무언의
pazëvendësueshëm [형] 바꿀 수 없는, 대치할 수 없는
pazgjidhshmërisht [부] 풀 수 없게
pazgjidhshëm [형] 풀 수 없는, 해결할 수 없는
pazgjidhur [형] 해결되지 않은, 미해결의
pazier [형] 불로 요리하지 않은, 설익은
pazonja [형] → i pazoti
pazoti [형] 할 수 없는, 무력한
pazotësi [여] 할 수 없음, 무능력
pazhvilluar [형] 미발달의, 미발전의
pe [남] ① 실, 꼰실 ② lëshoj pe 양보하다
pecetë [여] 냅킨
pecë [여] (옷을 깁는 데 쓰는) 헝겊 조각
pedagog [남] 교사, 교육자, 교수
pedal [남] 페달, 발판
pehlivan [남] 곡예사
pehriz [남] 규정식, 식이 요법, 다이어트; mbaj pehriz 다이어트를 하다
pejzë [여] [해부] 인대; 건(腱), 힘줄
pekmez [남] (발효 전 또는 발효 중의) 포도액
pekul [남] (개인적인) 관심, 돌봄, 배려
pelenë [여] 기저귀
pelerinë [여] ① 모피 케이프 ② 비옷, 우비
pelë [여] 암말(馬)
peliçe [여] 모피 코트
pelin [남] [식물] 쓴쑥
pelte [여] 젤리
pellg [남] ① 연못, 웅덩이 ② [지질] 분지

pemë [여] ① 과수(果樹), 과일을 얻기 위한 나무; pemë frutore 과수(果樹) ② 과일

pemëshitës [남] 과일 장수

pemëtari [여] 과수[과일] 재배

pemishte [여] 과수원

penallti [여] [스포츠] 벌칙, 페널티

pendesë [여] 참회, 회개

pendestar [남] 참회자, 회개하는 사람

pendë [여] ① 깃털, 깃대; e lehtë pendë 깃털처럼 가벼운 ② 둑, 댐 ③ (두 개로 된) 한 쌍; një pendë qe 황소 한 쌍 ④ i ranë pendët 그는 콧대가 꺾였다, 면목을 잃었다

pendim [남] 후회, 참회

pendohem [동] 후회하다, 뉘우치다, 참회하다

penduar [형] 후회하는, 뉘우치는, 참회하는

penel [남] (작은) 붓

penë [여] 펜; majë pene 펜; bisht pene 펜대, 펜 홀더

peng [남] ① 전당(典當), 저당잡힌 것, 담보물; lë peng 전당 잡히다; mbaj si peng një plaçkë ~을 담보로 잡다, 전당 잡다; dyqan pengjesh 전당포 ② 인질; mbaj peng dikë ~을 인질로 잡다

pengesë [여] 장애물, 장벽

pengim [남] 장애, 방해

pengohem [동] 방해를 받다; 발이 걸려 넘어지다

pengoj [동] 방해하다; 길을 막다; 발을 걸어 넘어뜨리다

pension [남] ① 연금; pension pleqërie 노령 연금 ② 은퇴; dal në pension 은퇴하다

pensionist [남] 연금 수령자

penxhere [여] → dritare

penjëz [여] [해부] (신경·근(筋) 등의) 섬유

perandor [남] 황제
perandorak [형] 황제의, 제국의
perandoreshë [여] 황후
perandori [여] 제국(帝國)
perçe [여] 이슬람교도 여성들이 얼굴을 가리는 데 쓰는 베일
perde [여] ① 커튼 ② [병리] 백내장
perëndeshë [여] 여신(女神)
perëndi [여] 신(神), 하느님
perëndim [남] ① 서쪽 ② 일몰
perëndimor [형] 서쪽의
perëndoj [동] 가라앉다, 지다
periferi [여] 변두리, 교외
perime [여·복] 채소
perimeshitës [남] 청과상, 채소 장수
perimore [여] 채마밭
periudhë [여] 시대, 시기
Persi [여] 페르시아
persian [형] 페르시아의 — [남] 페르시아 사람
persisht [부] 페르시아어로
persishte [여] 페르시아어
person [남] 사람, 개인
personal [형] 개인의, 개인적인
personalisht [부] 개인적으로; 자기 스스로
personalitet [남] 개성, 성격
personazh [남] (연극의) 역(役), 캐릭터
personel [남] 직원, 인원
perusti [여] 삼발이
pesë [수] 다섯 (5)
pesëditor [형] 5일간의

pesëdhjetë [수] 오십 (50) — [형] 제 50의, 50번째의
pesëdhjetëvjeçar [형] 50년 된, 50세의
pesëdhjetëvjetor [남] 50주년 (기념일)
pesëfish [남] 5배, 다섯 겹
pesëmbëdhjetë [수] 십오 (15) — [형] 제 15의, 15번째의
pesëqind [수] 오백 (500)
pesësh [남] ① 다섯 (5) ② s'kam asnjë pesësh 나는 한 푼도 없다, 빈털터리다
pesëvjeçar [남] 5년(간)
pesëvjetor [남] 5주년 (기념일)
pestë [형] 제 5의, 다섯 번째의
peshë [여] 무게, 중량; 짐
peshin [부] 현금으로; paguaj peshin 현금으로 지불하다
peshk [남] ① 물고기, 생선; pastroj peshkun 생선의 비늘을 벗기다; zë peshk 물고기를 잡다, 낚시하다 ② peshku në det, tigani në zjarr [속담] 우선 현물을 손에 넣고 봐라
peshkaqen [남] [어류] 상어
peshkatar [남] 어부, 고기잡는 사람
peshkatari [여] 어업, 고기잡이
peshkim [남] 고기잡이, 낚시; kallam peshkimi 낚싯대; vend peshkimi 어장(漁場)
peshkoj [동] 물고기를 잡다, 낚시하다
peshkop [남] [기독교] 주교
peshohem [동] (자신의) 체중을 달다
peshoj [동] 무게를 재다
peshojë [여] 균형, 평형, 밸런스
peshore [여] 계량기, 무게를 재는 도구
peshqesh [남] 선물
peshqir [남] 수건, 타월

peshtamall [남] 큰 수건[타월]
petavër [여] 널, 판자, 슬레이트
petë [여] ① 얇게 편 가루 반죽 ② 파스타
petël [여] [식물] 꽃잎
petëzim [남] (금속을) 얇은 판으로 만들기
petëzoj [동] (금속을) 얇은 판으로 만들다
petk [남] 의상, 드레스
petrit [남] [조류] 매
petull [여] 팬케이크
pezaul [남] 트롤망, 저인망; 고기잡이 그물
pezmatim [남] (상처의) 염증
pezmatohem [동] (상처에서) 염증이 일어나다
pezmatoj [동] (상처에) 염증을 일으키다
pezul [남] 창턱
pezull [부] ① 공중에 걸려 있어, 떠돌아 ② 미결정의
pezullim [남] 공중에 걸려 있음
pezullohem [동] 공중에 걸리다
pezulloj [동] ① 공중에 걸다, 매달다 ② 미결인 채로 두다
pezhishkë [여] 거미줄, 거미집
pëgëj [동] 더럽히다, 오염시키다
pëlcas [동] ① 터지다, 파열하다, 폭발하다 ② (전쟁 따위가) 발발하다
pëlhurë [여] 직물, 천
pëlqej [동] 좋아하다; 동의하다, 찬성하다
pëlqim [남] 동의, 찬성; me pëlqimin e të gjithëve (의견 따위가) 일치하여; jap pëlqimin 동의하다; nuk jap pëlqimin 불찬성하다, 동의하지 않다
pëlqyeshëm [형] 적절한, 맞는, 만족할 만한
pëllet [동] (소·나귀 따위가) 울다

pëllëmbë [여] ① 손바닥 ② (손바닥 따위로) 찰싹 때리기
pëllitje [여] (소·나귀 따위의) 울음
pëllumb [남] [조류] 비둘기
pëqi [남] 무릎 (앉았을 때 허리에서 무릎 마디까지의 부분)
për [전] ① (~을) 위해, ~하기 위해; për ç'arsye? 무엇을 위해?, 무엇 때문에?; për shkak të ~ 때문에, ~까닭으로; për të blerë perime 채소를 사기 위해 ② për pak kohë 잠깐 동안; vit për vit 매년, 해마다 ③ (~에) 의해, (~한) 방법으로; për së gjati 세로로, 길게; për së gjeri 가로로, 너비로; kap për veshi (~을) 귀로 듣다; dhëmb për dhëmb 되갚음으로 ④ ~당; pesë për qind 5퍼센트 ⑤ ~으로서; e njoh për burrë të mirë 나는 그를 정직한 사람으로 알고 있다; sa për mua 나로서는 ⑥ për çudi 놀랍게도; për bukuri 놀랄 만큼; për së mbari 올바른 쪽에; për nder! 내 명예를 걸고!; për të mirë 건강을 기원하며!
përafërsi [여] 접근, 근사, 가까움
përafërsisht [부] 약, 대략
përafërt [형] 가까운, 근접한, 대략의
përballë [부] 정면으로 맞서, 직면하여 - [전] ~ 앞에(서); përballë kësaj gjendjeje 그런 상황 앞에서
përballim [남] 대면, 직면
përballohet [동] 직면되다
përballoj [동] ① 맞서다, 직면하다 ② 성공적으로 해결하다
përbashkët [형] 공동의, 연합의, 함께 하는; kanë shumë gjëra të përbashkëta 그들은 공통점이 많다
përbetim [남] 선서, 맹세, 서약
përbetohem [동] 선서하다, 맹세하다, 서약하다
përbëhet [동] (~으로) 구성되다, 이루어지다
përbëj [동] 구성하다, 이루다

përbërë [형] 합성의, 복합의
përbërës [형] 구성하는, 성분의
përbërje [여] 구성, 이룸, 합성
përbindësh [남] (가공의) 괴물
përbindshëm [형] 기괴한, 괴물 같은
përbotshëm [형] 전세계의, 만국의
përbrenda [부] ~안에, ~내에
përbrendësa [여·복] 내장, 창자, 장
përbri [부/전] (~와) 나란히, ~옆에
përbuz [동] 경멸하다, 멸시하다, 업신여기다
përbuzem [동] 경멸당하다, 업신여김을 당하다
përbuzës [형] 경멸적인, 남을 얕잡아보는
përbuzje [여] 경멸, 멸시, 업신여김
përbuzshëm [형] 경멸할 만한, 비루한
përbuzur [형] 경멸당한, 멸시받은
përcaktim [남] 결정, 정의
përcaktohet [동] 결정되다, 정의되다
përcaktoj [동] 결정하다, 확립하다, 정의하다
përcëllimë [여] 태우는 불길
përcëllohem [동] 태워지다, 그슬려지다
përcëlloj [동] 태우다, 그슬리다
përcillem [동] 삼키다
përciptas [부] 표면적으로
përciptë [형] 표면적인
përcjell [동] ① 삼키다 ② 동반하다, 같이 가다 ③ 변명하다, 핑계를 대다
përçahem [동] 분리되다, 분열되다
përçaj [동] 분리하다, 분열시키다
përçarës [형] 분열시키는, 불일치를 일으키는

përçarje [여] 분열, 불일치
përçart [부] 헛소리를 하는; flas përçart 헛소리를 하다
përçartje [여] 맹렬한 흥분 상태, 섬망 상태
përçmim [남] 경멸, 멸시
përçmohem [동] 경멸당하다, 멸시당하다
përçmoj [동] 경멸하다, 멸시하다, 업신여기다
përçmues [형] 경멸하는, 업신여기는
përçoj [동] ① 이끌다, 인도하다 ② 전달하다 ③ (전기 따위를) 전하다
përçues [남] ① 이끄는[인도하는] 사람 ② 전달하는 사람 ③ (전기 따위의) 전도체(傳導體)
përdalë [형] 부도덕한
përderisa [접] ~이므로, ~하는 한
përdëllehem [동] 자위하다, 스스로를 위로하다
përdëllej [동] 동정하다, 위로하다
përdëllestar [형] 불쌍히 여기는, 동정하는, 용서하는
përdëllim [남] 동정, 관용
përditë [부] 매일, 날마다
përditshëm [형] 매일의; gazetë e përditshme 일간지
përdor [동] 쓰다, 사용하다, 이용하다
përdorim [남] 사용, 이용; jashtë përdorimit 쓰이지 않게 된, 폐지된
përdorohet [동] 쓰이다, 사용되다, 이용되다
përdoroj [동] 쓰다, 사용하다, 이용하다
përdorshëm [형] 쓸 수 있는, 쓰기에 알맞은
përdorues [남] 사용자
përdorur [형] 사용된
përdredh [동] 비틀다; (발목을) 삐다
përdridhem [동] 비틀리다

përdyjavshëm [형] 격주의
përdhe [부] 아래로, 땅으로, 땅에서
përdhes [형] 땅의, 지면의; kati përdhes 1층; shtëpi përdhese 단층집
përdhos [동] 신성을 더럽히다, 모독하다
përdhosem [동] 부패되다
përdhosje [여] 신성 모독
përdhosur [형] 신성이 더럽혀진
përdhunë [여] 폭력; me përdhunë 힘으로
përdhunim [남] ① 폭행 ② 강간
përdhunisht [부] 힘으로, 폭력으로
përdhunohem [동] 폭행[강간]을 당하다
përdhunoj [동] ① 폭행하다 ② 강간하다
përdhunues [남] ① 폭행자 ② 강간범
përemër [남] [문법] 대명사
përfaqësi [여] 재외 공관, 대사관
përfaqësim [남] 대표, 대리
përfaqësohem [동] 대표되다
përfaqësoj [동] 대표하다, 대리하다
përfaqësues [형] ① 대표하는, 대리하는 ② [스포츠] (팀이) 선발된 ― [남] 대표자, 대리인
përfaqësuese [여] [스포츠] 선발된 팀
përfill [동] 높이 평가하다, 경의를 표하다, 존경하다; nuk përfill 무시하다, 경시하다
përfillem [동] 높이 평가되다
përfillje [여] 높이 평가함, 경의, 존경
përfitim [남] 이익, 이득, 유리
përfitohet [동] 얻어지다
përfitoj [동] (~으로부터) 이익을 얻다, (유리한 점을) 이용하

다; përfitoj nga rasti 기회를 잡다
përflak [동] 불태우다
përflaket [동] 불타다
përflas [동] 중상하다, 비방하다
përflitem [동] 다투다, 싸우다
përforcim [남] 강화, 공고히 함
përforcohem [동] 강화되다, 공고히 되다
përforcoj [동] 강화하다, 공고히 하다
përforcues [형] 강화하는, 증폭하는 - [남] [전기] 증폭기, 앰프
përfshihet [동] 포함되다
përfshij [동] 포함하다; duke përfshirë 포함하여
përftim [남] 발생, 생겨남
përftoj [동] 발생시키다, 생겨나게 하다
përfund [부/전] (~의) 아래에
përfundim [남] ① 결론; nxjerr një përfundim 결론을 도출하다; si përfundim 결론적으로 ② 회의를 마침
përfundimisht [부] 끝으로, 마지막으로; 결정적으로
përfundimtar [형] 결정적인, 최종적인
përfundohet [동] 끝나다
përfundoj [동] 끝내다, 마무리하다, 종결짓다; 결론나다
përfytem [동] 드잡이하다, 난투를 벌이다
përfytje [여] 드잡이, 난투
përfytyrim [남] 상상
përfytyrohet [동] 상상되다
përfytyroj [동] 상상하다
përfytyrueshëm [형] 상상할 수 있는, 상상의
përgatit [동] 준비하다, 채비하다
përgatitem [동] 준비되다, 채비를 갖추다
përgatitje [여] 준비

përgatitor [형] 준비의, 예비의
përgënjeshtrim [남] 반증(反證), 논박, 반박
përgënjeshtrohet [동] 반박되다
përgënjeshtroj [동] 반박하다
përgëzim [남] 축하, 축사; përgëzimet e mia 축하하며
përgëzohem [동] 축하를 받다
përgëzoj [동] ① 축하하다 ② 귀여워하다
përgjak [동] 피를 흘리다, 피투성이가 되다
përgjakem [동] 피를 흘리다
përgjakshëm [형] 피투성이의
përgjakur [형] 피로 얼룩진
përgjatë [전] (~을) 따라서
përgjegjës [형] 책임이 있는 － [남] 수장, 우두머리, 보스
përgjegjësi [여] 책임; mbaj përgjegjësi 책임을 지다
përgjërim [남] ① 열망, 갈망 ② 귀여워함; me përgjërim 다정하게
përgjërohem [동] 몹시 바라다, 열망하다, 갈망하다
përgjëroj [동] 구하다, 간청하다
përgjëruar [형] 갈망하는, 동경하는
përgjigje [여] 대답, 응답, 반응; në përgjigje të letrës suaj 너의 편지에 대한 답장으로
përgjigjem [동] 대답하다, 응답하다
përgijm [남] 보기, 관찰
përgjithësi [여] 일반적임; në përgjithësi 일반적으로
përgjithësim [남] 일반화
përgjithësisht [부] 일반적으로
përgjithësohet [동] 일반화되다
përgjithësoj [동] 일반화하다
përgjithmonë [부] 앞으로 영원히, 이번을 마지막으로; një

herë e përgjithmonë 이번만, 이번 한 번만
përgjithnjë [부] → përgjithmonë
përgjithshëm [형] 일반적인, 보편적인
përgjohem [동] 뒤를 밟히다
përgjoj [동] 관찰하다; 엿보다, 뒤를 밟다
përgjues [남] 관찰하는 사람; 스파이
përgjumur [형] 졸리는
përgjunj [동] 굴복시키다
përgjunjem [동] 굴복하다, 무릎을 꿇다
përgjysmë [부] 반으로, 절반은; ndaj përgjysmë 반으로 나누다; lë përgjysmë 중도에서 단념하다
përgjysmohet [동] 반으로 나뉘다
përgjysmoj [동] 반으로 나누다[자르다]
përhap [동] 흩뿌리다; 퍼뜨리다, 보급시키다
përhapem [동] 흩뿌려지다; 퍼지다, 보급되다
përhapje [여] 유포, 보급, 퍼짐
përherë [부] 항상, 언제나
përhershëm [형] 영속하는, 영원히 계속되는
përhimë [형] 밝은 회색의
përjashta [부] 밖에, 외부에; përjashta! 나가!
përjashtim [남] ① (규칙의) 예외; me përjashtim të (~을) 예외로 하고; bëj përjashtim 예외가 되다, 별격이다 ② 면제 ③ 퇴학, 제적
përjashtohem [동] 내쫓기다; 배제되다
përjashtoj [동] ① 예외로 하다, 면제하다 ② 퇴학[제적]시키다 ③ 해고하다, 내쫓다 ④ 고려하지 않다, 배제하다
përjashtuar [형] ① 면제된 ② 배제된
përjavshëm [형] 주 1회의
përjetë [부] 영원히, 영구적으로

përjetësi [여] 영원, 영구
përjetësim [남] 영구[영속]화(化)
përjetësisht [부] 영원히, 영구적으로
përjetësohem [동] 영존되다
përjetësoj [동] 영존시키다
përjetoj [동] 경험하다, 체험하다
përjetshëm [형] 영원한, 영속하는
përkas [동] ① 가볍게 손을 대다 ② (~에) 속하다; më përket mua të 그건 내 거야; për sa i përket atij 그가 관계하는 한 ③ (~에) 적합하다
përkatës [형] 관련된, 적절한
përkatësi [여] 관련성, 적절함
përkatësisht [부] 각각, 저마다, 제각기
përkëdhel [동] 귀여워하다, 부드럽게 대하다
përkëdhelem [동] 알랑거리다; 제멋대로 처신하다
përkëdhelës [형] 귀여워하는
përkëdheli [여] 귀여워함
përkëdhelur [형] (아이를) 귀여워하는; (아이를 귀여워해서) 버릇을 망친
përkëmb [동] 회복하다
përkëmbem [동] 건강을 되찾다
përkëmbje [여] 회복, 호전
përkim [남] 일치, 부합
përkohësisht [부] 일시적으로
përkohshëm [형] 일시적인, 잠정적인
përkohshme [여] 정기간행물, 잡지
përkon [동] 일치하다, 부합하다
përkore [여] 먹고 마시는 것을 절제함
përkorë [형] 먹고 마시는 것을 절제하는, 술에 취하지 않는

përkrah¹ [부/전] 나란히, 인접하여
përkrah² [동] 지지하다, 후원하다, 돕다, 편을 들다
përkrahem [동] 지지를 받다
përkrahje [여] 지지, 후원
përkrahu [부] 완력으로, 우격다짐으로
përkrenare [여] 투구, 헬멧
përkthehet [동] 번역되다
përkthej [동] 번역하다, 해석하다
përkthim [남] 번역
përkthyer [형] 번역된
përkthyes [남] 번역자, 해석자
përkufizim [남] 정의(定義)
përkufizohet [동] 정의내려지다
përkufizoj [동] 정의하다, 정의를 내리다
përkujdesem [동] 돌보다, 보살피다, 관심을 갖다
përkujdesje [여] 관심, 돌보기, 보살핌
përkujtim [남] 기념, 기억함
përkujtimor [형] 기념이 되는, 기념의
përkujtohet [동] 기념되다
përkujtoj [동] 기념하다, 상기시키다
përkul [동] 구부리다, 굽히다, 휘다
përkulem [동] ① 머리를 숙이다, 굽히다 ② 양보하다, 굴복하다
përkulje [여] 구부리기; 절, 머리를 숙임
përkulshëm [형] 휘기 쉬운, 나긋나긋한
përkulshmëri [여] 휘기 쉬움, 유연성
përkund [동] (부드럽게) 흔들다
përkundem [동] (부드럽게) 흔들리다
përkundër [전] (~에) 반대하여, 맞서서
përkundrazi [부] 이에 반(反)하여, 반대로

përkundrejt [부] (~와) 마주 보고
përlaj [동] ① 잡아채다, 움켜쥐다 ② 게걸스럽게 탐닉하다
përleshem [동] (맞붙어) 싸우다
përleshje [여] (맞붙어) 싸우기; 충돌, 접전
përligj [동] 정당화하다
përligjem [동] 스스로 정당화하다, 합리화하다
përligjje [여] 정당화
përlotem [동] 감동받아 눈물을 흘리다
përlotur [형] 눈물 어린
përlyhem [동] (명예 따위가) 손상되다
përlyej [동] (명예 따위를) 더럽히다, 손상시키다
përlyer [형] (명예 따위가) 더럽혀진, 손상된
përlyerje [여] 불명예
përlyhem [동] (기름 따위가 묻어) 더러워지다
përllogarit [동] 계산하다
përllogaritet [동] 계산되다
përllogaritje [여] 계산
përmallim [남] 열망; 감동, 감정적임
përmallohem [동] 열망하다; 감동받다
përmalloj [동] 감동시키다
përmallshëm [형] 감상적인, 감정적인; 고향을 그리워하는
përmasë [여] 차원
përmbahem [동] 자제하다
përmbaj [동] ① (감정 따위를) 다스리다, 억제하다 ② (어떤 한계 내에) 가두다, 한정하다 ③ 담다, 포함하다
përmbajtje [여] ① 내용(물) ② 자제
përmbajtur [형] 침착한, 삼가는, 자제하는
përmbarues [남] (법의) 집행관
përmbas [전] (~의) 바로 뒤에[후에]

përmbi [전] (~의) 위에
përmbledh [동] ① 요약하다 ② 힘을 모으다
përmbledhës [형] 요약하는
përmbledhje [여] 요약, 개요
përmbledhtas [부] 요약하여, 간결하게
përmbledhur [형] 요약된, 간결한
përmblidhem [동] 마음을 가라앉히다
përmbush [동] 실행하다, 실현하다, 달성하다
përmbushet [동] 실행되다, 실현되다, 달성되다
përmbushje [여] 실행, 실현, 달성
përmbys¹ [부] 거꾸로, 뒤집혀
përmbys² [동] 뒤집다, 거꾸로 하다
përmbysem [동] 뒤집히다, 전복되다
përmbysje [여] 전복, 타도; (사회 질서 따위의) 파괴
përmbysur [형] 뒤집힌, 전복된, 타도된
përmbyt [동] 범람시키다, 홍수지게 하다
përmbytem [동] 범람되다, 홍수지다
përmbytje [여] 범람, 홍수
përmend [동] 언급하다, 인용하다
përmendem [동] 의식을 회복하다, 깊은 잠에서 깨어나다
përmendore [여] 기념비
përmendsh [부] 외워서, 암기하여, 기억을 더듬어
përmendur [형] 유명한, 잘 알려진
përmes [전] (~을) 통하여 — [부] 한쪽 편에서 다른 편으로, 가로질러
përmirësim [남] 개량, 개선, 향상
përmirësohem [동] ① 개선되다, 향상되다 ② 건강을 회복하다
përmirësoj [동] 개량하다, 개선하다, 향상시키다
përmirrem [동] 오줌 누다, 소변 보다

përmjerr [동] 오줌을 지리다
përmjet [전] (~에) 의하여, (~을) 통하여
përmortshëm [형] 슬픔에 잠긴, 애처로운
përmotshëm [형] 연간의, 매년의, 연 1회의
përmuajshëm [형] 매달의, 월 1회의
përnatë [부] 매일 밤마다
përndaj [동] 펴다, 펼치다; 흩뿌리다; 배포하다
përndryshe [부] 그렇지 않으면, 다르게 하면
përngaherë [부] 영원히, 항상, 언제나
përngjaj [동] 닮다, ~처럼 보이다
përngjas [동] → përngjaj
përngjasim [남] 닮음, 유사
përnjëherë [부] 즉시, 곧, 바로, 당장
përnjëherësh [부] 즉시, 곧, 바로, 당장; 단숨에
përnjëmend [부] 진지하게, 진심으로
përpara [부] ① ~앞에; përpara derës 문 앞에; mbiemri vihet përpara emrit 형용사는 명사 앞에 놓인다; rri përpara dikujt ~의 앞에 머물다 ② 앞으로; më përpara 전에; që më përpara 이전에, 미리; e vë përpara armikun 적을 패주하게 하다; ora ime shkon përpara 내 시계가 빠르다; përpara! 앞으로!, 전방으로! — [접] (~에) 앞서, 먼저; trokisni përpara se të hyni 들어가기 전에 먼저 노크를 해라
përparëse [여] 앞치마
përparim [남] 진보, 전진, 발달
përparimtar [형] 진보적인, 전진하는
përparmë [형] 앞의, 먼저의
përparoj [동] 전진하다, 앞으로 나아가다
përparshëm [형] 앞의, 전의, 먼저의

përparuar [형] 앞선, 진보한
përparues [형] 진보적인
përpëlitem [동] 몸부림치다, 꿈틀거리다
përpëlitës [형] 몸부림치는, 꿈틀거리는
përpëlitje [여] 몸부림, 꿈틀거림
përpihet [동] 삼켜지다
përpij [동] 삼키다
përpikëri [여] 정확함; 시간을 잘 지킴
përpiktë [형] 정확한; 시간을 잘 지키는
përpilim [남] 편집
përpilohet [동] 편집되다
përpiloj [동] 편집하다
përpilues [남] 편집자
përpiqem [동] ① 노력하다, 시도하다 ② 부딪치다, 충돌하다
përpirje [여] 삼키기
përpjek [동] 치다, 때리다; (문을) 쾅 하고 닫다; 박수치다; (글라스를) 마주대다; 발을 구르다
përpjekje [여] ① 노력, 시도; bëj çdo përpjekje 온갖 노력을 다하다 ② 손뼉치기; 발을 구르기; 충돌, 부딪침
përpjesëtim [남] 비율, 비(比); në përpjesëtim me (~에) 비례하여
përpjesëtohet [동] 균형이 잡히다
përpjesëtoj [동] 균형을 잡다, (적절히) 배분하다
përpjetë [부] 위로, 위쪽으로
përpjetë [형] 올라가는, 상승하는 — [여] 급상승; të përpjetat dhe të tatëpjetat 부침(浮沈), 오르내림
përplas [동] (문 따위를) 쾅 하고 닫다; 발을 구르다; 넘어뜨리다
përplasem [동] (쾅 하고) 부딪치다, 충돌하다
përplasje [여] 충돌; (문 따위가) 쾅 하고 닫힘; 발을 구름;

넘어뜨리기; 손뼉치기

përplot [부] 충분히, 가득; plot e përplot 넘치도록

përpos [전] ~외에(도); përpos kësaj 이것 외에(도), 이것 말고(도)

përposh [부] 아래로, 밑으로

përpunim [남] (공들여) 만들기; 처리

përpunohet [동] (공들여) 만들어지다

përpunoj [동] (공들여) 만들다; 처리하다

përpunuar [형] 공들여 만든

përputh [동] 맞추다, 연결하다

përputhem [동] 일치하다, 부합하다

përputhje [여] 일치, 부합; në përputhje me (~와) 일치하여

përqafim [남] 포옹, 껴안기

përqafoj [동] 포옹하다, 껴안다

përqark [부] 여기저기에, 도처에 — [전] ~ 둘레에; përqark shtëpisë 집 근처에

përqendrim [남] 집중; 집결; kamp përqendrimi 포로 수용소

përqendrohem [동] 집중하다

përqendroj [동] 집중시키다; (관심 따위의) 초점을 맞추다

për qind [부] 백분율의, 퍼센트의; sa për qind? 몇 퍼센트야?

përqindje [여] 백분율, 퍼센트

përse [부] ~한 (이유); ja përse ai ngul këmbë 그것이 그가 주장하는 이유다

përsëri [부] 다시, 또

përsëris [동] 반복하다, 되풀이하다

përsëritet [동] 반복되다, 되풀이되다

përsëritës [남] 반복하는 사람; [법률] 재범자

përsëritje [여] ① 반복, 되풀이 ② (병의) 재발, 도짐 ③ (연극의) 리허설, 예행 연습 ④ (계약의) 갱신

përsipër [부/전] 위로, 위에
përsos [동] 완성하다, 완벽하게 하다
përsosem [동] 완벽해지다
përsosje [여] 완전, 완벽
përsosur [형] 완벽한; në mënyrë të përsosur 완벽하게
përsosuri [여] 완전, 완벽
përsosurisht [부] 완전히, 완벽하게
përshesh¹ [남] 빵죽
përshesh² [동] 빵을 잘게 부수다; 가루로 만들다, 부수다
përshëndes [동] 인사하다
përshëndetje [여] 인사
përshëndosh [동] → përshëndes
përshëndoshje [여] → përshëndetje
përshkohet [동] 관통되다; 가로질러지다
përshkoj [동] 관통하다; 가로지르다
përshkrim [남] 묘사, 기술
përshkruaj [동] 묘사하다, 기술하다
përshkruhet [동] 묘사되다, 기술되다
përshkueshëm [형] 관통할 수 있는; 가로지를 수 있는; 침투할 수 있는
përshkueshmëri [여] 관통성; 침투성
përshpirtem [동] 간청하다, 탄원하다
përshpirtje [여] [가톨릭] 레퀴엠, 위령곡, 망자를 위한 미사곡
përshtas [동] 적응시키다, 조절시키다
përshtatem [동] 적응하다; i përshtatet 어울려, 적절하여
përshtatje [여] ① 유사, 부합, 일치; në përshtatje me (~에) 따라 ② 적응
përshtatshëm [형] 적당한, 적절한, 어울리는, 맞는; ai nuk është i përshtatshëm për këtë punë 그는 이 일에 적임자

가 아니다

përshtatshmëri [여] 적응성, 적절함

përshtypje [여] 인상, 감명

përtac [형] 게으른, 나태한 — [남] 게으름뱅이

përtaci [여] 게으름, 나태

përtej [부] 저 편에 — [전] 저 너머에; (어떤 한계 따위를) 넘어; përtej masës 굉장히, 매우

përtejmë [형] 저 편의

përtesë [여] 게으름, 나태

përtërihem [동] 새 것처럼 되다, 새로워지다, 회복되다

përtërij [동] 새롭게 하다, 갱신하다, 혁신하다

përtëritje [여] 일신, 쇄신, 새롭게 하기

përtim [남] 게으름, 나태; me përtim 게으르게

përtoj [동] 게으름 피우다, 빈들빈들 지내다

përtokë [부] 아래로, 바닥에서

përtyp [동] 씹다

përtypem [동] ① 씹다 ② 곱씹다, 곰곰이 생각하다

përtypje [여] 씹기, 저작

përthahet [동] 상처 자국이 형성되다, 새 살이 나서 아물다

përthaj [동] 상처 자국을 형성시키다, 새 살이 나서 아물게 하다

përtharje [여] 반흔 형성, 상처가 아물기

përthyej [동] 귀퉁이를 접다

përthyerje [여] [물리] 회절, 굴절

përul [동] 복종시키다

përulem [동] 복종하다, 자신을 낮추다, 비굴하게 굴다

përulësi [여] 복종, 자신을 낮춤; me përulësi 복종하여, 자신을 낮추어, 비굴하게

përulësisht [부] 복종하여, 자신을 낮추어, 비굴하게

përulje [여] 자신을 낮춤, 복종심, 비굴

përulur [형] 비굴한, 굴종적인, 복종하는
përvajshëm [형] 슬픈, 애처로운
përvajtim [남] 비탄, 애도
përvajtoj [동] 슬퍼하다, 비탄하다
përveç [전] ~외에, (~을) 빼고(는); përveç kësaj 이것 말고
përveçëm [형] [문법] 고유한, 고유 명사적인
përveçse [접] (~이) 아니면
përvesh [동] (소매·바짓가랑이 따위를) 걷어올리다
përvetësim [남] ① 획득, 자기 것으로 만듦 ② 착복, 횡령 ③ [생물] 소화 (작용)
përvetësoj [동] ① 획득하다, 자기 것으로 만들다 ② 착복하다, 횡령하다 ③ 소화시키다
përvëlohem [동] ① (뜨거운 것에) 데다 ② 불타오르다
përvëloj [동] 데게 하다
përvëluar [형] (뜨거운 것에) 덴
përvëlues [형] 끓는, 뜨거운
përvishem [동] (일에) 착수하다
përvitshëm [형] 연간의, 매년의
përvjetor [남] (해마다 돌아오는) 기념일
përvojë [여] 경험; me përvojë 경험 있는; pa përvojë 경험 없는
përvuajtur [형] 고통을 받는, 비참한
përzemërsi [여] 진심, 충정
përzemërsisht [부] 진심으로, 정성껏
përzemërt [형] 진심어린, 마음에서 우러난
përzë [동] 해고하다; 쫓아내다, 떠나게 하다
përziej [동] 섞다, 혼합하다; (액체를) 휘젓다
përzier [형] ① 섞인, 혼합된 ② 관련된, 연루된 ③ 잡종의
përzierës [남] 믹서

përzierje [여] ① 섞기, 혼합 ② 혼합물; 합금 ③ 연루, 말려듦
përzihem [동] ① 섞이다, 말려들다 ② më përzihet 구역질이 나다, 속이 메스껍다
përzishëm [형] 슬픔에 잠긴, 애도하는
përzhit [동] 태우다, 그슬리다
përzhitem [동] 타다, 그슬리다
përrallë [여] 이야기, 동화; përralla me mbret 황당무계한 이야기
përrallis [동] 허튼 소리를 하다, 실없는 소리를 하다
përrallor [형] 믿어지지 않는, 터무니없는
përreth [부/전] 주위에, (~을) 둘러싸고; përreth botës 세계 일주의
përrua [남] 급류
pësoj [동] (어떤 일을) 받다, 당하다, 겪다; mirë e pësoi 그 녀석 꼴 좋다
pësor [형] [문법] 수동태의
pëshpërit [동] 속삭이다, 중얼거리다
pëshpëritet [동] 소문이 나다
pëshpëritje [여] 수군거림, 소문
pështirë [형] 메스꺼운, 역겨운
pështirë [중] 욕지기, 메스꺼움
pështiros [동] 역겹게 하다
pështirosem [동] 역겹다
pështirosje [여] 역겨움, 메스꺼움
pështjellë [중] 욕지기, 메스꺼움
pështjellim [남] 혼란, 혼돈
pështjellohem [동] 혼란스럽다
pështjelloj [동] 혼란스럽게 하다
pështyj [동] 침을 뱉다

pështymë [여] 침
pi [동] 마시다; pi me fund 다 마셔버리다; pi për shëndetin e 남의 건강을 위해 건배하다; pi duhan[cigare] 담배를 피우다
piano [여] 피아노
pickim [남] 꼬집기; 쏘기, 찌르기
pickoj [동] 꼬집다; (벌 따위가) 쏘다
pihem [동] ① 술 취하다 ② 마실 수 있다; a pihet ky ujë? 이 물 마실 수 있는 거에요?
pijanec [남] 술고래, 술 취한 사람
pije [여] 음료(수)
pijeshitës [남] 술집 주인
pijetore [여] 술집, 맥줏집
pijshëm [형] 마실 수 있는
pik [동] (방울을) 떨어뜨리다, 점적하다
pikalosh [형] 주근깨[반점]가 있는
pikas [동] 발견하다, 간파하다, 탐지하다
pikasem [동] 발견되다, 간파되다, 탐지되다
pikasje [여] 발견, 간파, 탐지
pikatore [여] (약(藥) 등의) 점적기(點滴器), 떨어뜨리는 기구
piketë [여] 말뚝
piketim [남] 말뚝 박기
piketohet [동] ① 말뚝이 박혀지다 ② 목표가 정해지다
piketoj [동] ① 말뚝을 박다 ② 목표를 정하다
pikë [여] ① (액체의) 방울 ② 소량 ③ 점, 반점; vë pikat mbi i i자에 점을 찍다 ④ [병리] 발작 ⑤ [스포츠] 점수, 득점 ⑥ [문법] 마침표; dy pika 콜론, 쌍점 ⑦ 문제, 점, 항목; mbi këtë pikë 이 점에 있어서(는) ⑧ që në pikë të mëngjesit 새벽부터; pikë për pikë 문자 그대로, 정확

하게; pa pikë turpi 뻔뻔스럽게
pikëçuditje [여] [문법] 느낌표, 감탄 부호 (!)
pikël [여] (액체의) 방울; pikla uji 물보라
pikëllim [남] 고통, 괴로움, 깊은 슬픔
pikëllohem [동] 괴로워하다
pikëlloj [동] 괴롭히다
pikëlluar [형] 괴로운
pikëllues [형] 괴롭히는
pikëllueshëm [형] 슬픈
pikënisje [여] 출발점
pikëpamje [여] ① 관점, 견지; nga kjo pikëpamje 이런 관점에서 ② 의견, 견해; cila është pikëpamja juaj? 당신 의견은 뭐요?
pikëpjekje [여] (만날) 약속
pikëpresje [여] [문법] 세미콜론 (;)
pikëpyetje [여] [문법] 의문 부호, 물음표 (?)
pikërisht [부] 정확히, 바로, 꼭; pikërisht ashtu 정확히 그렇다; pikërisht atje 바로 거기에
pikësëpari [부] 무엇보다 우선, 첫째로
pikësim [남] [문법] 구두점
pikësynim [남] 목표, 목적
pikëz [여] 작은 물방울
piknik [남] 소풍, 피크닉
pikohem [동] ① (지붕 따위가) 새다 ② 더러워지다
pikoj [동] ① 뿌리다, 끼얹다 ② 더럽히다
piks [동] (피·우유 따위를) 응고시키다, 굳히다
pikset [동] 응고되다, 굳어지다
piksur [형] 응고된, 굳어진
piktor [남] 화가, 예술가

pikturë [여] 그림; libër me piktura 그림책
pikturim [남] 그림 그리기
pikturoj [동] 그림을 그리다; 초상화를 그리다
pilaf [남] 필라프; 리조토
pilë [여] [전기] 전퇴(電堆), 전지
pilivesë [여] [곤충] 잠자리
pilot [남] (비행기) 조종사, 파일럿
pincë [여] 펜치, 집게
pingërim [남] 새가 지저귐
pingëron [동] 새가 지저귀다
pingpong [남] [스포츠] 탁구
pingul [부] 수직으로
pingule [여] 수직선
pingulthi [부] 수직으로
pinjoll [남] 자식, 자손
pionier [남] 개척자, 선구자
piper [남] [식물] 후추; piper i kuq 고추; piper i zi 검은 후추가루
piperkë [여] [식물] 피망
pipë [여] ① 관, 파이프 ② (악기의) 입에 대는 부분, 주둥이
pipëz [여] (음료를 마시는) 빨대
piqet [동] ① 구워지다; piqem në diell 햇볕에 피부가 타다 ② (과일이) 익다
pirë [형] (술에) 취한
pirg [남] (쌓은) 무더기, 더미
pirun [남] 포크
pis [형] 더러운, 불결한
pisë [여] 타르, 피치; i zi pisë 칠흑같이 까만, 새까만
pisk [남] ① 매듭, 고 ② 한창 때, 전성기; në piskun e va-

pës 한여름에 ③ e kam pisk punën 궁지에 몰려 있다
pisllëk [남] 더러움, 불결
pispillos [동] 차려 입히다, 멋 부리게 하다
pispillosem [동] 차려 입다, 멋을 부리다
pisqollë [여] 권총, 피스톨
pishë [여] [식물] 소나무; dru pishe 소나무 목재
pishinë [여] 수영장, 풀
pishman [부] 후회하여, 뉘우쳐; bëhem pishman 후회하다
pishtar [남] 횃불
pite [여] ① 납작한 빵; 피자 ② 벌집
pizgë [여] 갈대나 짚 따위로 만든 피리
pizhame [여·복] 잠옷, 파자마
pjacë [여] 광장; e ngre pjacën 값을 올리다
pjalm [남] [식물] 꽃가루, 화분
pjatalarës [남] 접시 닦는 사람
pjatalarëse [여] 접시 닦는 사람[기계]
pjatancë [여] 큰 접시
pjatë [여] 접시; 받침 접시
pjek [동] (고기·빵 따위를) 굽다
pjekje [여] 굽기
pjekur [형] ① 구워진 ② (과일이) 익은 ③ (비유적으로) 성숙한
pjekuri [여] 성숙함
pjell [동] ① (특히 동물이) 새끼를 낳다 ② atij i pjell mendja 그는 재간[독창력]이 있다
pjellë [여] 자손, 아이들
pjellje [여] 출산, 생식
pjellor [형] (동물의 암컷이) 번식 능력이 있는
pjellori [여] 번식력
pjepër [남] [식물] (머스크)멜론

pjerdh [동] 방귀 뀌다
pjergull [여] 포도나무
pjerrësi [여] 경사, 기울기
pjerrët [형] 경사진, 기울어진, 비스듬한; [수학] 사선[사면]의
pjerrje [여] 경사, 기울어짐
pjerrtas [부] 기울어져, 비스듬하게
pjesë [여] 부분, 조각, 단편; bëj pjesë (~의) 일부다; pjesë këmbimi 예비 부품; në pjesën dërrmuese 대부분, 거의; pjesa më e madhe e tyre 그것들 중 대부분(은); marr pjesë 참가하다, 참여하다
pjesëmarrës [남] 참가자
pjesëmarrje [여] 참가, 참여
pjesë-pjesë [부] 조금씩; 할부로
pjesërisht [부] 부분적으로
pjesëtar [남] 파트너; 회원, 멤버
pjesëtim [남] ① [수학] 나눗셈 ② 나누기, 배분
pjesëtohet [동] 나뉘지다, 배분되다
pjesëtoj [동] ① (숫자를) 나누다 ② 배분하다
pjesëtueshëm [형] [수학] (우수리 없이) 나뉘어떨어지는
pjesëz [여] ① [문법] 불변화사 ② [물리] 입자(粒子), 미립자
pjesore [여] [문법] 분사
pjesshëm [형] 일부분의, 부분적인
pjeshkë [여] [식물] 복숭아
plaçkë [여] ① 천, 직물 ② [복] 옷; 소유물 ③ plaçkë lufte 전리품, 노획물, 약탈물
plaçkis [동] 약탈하다, 노획하다
plaçkitës [남] 약탈자, 강도
plaçkitje [여] 약탈(물)
plaçkurina [여·복] 헌 옷

plagë [여] 상처, 부상; marr një plagë 상처[부상]를 입다
plagos [동] 상처를 입히다; 상처를 입다
plagosem [동] 상처를 입다
plagosje [여] 상처를 입힘
plagosur [형] 상처 입은
plak [남] 노인, 늙은 남자 — [형] 늙은, 나이 든 — [동] 늙게 하다
plakem [동] 늙다, 나이 들다
plakë [여] 노파, 늙은 여자
plakje [여] 늙음, 나이 듦
plakur [형] 늙은, 나이 든
plan [남] 계획, 의도; kam në plan 나는 ~하려고 한다
planifikoj [동] 계획하다
plas [동] ① 지끈 깨다, 금이 가게 하다; 터지다, 금이 가다 ② (비유적으로) 진절머리나게 하다; plas nga mërzia 따분해 죽을 지경이다
plasarit [동] 지끈 깨다, 금이 가게 하다
plasaritet [동] 깨지다, 금이 가다
plasaritje [여] 갈라진 틈, 금
plasë [여] 갈라진 틈, 금; 구멍; zë plasat 구멍을 메우다
plasje [여] ① 폭발, 터짐 ② (비유적으로) më vjen plasje 분노가 폭발하다 ③ [병리] 탄저병
plastmas [남] 플라스틱
plazh [남] 해변, 해안, 바닷가
pleh [남] 똥, 거름; pleh kimik (화학) 비료
plehërim [남] 시비(施肥), 거름을 줌, 땅을 비옥하게 함
plehëroj [동] 거름[비료]을 주다, 시비하다
plehra [여·복] 오물, 쓰레기; kosh plehrash 쓰레기통
pleks [동] 땋다, 엮다, 짜다; 뒤얽히게 하다

pleksem [동] 섞이다, 뒤얽히다
plep [남] [식물] 포플러
pleqëri [여] 노년, 노령
pleqërisht [부] 노인들의 방식으로
pleqëroj [동] ① 노인을 부양하다 ② 심사숙고하다, 잘 생각하다
pleqësi [여] 원로 회의
plesht [남] [곤충] 벼룩
plevit [남] [병리] 늑막염
plevitos [동] 춥게 하다
plevitosem [동] 감기[늑막염]에 걸리다
plëndës [남] 위(胃), 위장
plëng [남] 소유물; pa plëng e pa shtëpi 집이 없는
plëngprishës [형] 낭비하는, 허비하는
plis [남] 흙 덩어리
plithar [남] (햇볕에 말려서 만드는) 어도비 벽돌
plogësht [형] → plogët
plogështi [여] ① 게으름; 무기력 ② [물리] 관성
plogët [형] 게으른; 무기력한
plor [남] 보습[쟁기]의 날
plot [부] 가득 차서; plot gabime 실수투성이의; një vit plot 꼬박 1년
plotë [형] 가득 찬, 전적인, 완전한
plotësim [남] 수행, 이행, 완수; 달성, 실현
plotësisht [부] 완전히, 전적으로
plotësohet [동] 완료되다; 완수[실현]되다
plotësoj [동] 완료하다; 이행하다, 완수하다; 실현하다
plotësuar [형] 만족한
plotësues [형] 보완하는, 보충하는
plotfuqishëm [형] 전능한, 무엇이든 할 수 있는

plug [남] 쟁기
plugim [남] 쟁기질, 경작
plugoj [동] 쟁기질하다, 경작하다
pluhur [남] 먼지; 가루; qumësht pluhur 분유(粉乳); bëj pluhur e hi 소멸하다, 재가 되다
pluhuros [동] 먼지로 뒤덮다
pluhurosem [동] 먼지로 뒤덮이다
plumb [남] ① 납 ② 총탄, 탄환
plumbç [여] 추(錘), 다림추
pluskim [남] 부유(浮遊), 부양
pluskoj [동] 뜨다, 떠다니다
pllajë [여] 고원, 높고 평평한 땅
pllakë [여] 석판(石板); pllakë varri (묘의) 대석(臺石)
pllakos [동] 갑자기 나타나다
pllangë [남] 받치는 기둥
plloçak [형] 평평한, 평탄한
plloçë [여] 판석, 슬레이트
plloskë [여] 플라스크
plluquris [동] (물 등이) 튀다
po [부] ① (대답으로) 예, 그렇습니다; po si jo 물론 ② po ashtu 똑같은, 마찬가지로; po e njëjta gjë është 똑같다, 마찬가지다 — [접] 만약 ~이라면; po deshe 좋으시다면, 부디 — [소사] çfarë po bën? po shkruaj 너 뭐하고 있니? 나는 글을 쓰고 있어; po ti? 너는 어때?
poçar [남] 도공(陶工), 옹기장이
poçe [여] 항아리, 단지
poçeri [여] 도기류(陶器類), 요업 제품
poet [남] 시인(詩人)
pogaçe [여] (빵의) 덩어리

pohim [남] ① 단언, 주장 ② 인정, 시인, 고백, 자백
pohoj [동] ① 단언하다, 주장하다 ② 인정하다, 시인하다, 고백[자백]하다
pojak [남] 마을을 떠돌아다니는 사람
pol [남] [지리] 극; Poli i Veriut (지구의) 북극
polak [남] 폴란드 사람 — [형] 폴란드의
polar [형] 극지방의, 남[북]극의
poliambulancë [여] 종합 병원[진료소]
polic [남] 경찰관
polici [여] 경찰; rajon policie 경찰서
policor [형] 경찰의; roman policor 탐정 소설
poliglot [남] 여러 언어를 아는 사람, 다국어 화자
poliklinikë [여] 종합 병원[진료소]
politeknikum [남] 과학 기술 전문 학교
politikë [여] 정책; politikë e jashtme 외교 정책
Poloni [여] 폴란드
polonisht [부] 폴란드어로
polonishte [여] 폴란드어
pompë [여] 펌프
popël [여] 큰 알돌
popull [남] 사람들; 대중
popullatë [여] 인구
popullor [형] ① 대중의, 대중에 의한 ② 인기 있는
popullsi [여] 인구
por¹ [접] 그러나, 하지만; më kujtohet vendi, por jo data 나는 그 장소는 기억하지만, 날짜는 기억이 안 난다
por² [남] 난로, 스토브
porcelan [남] 도자기
pordhë [여] 방귀

porosi [여] ① 요청, 주문 ② 조언, 지도, 지시
porosis [동] ① (물품·서비스를) 주문하다 ② 조언하다, 지도하다
porositur [형] ① 주문 제작된 ② (편지가) 등기의
porsa [부] 바로 지금 — [접] ~하자마자
porsaardhur [형] 새로 온, 신입의
porsalindur [형] 새로 태어난, 신생의
porse [접] 그러나, 하지만
porsi [접] 마치 ~처럼
port [남] 항구
portë [여] ① 문, 대문 ② [스포츠] 골 (골라인에 세워진 문)
portier [남] ① 문지기, 수위 ② [스포츠] 골키퍼
portofol [남] 서류첩, 포트폴리오
portokall [남] [식물] 오렌지 — [형] 오렌지색의
portollambë [여] 소켓
Portugali [여] 포르투갈
portugalisht [부] 포르투갈어로
portugalishte [여] 포르투갈어
portugez [형] 포르투갈의 — [남] 포르투갈 사람
pos [전] (~은) 별문제로 하고, (~을) 제외하고, ~외에는
posa [부] 거의 ~하지 않다 — [접] ~하자마자
posaçëm [형] 특별한
posaçërisht [부] 특히, 특별히
posi [부] 물론, 당연히 — [전] ~처럼
postë [여] 우체국; 우편; pullë poste 우표
postier [남] 우체부, 집배원
postoj [동] 우편으로 부치다
poshtë [부/전] 아래로, 아래에; lart e poshtë 위아래로, 상하로; atje poshtë 아래쪽에서; si më poshtë 아래[다음]와

같이; hedh poshtë (요청을) 거절하다
poshtëm [형] 더 낮은, 아래쪽의; kati i poshtëm 아래층
poshtër [형] 사악한, 비열한
poshtërim [남] 비하, 굴욕, 창피
poshtërohem [동] 창피를 당하다
poshtëroj [동] 비하하다, 창피를 주다
poshtërsi [여] 비열, 추잡함
poshtërsisht [부] 비열하게, 추잡하게
poshtërues [형] 비하하는, 창피를 주는
poshtëshënim [남] 각주(脚註)
poshtëshënuar [형] 아래[다음]의
potere [여] 소음, 시끄러운 소리
poterexhi [남] 시끄러운 사람
pothuaj [부] 거의, ~ 가까이
potkua [남] (말)편자
pozitë [여] 지위, 신분, 계급; njeri me pozitë 계급이 높은 사람
pozitiv [형] 적극적인
pra [접] 그러므로, 그래서
prag [남] ① 문지방, 문턱 ② (비유적으로) 전야, 전날 밤; në prag të Vitit të Ri 12월 31일 밤, 설날 전야
praktik [형] 실제적인
praktikë [여] 실행, 실습
praktikisht [부] 실제적으로
praktikoj [동] 실습하다
pramatar [남] 행상인
prandaj [접] 그러므로, 그런 이유로
pranë [부] 거의, ~ 가까이; më pranë 더 가까이; pr- anë e pranë (~에) 가까이, 이어 — [전] ~ 근처에, 가까이에; pr-

anë zjarrit 불 가까이

pranga [여·복] 수갑

prani [여] 현존, 출석; në prani të (~의) 면전에서

pranim [남] 수용, 용납, 허용

pranishëm [형] 현존하는, 출석한

pranohem [동] 받아들여지다, 용인되다

pranoj [동] 받아들이다, 용인하다; (과실 등을) 인정하다

pranuar [형] 받아들여진, 용인된

pranueshëm [형] 받아들일 수 있는, 용인할 수 있는

pranverë [여] 봄(春)

prapa [부/전] 뒤에, 뒤로; mbetem prapa 뒤지다, 뒤떨어지다; nga prapa 뒤로부터; ora mbetet prapa 내 시계는 늦게 간다

prapambetje [여] 뒤처짐, 뒤떨어짐

prapambetur [형] 뒤처진, 뒤떨어진

prapanik [형] 뒤처진; 시대에 뒤진, 구식의

praparojë [여] [군사] 후위

prapaskenë [여] 무대 뒤편

prapaveprues [형] (법률이) 소급하는

prapavijë [여] [군사] 후방

prapë [부] 다시, 되돌아가 ─ [형] ① 뒤쪽의 ② 개구쟁이의, 장난이 심한

prapëseprapë [접] 그럼에도 불구하고, 그래도, 하지만

prapësi [여] ① 장난이 심함 ② 사고, 재난, 불운

prapësim [남] 거절, 기각

prapësohem [동] 철수하다

prapësoj [동] ① 거절하다 ② (적을) 쫓아버리다

prapmë [형] 뒤의, 후방의

praps [동] 뒤로 물러나게 하다, 철수시키다

prapsem [동] 물러나다, 철수하다
praptas [부] 뒤로
prapthi [부] ① 잘못되어, 빗나가; i marr fjalët së prapthi 누구의 말을 나쁘게 해석하다 ② 거꾸로; bëj një punë së prapthi 앞뒤가 뒤바뀌다, 본말이 전도되다
prarim [남] 금(박)을 입히기, 도금
praroj [동] 금(박)을 입히다, 도금하다
praruar [형] 금(박)을 입힌
pras [남] ① [식물] 부추 ② kapem me presh në duar 현행범으로 붙잡히다
prashajkë [여] 괭이
prashis [동] 괭이질하다
prashitje [여] 괭이질
pre [여] 먹이, 희생; bie pre (~의) 먹이[희생]가 되다
predhë [여] 발사체; 미사일
preferoj [동] 더 좋아하다, 선호하다
preferuar [형] 마음에 드는, 선호하는, 좋아하는
preferueshëm [형] 오히려 나은, 보다 바람직한
prefëse [여] 연필깎이
prehem [동] ① 쉬다, 휴식하다 ② (죽어서) 묻히다; këtu prehet (죽은 자가) 여기 누워있노라
prehër [남] (앉았을 때) 허리에서 무릎까지의 부분
prehje [여] 쉼, 휴식
prej [전] ① ~으로부터; jam prej ~ 출신이다; prej fillimit deri në mbarim 처음부터 끝까지; prej se ~ 이래로 ② (~으로) 된[만들어진]; lugë prej druri 나무 스푼 ③ ~의; një popull prej tre milionësh 3백만의 사람들; dy prej nesh 우리 둘 ④ prej kohësh 오래 전에
prejardhje [여] 기원, 출처

prek [동] ① 손대다, 만지다, 접촉하다 ② 감동시키다, 감명을 주다 ③ (주제를) 다루다

prekem [동] ① 깊이 감동받다 ② 성내다

prekës [형] 감동적인, 감명을 주는

prekje [여] 접촉

prekshëm [형] 과민한, 예민한, 민감한

prekur [형] 감동된

premte [여] 금요일

premtim [남] 약속; mbaj premtimin 약속을 지키다

premtoj [동] 약속하다

premtues [형] 전도유망한, 가망 있는

prenkë [여] 주근깨, 기미

preras, prerazi [부] 단언적으로, 명확히

prerë [형] ① 자른; 줄인, 삭감한 ② 단정적인; (가격 따위가) 고정된; në mënyrë të prerë 단언적으로

prerje [여] ① 자르기, 베기, 절단, 절개 ② 사이가 틀어짐, 불화, 단절

pres[1] [동] 자르다, 베다, 절단하다, 절개하다; pres flokët 머리카락을 자르다

pres[2] [동] ① 기다리다; 기대하다 ② (손님을) 맞이하다, 받아들이다

presë [여] 압착기

president [남] 대통령

presion [남] 압력; tenxhere me presion 압력솥

presje [여] [문법] 쉼표, 콤마

presh [남·복] → pras

pretekst [남] 핑계, 구실

prezantim [남] 소개

prezantoj [동] 소개하다

prift [남] 성직자, 목사, 사제

priftëreshë [여] 여자 사제

prij [동] 이끌다, 인도하다, 안내하다

prijës [남] 지도자, 리더

prikë [여] (신부의) 지참금

prill [남] 4월; në prill 4월에

primitiv [형] 원시적인

princ [남] 왕자

princeshë [여] 공주

prind [남] 부모

prirë [형] ① 인도된, 이끌린, 안내받은 ② ~하고 싶어하는, (~의) 경향이 있는

prirje [여] ① 경향, 기울어짐 ② 천직, 직업, 소명

prish [동] ① 파괴하다, 망치다, 손상시키다, 황폐화하다 ② (단어를) 지우다, 삭제하다 ③ 낭비하다, 함부로 쓰다 ④ (신경을) 결딴내다 ⑤ prish gojën 욕설하다; nuk prish punë 그건 문제가 되지 않는다

prishem [동] ① 파괴되다; 멸망하다 ② (고기 따위가) 썩다, 부패하다 ③ prishem me dikë ~와 결별하다, 헤어지다

prishje [여] ① 파괴; 손상 ② (음식이) 상함, 썩음 ③ (돈의) 낭비 ④ (계약 따위의) 결렬, 사이가 틀어짐

prishur [형] ① 파괴된, 망친, 손상을 입은 ② (음식이) 썩은 ③ (장기 따위가) 탈이 난 ④ i prishur nga mendtë 미친, 제정신이 아닌

pritem¹ [동] ① 다치다 ② [기하] (선이) 교차하다 ③ (우유가) 시어지다

pritem² [동] ① 받아들여지다; 기대되다; siç pritej 기대한 대로, 예상한 대로 ② s'më pritet 나는 (~이) 하고 싶어 죽을 지경이다

pritë [여] 매복, 잠복; bie në pritë 복병을 만나다
pritje [여] ① 환영, 맞이; pritje e ngrohtë 따뜻이 맞이함 ② 기대; 기다림; dhomë pritjeje 응접실, 객실
privat [형] 사적인, 개인적인; jetë private 사생활
prizë [여] 전기 플러그
problem [남] ① 문제, 난문제 ② [수학] 문제; zgjidh një problem 문제를 풀다
proces [남] 과정, 공정, 처리 절차
proçkë [여] 큰 실수
prodhim [남] ① 생산, 산출 ② 산물, 생산품, 품목
prodhimtari [여] 생산성, 생산력
prodhoj [동] 생산하다, 제조하다
prodhues [형] 생산적인 — [남] 생산자, 제조업자
profesion [남] (전문) 직업
profesor [남] 교수
profet [남] 예언자
profkë [여] 시시한 짓, 난센스
program [남] 프로그램
prokuror [남] 검사, 검찰관; Prokurori i Përgjithshëm 검찰총장
pronar [남] 소유주
pronë [여] 재산, 소유물
pronësi [여] 소유권
propozim [남] 제안, 제의
propozoj [동] 제안하다, 제의하다; 추천하다
proshutë [여] 햄; 베이컨
protestë [여] 항의, 이의 제기
protestoj [동] 항의하다, 이의를 제기하다
protezë [여] [의학] 인공 보철물 (틀니·의족 등)

proverb [남] 속담, 격언

provë [여] ① 시험, 테스트, 실험; vë në provë 시험해보다 ② 증거, 증명

provim [남] 시험, 고사; marr provimin 시험에 통과[합격]하다; mbetem në provim 시험에 떨어지다

provoj [동] ① 증명하다 ② (옷 따위를) 입어보다 ③ 시도하다, ~하려 하다

prozhëm [남] 잡목 숲

prura [동] (> bie) 나는 가져왔다

prush [남] 타고 있는 석탄

psal [동] 성가(聖歌)를 부르다

psalm [남] 찬송가, 성가

pse [부] 왜?; pse jo? 왜 안돼? — [접] s'kam pse të qahem 나는 불평할 이유가 없다

psherëtij [동] 한숨짓다

psherëtimë [여] 한숨

publik [남] 공중, 대중 — [형] 공공의, 공중의

publikisht [부] 공개적으로, 공공연하게

puçërr [여] [병리] 농포(膿疱), 여드름

pudër [여] 가루, 분말

pufkë [여] 훅 불기

puhi [여] 산들바람

pulë [여] ① 암닭; zog pule 병아리; kotec pulash 닭장, 계사(鷄舍); mish pule 닭고기 ② më mirë një vezë sot sesa një pulë mot [속담] 숲 속의 두 마리 새보다 수중의 새 한 마리가 실속이 있다, 현실의 이익이 더 중요하다

pulëbardhë [여] [조류] 갈매기

pulëdeti [여] 칠면조 암컷

pulisht [남] 당나귀 새끼, 망아지

pulis [동] 윙크하다
pulitur [형] (눈이) 반쯤 감긴
pulpë [여] 종아리
puls [남] 맥박, 고동
pullaz [남] 지붕
pullë [여] ① 얼룩, 반점 ② (옷의) 단추 ③ pullë postale 우표
punë [여] 일, 노동, 업무; punë fizike [krahu] 육체 노동; punë e keqe 일이 잘 안된 상태; punë mendore 정신 노동; ditë pune 근무일, 평일; shok pune 동료 근로자; pushoj nga puna 해고하다; gjej punë 직장을 얻다; hyj në punë 고용되다; kërkoj punë 일자리를 찾다; s'prish punë 그건 문제가 되지 않아; shikoni punën tuaj 네 일이나 신경 써; si është puna? 무슨 일이야?
punëdhënës [남] 고용주
punësoj [동] 고용하다
punëtor [형] 열심히 일하는, 근면한 ― [남] 일하는 사람, 근로자, 노동자
punëtori [여] ① 노동자 계급 ② 작업장, 일터
punim [남] 일(하기), 근로, 노동
punishte [여] 작업장, 일터
punoj [동] ① 일하다; 공들이다, 애써 만들다; (땅을) 일구다 ② ia punoj dikujt ~에게 못된 짓을 하다
punonjës [남] 근로자, 고용인, 종업원 ― [형] 일하는
punuar [형] ① 일해서 만든, 공든 ② (땅이) 경작된
pupël [여] 깃털
puplajë [여] (조류의) 깃털
puq [동] 잇다, 연결하다, 접합하다
puqet [동] 연결되다, 이어지다; na puqet karakteri (~와 서로) 조화하다, 잘 협력하다

puq me [전] 다음에, 근처에, 가까이

pure [여] 퓨레 (채소와 고기를 데쳐서 거른 것); 매시트포테이토

puro¹ [여] 여송연, 시가

puro² [형] 순수한

purpurt [형] 자줏빛의, 보라색의

purtekë [여] 긴 막대기, 철봉

pus [남] 우물, 정(井); pus nafte 유정(油井)

pusi [여] 매복, 잠복

pusullë [여] (글로 쓰인) 기록, 노트

push [남] ① (얼굴의) 솜털 ② 부드러운 털로 덮인 천; 플러시(천); me push 플러시천의, 벨벳 같은

pushim [남] ① 중지, 중단; pushim zjarri 휴전; pa pushim 끊임없이 ② 휴식, 휴지(休止), 잠깐 쉼; bëj një pushim (잠시) 쉬다, 휴식을 취하다 ③ 휴가, 방학; pushimet verore 여름 휴가[방학]; ditë pushimi 휴일 ④ [의학] pushim zemre 심장 기능 장애 ⑤ pushim nga puna 직장에서의 해고[면직]

pushkatim [남] 쏘기, 발사

pushkatohem [동] 발사되다

pushkatoj [동] 쏘다, 발사하다

pushkë [여] 총, 화기(火器)

pusho [감] 쉿, 조용히!

pushohem [동] 해고되다

pushoj [동] ① 멈추다, 중단하다; pushoj së qari 울기를 멈추다, 그만 울다 ② 쉬다, 휴식하다 ③ 해고하다, 면직하다, 직장에서 내쫓다

pushtet [남] 권력, 권한

pushtim [남] 침략; 점령

pushtoj [동] 침략하다; 점령하다
pushtuar [형] 침략[점령]된
pushtues [형] 침략하는; 점령하는 ― [남] 침략자; 점령군
putër [여] (갈고리 발톱이 있는) 발
puth [동] 키스하다, 입맞추다
puthem [동] 키스하다, 입맞추다; puthem me dikë 서로 키스하다
puthje [여] 키스, 입맞춤
puthis [동] 가까운 관계로 만들다, 접촉하게 하다; 꼭 맞게 하다
puthitem [동] 관계가 가깝다; 꼭 맞다
puthitje [여] 관계가 가까움; 꼭 맞음
puthur [여] 키스, 입맞춤
pyes [동] ① 묻다, 질문하다; pyes për shëndetin e dikujt ~의 안부를 묻다, 문안하다 ② 요구하다, 요청하다 ③ 심문하다
pyetem [동] 질문을 받다; 심문을 받다
pyetës [형] 의문의, 질문의
pyetje [여] 질문; bëj një pyetje 질문을 하다
pykë [여] 못; 쐐기
pyll [남] 숲, 삼림
pyllëzim [남] 조림, 식림(植林)
pyllëzoj [동] 조림[식림]하다, 토지를 삼림으로 만들다
pyllëzuar [형] 조림[식림]된
pylltari [여] 임업(林業)

Q

qafë [여] ① 목, 뒷목 ② 산길 ③ heq qafe 죽이다, 제거하다; thyej qafën! 저리 꺼져!; marr më qafë dikë ~을 파멸로 내몰다; i bie më qafë dikujt ~을 괴롭히다

qafëgjatë [형] 목이 긴

qafështrembër [형] 목이 구부러진

qafok [형] 목이 짧은

qafore [여] ① 옷깃, 칼라 ② 목걸이; qafore qeni 개 목걸이

qahem [동] 불평하다, 우는 소리를 하다

qaj [동] 울다; ënjtem së qari 실컷 울다

qamet [남] 큰 재난[불행], 참사

qar [남] 이득, 수익

qaraman [형] 슬피 우는

qarë [중] 울기

qarje [여] 불평, 우는 소리

qark[1] [남] ① 원, 동그라미 ② [전기] 회로 ③ 지구(地區), 구역

qark[2] [부] 둘레에, 둘러서

qarkor[1] [형] 지역의, 지역에 속하는

qarkor[2] [여] 회보, 회람장

qarkullim [남] ① 순환 ② 교통; bllokim qarkullimi 교통 정체 ③ [상업] 유통

qarkulloj [동] 순환하다, 돌다

qarkullues [형] 순환의, 도는

qartas [부] 분명히, 명백하게

qartë [형] 분명한, 명백한, 뚜렷한; bëj të qartë 명백하게 하다

qartësi [여] 분명함, 명백함, 뚜렷함

qartësisht [부] 분명히, 명백하게

qartësohem [동] 분명해지다, 명백해지다

qartësoj [동] 분명히 하다, 명백하게 하다

qas [동] ① 접근시키다, 가까이하다 ② (들어오도록) 허가하다, 들이다

qasem [동] ① 접근하다, 다가오다 ② 철수하다, 가버리다; qasu që këtej! 여기서 꺼져!

qe¹ [동] [jam의 과거형] ai qe ~ 그는 ~이었다

qe² [남] ka²의 복수형

qebap [남] 케밥, 산적 요리

qeder [남] ① 손상, 피해 ② 걱정, 슬픔; s'më ha qederi 난 조금도 신경쓰지 않아

qederosem [동] (~에 대해) 걱정하다

qefin [남] 수의(壽衣)

qefull [남] [어류] 숭어

qehaja [남] 재산 관리인, 지주의 집사(執事)

qejf [남] ① 기쁨, 만족; në qejfin tim 기꺼이, 기쁘게 생각하여; i bëj qejfin (~을) 기쁘게 하다; me gjithë qejf 기꺼이; e bëj pa qejf ~을 마지못해 하다; kam qejf të ~하고 싶어하다; sipas qejfit (~이) 원하는 대로; i vij pas qejfit dikujt 유순하다, 시키는 대로 하다; më bëhet qejfi 기뻐하다 ② 재미, 즐거움; bëj qejf 즐기다 ③ 기분, 심정, 마음; jam në qejf 기분이 좋다; më mbetet qejfi 감정이 상하다; nuk e bëj qejfin qeder 조금도 신경쓰지 않다

qejfli [형] 방탕하게 사는, 재미를 즐기는

qejfpaprishur [형] 유순한, 고분고분한

qelb [남] 고름, 농즙(膿汁); zë qelb (상처가) 곪다, 화농하다 — [동] 악취를 풍기다, 고약한 냄새를 내다

qelbanik [형] 더러운, 불결한

qelbem [동] ① 썩다, 상하다, 부패하다 ② 더러워지다; 악취를 풍기다

qelbës [남] [동물] 스컹크

qelbësirë [여] ① 불쾌한 냄새, 악취 ② 지저분한 사람

qelbëzim [남] [병리] 화농(化膿)

qelbëzohet [동] (상처가) 곪다, 화농하다

qelbëzuar [형] (상처가) 곪은, 화농한

qelbur [형] ① 썩은, 상한, 부패한 ② 더러운, 불결한; 악취가 나는

qelepir [남] 공짜로 얻은 것, 팁; ha e pi qelepir 기식(寄食)하다

qelepirxhi [남] 식객, 기식하는 사람

qeleshe [여] (알바니아의) 페즈모(帽)

qeli [여] 감방

qelibar [남] [광물] 호박(琥珀)

qelizë [여] [생물] 세포

qelq [남] ① 유리; 유리잔, 글라스 ② koha u bë qelq 날씨가 개었다

qelqtë [형] 유리의, 유리로 만든; tub i qelqtë 유리관

qelqurina [여·복] 유리 제품

qemane [여] (구어체에서) 바이올린

qemer [남] 둥근 천장, 아치

qen [남] ① 개(犬); qen gjahu 사냥개; qen stani 목양견 ② kujto qenin, rrëmbe shkopin [속담] 호랑이도 제 말 하면 온다

qendër [여] 중앙, 중심; qendër banimi 주거 중심지

qendror [형] ① 중앙의, 중심의 ② 기본적인, 주요한

qenë[1] [중] 존재, 실재

qenë[2] [동] [jam의 과거분사형] kam qenë 나는 ~이어 왔다

qengël [여] (말(馬)의) 뱃대끈

qengj [남] 새끼 양, 어린 양

qenie [여] 존재; qenie njerëzore 인간

qep [동] 바느질하다, 꿰매다

qepallë [여] 눈꺼풀

qepem [동] ① 옷을 바느질하다 ② i qepem dikujt ~에게 달라붙다

qepen [남] 셔터, 덧문

qepë [여] [식물] 양파

qepës [형] 재봉의, 바느질의; makinë qepëse 재봉틀

qepje [여] 바느질, 꿰매기

qepujkë [여] 작은 양파

qeramidhe [여] 타일, 기와

qeramikë [여] 도기류, 세라믹

qeras [동] 융숭하게 대접하다

qerasje [여] 융숭한 대접

qere [여] [병리] 동전 버짐, 백선(白癬)

qereç [남] 모르타르, 회반죽

qereste [여] 재목, 목재

qeros [남] 대머리

qerpiç [남] 어도비 벽돌, 점토 벽돌; mur me qerpiçë 토담, 토벽(土壁)

qerpik [남] 속눈썹

qershi [여] [식물] 체리

qershor [남] 6월

qerthull [남] ① 물레 ② 그룹, 서클, 집단, ~회(會)

qerrata [남] 교활한 인간

qerre [여] 수레

qerrtar [남] 수레 끄는 사람

qese [여] ① 가방 ② 지갑 ③ 주머니; qese duhani 담배 파우치

qesëndi [여] 놀리기, 조롱

qesëndis [동] 놀리다, 조롱하다

qeskë [여] ① 작은 가방 ② [해부] 방광

qesh [동] ① 웃다; më vjen për të qeshur 나는 웃지 않을

수 없다, 실소를 금치 못하겠다; qesh mirë kush qesh i fundit 마지막에 웃는 자가 가장 잘 웃는 자다, 최후의 승자다 ② 비웃다, 놀리다; qesh me dikë ~을 보고 비웃다

qesharak [형] 웃기는, 우스운; bëhem qesharak 웃음거리가 되다, 바보짓을 하다

qeshje [여] 웃음

qeshur [형] 웃는, 미소짓는 ― [여] 웃음

qetas [부] ① 조용히 ② 비밀리에, 몰래

qetë [형] 고요한, 조용한, 잔잔한, 평온한, 차분한; rri i qetë 가만히 있다; më ler të qetë 나를 좀 가만 내버려둬

qetë-qetë [부] 조용히, 평온하게

qetësi [여] 고요, 조용함, 평온; prish qetësinë 평화를 교란시키다; qetësi! 조용히 해!

qetësisht [부] 조용히, 잔잔하게

qetësohem [동] 가라앉다, 잠잠해지다

qetësoj [동] 가라앉히다, 잠잠하게 하다

qetësues [형] ① 잠잠하게 하는 ② [의학] 진정제의

qeth [동] 머리카락을 자르다; (양털 따위를) 깎다

qethem [동] (자신의) 머리카락을 깎다

qethës [형] 자르는, 깎는

qethje [여] 이발; (양털 따위를) 깎기

qethur [형] 자른, 깎은

qeveri [여] 정부(政府)

qeveris [동] ① 다스리다, 지배하다, 통치하다 ② 경영하다, 운영하다

qeverisem [동] 통치되다

qeverisje [여] ① 통치, 다스림 ② 경영, 운영

qeveritar [남] 정부 관리 ― [형] 정부의, 행정 기관의

që [대] [관계대명사] ~한[인] 것[사람]; ai që hyri 들어온 사람; ditën që e takova 내가 그녀를 만났던 (그) 날 ― [접] ~라는 것(은); në mënyrë që, me qëllim që ~하기

위해; të faleminderit që erdhe 와준 데 대해 감사한다; e di që ai mungon 나는 그가 없다는 것을 안다 — [전] ~으로부터, ~에서; që këtu i) 여기로부터, 이곳에서 ii) ~이래로; që atëherë 그때 이후로; që më parë 미리, 사전에; që sot e tutje 지금부터 — erdhën që të dy 그들은 둘 다 왔다

qëkur [부] 오래 전에; ka qëkur që ka ndodhur 그건 오래 전에 일어났다

qëkurse [접] ~ 이래로[이후로]

qëllim [남] 의도, 의향; 목적; pa qëllim 목적 없이, 고의가 아닌; për këtë qëllim 그런 목적으로; kam për qëllim 의도하다; me ç'qëllim? 무슨 목적으로?; me qëllim që ~하기 위해, ~할 목적으로

qëllimisht [부] 고의로, 의도적으로

qëlloj [동] ① 때리다, 치다 ② (화기(火器)를) 쏘다, 발사하다

qëllohem [동] ① 맞다, 타격을 받다 ② (일이 우연히) 일어나다, 발생하다; qëllova aty 나는 우연히 거기 있었다; qëllon shpesh 그건 자주 일어난다

qëmoçëm [형] 고대의, 옛날의

qëmoti [부] 고대에, 옛날에

qëndis [동] 수놓다

qëndisje [여] 자수, 수놓음; kuti për qëndisje 반짇고리

qëndistar [남] 수놓는 사람

qëndismë [여] 자수, 수놓음

qëndresë [여] ① 멈추는 곳; 정류장 ② 저항, 반항

qëndrim [남] ① 멈춤; 체류, 머무름 ② 태도, 관점, 견지

qëndroj [동] ① 멈추다; 머무르다, 묵다, 체류하다 ② 저항하다

qëndrueshëm [형] ① 저항하는 ② 굳은, 흔들리지 않는 ③ 내구성 있는, 오래가는

qëndrueshmëri [여] ① 저항 ② 굳음; 안정성, 흔들리지 않음

qëparë [부] 방금 전에

qërohem [동] 가 버리다; qërohu! 저리 꺼져!
qëroj [동] ① 껍질[껍데기]을 벗기다[까다] ② 이를 쑤시다 ③ qëroj hesapet me ~와의 거래를 청산하다
qibar [형] 까다로운, 괴팍스러운, 가리는
qibër [여] 까다로움, 괴팍스러움, 이것저것 가리기
qiell [남] ① 하늘 ② 천국 ③ e ngre dikë në qiell ~을 높이 찬양하다
qiellor [형] 하늘의; 천국의
qiellzë [여] [해부] 입천장, 구개(口蓋)
qilar [남] 지하실, 지하 저장소
qilim [남] 카페트, 융단
qime [여] ① 머리카락; 털 ② shpëtoj për një qime 구사일생으로 살아나다; ujku qimen e ndërron, huqin s'e harron [속담] 본성은 고치지 못한다
qimegjatë [형] 머리가 긴
qimekuq [형] 머리카락이 붉은
qimezi [형] 머리카락이 검은
qimton [동] 눈이 내린다
qind [남] 백 (100); qind për qind 100퍼센트; me qindra 수백씩, 몇백이나
qindarkë [여] [화폐의 단위] 센트; s'kam asnjë qindarkë 나는 돈이 조금도 없다
qindëshe [여] ① 백 (100) ② 100레크짜리 지폐
qindvjeçar [형] 100세의
qindvjetor [남] 100년간; 100주년
qingël [여] (말(馬)의) 뱃대끈
qiparis [남] [식물] 사이프러스
qiqër [여] [식물] 이집트콩, 병아리콩
qira [여] ① 임대, 임차; jap me qira 임대하다, 빌려주다; marr me qira 임차하다, 빌리다 ② 임대료 (집세 따위); sa është qiraja? 임대료가 얼마입니까?; paguaj qiranë 임대

료를 내다 ③ nuk ia vlen barra qiranë 그것은 할 만한 가치가 없다
qiramarrës [남] 임차인, 차용인
qiraxhi [남] 차용인
qiri [남] 양초
qiriç [남] (붙이는·바르는) 풀
qit [동] 발사하다; 힘으로 움직이게 하다; i qit gjumin dikujt ~을 일어나게 하다
qitës [남] 사수(射手)
qitje [여] 발사, 사격
qitro [여] [식물] 라임
qivur [남] (시체를 넣는) 관
qofsha [동] (> jam) 내가 ~하기를[할 수 있기를]!
qofte [여] 미트볼, 고기완자
qoftë[1] [접] qoftë ~ qoftë ~ ~이거나 또는 ~; qoftë unë, qoftë gruaja do të vijmë 내 아내와 나 둘 다 올 것이다
qoftë[2] [동] (> jam) ~하기를!; ashtu qoftë! 그러하기를!
qoftëlarg [남] 악마, 마귀, 사탄
qortim [남] 비난, 질책
qortoj [동] 비난하다, 꾸짖다
qortueshëm [형] 비난받을 만한
qorr [남] 장님, 소경, 시각 장애인 — [형] ① 눈 먼 ② 애꾸의 ③ zorra qorre [해부] 맹장
qorrazi [부] 맹목적으로
qorrohem [동] 눈이 멀다
qorroj [동] 눈 멀게 하다
qorrsokak [남] 막다른 골목; 궁지
qose [형] 수염 없는, 털이 없는 — [여] 털이 없는 사람
qostek [남] 회중시계의 쇠줄
qoshe [여] 구석, 코너; qoshe më qoshe 어디에나, 도처에
qoshk [남] 스탠드, 노점, 키오스크; qoshk gazetash 신문 가

판대

quaj [동] ① (이름을) 부르다; si ju quajnë? 이름이 무엇입니까? ② (~이라고) 생각하다, 여기다, 간주하다; e quaj veten me fat 나는 내가 운이 좋다고 생각한다

quajtur [형] 이름이 (~이라고) 불린

quhem [동] ① (이름이) 불리다; si quheni? 이름이 무엇입니까? ② (~이라고) 생각되다

quk [동] (부리 따위로) 쪼다

qukapik [남] [조류] 딱따구리

qukë [여] ① 보조개 ② 얽은 자국

qull[1] [동] (흠뻑) 적시다

qull[2] [남] 죽, 걸쭉한 것 — [부] bëhem qull 물에 빠진 생쥐가 되다

qullem [동] (흠뻑) 젖다

qullos [동] 일을 서투르게 하다, 망쳐 놓다

qullur [형] (흠뻑) 젖은

qumësht [남] 젖, 우유; qumësht pluhur 분유; qumësht i kondensuar 가당연유; i jap qumësht fëmijës 아이에게 젖을 먹이다; prodhime qumështi 유제품; i kam buzët me qumësht 애송이의, 풋내기의, 젖내가 나는

qumështor [남] 커스터드 파이

qumështshitës [남] 우유 장수

qurra [여·복] 콧물

qurraman [형] → qurravec

qurrash [형] → qurravec

qurravec [형] 콧물을 흘리는, 지저분한

qyfyr [여] 농담, 익살

qyl [남] 공짜를 바라는 게으른 사람; i bie qylit (~에게) 빌붙어 살다

qylxhi [남] 남에게 빌붙어 사는 사람

qymez [남] 닭장, 계사(鷄舍)

qymyr [남] 숯, 목탄
qymyrgur [남] 석탄
qymyrshitës [남] 숯 장수
qymyrxhi [남] 숯 제조인
qyng [통] 관, 파이프
qyp [남] 단지, 병
qyqar [형] 외로운, 고독한 — [남] 외로운[불쌍한] 사람
qyqe [여] [조류] 뻐꾸기
qyqja [감] 아아, 슬프도다!
qyrek [남] 흙손, 모종삽
qyrk [남] 모피 코트
qysqi [여] 쇠지레
qysh [부] ① 어떻게; qysh jeni? 어떻게 지내요? ② 무엇, 무슨; qysh thatë? 뭐라고 말했니? — [전] qysh (se) ~ 이래로; qysh atëherë 그때 이후로; qyshtani 지금부터, 금후
qyshdo [부] 어쨌든
qytet [남] 도시, 읍
qytetar [남] 시민, 도시 거주자 — [형] 시민의; të drejtat qytetare 공민권
qytetari [여] 시민권
qytetërim [남] 문명
qytetërohem [동] 문명화되다
qytetëroj [동] 문명화하다
qytetëruar [형] 문명화된
qytetërues [형] 문명화하는
qytetës [형] 도시의, 읍의; shkollë qytetëse 시내 학교
qytezë [여] 작은 도시[읍]
qytë [여] (총의) 개머리

R

ra [동] (> bie) (~이) (아래로) 떨어졌다; 죽었다; ra në fushën e betejës 그는 전장에서 죽었다; më ra ndër mend diçka 그것이 나에게 일어났다
rabeckë [여] [조류] 참새
racë [여] ① (동물의) 종(種), 품종; kalë race 순혈종(純血種)의 말(馬) ② 인종
racial [형] 인종의, 인종적인; dallim racial 인종 차별
racion [남] 몫, 배급
radio [여] 라디오
radioaparat [남] 라디오 수신기
radiografi [여] 엑스선 사진
radioskopi [여] 엑스선, 엑스레이
radhazi [부] ① 차례로, 번갈아 ② 잇따라, 연속적으로
radhë [여] ① 줄, 열(列); rri në radhë 한 줄로 서다; vihemi në radhë 열에 서다 ② 순서, 차례; me radhë 차례로, 번갈아; në radhë të parë 무엇보다도, 우선; e kështu me radhë 기타, ~등등
radhiqe [여] [식물] 치커리, 꽃상추
radhit [동] 정렬시키다
radhitem [동] 정렬하다, 한 줄로 서다
radhitës [남] 식자기
radhua [남] 습자책
rafinuar [형] ① (석유 따위가) 정제[정련]된 ② (사람이) 교활한
raft [남] ① 선반, 시렁 ② 책꽂이, 책장 ③ 찬장, 식기대
rajon [남] ① 지역, 지구, 지대 ② (도시의) 구(區)

raketë [여] ① [스포츠] (테니스 등의) 라켓 ② 로케트; 미사일
raki [여] 라키 (증류주의 일종)
rang [남] 계급, 계층, 등급
ranishte [여] 모래 언덕
ranor [형] 모래가 많은
raport [남] ① 보고; 기술(記述) ② 비(比), 비율
raportoj [동] 보고하다
rasë [여] ① 성직자복(服) ② [문법] 격(格)
rast [남] ① 경우, 때; 상황; me rastin e (~을) 맞이하여, (~에) 즈음하여; në asnjë rast 어떤 상황에서도 ~않다; në rast nevoje 위급할 때, 필요할 때; në çdo rast 어떤 경우에도; në këtë rast 이런 경우에는; në rast të kundërt 그렇지 않으면, 다른 경우에는 ② 기회
rastësi [여] 우연, 뜻밖의 일
rastësishëm [형] 우연한, 뜻밖의
rastësisht [부] 우연히
rastis [동] 우연히 일어나다[발생하다], 어쩌다보니 ~하게 되다; rastisa aty 나는 어쩌다가 거기 있게 되었다
rashë [동] [bie의 과거형] 나는 (아래로) 떨어졌다; rashë të flija 나는 잠자리에 들었다
rashqel [남] 갈퀴, 써레
re[1] [여] 구름; kohë me re 구름 낀[흐린] 날씨
re[2] [동] 관찰하다, 주목하다; vini re! 잘 봐!, 주목!
re[3] [여] ① 며느리 ② 신부(新婦) ③ 소식, 뉴스; ç'të reja kemi? 뉴스가 뭐야?
re[4] [형] [ri의 여성형] ① 새로운 ② 젊은, 어린; vajzë e re 어린 소녀
reagoj [동] 반응하다
real [형] 진짜의, 실제의
realisht [부] 정말, 실제로
realitet [남] 진실성, 현실성, 사실

realizim [남] 실현, 구현, 달성
realizohet [동] 실현되다, 달성되다
realizoj [동] 이루다, 실현하다, 달성하다
realizueshëm [형] 실현할 수 있는
rebel [남] 반역자, 반란군
rebelim [남] 반역, 반란
recetë [여] ① (의사가 약사에게 써 주는) 처방(전) ② (요리의) 조리법, 레시피
reciprok [형] 상호간의
reciprokisht [부] 서로, 상호간에
reçel [남] 잼
redaktor [남] 편집자
reformë [여] 개혁, 개정
refugjat [남] 피난자, 망명자, 도망자
refuzim [남] 거절, 거부
refuzoj [동] 거절하다, 거부하다
regj [동] ① (가죽을) 무두질하다 ② (경험·연습을 통해) 단련하다
regjem [동] 단련되다
regjës [남] 가죽을 무두질하는 사람
regjim [남] 정체(政體), 체제
regjistër [남] 등록부, 장부
regjistrim [남] ① 등록 ② (라디오 등의) 녹음 ③ (기계 등의) 조정, 조절
regjistrohem [동] 등록되다
regjistroj [동] ① 등록하다, 기입하다 ② 녹음하다 ③ (기계 등을) 조정[조절]하다
regjje [여] (가죽의) 무두질
regjur [형] ① (가죽이) 무두질된 ② (경험·연습을 통해) 단련된
rehat [남] 고요, 평온, 평안, 잔잔함 — [부] 편안하게; lëmë rehat 날 좀 내버려 둬!

rehati [여] 평온, 편안함
rehatohem [동] 진정하다, 누그러지다
rehatoj [동] 달래다, 진정시키다, 누그러뜨리다
rehatshëm [형] 편안한
rehen [남] 전당(典當), 담보
reklamë [여] 광고, 선전
rekomande [형] letër rekomande 등기 편지
rekomandim [남] 추천; letër rekomandimi 추천서[장]
rekomandohet [동] 추천되다, 권할 만하다
rekomandoj [동] 추천하다
rekord [남] [스포츠] 기록; mbaj rekordin 기록을 보유하다; thyej rekordin 기록을 깨다, 신기록을 수립하다
rekrut [남] [군사] 신병
rekrutim [남] [군사] 신병 모집; 병적 편입
rekrutoj [동] [군사] 신병을 모집하다; 병적에 편입시키다
rem [남] 구리, 동; 놋쇠, 황동
remtar [남] 구리 세공인
rend¹ [남] ① 순서, 차례; në rend alfabetik 알파벳 순서로 ② 질서; rend publik 공공[사회] 질서, 치안 ③ rendi i ditës 의사(議事)일정
rend² [동] 뛰다, 달리다, 빨리 가다
rende [여] 강판; grij në rende 강판에 갈다
rendiment [남] 생산량, 수확
rendit [동] 정돈하다, 배열하다, 질서 정연하게 하다
renditem [동] 정돈되다, 질서 정연하게 되다
rendje [여] 뛰기, 달리기
repart [남] ① 구획, 부서 ② [군사] 부대
reporter [남] 통신원, 보고자
republikë [여] 공화국; Republika Jugafrikane 남아프리카 공화국
resë [여] 시기, 질투
respekt [남] 존경, 존중, 경의

respektohem [동] 존경받다
respektoj [동] 존경하다
respektueshëm [형] 존경할 만한
restorant [남] 식당, 레스토랑
reshje [여·복] 강수량
resht [동] 멈추다, 중지하다, 그만두다
reshtje [여] 멈춤, 중지, 중단
reshtur [부] 끊임없이
revan [남] (말(馬)의) 빠른 걸음, 속보
revani [여] 스펀지 케이크
revistë [여] 잡지, 평론 잡지
revolver [남] (탄창 회전식) 연발 권총, 리볼버
reze [여] 걸쇠, 빗장
rezervë [여] 예비, 보존
rezervohem [동] 예비되다, 보존되다
rezervoj [동] ① 따로 떼어두다, 남겨두다, 예비[보존]하다 ② 예약하다
rezervuar [형] 따로 떼어둔, 남겨둔, 예비의, 보존된
rezistencë [여] 저항, 반항
rezistoj [동] 저항하다, 반항하다
rezultat [남] ① 결과; pa rezultat 결실이 없는, 무익한 ② [스포츠] 득점 기록, 스코어
rëndesë [여] [물리] 중력, 지구의 인력
rëndë [형] ① 무거운 ② 어려운, 힘든, 곤란한 ③ (실수·잘못 따위가) 중대한, 심각한 ― [부] 중대하게, 대단히, 심각하게
rëndë-rëndë [부] 자랑스럽게
rëndësi [여] 중요성, 중대함, 심각성; ka rëndësi 중요하다; s'ka rëndësi 그건 별로 중요하지 않다, 문제가 되지 않는다
rëndësishëm [형] 중요한, 중대한
rëndohem [동] ① 무거워지다; 부담이 커지다 ② 심각해지다; 악화되다, 나빠지다

rëndoj [동] ① 무겁게 하다; 과적(過積)하다, 부담을 많이 지우다 ② (비유적으로) 심각하게 하다; 악화시키다, 더 나빠지게 하다
rëndom [부] 자주, 빈번하게
rëndomtë [형] 보통의, 일상적인, 평범한
rënë [동] bie의 분사 형태
rënie [여] (아래로) 떨어짐, 낙하, 강하; rënie tensioni [전기] 강압(降壓)
rënkim [남] 신음, 끙끙거리기
rënkoj [동] 신음하다, 끙끙거리다
rërë [여] 모래
ri [형] ① 젊은, 연소한; më i ri 더 어린 ② 새로운, 신품의; Viti i Ri 새해 ③ 현대적인 — [남] 젊은이
riatdhesim [남] (본국으로의) 송환
ribëj [동] 다시 하다; 개정하다
ribotim [남] (인쇄물의) 재판(再版)
ribotohet [동] (인쇄물이) 재판되다
ribotoj [동] (인쇄물을) 재판하다, 다시 찍다
ricin [남] [식물] 아주까리, 피마자; vaj ricini 아주까리기름, 피마자유
riedukohem [동] 재교육을 받다
riedukoj [동] 재교육하다
rifillim [남] 다시 시작함, 재개(再開)
rifilloj [동] 다시 시작하다, 재개하다
rifitoj [동] 되찾다, 회복하다; (건강을) 회복하다
rigë [여] (액체가) 방울방울 떨어짐
rigon [남] [식물] 오레가노, 마저럼
rigorozisht [부] 엄하게, 혹독하게
rihap [동] 다시 열다, 재개하다
rihapet [동] 다시 열리다, 재개되다
rihapje [여] 다시 열기, 재개

rikë [여] 새끼 오리
rikthej [동] (물건을) 되돌려주다, 반환하다
rikujtim [남] 회상, 상기, 다시 기억함
rilind [동] 되살아나다, 부활하다
rilindje [여] ① 부활, 재탄생, 되살아남 ② [역사] 르네상스
rimëkëmb [동] 재건하다, 원상 복귀시키다
rimëkëmbem [동] 재건되다, 원상 복귀되다, 회복되다
rimëkëmbje [여] 재건, 회복, 복구
rindërtim [남] 재건(축)
rindërtohet [동] 재건(축)되다
rindërtoj [동] 재건(축)하다
ringjall [동] 소생시키다, 되살리다
ringjallem [동] 소생하다, 되살아나다, 의식을 되찾다
ringjallje [여] 소생, 되살아남
rini [여] 젊음
rinohem [동] 젊게 보이다
rinoj [동] 젊게 만들다
rinor [형] 젊은, 젊은이의 특색이 있는
riorganizohet [동] 재편성되다, 개조되다
riorganizoj [동] 재편성하다, 개조하다
riparim [남] 수선, 수리
riparohet [동] 수선[수리]되다
riparoj [동] 수선[수리]하다, 고치다
riparueshëm [형] 수선[수리]할 수 있는
riprodhim [남] 번식, 생식
riprodhoj [동] 번식하다, 생식하다
ripunim [남] 개정, 수정
ripunohet [동] 개정되다, 수정되다
ripunoj [동] 개정하다, 고치다
rishfaq [동] 다시 보이다
rishfaqet [동] 다시 나타나다, 재현하다

rishfaqje [여] 재현(再現)
rishikim [남] 재시험, 재조사, 재검토
rishikohet [동] 재검토되다
rishikoj [동] 재시험하다, 재조사하다, 재검토하다
rishqyrtim [남] → rishikim
rishqyrtoj [동] → rishikoj
rishtas [부] 새롭게, 최근에
ritëm [남] 리듬, 장단
ritmikisht [부] 리드미컬하게, 율동적으로
rivendos [동] 원래[이전] 상태로 되돌리다
rivendosem [동] 원래[이전] 상태로 되돌려지다
rivendosje [여] 원래[이전] 상태로 되돌아감
rizë [여] 수건, 타월
rizgjedh [동] 재선(再選)하다
rizgjedhje [여] 재선
rob [남] ① 사람(들) ② (전쟁) 포로 ③ 농노, 노예
robëri [여] 노예 상태, 노예임
robërim [남] 노예화
robërohem [동] 노예가 되다
robëroj [동] 노예로 만들다
robërues [형] 노예로 만드는
robtohem [동] 과로로 죽다, 과로사하다
rodhan [남] 실패, 얼레, 보빈
rodhe [여] [식물] 밤송이
rois [동] (벌이) 떼를 짓다; 분봉(分蜂)하다
rojë [여] 경비원; rojë personale 보디가드, 경호원
rojtar [남] 경비원
rol [남] ① 역할, 임무, 기능; luaj një rol 역할을 하다 ② 중요성; s'luan rol 중요하지 않다
romak [형] 로마의
roman [남] (장편) 소설

romantik [형] 낭만적인, 로맨틱한
rosak [남] 수오리
rosë [여] [조류] (암)오리
rosto [여] 구운 고기
ruaj [동] ① 지켜보다, 감시하다, 경계하다; 관리하다 ② (식품을) 보존[저장]하다 ③ 남겨 두다, 보유하다
ruajtës [남] 감시인
ruajtje [여] 보존, 저장; 보호
rubë [여] 손수건
rubinet [남] (수도 등의) 물꼭지; hap [mbyll] rubinetin 물꼭지를 열다[잠그다]
rufis [동] 홀짝이다, 한 모금 마시다
ruhem [동] 조심하다, 주의를 기울이다; ruhuni nga boja 페인트칠에 주의하다
rul [남] 롤러
Rumani [여] 루마니아
rumanisht [부] 루마니아어로
rumanishte [여] 루마니아어
rumun [형] 루마니아의 — [남] 루마니아 사람
rus [형] 러시아의 — [남] 러시아 사람
Rusi [여] 러시아
rusisht [부] 러시아어로
rusishte [여] 러시아어
ryshfet [남] 뇌물; jap ryshfet 뇌물을 주다, 매수하다

Rr

rradake [여] ① 두개골 ② 머리

rrafsh [남] ① 평면 ② 평지, 평원 — [부] ① 평평하게, 평탄하게 ② i mbushur rrafsh 가득 부어

rrafshët [형] 평평한, 고른, 수평의; tokë e rrafshët 평지, 평평한 땅

rrafshim [남] 평평하게 하기, 고르기

rrafshinë [여] [지리] 평지, 평원, 평야

rrafshnaltë [여] 평지

rrafshohet [동] 평평해지다

rrafshoj [동] ① 평평하게 하다, 고르다 ② (도시를) 파괴하다, 무너뜨리다

rrah [동] 치다, 때리다; rrah ujë në havan (허공을 치듯이) 헛수고하다

rrahje [여] ① 치기, 때리기 ② 두근거림, 고동 ③ (문제의) 토론, 논의

rrahur [형] 두들겨 맞은

rraketake [여] 딸랑이 (장난감)

rrallë [형] ① 드문, 희귀한 ② 성긴, 희박한 — [부] 드물게; më të rrallë 이따금

rrallëherë [부] 드물게

rrallim [남] 희박한 상태

rrallohet [동] 희박해지다

rralloj [동] 희박하게 하다

rrangulla [여·복] 잡동사니

rraqe [여·복] 잡동사니

rras [동] 압착하다, 내리누르다
rrasë [여] 평평한 바위; 점판암, 슬레이트
rraskapit [동] (기운을) 소진시키다, (심신을) 극도로 피로하게 하다
rraskapitem [동] 과로하다, 녹초가 되다
rraskapitës [형] (기운을) 소진시키는, (심신을) 극도로 피곤하게 하는
rraskapitje [여] 극도의 피로, 기진맥진
rraskapitur [형] 극도로 피곤한, 기진맥진한
rrathë [남·복] rreth의 복수형
rrebesh [남] 억수 같은 비
rrebull [남] [병리] 농가진(膿痂疹)
rreckë [여] 넝마, 헌 천조각
rreckos [동] 갈가리 찢다, 해어지게 하다
rreckosem [동] 갈가리 찢기다, 해어지다
rreckosur [형] 갈가리 찢긴, 해어진
rregull [남] ① 질서; çdo gjë është në rregull 모든 것이 질서 정연하다; në rregull! 좋아! ② 표준, 규범 — [여] 규칙, 원칙; 규정
rregullim [남] 정돈, 정리, 조정
rregullisht [부] 규칙적으로
rregullohem [동] 정돈되다, 안정되다; 조정되다
rregulloj [동] 정돈하다, 정리하다, 조정하다
rregullore [여] 규칙, 규정
rregullt [형] ① 규칙적인 ② 표준의; 적절한
rrej [동] 거짓말하다, 속이다
rrejshëm [형] 거짓의, 위조의
rrem [남] (배를 젓는) 노
rremë [형] 거짓의, 틀린; alarm i rremë 허위 경보
rremtar [남] 노 젓는 사람
rrenacak [남] 거짓말쟁이

rrenë [여] 거짓말

rreng [남] 속임수, 트릭; i luaj një rreng dikujt ~에게 트릭을 쓰다

rrepë [여] [식물] 순무

rreptë [형] 엄한, 엄격한

rreptësi [여] 엄격함

rreptësisht [부] 엄하게, 엄격하게; ndalohet rreptësisht 그건 엄금돼있다

rreshk [동] 노릇노릇하게 굽다

rreshkem [동] ① 노릇노릇하게 구워지다 ② 말라 비틀어지다, 시들다

rresht [남] 줄, 열, 정렬; vihem në rresht 열에 서다 — [부] 잇따라, 연속해서; tri gota rresht 연거푸 세 잔

rreshter [남] [군사] 부사관

rreshtim [남] 정렬, 일직선을 이루기; [군사] 대형(隊形), 대열

rreshtohem [동] 줄을 맞춰 서다

rreshtoj [동] 정렬시키다, 일직선으로 하다, 줄을 맞추다

rreshtor [형] 서수(序數)의

rreth [남] ① 원, 동그라미 ② 고리, 테 ③ 지구, 지역, 구역 — [부] 주위에, 둘레에; rreth e qark 돌고 돌아, 빙글빙글 — [전] (~에) 관하여; flas rreth një çështjeje 어떤 주제에 관해 말하다

rrethanë [여] 사정, 상황

rrethim [남] [군사] 포위

rrethinë [여] 근교, 시외

rrethoj [동] ① 둘러싸다, 에워싸다 ② 울타리를 치다 ③ 포위하다, 포위하여 공격하다

rrethojë [여] (방어용) 울짱

rrethor [형] 원형의, 고리 모양의

rrethuar [형] (울타리 따위로) 둘러싸인

rrezatim [남] 방사, 복사

rrezatoj [동] (빛 따위를) 발하다, 방출하다, 방사[복사]하다
rrezatues [형] (빛 따위를) 발하는, 방출하는, 방사[복사]하는
rreze [여] 광선, 빛살
rrezik [남] 위험(성); jam në rrezik 위험에 처해 있다; jam jashtë rrezikut 위험에서 벗어나 있다; vë kokën në rrezik 목숨을 걸다, 위험을 무릅쓰다
rrezikohem [동] 위험에 처하다, 위험을 무릅쓰다
rrezikoj [동] 위험에 처하게 하다, 위태롭게 하다
rrezikshëm [형] 위험한
rrezitem [동] 일광욕을 하다
rrëfehem [동] ① 밝혀지다, 드러나다 ② (종교적으로) 죄를 고백하다
rrëfej [동] ① 말하다, 이야기하다 ② 고백하다 ③ 가리키다, 지시하다; 보여주다, 드러내다
rrëfenjë [여] 이야기
rrëfim [남] (종교적인) 죄의 고백
rrëgjohem [동] 움츠러들다, 위축되다
rrëgjoj [동] 위축되게 하다
rrëke [여] 급류
rrëkëllej [동] ① 넘어뜨리다, 구르게 하다 ② (마실 것을) 단숨에 들이키다
rrëmbehem [동] ① 급히 행동하다, 서두르다 ② (완전히) 사로잡히다
rrëmbej [동] ① 움켜쥐다; rrëmbej armët 무기를 들다, 전쟁 준비를 하다 ② 납치하다
rrëmbimthi [부] 맹렬하게, 격렬하게
rrëmbyer [형] ① 급한, 서두르는 ② 열정적인
rrëmbyes [남] 납치범
rrëmbyeshëm [형] (비가) 억수 같이 내리는
rrëmet [남] 군중, 다수, 무리, 떼
rrëmih [동] 파다, 굴착하다

rrëmihet [동] 파이다
rrëmihës [남] 파는 사람
rrëmim [남] 파기, 굴착
rrëmohet [동] 파이다
rrëmoj [동] 파다, 파헤치다
rrëmujaxhi [남] ① 말썽꾸러기 ② 흐트러진[너저분한] 사람
rrëmujë [여] 혼란, 혼돈, 무질서; bëj rrëmujë 망쳐 놓다, 어질러 놓다
rrëngjeth [동] 떨리게 하다, 소름끼치게 하다
rrëngjethem [동] 몸서리치다, 소름이 끼치다
rrëngjethës [형] 몸서리쳐지는, 소름끼치는
rrëngjethje [여] 전율, 몸서리
rrënim [남] 파괴, 파멸, 멸망, 황폐화
rrënohem [동] 파멸하다, 전락하다
rrënoj [동] 파괴하다, 파멸시키다, 황폐화하다
rrënues [형] 파괴적인, 파멸시키는
rrënxim [남] [의학] 탈장, 헤르니아
rrënxohem [동] [의학] 헤르니아에 걸리다
rrënjë [여] 뿌리, 근원, 근본
rrënjësisht [부] 근본적으로
rrënjësor [형] 근본적인
rrënjos [동] ① 뿌리박게 하다, 깊이 심다 ② (사상·감정 등을) 되풀이하여 가르치다, 마음에 심어주다, 주입시키다
rrënjoset [동] (사상·감정 등이) 주입되다
rrënjosje [여] 뿌리 박게 하기, 깊이 심기, 주입
rrëpirë [여] 가파른 면, 절벽
rrëpirët [형] 가파른
rrëshirë [여] 수지(樹脂), 송진
rrëshqas [동] 미끄러지다
rrëshqitës [형] 미끄러운
rrëshqitëse [여] 썰매

rrëshqitje [여] 미끄러지기

rrëzë [여] ① 기저, 최하부; (나무의) 밑동; (산의) 기슭 ② 강변, 강기슭

rrëzim [남] 쓰러뜨리기, 몰락

rrëzohem [동] ① 쓰러지다, 넘어지다 ② (시험 따위에) 실패하다

rrëzoj [동] ① 쓰러뜨리다, 넘어뜨리다, 격추하다 ② (시험 따위에) 실패하다

rri [동] ① 어떤 위치나 상태를 일정 시간 동안 유지하다, 머무르다, 서 있다; rri më këmbë 일어서다; rri i qetë 가만히 있다; rri shtrirë 눕다, 누워 있다; rri urtë! 조용히 해!; rri në shtëpi 집에 머무르다, 집에 있다 ② 앉아 있다, 앉다; rri ulur 앉다

rrihem [동] 두들겨 맞다

rrikë [여] [식물] 양고추냉이

rrip [남] ① 끈, 벨트; 가죽끈, 혁대; (개를 매어두는) 끈 ② (땅의 일정한) 지역, 구역

rripem [동] 껍질이 벗겨지다; 뜯겨지다

rriskë [여] 얇게 썬 조각

rrit [동] ① 늘리다, 증가시키다 ② 아이를 키우다, 양육하다 ③ (동물을) 사육하다; (식물을) 기르다, 재배하다

rritem [동] ① 늘다, 증가하다 ② 자라다, 성장하다

rritës [남] 양육자; 사육자, 기르는 사람

rritje [여] ① 증가, 증대 ② 아이를 키우기, 양육 ③ (동물의) 사육; (식물의) 재배

rritur [형] (다) 자란, 성장한 — [명] 어른, 성인

rrjedh [동] ① (냇물이) 흐르다 ② 그릇[용기]이 새다 ③ (단어 따위가) (~에서) 비롯되다, 기원하다

rrjedhë [여] 흐름, 코스

rrjedhës [형] ① 지속적으로 흐르는 ② llogari rrjedhëse (은행의) 당좌 계정

rrjedhim [남] 결과, 귀결, 결말; si rrjedhim (~의) 결과로서

rrjedhje [여] 흐름; 샘, 누설
rrjedhshëm [형] ① 흐르는, 유동적인 ② 유창한 — [부] ① 흘러서, 유동적으로 ② 유창하게
rrjedhshmëri [여] ① 유동성 ② 유창함
rrjep [동] ① 껍질을 벗기다; (닭의) 털을 뜯다 ② (비유적으로) 훔치다, 강탈하다
rrjepacak [남] 누더기를 걸친 더러운 사람, 부랑아
rrjepje [여] 껍질을 벗기기; (털 따위를) 잡아뜯기
rrjet [남] 망(網), 네트워크
rrjetë [여] 그물; 고기잡는 그물, 어망
rroba → rrobë
rrobalarëse [여] 세탁부(婦), 빨래하는 여자
rrobaqepës [남] 재단사, 재봉사, 옷 만드는 사람
rrobaqepëse [여] (여자) 재단사, 재봉사, 옷 만드는 사람
rrobaqepësi [여] ① 재봉, 바느질 ② 양복점
rrobë [여] 옷, 드레스, 의상 한 벌; rroba të gatshme 기성복
rrobull [남] [식물] 무고소나무
rrogë [여] 임금, 봉급, 급료
rrogëtar [남] 봉급 생활자
rrogoz [남] (마루에 까는) 매트, 깔개
rroj [동] ① 살다, 존재하다, 생존하다 ② (신발 따위가) 오래 가다, 질기다
rrojë [여] 면도; brisk rroje 면도날; sapun rroje 면도 비누; furçë rroje 면도솔
rrojtje [여] 생활, 생계
rrojtore [여] 이발소
rrok [동] ① 움켜쥐다, 잡다 ② 껴안다 ③ (비유적으로) 의미를 파악하다; s'ma rrok mendja 난 그 뜻을 이해하지 못하겠어
rrokem [동] 껴안다
rrokje [여] ① 움켜쥐기, 잡기 ② 껴안기, 포옹 ③ [언어] 음절

rrokullimë [여] ① 절벽, 낭떠러지 ② 추락
rrokullis [동] 아래로 굴리다, 추락시키다, 뒤엎다
rrokullisem [동] 아래로 구르다, 추락하다
rrokullisje [여] 아래로 구르기, 추락
rropulli [여·복] 내장, 창자
rrotë [여] 바퀴; 타이어
rrotkë [여] 실패, 얼레, 보빈
rrotull [여] ① 원반, 디스크 ② 바퀴 ③ (치즈로 만든) 둥근 케이크 ④ 고리, 사리, 코일 ─ [부] (~을) 돌아, 주위에; vij rrotull (주위를) 돌다; i vij rrotull dikujt ~에게 구애하다; më vjen mendja rrotull 머리가 어질어질하다 ─ [전] (~을) 돌아, 주위[둘레]에; rrotull botës 세계를 일주하여
rrotullim [남] 회전, 선회
rrotullohem [동] 회전하다, 주위[둘레]를 돌다
rrotulloj [동] 회전시키다
rruaj [동] 털을 깎다, 면도하다
rruarje [여] 면도
rruazë [여] ① 작은 구형의 것, 방울 ② [해부] 척추골 ③ [의학] 혈구(血球)
rrudh [동] 주름이 지게 하다; rrudh vetullat 눈살을 찌푸리다
rrudhem [동] 주름이 지다
rrudhë [여] 주름
rrudhur [형] 주름진
rrufe [여] (천둥이 따르는) 번개, 벼락
rrufepritëse [여] 피뢰침
rrufeshëm [형] 번개처럼 빠른
rrufë [여] [병리] 카타르; 코를 훌쩍거림; jam me rrufë 나는 콧물이 많이 나온다
rrufit [동] 훌짝이다, 소리내어 마시다
rrufjan [남] 악한, 무법자, 깡패
rrufkë [형] (계란이) 반숙으로 된

rrugaç [남] 부랑자, 건달

rrugë [여] ① 길, 거리, 도로; rrugë pa krye 막다른 골목; me rrugë ajrore [detare, tokësore] 공로(空路)[해로(海路), 육로(陸路)]로, tregoj rrugën 길을 가리켜 주다; rrugës, gjatë rrugës 가는 길에, 가는 도중에, lë në mes të rrugës ~을 중도에 그만두다 ② 방법, 방도, 대안; s'ka rrugë tjetër 다른 방도가 없다 ③ 해답; i jap rrugë një çështjeje 문제를 해결하기 위해 ④ rruga e mbarë 즐거운 여행 되세요

rrugëdalje [여] 출구, 나가는 길

rrugëkryq [남] 교차로, 십자로

rrugicë [여] 좁은 길

rruginë [여] 통로, 복도

rrugor [형] 길의, 도로의; policia rrugore 교통 경찰, 도로 순찰대

rruhem [동] 털이 깎이다, 면도가 되다

rrumbullak [형] ① 둥근, 구형(球形)의 ② 살찐, 통통한 — [부] 둥글게

rrumbullakët [형] 둥근, 원형의

rrumbullakohem [동] 둥글어지다

rrumbullakoj [동] 둥글게 하다

rrumbullohem [동] 잔뜩 먹다, 배불리 먹다

rrush [남] [식물] 포도; rrush i thatë 건포도; lëng rrushi 포도 주스

rruzare [여] [가톨릭] 로사리오, 묵주

rruzull [남] ① 공, 구(球) ② 지구(地球)

rruzullim [남] 우주

rrymë [여] ① 흐름 ② 전류

rrypinë [여] 토지의 구역

S

s' [부] ~이 아닌; s'ka njeri 아무도 없다
sa [부] ① 얼마나 (많이)?; sa vjeç je? 너 몇 살이니?; sa e bleve? 너 그거 얼마에 샀니?; sa i marrë! 어리석기는, 참 어리석군! ② ~만큼; po aq i gjatë sa ~만큼 키가 큰 ― [전] sa më shpejt 가능한 한 빨리; sa për mua 나에 관한 한; për sa i përket (~에) 관하여[대해서](는); me sa di unë 내가 알기로는; sa herë që ~할 때마다, 언제든지 ― [접] ai thirri aq fort sa u ngjir 그는 너무 크게 소리를 쳐서 목이 쉬었다; hekuri rrihet sa është i nxehtë [속담] 쇠는 뜨거울 때 쳐라, 좋은 기회를 놓치지 마라
saçmë [여] 탄알
sade [형] 다른 것(음식물 따위)을 첨가하지 않은, 순수한; mish sade 채소는 없는 순(純)고기; kafe sade 설탕을 타지 않은 커피, 블랙커피
sado [부] 아무리 ~해도[할지라도]; sado i mençur që të jetë 그가 아무리 현명하다 할지라도
sadopak [부] 아무리 작다해도
sadoqë [접] 그럼에도 불구하고, ~한다 할지라도
safi [형] 다른 것을 섞지 않은, 순수한
sahan [남] 사발, 공기
sahat [남] ① 시계 ② 계량기, 미터; sahat i ujit 수량계, 수도 계량기
sahatçi [남] 시계 수리공
sahatkullë [여] 시계탑
saj [대] [소유대명사] 그녀의 (것); çanta e saj 그녀의 핸드

백; djali i saj 그녀의 아들; djemtë e saj 그녀의 아들들; djemve të saj 그녀의 아들들에게; këto nuk janë të sajat 이것들은 그녀의 것이 아니다

sajdi [여] 공손, 존경
sajdis [동] 공손하게 대하다, 존경을 표하다
sajë [여] 썰매
sajim [남] ① 발명, 고안 ② 꾸며낸 것
sajoj [동] ① 발명하다, 고안하다 ② 꾸며내다
sakaq [부] 즉시, 곧
sakat [남] 지체 부자유자, 불구자, 장애인 — [형] 지체 부자유의, 불구의, 장애를 가진
sakatim [남] (수족 등의) 절단, 불구로 만들기
sakatllëk [남] (불구 따위의) 결점
sakatohem [동] 불구가 되다
sakatoj [동] (수족 등을) 절단하다, 불구로 만들다
sakatuar [형] 불구의, 장애를 가진
sakrificë [여] 희생
sakrifikohem [동] 자신을 희생하다
sakrifikoj [동] 희생시키다
saksi [여] 화분
saktë [형] 정확한, 꼭 맞는
saktësi [여] 정확, 꼭 맞음; me saktësi 정확하게, 꼭
saktësisht [부] 정확하게, 꼭
salcë [여] 소스; salcë domateje 토마토 소스
saldator [남] 용접공
saldatriçe [여] 용접기
saldim [남] 용접
saldohet [동] 용접이 되다
saldoj [동] 용접하다
salep [남] [식물] 난초
salsiçe [남] 소시지

sallais [동] 가봉(假縫)하다, 시침질하다
sallam [남] 살라미 소시지
sallatë [여] 샐러드; sallatë marule [식물] 양상추
sallator [남] [식물] 오이
sallë [여] (넓은) 방, 홀; sallë vallëzimi 무용실
sallo [여] 돼지 비계; 라드
sallon [남] 큰 홀, 응접실, 접견실
salltanet [남] 겉치레, 사치, 허식, 과시하는 듯한 호화스러움
samar [남] ① 짐 싣는 안장, 길마 ② 거북이의 등딱지; 달팽이의 껍질
samtë [형] (음식이) 썩은 내가 나는
sandale [여] 샌들
sandall [남] (삿대로 젓는) 너벅선의 일종; 작은 페리 보트
sanduiç [남] 샌드위치
sanë [여] 건초
sapllak [남] 찻잔, 컵
sapo [부] ① 지금 막, 방금; ai sapo erdhi 그는 방금 도착했다 ② 곧, 즉시; e njoha sapo e pashë 나는 그를 곧바로 알아보았다 — [접] ~하자마자, ~직후에
sapun [남] 비누; sapun rroje 면도용 비누
sapunis [동] 비누를 문지르다, 비누칠하다
sapunisem [동] 비누로 몸을 씻다, 비누칠이 되다
saraç [남] 가죽 제품 제조인
saraf [남] ① 환전상 ② (비유적으로) 구두쇠
sarahosh [남] 술취한 사람
saraj [남] (옛말로) 궁전
sardele [여] [어류] 정어리
sarkë [여] 체격
sasi [여] 양, 분량; sasi e madhe 대량, 많은 양
sat [형] (일련의 것들 중) 어떤 것의
satër [남] 고기 써는 식칼

savan [남] 수의(壽衣)
saze [여] 하모니카
se [접] ① ~라는 것을; shpresoj se ~ 나는 ~하기를 바란다 ② ~ 보다 (더) më mirë vonë se kurrë 아예 안 하는 것보다는 늦게라도 하는 것이 낫다; më i ri se unë 나보다 어린 ③ ~ 때문에; nuk erdha se isha i zënë 나는 바빴기 때문에 오지 않았다 ④ 그렇지 않으면; vrapo, se do të vonohesh 뛰어, 그렇지 않으면 늦을 거야 — [대] (전치사 뒤에서) 무엇?; me se shikoni ju? 뭘 보고 계십니까?
seancë [여] 회기, 개회[개정]기
sebep [남] 구실, 핑계, 변명
secil [대] 각자, 각기
sedef [남] 진주층, 진주모(母)
sedër [여] 자존(심), 자중
sehir [남] ① 둘러보기; bëj sehir 구경하다 ② 조망, 경치
sehirxhi [남] (옛말로) 구경꾼
sejmen [남] 보디가드, 경호원
sekondë [여] (시간·각도 따위의) 초(秒)
sekret [남] 비밀
sekretar [남] 비서; 서기
sekretari [여] 비서실; 접수계
seks [남] ① 성(性) ② 성교, 섹스; bëj seks 성관계를 갖다, 섹스하다
sekser [남] (부동산 등의) 중개인, 브로커
seksion [남] (잘라낸) 부분, 구획, 마디
sekuestrohet [동] 가압류되다, 몰수되다
sekuestroj [동] 가압류하다, 몰수하다
sekush [대] 누군가, 어떤 사람; sekush erdhi 누군가가 왔다
seli [여] 활동의 중심지
selino [여] [식물] 셀러리
selishtë [여] 안마당; 채소밭

selvi [여] [식물] 사이프러스 (편백나뭇과)
send [남] 물체, 사물, 것
senduiç [여] 샌드위치
senet [남] 채무 증서, 차용증
sepete [여] 상자, 궤
sepse [접] ~ 때문에, ~이므로
serb [형] 세르비아의 — [남] 세르비아 사람
Serbi [여] 세르비아
serbokroatisht [부] 세르보크로아트어로
serbokroatishte [여] 세르보크로아트어
serë [여] 역청(瀝靑)
sergjen [남] 찬장
seri [여] 시리즈; 줄, 열(列); prodhim në seri 대량 생산, 양산
serioz [형] ① 심각한, 중대한 ② 정직한, 책임감 있는
seriozisht [부] 심각하게
seriozitet [남] 심각함
serm [남] 은(銀)
sertë [형] ① 굳은, 경직된, 구부러지지 않는 ② (냄새나 맛이) 강한 ③ (동물 등이) 다루기[부리기] 힘든 ④ (날씨 따위가) 혹독한
sesa [접] ~ 보다 (더); më shumë sesa duhej 필요했던 것 보다 더 많은
sesi [부] 어떻게, 어떤 방법으로; s'di sesi 어떻게 하는 건지 모르겠다; s'ka sesi 절대로 안 되다
setër [여] 코트, 재킷
sevap [남] 의연금, 구호품, 자선 기부금; bëj sevap 베풀어 주다, 의연금을 내놓다
sevda [여] 사랑, 애정
së [관] ~의; oborri i shkollës së tim biri 내 아들의 학교의 뜰 — [소사] së shpejti, së afërmi 곧, 이내; së bashku 다함께; së dyti 둘째로, 다음으로; së fundi 마지막으로, 끝

으로; së jashtmi 외부적으로; së paku 최소한, 적어도; së pari 먼저, 무엇보다도

sëkëlldi [여] 기분이 언짢음, 불쾌감

sëkëlldis [동] 언짢게 하다, 불쾌하게 하다

sëkëlldisem [동] 불쾌하다, 언짢다

sëlloj [동] 세게 때리다, 강타하다

sëmbim [남] 격심한[쑤시는 듯한] 통증

sëmbon [동] 격심한[쑤시는 듯한] 통증을 일으키다

sëmundje [여] (질)병; sëmundje ngjitëse 전염병; sëmundja e sheqerit 당뇨병; sëmundja e tokës 간질

sëmur [동] ① 건강을 해치다, 병을 일으키다 ② (비유적으로) 괴롭히다

sëmurem [동] 건강이 나빠지다, 병이 나다

sëmurë [남] 병자, 환자 — [형] 병든, 아픈

sëndis [동] 슬프게 하다

sëndisem [동] 슬퍼지다

sëndisur [형] 슬픈

sënduk [남] 뚜껑 달린 나무 상자

sëpatë [여] 도끼

sërë [여] ① 줄, 열(列) ② 차례, 기회, 순번 ③ (사회의) 층, 계급

sërish [부] 새로이, 다시

sërishmi [부] 새로이, 다시

sferë [여] 구체(球體)

sfilit [동] 괴롭히다, 녹초가 되게 하다

sfilitem [동] 녹초가 되다

sfilitje [여] 몹시 지침, 녹초가 됨

sfrat [남] 둑; 댐

sfungjer [남] 스펀지, 해면

sfurk [남] 건초용 포크

si [부] ① 어떻게; si jeni? 어떻게 지내요? ② 무엇; si ju

quajnë? 이름이 무엇입니까?; si thatë? 뭐라고 하셨죠?; si i thonë shqip ~? ~을 알바니아어로는 뭐라고 하죠? ― [접] ① 얼마나 ~하는지; të shohim si ju rri 그것이 당신에게 얼마나 잘 맞는지 봅시다 ② ~하는 대로, ~처럼; të flas si shok (나는 당신에게) 친구로서[친구처럼] 말한다; si të doni 원하는 대로, 좋을 대로; si kjo 이것처럼 ― [소사] 얼마간, 어느 정도; m'u duk si i mërzitur 그는 좀 기가 죽은 채로 나를 쳐다봤다; si mos më keq 통탄할 상태로

siç [접] ~한 대로; siç shihet 분명하게, 모두가 알듯이
sido [부] 아무튼, 어쨌든, 하여튼, 좌우간
sidokudo [부] 아무렇게나, 되는 대로, 무엇이 어찌되든 간에
sidomos [부] 특(별)히
sidoqë [접] 비록 ~일지라도
sidoqoftë [접] 아무튼, 어쨌든, 하여튼, 좌우간
siguresë [여] ① [전기] 퓨즈 ② [군사] (수류탄 따위의) 안전 핀
siguri [여] ① 안전 ② 확실; me siguri 확실히, 틀림없이
sigurim [남] ① 안전 ② 확실 ③ 치안[보안] 부대 ④ 보험; sigurimet shoqërore 사회 보험
sigurisht [부] 확실히, 틀림없이
sigurohem [동] ① 자신의 안전을 보장하다 ② 확신하다
siguroj [동] ① 안전을 보장하다 ② 확실하게 하다 ③ 공급하다, 제공하다
sigurt [형] ① 안전한; në vend të sigurt 안전한 장소에서 ② 확실한, 틀림없는; jam i sigurt 확신한다, 틀림없다
siguruar [형] 보험에 가입한; person i siguruar 보험 가입자
sihariq [남] 좋은[기쁜] 소식
siklet [남] 불안, 걱정
sikundër [접] ~하는 대로, ~처럼; sikundër e dini 당신도 아시다시피
sikur [접] ~이라면; sikur të isha i ri 내가 젊다면; edhe

sikur të ishte e vërtetë 그것이 사실이라 할지라도
sikurse [접] ~하는 대로, ~처럼; sikurse e shihni 당신이 보듯이
sikush [대] 각기, 각자, 모두
sillem [동] ① 돌다; 돌아다니다, 어슬렁거리다 ② 행동하다
sime [대] → im
simite [여] 롤빵
simotër [여] 동종(同種)의 것 (예를 들면 자매회사 등)
simpati [여] 좋아함, 호감
simpatik [형] 호감이 가는, 마음에 드는, 좋아 보이는
simpatizoj [동] 호감이 가다, 마음에 들다
sinap [남] [식물] 겨자
sindikatë [여] ① 직종별 노동 조합 ② 신디케이트, 기업 합동
sini [여] 쟁반
sinisi [여] 반도(半島)
sinor [남] 경계; 범위, 구역
sinqerisht [부] 마음에서 우러나, 진정[진심]으로, 진실로, 솔직하게
sinqeritet [남] 진심, 정직
sinqertë [형] 진심의, 참된, 정직한, 진실의
sinjal [남] 신호; jap sinjale (~에) 신호를 보내다, 신호하다
sinjalizohet [동] 통지[통보]되다, (~이라고) 알려지다
sinjalizoj [동] 알리다, 통지[통보]하다
sipas [전] ① (~에) 따라[따르면]; sipas të dhënave 데이터에 따라[따르면]; sipas një modeli 모델[모범]을 좇아 ② sipas dëshirës 뜻대로, 마음대로
sipër [부] (~의) 위에; vëri një letër sipër (~의) 위에 종이를 놓다; ngjitem sipër 위층으로 올라가다; si më sipër 위[상기]와 같이 — [전] (~의) 위에; ata banojnë sipër nesh 그들은 우리 집 위층에 산다
sipërfaqe [여] 표면, 겉

sipërfaqshëm [형] 표면[겉]만의, 피상적인, 얕은

sipërm [형] 위쪽의, 상부의; kati i sipërm 위층; në katin e sipërm 위층에

sipërmarrës [남] ① 기업가 ② 청부인

sipërmarrje [여] ① 기업, 회사, 사업 ② (비유적으로) 청부한 일, 떠맡은 일

sipërpërmendur [형] 위에 말한, 상기(上記)한

sipërthënë [형] 앞서 말한, 전술(前述)한

sirtar [남] (가구의) 서랍

sisë [여] ① 유방, 젖; i jap sisë foshnjës 아이를 모유로 키우다 ② (암소의) 젖통

sisorë [남·복] 포유류, 포유 동물

sistem [남] 체계, 조직, 계(系), 시스템

sistemohem [동] 조직화되다, 계통이 세워지다

sistemoj [동] 조직화하다, 계통을 세우다

sit [동] 체로 치다, 체질하다, 거르다

sitet [동] 체로 걸러지다

sitë [여] 체

sitis [동] 체로 치다, 체질하다, 거르다

sitje [여] 체로 치기, 거르기

situatë [여] 위치; 처지; 상태; 상황

siujdhesë [여] 반도(半島)

sivjet [부] 올해, 금년에

sivjetshëm [형] 올해의, 금년의

sixhade [여] 융단의 일종

sjell [동] ① 가져오다 ② 초래하다, 불러일으키다; 주다; kjo më sjell kënaqësi 그건 내게 기쁨을 가져다준다; sjell ndër mend 기억하다; sjell në vete 소생시키다

sjellje [여] 행동, 행실

sjellshëm [형] 행실[품행]이 단정한

skadim [남] (기한 등의) 만료, 만기

skaduar [형] ① 낡은, 닳은 ② (기한이) 만료된; 미불(未拂)의
skaj [남] ① 가장자리, 구석 ② 경계, 한계 ③ 끝, 궁극
skalit [동] 새기다, 조각하다
skalitet [동] 새겨지다, 조각되다
skalitës [남] 조각가[사]
skalitje [여] 새기기, 조각; 치석(治石)
skamës [남] 가난한[불쌍한] 사람, 가진 것이 없는 사람
skamje [여] 가난, 빈곤
skarco [여] (공장 등에서의) 불합격품
skarë [여] 석쇠, 그릴
skelari [여] (건축장의) 발판, 비계
skelet [남] ① [해부] 골격; 해골 ② (항공기·선박·건물의) 뼈대, 골격
skelë [여] ① 방파제, 선창, 부두 ② (건축장의) 발판, 비계
skenë [여] 무대; dal në skenë 무대에 나타나다, 등장하다
skërfit [동] 긁다, 긁어내다
skërfitje [여] 긁기, 긁어내기
skërfyell [남] [해부] 기관(氣管), 숨통
skërkë [여] 험한 바위산, 바위가 많은 지역
skërmit [동] 이를 갈다
skërmitem [동] (자신의) 이를 갈다
skëterrë [여] 지옥
ski [여·복] 스키; bëj ski 스키를 타다
skicë [여] 스케치, 개략
skifter [남] [조류] 매
skitar [남] 스키 타는 사람, 스키어
sklepë [여] 눈곱; sy me sklepa 눈곱이 낀 눈
skllav [남] 노예
skllavëri [여] 노예 신세
skllavërim [남] 노예화, 노예 상태
skllavërohem [동] 노예화되다

skllavëroj [동] 노예화하다, 노예로 만들다

skllavërues [형] 노예로 만드는

skuadër [여] ① [군사] 분대 ② [스포츠] 팀

skufje [여] 머리 장식물, 머리에 쓰는 것

skulptor [남] 조각가, 조각사

skulpturë [여] 조각(술)

skumbri [여] [어류] 고등어

skuq [동] ① (얼굴·피부를) 붉게 하다 ② 기름에 살짝 튀기다

skuqem [동] (얼굴·피부를[가]) 붉히다, 붉어지다

skuqje [여] ① (얼굴·피부가) 붉어짐 ② 기름에 살짝 튀기기

skurrjalë [여] 해골; 시체

skutë [여] 구석(진 곳), 우묵한 곳

skutinë [여] 기저귀

slitë [여] 썰매

sllav [남] 슬라브 사람, 슬라브족 — [형] 슬라브(인)의

sllovak [형] 슬로바키아의 — [남] 슬로바키아 사람

Sllovaki [여] 슬로바키아

sllovakisht [부] 슬로바키아어로

sllovakishte [여] 슬로바키아어

slloven [형] 슬로베니아의 — [남] 슬로베니아 사람

Slloveni [여] 슬로베니아

sllovenisht [부] 슬로베니아어로

sllovenishte [여] 슬로베니아어

smalt [남] 에나멜, 법랑(琺瑯); 유약

sobë [여] 난로, 스토브; (요리용) 화로, 레인지

social [형] 사회의, 사회적인

socialist [형] 사회주의의

sodit [동] 응시하다, 뚫어지게 쳐다보다

soditës [형] 정관(靜觀)적인

soditje [여] 응시, 정관, 뚫어지게 쳐다보기

sofër [여] 식탁; shtroj sofrën 식탁을 준비하다; ulem në sofër (식사를 위해) 식탁에 둘러앉았다

sofrabez [남] 식탁보

soj [남] ① 친척, 친족, 일가; soj e sorollop 친지와 친척, 일가친척 ② 종류, 부류; nga ai soj 그런 종류의

sokak [남] 거리, 가로(街路)

sokëllij [동] 새된 소리를 지르다, 비명을 지르다

sokëllimë [여] 새된 소리, 비명

sokol [남] ① [조류] 새매 ② (비유적으로) 용맹스런 사람

solemn [형] 엄숙한, 진지한, 장엄한, 무게 있는

sonë [대] 우리의; e shkollës sonë 우리 학교

sonte [부] 오늘 밤(에)

sop [남] 작은 언덕, 둔덕

sorkadhe [여] 암컷 노루

sorollat [동] ① 돌리다, 회전시키다 ② (일을 하는 데 있어서) 늑장부리다, 꾸물대다, 고의로 미루다

sorollatem [동] 빈둥거리다

sos [동] ① 끝내다, 완료하다 ② 도착하다

sosem [동] 목적지에 도착하다

sosje [여] ① 도착 ② (인생의) 끝, 죽음; po i vjen sosja 그는 죽을 때가 가까웠다

sot [부] 오늘; që sot e tutje 앞으로, 금후, 지금[오늘]부터는

sotëm [형] 오늘의

sovajkë [여] (재봉틀의) 북, 셔틀

spango [여] 실, 줄

Spanjë [여] 스페인

spanjisht [부] 스페인어로

spanjishte [여] 스페인어

spanjoll [형] 스페인의 ― [남] 스페인 사람

spastrim [남] 정화(淨化), 깨끗이 하기

spastroj [동] 깨끗이 하다, 정화하다

spazmë [여] [의학] 경련

spec [남] [식물] 고추
spektataor [남] 구경꾼, 관객
spekulim [남] 투기, 폭등을 예상한 매입
spekuloj [동] 투기하다, 투기 매매하다
spërkat [동] (물·더러운 것 따위를) 튀기다, 끼얹다
spërkatem [동] (더러운 것이) 몸에 튀다
spërkatje [여] (물 따위를) 튀기기
spicë [여] 쪼개진[부서진] 토막, 동강
spic [형] veshur spic 옷을 우아하게 입은
spikat [동] 돋보이다, 눈에 띄다
spikatje [여] 돋보임, 걸출함
spikatur [형] 돋보이는, 눈에 띄는, 걸출한
spinaq [남] [식물] 시금치
spirancë [여] 닻; hedh spirancën 닻을 내리다
spital [남] 병원; spital psikiatrik 정신 병원; shtrohem në spital 병원에 입원하다
spiun [남] 간첩, 스파이
spiunazh [남] 스파이 행위
spiunoj [동] 스파이짓을 하다, 염탐하다, 몰래 조사하다
sport [남] 스포츠, 운동 경기
sportdashës [남] 운동을 좋아하는 사람
sportel [남] (매표소 등의) 창구
sportelist [남] (은행 등의) 창구 직원; 카운터 점원
sportist [남] 스포츠맨, 운동가
sprovë [여] ① (실제적인) 시험, 실험 ② 시련, 고난
sprovohem [동] 시험[테스트]을 통과하다
sprovoj [동] ① (실제로) 시험하다 ② 시련[고난]을 겪다
sqap [남] 숫염소
sqarim [남] 설명, 해설
sqarohem [동] ① 자기 입장을 설명하다 ② 뚜렷해지다, 명백해지다

sqaroj [동] 설명하다; 뚜렷하게[명백하게] 하다
sqarues [형] 설명적인
sqep [남] (새의) 부리
sqepar [남] 까뀌 (한 손으로 나무를 찍어 깎는 연장의 하나)
sqetull [여] 겨드랑이
sqimë [여] ① 세련됨 ② 허영심, 자기 만족
sqoll [남] (부엌의) 싱크대
squfur [남] [화학] (유)황
squkë [여] 번식용 암탉
stabilizohet [동] 안정[고정]되다
stabilizoj [동] 안정시키다, 고정시키다
stacion [남] 역, 정거장; stacion hekurudhor 철도역; stacion i fundit (철도 등의) 종점, 종착역, 터미널
stadium [남] 경기장, 스타디움
stafetë [여] [스포츠] 릴레이 경주
stafidhe [여] 건포도
stallë [여] 가축 우리; stallë derrash 돼지 우리
stallier [남] 마부(馬夫)
stan [남] 낙농장
stap [남] (나무로 된) 막대기
statujë [여] 상(像), 조각상
statut [남] 법령, 법규
stavë [여] 무더기, 더미
stazh [남] 도제살이
stazhier [남] 훈련생, 도제
stekë [여] ① (당구의) 큐 ② [스포츠] 장대, 바
stelë [여] 개집
stemë [여] 기장(記章), 로고
stendë [여] 게시판
stepem [동] ① 망설이다, 주저하다 ② 삼가다, 절제하다, 그만두다

stere [여] 마른 땅
sternë [여] (물)탱크, 수조
sterrë [형] 새까만, 칠흑 같은
stërdhëmb [남] 뻐드렁니
stërgjysh [남] ① 조상, 선조 ② 증조부
stërgjyshe [여] 증조모
stërhollim [남] 너무 꼼꼼함, 사소한 것까지 꼬치꼬치 따지기
stërholloj [동] 너무 꼼꼼하다, 사소한 것까지 꼬치꼬치 따지다
stërmbesë [여] 증손녀
stërnip [남] 증손자
stërqok [남] [조류] 갈까마귀
stërqokë [여] [조류] 갈까마귀
stërvit [동] 훈련하다, 연습시키다
stërvitem [동] 훈련하다, 연습하다
stërvitje [여] 훈련, 연습
stilograf [남] 만년필
stilolaps [남] 볼펜
stinë [여] 계절, 철
stivë [여] 무더기, 더미
stivoj [동] (무더기로) 쌓다
stjuardesë [여] 항공기 여승무원, 스튜어디스
stof [남] 천, 직물, 피륙
stol [남] ① 의자, 걸상 ② 벤치, 긴 의자
stoli [여] 장식품[물]
stolis [동] 장식하다, 꾸미다
stolisem [동] 몸을 꾸미다[치장하다]
stolisje [여] 장식, 꾸미기
stomak [남] [해부] 위(胃), 위장
strajcë [여] 가방, 작은 자루[부대]
strall [남] 부싯돌, 수석(燧石)
strehë [여] ① 처마, 차양 ② 가장자리 ③ (모자의) 챙 ④ 피

난처, 쉴 만한 곳; gjej strehë 피난[대피]하다; pa strehë 집이 없어

strehim [남] ① 피난처; strehim politik 정치적 피난처 ② 보호시설

strehohem [동] 피난[대피]하다

strehoj [동] 보호하다, 피난처[쉴 곳]를 제공하다

stringël [여] 자질구레한 장신구

strofull [남] (들짐승의) 굴, 집

strukem [동] 숨다; (몸을) 웅크리다

strumbullar [남] 추축(樞軸), 중심이 되는 것

student [남] (대학 등 고등교육기관의) 학생

studim [남] 공부, 학습, 배움

studiohet [동] 학습되다

studioj [동] 공부하다, 학습하다, 배우다

stufë [여] ① 난로, 스토브 ② (요리용) 화로, 레인지

stuhi [여] 폭풍(우); stuhi dëbore 눈보라

stuhishëm [형] 폭풍이 몰아치는

suaj [대] 너희들의, 당신(들)의; i thashë vajzës suaj 나는 당신의 딸에게 말했다

suazë [여] 뼈대, 틀

suedez [형] 스웨덴의 — [남] 스웨덴 사람

Suedi [여] 스웨덴

suedisht [부] 스웨덴어로

suedishte [여] 스웨덴어

sukses [남] 성공; korr[kam, dal] me sukses 성공하다, 성공적이다; nuk kam sukses 성공적이지 못하다, 실패다

suksesshëm [형] 성공의, 성공적인

sulem [동] 돌진해 나가다

sulm [남] 공격, 습격

sulmohem [동] 공격을 받다

sulmoj [동] 공격하다

sulmues [형] 공격하는
sumbull [여] 작은 단추[버튼]
sundim [남] 지배, 통치, 다스림
sundimtar [남] 지배자, 통치자
sundohem [동] 지배되다, 다스려지다
sundoj [동] 지배하다, 통치하다, 다스리다
sundues [형] 지배하는, 통치하는, 다스리는 — [남] 지배자, 통치자
sup [남] 어깨; mbledh supet 어깨를 으쓱하다
superfuqi [여] 막강한 힘; 초강대국
superprodhim [남] 과잉 생산
supë [여] 수프
supore [여] 견장(肩章)
supozoj [동] 가정하다, 상정하다
surbull [형] (계란이) 반숙의
surrat [남] (구어체에서) 얼굴
sustë [여] ① 용수철, 스프링 ② 누름 단추[버튼]; shkel sustën 버튼을 누르다
sutë [여] 암사슴
suva [여] 회반죽; vë suva 회반죽을 바르다[칠하다]
suvatim [남] 회반죽을 칠하기
suvatoj [동] 회반죽을 바르다[칠하다]
suvatues [남] 미장이
suxhuk [남] 소시지
sy [남] 눈(眼); me një sy 외눈의; pa sy 장님의, 앞을 못 보는; zgurdulloj sytë 눈알을 굴리다; hap sytë! 좀 내다 봐!; hedh një sy 눈길을 던지다; sy ndër sy 마주 보고; në sy të të gjithëve 모두가 있는 앞에서; bie në sy 관심을 끌다; më ra në sy 그것이 내 눈길을 끌었다; i bëj sytë katër 주의를 집중하다; më mirë syri se nami [속담] 명성을 잃느니 눈을 잃는 것이 낫다, 한번 악평이 나면 그 사

람은 끝장이다
syçakërr [형] 사팔눈의
syhapur [형] 빈틈없는, 방심하지 않는, 철저하게 지키는
sykaltër [형] 푸른 눈의
sylesh [형] 이해력이 부족한, 바보 같은, 얼간이의
symbyllthi [부] 맹목적으로, 무턱대고
symprehtë [형] 눈이 날카로운
synet [남] (종교적 의식으로서의) 할례(割禮); bëj synet 할례를 베풀다
synim [남] 목적, 의도
synohet [동] (~에) 겨냥되다
synoj [동] 시도하다, 꾀하다, 목표로 삼다
sypatrembur [형] 무서움을 모르는, 용맹한, 대담한
sypetrit [형] 매 같은 눈초리의, 눈이 날카로운
syrgjyn [남] 추방
syrgjynos [동] 추방하다
syrgjynosem [동] 추방되다
syrgjynosje [여] 추방
syrgjynosur [형] 추방당한
syshqiponjë [형] 눈이 날카로운
sytliaç [남] 라이스 푸딩
syth [남] ① (식물의) 눈 ② (스타킹의) 망
syze [여·복] 안경; syze dielli 선글라스
syzë [여] (가구의) 서랍
syzi [형] 검은 눈의

Sh

shafran [남] [식물] 사프란
shah [남] ① 체스; gurë shahu 체스의 말; fushë shahu 체스판; luaj shah 체스를 두다 ② [체스] 장군; jap shah 장을 꼼짝 못하게 하다; shah! 장군이야!
shahem [동] ① 모욕을 당하다, 감정이 상하다 ② 꾸지람을 듣다, 비난받다
shahist [남] 체스를 두는 사람
shahit [남] 목격자
shaj [동] ① 모욕하다, 감정을 상하게 하다, 성나게 하다 ② 꾸짖다, 비난하다, 책망하다
shajak [남] 펠트, 모전(毛氈)
shajkë [여] 구두 징
shajni [여] 환각, 환상
shajtoj [동] ① 멍들게 하다 ② (비유적으로) 슬프게 하다
shaka [여] 농담, 조크; bëj shaka 농담하다; për shaka 농담으로, 재미로
shakaxhi [남] 농담하는 사람, 익살꾼
shakull [남] ① 가죽 부대 ② (대장간의) 풀무
shakullinë [여] 회오리바람
shalë [여] ① (말(馬) 등의) 안장 ② 넓적다리
shalëgjatë [형] 다리가 긴
shaloj [동] 안장을 얹다
shalqi [남] [식물] 수박
shall [남] 숄, 스카프
shallvare [여·복] 알바니아에서 많이 입는 헐렁한 바지의 일종

shamatë [여] 시끄러운 소리, 소란
shami [여] 손수건; 머릿수건
shampo [여] 샴푸
shandan [남] 촛대
shantazh [남] 위협, 협박
shap [남] [화학] 명반(明礬)
shapkë [여] ① 모자 ② [조류] 도요새
shaptore [여] [조류] 도요새; 멧도요
sharapiqem [동] 몸부림치다, 발버둥치다
sharë [여] 모욕, 감정을 상하게 하기; 비난; s'ka të sharë 그건 비난받을 만한 일은 아니다
sharje [여] 욕설, 험한 말
shartim [남] (식물의) 접목(법)
shartoj [동] (식물을) 접목하다
sharrë [여] 톱; sharrë dore 한 손으로 켜는 톱; sharrë hekuri 쇠톱
sharrëxhi [남] 톱질하는 사람
sharrëz [여] [병리] 파상풍
sharrim [남] 톱질
sharrohet [동] ① 톱질되다 ② 굶어 죽을 지경이다
sharroj [동] 톱질하다
shastis [동] 아연실색하게 하다, 당혹하게 하다
shastisem [동] 아연실색하다, 당혹하다
shastisje [여] 아연실색, 당혹
shastisur [형] 당혹한, 침착하지 못한
shat(ë) [여] 괭이
shatërvan [남] 솟아나오는 샘
shavar [남] [식물] 골풀, 갈대
shef [남] 장(長), 우두머리
shefteli [여] [식물] 복숭아
shegert [남] 상인의 도제(徒弟)[수습생]

shegë [여] [식물] 석류
shejtan [남] ① 악마, 마귀 ② 말을 안 듣는 아이
shejtanllëk [남] ① 악마 같음, 극악무도함 ② 못된 짓
shekull [남] 1세기, 100년
shekullor [형] 100년간[마다]의
sheleg [남] 새끼[어린] 양
shelg [남] [식물] 버드나무; shelg lotues [식물] 수양버들
shelgjishtë [여] 버드나무 숲
shemb [동] ① 헐다, 부수다, 파괴하다 ② 심한 상처를 입히다, 멍들게 하다
shembet [동] 부서지다, 파괴되다
shmebje [여] ① 부수기, 파괴 ② 멍듦 ③ (제국(帝國) 등의) 몰락
shembull [남] 예, 보기, 사례; për shembull 예를 들어, 이를테면; marr shembull (~의) 본보기를 따르다, (~을) 본받다
shembullor [형] 본이 되는, 모범적인, 모델이 되는
shembur [형] ① 부서진, 파괴된 ② (상처를 입어) 멍든
shemër [여] 적대자, 맞상대, 라이벌
shemëri [여] 경쟁, 대항
shenjë [여] ① 자취, 흔적, 자국 ② 표, 표시, 상징; në shenjë miqësie 우정의 표시로; shenjë pikësimi [문법] 구두점 ③ 흉터; (동물에 찍는) 낙인 ④ 목표, 타겟; marr shenjë (잘) 겨냥하다, 조준하다 ⑤ 전조, 조짐, 징조; shenjë e mirë 길조 ⑥ 신호; bëj shenjë me kokë (알았다는 신호로) 머리를 끄덕이다; jap shenjë 신호를 보내다
shenjt [남] 성인(聖人), 성자
shenjtë [형] 신성한, 성스러운, 거룩한
shenjtëri [여] 신성함, 성스러움, 거룩함
shenjtërim [남] 신성화, 축성(祝聖)
shenjtërohem [동] 신성화되다
shenjtëroj [동] 신성하게 하다, 축성하다

shenjtëruar [형] 신성화된, 축성된

shenjtor [남] 성인(聖人), 성자

sheqer [남] 설탕; kallam sheqeri [식물] 사탕수수; panxhar sheqeri [식물] 사탕무, 첨채; sëmundje e sheqerit [병리] 당뇨병

sheqerkë [여] 사탕(과자), 캔디

sheqeros [동] 설탕을 치다[입히다]

sheqeroset [동] (설탕을 넣어) 달게 되다

sheqerosur [형] 설탕을 친[입힌]

sherbet [남] ① 셔벗; 설탕 시럽 ② sherbet gëlqereje 백색 도료

shermashek [남] [식물] 담쟁이덩굴

shermend [남] 포도나무 가지

sherr [남] 다툼, 논쟁; mollë sherri 분쟁의 씨앗

sherrxhi [형] 걸핏하면 싸우려 드는 ― [남] 다투는 사람

shes [동] 팔다, 판매하다; shes me pakicë 소매로 팔다; shes me shumicë 도매로 팔다; shes në ankand 경매로 팔다

shesh [남] ① 평평한 땅 ② 평지; 광장 ― [부] 평평하게, 수평으로

sheshim [남] 평평하게 고르기

sheshit [부] 공개적으로

sheshohem [동] ① 팔다리를 뻗다 ② 차이가 좁혀지다, 조정되다

sheshoj [동] ① 평평하게 고르다 ② 차이를 줄이다, 조정하다, (일을) 원만하게 처리하다

shëllirë [여] ① 소금물 ② 피클, 소금에 절인 것

shëmbëllej [동] 닮다

shëmbëllim [남] 닮음; 빼닮은 것

shëmbëlltyrë [여] (어떤 모델과) 닮은 것; 복제된 것

shëmtak [형] 못생긴, 추한

shëmti [여] 못생김, 추함

shëmtim [남] 못생김, 추함

shëmtirë [여] 못생긴 사람[사물]

shëmtohem [동] 못생기게 되다, 추해지다

shëmtoj [동] 못생기게 만들다, 추하게 하다

shëmtuar [형] ① 못생긴, 추한 ② (범죄 등이) 무시무시한, 소름끼치는

shëndet [남] 건강; jam mirë me shëndet 건강이 좋다; shëndeti juaj! 건강을 기원합니다!

shëndetësi [여] 공중 위생[보건]

shëndetësor [형] 건강의, 건강[보건]에 관한; shërbimi shëndetësor 공공 의료 서비스

shëndetlig [형] 아픈, 건강하지 못한

shëndetshëm [형] ① 건강한 ② (장소・기후 등이) 건강에 좋은[유익한]

shëndosh [동] ① 치료하다, 낫게 하다, 건강하게 하다 ② 살찌우다, 뚱뚱하게 하다

shëndoshem [동] ① 치료되다, 낫다, 건강해지다 ② 살찌다, 뚱뚱해지다

shëndoshë [형] ① 건강한 ② 살찐, 뚱뚱한 — [부] ① 건강하여 ② 살이 쪄서, 뚱뚱하여

shëndoshje [여] 뚱뚱함, 비만

shënim [남] 기록(하기); mbaj shënime 적어 두다, 기록하다; fletore shënimesh 공책

shënohet [동] ① 기록되다, 적히다 ② 겨냥되다, 표적이 되다 ③ [스포츠] (골 따위가) 기록되다

shënoj [동] ① 기록하다, 쓰다, 적다 ② 겨냥하다, 조준하다 ③ [스포츠] 득점하다, (골 따위를) 기록하다

shënuar [형] ① 지정된, 표시된 ② 중요한, 현저한; (사건 따위가) 기억에 남을 만한

shënjestër [여・복] 사격 조준기

shërbej [동] ① (식사 따위를) 접대하다, 서빙하다; (손님의) 시중을 들다 ② 쓸모가 있다, 소용되다; kjo shërben për ~ 그것은 ~에 사용된다

shërbëtor [남] 하인, 종

shërbëtore [여] 하녀, 가정부

shërbim [남] ① 봉사, 서비스 ② 복무; shërbim ushtarak 군복무 ③ 임무, 직책; jam me shërbim 당번이다, 근무 중이다

shërbyes [남] 시중 드는 사람[남성]

shërbyese [여] 시중 드는 여성

shërim [남] (질병의) 치료; (건강의) 회복

shërohem [동] (질병이) 낫다, 치료되다; (건강이) 회복되다

shëroj [동] (질병을) 치료하다; (건강을) 회복시키다

shërues [형] 병에 잘 듣는, 치료의 — [남] 치료자, 의사

shërueshëm [형] (병 등이) 치료할 수 있는, 고칠 수 있는

shët [감] 쉿, 조용히!

shëtit [동] ① 걷다, 산책하다, 돌아다니다 ② 드라이브하러 가다

shëtitës [형] 이동성의, 이동하는

shëtitje [여] ① 걷기; bëj një shëtitje 산책하다 ② 차를 타고 가기; 드라이브

shëtitore [여] 산책, 산보, 거닐기

shfajësim [남] 변명, (자기) 정당화

shfajësohem [동] 변명하다, 자신을 정당화하다

shfajësoj [동] 무죄로 하다, 비난을 면하게 하다

shfaq [동] ① (볼거리 따위를) 보여주다 ② 전시하다, 진열하다, 내보이다 ③ 표현하다, 나타내다 ④ (사랑·기쁨·증오 등을) 명백하게 표현하다, 표명하다 ⑤ (의견을) 내다, 제시하다

shfaqem [동] 나타나다, (자기 모습을) 내보이다

shfaqje [여] ① 공연, 상연, 연기[연주], 쇼 ② 전시, 진열, 내보이기 ③ (감정의) 표명

shfaros [동] 근절하다, 절멸시키다, 뿌리뽑다

shfarosem [동] 근절되다, 절멸하다, 뿌리뽑히다

shfarosës [형] 근절하는, 절멸시키는, 뿌리뽑는 — [남] 근절자, 절멸자

shfarosje [여] 근절, 절멸, 뿌리뽑기

shfletoj [동] 책의 페이지를 넘기다; 책 따위를 쭉 훑어보다

shfrej [동] 벌컥 화를 내다, 분노를 터뜨리다

shfrenohet [동] 제멋대로가 되다, 방탕하게 되다

shfrenoj [동] 구속에서 풀다, 제멋대로 하게 내버려 두다

shfrenuar [형] 구속에서 풀린, 억제되지 않은, 제멋대로인

shfronësim [남] (왕의) 폐위

shfronësohem [동] (왕위에서) 폐위되다

shfronësoj [동] (왕을) 폐위하다

shfryhet [동] (타이어·공 따위에서) 공기가 빠지다

shfryj [동] ① (타이어·공 따위에서) 공기를 빼다 ② 코를 풀다

shfryje [여] ① 공기[가스]를 빼기 ② 잔소리, 힐책 ③ 코를 풀기

shfrytëzim [남] (자신의 이익을 위한) 이용

shfrytëzohem [동] (남의 이익을 위해) 이용되다

shfrytëzoj [동] (자신의 이익을 위해) 이용하다

shfrytëzues [형] 이용하는 — [남] 이용자

shfuqizim [남] (법률 따위의) 무효화, 폐기, 실효(失效)

shfuqizohet [동] (법률 따위가) 폐기되다

shfuqizoj [동] (법률 따위를) 무효로 하다, 폐기하다

shi [남] ① 비(雨); shi i rrëmbyer 폭우; bie shi 비가 온다 ② bie nga shiu në breshër 작은 어려움을 피하려다 큰 어려움을 당하다

shifër [여] (아라비아) 숫자

shigjetë [여] 화살

shih [동] [shoh의 명령형] 보라!

shihem [동] ① 보이다; (거울로 자신의 모습을) 들여다보다 ② (~와) 만나다; kur do të shihemi? 우리 언제 만날까?; shihem te mjeku (진료를 받기 위해) 의사를 만나다

shihet¹ [동] (> shoh) siç shihet ~으로 보인다
shihet² [동] (곡물이) 도리깨질되다, 타작되다, 탈곡되다
shij [동] (곡물을) 도리깨질하다, 타작하다, 탈곡하다
shije [여] 맛, 풍미; ha me shije 맛있게 먹다; vishem me shije 멋지게 차려 입다
shijim [남] 맛보기, (맛을) 즐기기
shijoj [동] 맛보다, (맛을) 즐기다
shijshëm [형] 맛좋은; 풍미가 있는
shik [형] 우아한, 고상한
shikim [남] (흘긋) 봄, 일견(一見); në shikim të parë 첫눈에
shikohem [동] ① (거울로) 자신을 들여다보다 ② (의사에게) 진료를 받다 ③ (~으로) 보이다
shikoj [동] (들여다)보다; shikoj prapa 뒤돌아보다; shikoj rreth e rrotull (주변을) 둘러 보다; gëzohem që po ju shikoj! 당신을 만나니 반갑군요!; shikoni punën tuaj! 네 일에나 신경 써!
shikues [남] 구경꾼
shilarem [동] (앞뒤로) 흔들리다
shilarës [남] (앞뒤로) 흔들림
shilte [여] 벤치에 앉을 때 쓰는 쿠션
shinë [여] (철도의) 레일
shinik [남] 부셸 (용량의 단위)
shirës [형] (곡식을) 탈곡하는, 탈곡기의
shiringë [여] 주사기
shirit [남] ① 띠, 테이프, 밴드; (잉크) 리본 ② [동물] 촌충
shirje [여] (곡식의) 탈곡
shish [남] ① (고기를 구울 때 쓰는) 꼬챙이 ② 단검
shishe [여] ① (액체를 담는) 병 ② 잉크병
shishqebap [남] 시시케밥 (중동 지역의 요리로 양고기·쇠고기 등을 포도주·기름·조미료로 양념해서 꼬챙이에 끼워 구운 것)

shitblerje [여] 거래, 매매 계약

shitet [동] ① 팔리다, 판매되다 ② shes mend 젠체하다, 뽐내다, 거만한 태도를 취하다

shitës [남] 판매인, 세일즈맨, (도·소매) 상인

shitëse [여] 여자 판매원

shitje [여] 판매; nxjerr në shitje 팔려고 내놓다

shitur [형] ① 팔린, 판매된 ② 돈으로 좌우되는, 매수할 수 있는, 부패한

shkabë [여] [조류] 독수리

shkak [남] ① 이유, 원인; për shkak të, nga shkaku i ~ 때문에; nga ky shkak 이것 때문에, 이런 이유로 ② 변명, 구실, 핑계; gjej një shkak 구실을 대다, 핑계거리를 찾다

shkaktar [남] ① 원인 ② 책임이 있는 사람, 원인을 제공한 사람

shkaktohet [동] (~에) 기인하다

shkaktoj [동] (~의) 원인이 되다; (~을) 일으키다, 초래하다, 야기하다

shkallare [여] (계단의) 단(段)

shkallë [여] ① 계단, 층계 ② 사다리 ③ 정도, 등급; 단계 ④ 규모; në shkallë të gjerë 대규모로

shkallë-shkallë [부] 점차, 단계적으로

shkallëzim [남] 단계적 변화, 점차적인 이행

shkallëzohet [동] 등급이 나눠지다

shkallëzoj [동] 등급을 나누다

shkallmim [남] 파괴, 부수기

shkallmohet [동] 산산조각나다

shkallmoj [동] 때려부수다

shkalloj [동] 미치다, 발광하다

shkalluar [형] 미친, 제정신이 아닌

shkapërderdh [동] 흩뿌리다

shkapërderdhet [동] 흩뿌려지다

shkapërderdhje [여] 흩뿌리기

shkarazi [부] 간접적으로, 지나는 말로
shkarje [여] 미끄러짐
shkarkim [남] ① 짐을 내리기[덜기] ② 직위 해제, 면직, 해고
shkarkohem [동] 직위 해제되다, 면직[해고]되다
shkarkoj [동] ① 짐을 내리다[덜다] ② 직위 해제하다, 면직[해고]하다
shkarkuar [형] ① 짐을 내린[던] ② 직위 해제된, 면직[해고]된
shkarpë [여] 잔가지
shkarravinë [여] 갈겨쓴 것, 악필
shkarravit [동] 갈겨쓰다, 아무렇게나 쓰다
shkarravitje [여] 갈겨쓰기, 아무렇게나 쓰기
shkas [동] ① 미끄러지다; 미끄러져 떨어지다 ② 스키[스케이트]를 타다
shkatërrim [남] 파괴, 황폐화
shkatërrimtar [형] 파괴적인, 황폐화시키는
shkatërrohem [동] 파괴되다, 황폐화되다
shkatërroj [동] 파괴하다, 황폐하게 하다
shkatërrues [형] 파괴적인, 황폐화시키는
shkathët [형] 손재주 있는, 솜씨 좋은
shkathtësi [여] 명민, 기민, 손재주가 있음
shkel [동] ① 짓밟다, 뭉개다 ② (버튼 따위를) 누르다 ③ (법률 따위를) 어기다, 위반하다; (맹세 등을) 깨다 ④ bëj shkel e shko 망치다, 엉망으로 만들다
shkelës [남] (법률의) 위반자
shkelje [여] ① 짓밟기, 뭉개기 ② (법률 따위의) 위반; (맹세 등을) 깨뜨림
shkelm [남] (걷어)차기, 발길질
shkelmoj [동] (발로) 차다
shkencë [여] 과학
shkencërisht [부] 과학적으로
shkencëtar [남] 과학자

shkencor [형] 과학의, 과학적인
shkes [남] 중매인
shkëlqej [동] ① (밝게) 빛나다, 비치다 ② (밝게) 비추다
shkëlqesi [여] 각하 (장관·대사 등에 대한 존칭)
shkëlqim [남] 밝음, 광휘(光輝), 광채
shkëlqyer [형] ① 밝은, 찬란한 ② (비유적으로) 모범적인; 걸출한
shkëlqyeshëm [형] ① 밝은, 찬란한 ② (비유적으로) 모범적인; 걸출한 — [부] 밝게 빛나
shkëmb [남] ① 바위 ② 바위 절벽
shkëmbej [동] 바꾸다, 대체하다, 교환하다
shkëmbehem [동] 바뀌다, 대체되다, 교환되다
shkëmbim [남] 교환, 대체; jap si shkëmbim 대신 주다
shkëmbor [형] 바위로 된, 바위 투성이의
shkëndijë [여] 불꽃, 섬광
shkëput [동] 떼다, 분리하다
shkëputem [동] 떼내어지다, 분리되다
shkëputje [여] 떼내기, 분리
shkëputur [형] 떼낸, 분리된
shkishërim [남] [종교] 파문, 제명
shkishërohem [동] [종교] 파문당하다, 제명되다
shkishëroj [동] [종교] 파문하다, 제명하다
shkishëruar [형] [종교] 파문당한, 제명된
shkoj [동] ① 가다; shkoj të fle 잠자리에 들다 ② 맞다, 적합하다 ③ (시간을) 보내다; shkoj kohën 시간을 보내다 ④ si shkoni? 만나서 반갑습니다; më shkoi mendja 문득 생각이 떠올랐어; shkoj mirë me dikë ~와 사이가 좋다
shkoklavit [동] (얽힌 것을) 풀다
shkoklavitet [동] (얽힌 것이) 풀리다
shkolit [동] (붙인 것을) 떼다
shkolitet [동] (붙인 것이) 떨어지다

shkollar [남] (초·중·고등학교의) 남학생

shkollare [여] (초·중·고등학교의) 여학생

shkollë [여] ① 학교; shkollë fillore 초등학교; shkollë e mesme 중등학교; shkollë e lartë 상급 학교; shkollë profesionale 직업 학교; shkollë nate 야간 학교 ② 배움, 교육

shkollor [형] 학교의; vit shkollor 학년(學年)

shkombëtarizim [남] 민족 정체성의 박탈

shkombëtarizoj [동] 민족 정체성을 박탈하다

shkop [남] 나무 막대기; 지팡이

shkopsit [동] (옷의) 단추를 끄르다

shkopsitem [동] (자기 옷의) 단추를 끄르다

shkoq [동] 껍질[꼬투리·깍지]을 벗기다

shkoqit [동] 설명하다, 명료하게 하다

shkoqitet [동] 설명되다, 명료해지다

shkoqitje [여] (명료한) 설명

shkoqur [형] ① 껍질[꼬투리·깍지]이 벗겨진 ② (비유적으로) 명료한

shkoqura [여·복] 잔돈

shkorsë [여] 깔개

shkorret [남] 관목숲, 덤불

shkozë [여] [식물] 서나무속(屬)

shkreh [동] (총포를) 발사하다

shkrehet [동] (총포가) 발사되다

shkrehje [여] (총포의) 발사, 발포

shkrep [동] ① 점화하다 ② (총포를) 쏘다, 발사[발포]하다

shkrepet [동] ① (총포가) 발사[발포]되다 ② 나타나기 시작하다 ③ ia shkrep gazit 웃음이 터지다; s'ia shkrep fare 머리가 둔하다

shkrepëse [여] 성냥

shkreptimë [여] 번개 불빛

shkreptin [동] 번개가 친다

shkresë [여] 문서, 서류

shkresurinë [여] 휴지, 종이 쓰레기

shkretë [형] ① (장소가) 버려진, 인적이 끊긴 ② (사람이) 외로운, 홀로 있는; i shkreti! 그 사람 불쌍하기도 하지!

shkretëtirë [여] 사막; 황야, 황무지, 버려진 땅

shkretim [남] 파괴, 황폐화

shkretohet [동] 황폐화되다

shkretoj [동] (완전히) 파괴하다, 황폐화하다

shkrif [동] (땅을) 써레질하다

shkrifërim [남] 써레질

shkrifët [형] 부스러지기 쉬운, 약한

shkrihem [동] ① 녹다; u shkri akulli 얼음이 녹았다 ② (비유적으로) 연합하다, 하나가 되다 ③ shkrihem së qeshuri 웃음이 터져 나오다

shkrij [동] ① 녹이다 ② 녹다

shkrim [남] (글을) 쓰기[쓴 것]; bojë shkrimi 잉크; makinë shkrimi 타자기; me shkrim 써서, 서면으로

shkrimtar [남] 글 쓰는 사람, 작가, 저자

shkrirë [형] 녹은

shkrirje [여] 녹음, 용해

shkronjë [여] 문자, 글자; shkronja kursive 이탤릭체; shkronja të mëdha 대문자

shkruaj [동] ① (글을) 쓰다 ② 타자기를 치다

shkruar [형] ① (글로) 쓰인 ② sy të shkruar 푸르스름한 녹색 눈(眼)

shkrues [남] ① 글 쓰는 사람, 저자, 작가 ② 서기, 사무원

shkrumb [남] 숯; 재; bëj shkrumb e hi (타서) 재가 되다

shkrumbos [동] 숯으로 만들다, 탄화하다

shkrumbosem [동] (타서) 재가 되다

shkuar [형] ① 지난, 이전의, 과거의; vitin e shkuar 지난해, 작년; koha e shkuar [문법] 과거 시제 ② 고령의; i shkuar nga mosha 나이 든, 늙은 — [여] 과거; si në të shkuarën 종전과 같이

shkues [남] → shkes

shkuesi [여] 중개, 중매

shkujdesem [동] 부주의하다

shkujdesje [여] 부주의; 무관심

shkujdesur [형] 부주의한; 무관심한, 태평스러운

shkul¹ [남] (실의) 타래

shkul² [동] 홱 잡아당기다; (뿌리째) 뽑다; shkul dhëmbin 이를 뽑게 하다, 발치(拔齒)하다; shkul veshin (~의) 귀를 잡아당기다; shkul flokët 머리를 쥐어 뜯다

shkulem [동] ① 홱 잡아당겨지다; (뿌리째) 뽑히다 ② shkulem së qeshuri 웃음이 터지다

shkulje [여] (뿌리째) 뽑기, 뽑아냄

shkulloj [동] (잔을) 비우다, 다 마셔 버리다

shkumë [여] 거품

shkumës [여] 분필

shkumëzoj [동] 거품을 일으키다; 거품이 일어나다; shkumëzoj nga inati 격노하다, 분노로 입에 거품을 물다

shkund [동] ① 흔들다 ② 깨우다, 일으키다

shkurdis [동] (감긴 것을) 풀다

shkurdisje [여] (감긴 것을) 풀기

shkurorëzim [여] 이혼

shkurorëzoj [동] 이혼시키다

shkurorëzohem [동] 이혼하다

shkurt¹ [남] 2월

shkurt² [부] 짧게, 간결하게

shkurtabiq [남] 난쟁이, 왜소한 사람

shkurtas [부] 짧게, 간결하게

shkurtë [여] [조류] 메추라기

shkurtër [형] 짧은; rruga më e shkurtër 지름길, 가장 가까

운 길

shkurtim [남] 짧게 함, 줄이기; (말의) 축약; (비용의) 절감

shkurtimisht [부] 짧게

shkurtohem [동] 짧아지다

shkurtoj [동] (더) 짧게 하다, 줄이다; (말을) 축약하다, (책을) 요약하다; (비용을) 절감하다

shkurre [여] [식물] 관목(灌木)

shkurrnajë [여] 관목숲

shkyç [동] ① (잠긴 것을) 열다 ② (스위치를) 끄다

shlyej [동] 빚[거래]을 청산하다

shlyerje [여] 빚[거래]의 청산

shlyhet [동] 빚[거래]이 청산되다

shlligë [여] [동물] 살무사의 일종

shmang [동] ① 길에서 벗어나게 하다 ② 피하다, 멀리하다

shmangem [동] ① 빗나가다, 일탈하다 ② (책임을) 게을리하다

shmangie [여] ① 탈선, 일탈 ② 회피

shmangshëm [형] 피할 수 있는

shndërrim [남] 변형, 변모

shndërrohem [동] 변형되다

shndërroj [동] 변형시키다

shndrit [동] (밝게) 빛나다

shndritshëm [형] (밝게) 빛나는

shofer [남] 운전 기사

shogan [형] 머리가 벗어진, 대머리의 — [남] 대머리(인 사람)

shogë [여] [병리] 탈모(증)

shogët [형] 머리가 벗어진, 대머리의

shoh [동] 보다; shoh me habi 응시하다; a e sheh? 보고 있어요?; gëzohem që të shoh 만나서 반가워요

shok [남] 친구, 벗, 동료; shok i ngushtë 친한 친구; shok dhome 룸메이트; shok lufte 전우(戰友); shok pune 직장 동료, 함께 일하는 사람; shok shkolle 학급 동료

shoku-shokun [부] 서로

shollë [여] 발바닥; 신발 바닥

shoq [남] ① 남편; im shoq 내 남편; i shoqi 그녀의 남편 ② 동료, 녀석

shoqatë [여] 협회, 모임, 동호회

shoqe [여] ① 아내, 부인; ime shoqe 내 아내; e shoqja 그의 아내 ② 여자 친구

shoqëri [여] ① 모임, 회(會) ② 회사, 상사; shoqëri aksionare 주식회사

shoqërim [남] 부속물, 딸린 것

shoqërisht [부] 사교적으로, 우호적으로

shoqërohem [동] (~와) 사귀다, 친하게 지내다

shoqëroj [동] (~에) 동반하다, (~을) 호위하다

shoqëror [형] 사교적인, 붙임성 있는; në mënyrë shoqërore 친절하게, 상냥한 태도로, 친구처럼

shoqërues [남] 수행원, 에스코트하는 사람

shoqërueshëm [형] 사교적인

shoqi-shoqin [부] 서로

shoqja-shoqen [부] 서로

short [남] 제비; heqim short 제비를 뽑다

shosh [동] 체로 치다, 체질하다, 거르다

shoshet [동] 체로 걸러지다

shoshë [여] ① 체 ② i bërë shoshë nga plumbat (몸에) 총알 자국이 (촘촘히) 나 있는; mbaj ujë me shoshë 헛수고 하다

shoshit [동] ① 체로 치다, 거르다; 가려내다, 선별하다 ② 자세히 검사하다

shoshitet [동] ① 체로 걸러지다 ② 자세한 검사를 받다

shoshitje [여] ① 체로 치기, 거르기 ② (자세한) 검사

shoshje [여] 체로 치기, 거르기

shoshone [여·복] 방수 장화

shpagim [남] 복수, 보복, 앙갚음
shpaguaj [동] ① 보상하다 ② 복수하다, 보복하다
shpagues [남] 복수하는 사람
shpaguhem [동] 복수하다, 원한을 풀다
shpalos [동] (접은 것을) 펴다, 펼치다
shpaloset [동] (접은 것이) 펼쳐지다
shpalosje [여] (접은 것을) 펼치기
shpall [동] 선언하다, 공표하다
shpallem [동] 선언되다, 공표되다
shpallje [여] 선언, 선포, 공표
shpargull [남] [식물] 아스파라거스
shpartallim [남] (군사의) 패배, 패주
shpartallohem [동] (군사가) 패배하다, 패주하다
shpat [남] 비탈, 사면(斜面), 경사지; 산허리
shpatar [남] 검객, 검술가
shpatë [여] 칼, 검(劍)
shpatuk [형] 평평한
shpatull [여] [해부] 견갑골(肩胛骨), 어깨뼈
shpatullgjerë [형] 어깨가 떡 벌어진
shpejt [부] ① 곧, 금방, 빨리; shpejt a vonë 조만간; shpejt e shpejt 빨리, 급히, 서둘러; tani shpejt 최근에; së shpejti 곧, 금방; sa më shpejt që të jetë e mundur 가능한 한 빨리 ② 일찍, 이르게; çohem shpejt nga shtrati (아침에) 일찍 일어나다
shpejtë [형] 빠른, 급속한
shpejtësi [여] 속도, 속력, 스피드
shpejtim [남] 가속, 속력을 붙이기
shpejtohem [동] 서두르다
shpejtoj [동] ① 가속하다, 재촉하다, 속도를 내게 하다 ② 서두르다; mos u shpejto! 서두르지 마!
shpellë [여] 동굴

shpend [남] 새, 가금(家禽)

shpengim [남] (속박에서) 풀림, 자유롭게 됨

shpengohet [동] (속박에서) 풀리다, 자유롭게 되다

shpengoj [동] (속박에서) 풀어주다, 자유롭게 하다

shpenguar [형] (속박에서) 풀린, 자유롭게 된

shpenzim [남] 비용, 경비; me shpenzimet tuaja 네 자신의 부담으로

shpenzoj [동] (돈 따위를) 쓰다, 소비하다, 들이다

shpesë [여] 새, 가금(家禽)

shpesh [부] 자주, 종종, 빈번하게

shpeshherë [부] 자주, 종종, 빈번하게

shpeshtë [형] ① 잦은, 빈번한 ② 빽빽한, 조밀한, (숲 따위가) 우거진

shpeshti [여] ① 빈도 ② 밀도

shpëlahem [동] (자신의 몸을) 씻어내다

shpëlaj [동] 씻어내다, 씻기다

shpëlarë [형] ① 씻긴 ② 진부한, 케케묵은

shpëlarje [여] 씻기기

shpërblehem [동] 보수[보상]를 받다

shpërblej [동] 보수를 주다, 보상하다; 배상금을 물어주다

shpërblesë [여] 배상금

shpërblim [남] 보수, 보답, 보상; si shpërblim për (~에 대한) 보답으로

shpërdor [동] 오용[악용·남용]하다

shpërdoret [동] 오용[악용·남용]되다

shpërdorim [남] ① 오용, 악용, 남용 ② 배반, 신의를 저버림

shpërdorohet [동] ① 오용[악용·남용]되다 ② 배반당하다

shpërdoroj [동] ① 오용[악용·남용]하다 ② 배반하다, 신의를 저버리다

shpërdorues [남·복] 낭비[남용]하는 사람

shpërdredh [동] (꼬인 것을) 풀다

shpërdridhet [동] (꼬인 것이) 풀리다
shpërgënj [남·복] 기저귀
shpërgëti [여] [병리] 습진
shpërndahet [동] 흩어지다; 퍼지다; 분배되다
shpërndaj [동] 흩다; 퍼뜨리다; 분배하다
shpërndarës [남] 분배자
shpërndarje [여] 흩뜨림; 퍼뜨림; 분배
shpërngul [동] (새로운 장소로) 옮기다, 이송하다
shpërngulem [동] 이주하다, 주거지를 바꾸다
shpërngulje [여] 이동, (장소를) 옮기기
shpërpjesëtim [남] 불균형
shpërthej [동] ① 부수고 열다, 돌파하다, 뚫고 지나가다 ② (공격을) 가하다 ③ 갑자기 ~하다; shpërthej në gaz i) 웃음이 터지다 ii) 전쟁이 발발하다 ④ 폭발하다
shpërthim [남] ① 부수고 열기, 돌파 ② (감정의) 터뜨림 ③ (전쟁의) 발발 ④ 폭발
shpëtim [남] 구원, 구조, 구출; shkallë shpëtimi 화재 피난 장치; varkë shpëtimi 구명 보트
shpëtimtar [형] 구원[구조·구출]하는 — [남] 구원자, 구조자, 구출자
shpëtoj [동] ① 구원하다, 구조[구출]하다; i shpëtoj jetën dikujt ~의 목숨을 구하기 위해 ② 탈출하다; 달아나다
shpëtuar [남] 구조된 사람, 생존자
shpie [동] ① 나르다, 운반하다 ② 보내다 ③ (길 따위가 ~으로) 통하다, 가다; cila rrugë të shpie në stacion? 어느 길로 가야 역으로 갈 수 있나요? ④ shpie deri në fund një punë 일을 끝까지 처리하다
shpif [동] 비방하다, 중상하다
shpifarak [남] 비방[중상]하는 사람
shpifës [형] 비방하는, 중상적인 — [남] → shpifarak
shpifje [여] 비방, 중상

shpik [동] 발명하다, 창안하다
shpiket [동] 발명되다
shpikës [남] 발명가, 창안가
shpikje [여] 발명, 창안
shpim [남] 천공(穿孔), 구멍 뚫기; (타이어 등의) 펑크
shpinë [여] (사람·동물의) 등; (사물의) 뒷면, 등 부분; i kthej shpinën dikujt ~에게 등을 돌리다
shpirt [남] 영혼; 정신, 마음; heq shpirt 죽다; pa shpirt 무자비한, 인정 없는; me gjithë shpirt 진심으로, 충심으로
shpirtbardhë [형] 아낌없이 주는, 관대한
shpirtdëlirësi [여] 순결, 정숙
shpirtërisht [부] 정신적으로
shpirtëror [형] 정신적인; gjendje shpirtërore 기분
shpirtkazmë [형] 인정 없는, 무자비한
shpirtkeq [형] 사악한, 악의 있는
shpirtlig [형] = shpirtkeq
shpirtligësi [여] 사악함, 악의가 있음
shpirtmadh [형] 도량이 큰, 관대한
shpirtmadhësi [여] 도량이 큼, 관대함
shpirtmirë [형] 친절한, 정이 많은
shpirtmirësi [여] 호의, 친절
shpirtplasur [형] 비탄에 잠긴, 상심한
shpirtvogël [형] 마음이 좁은, 비열한
shpirtvogëlsi [여] 비열, 째째함
shpirraq [남] 천식 환자
shpirrë [여] [병리] 천식
shpjegim [남] 설명
shpjegohem [동] 자기 입장을 해명하다; si shpjegohet që ~? 어째서 ~인가?
shpjegoj [동] 설명하다
shpjegueshëm [형] 설명할 수 있는

shpleks [동] (얽힌 것을) 풀다

shplekset [동] (얽힌 것이) 풀리다

shpluhuros [동] 먼지[더러운 것]를 제거하다, 청소하다

shpohem [동] 찔리다, 구멍이 나다; m'u shpua goma 내 타이어가 펑크 났어요

shpoj [동] 꿰뚫다; shpoj një vrimë i) 구멍을 뚫다 ii) (타이어 등에) 펑크를 내다

shpopullohet [동] 인구가 줄다

shpopulloj [동] 인구를 감소시키다

shporet [남] 요리용 레인지

shportar [남] 바구니 만드는 사람

shportari [여] 바구니 세공

shportë [여] 바구니, 바스켓

shporr [동] 제거하다, 쫓아버리다

shporrem [동] 추방되다, 쫓겨나다; shporru! 저리 가버려!

shpreh [동] 표현하다

shprehem [동] 자신을 표현하다

shprehës [형] 표현적인, 나타내는

shprehi [여] 습관, 관습

shprehimisht [부] 쉬운 말로 하면

shprehje [여] ① 표현 ② 관용구, 숙어

shpresë [여] 희망, 기대; humbas shpresën 희망을 잃다; pa shpresë 희망이 없는, 절망적인

shpresëdhënes [형] 유망한, 장래를 약속하는, 희망을 안겨주는

shpresohet [동] 희망이 있다

shpresoj [동] 희망하다, 기대를 갖다

shpretkë [여] [해부] 비장(脾臟), 지라

shprish [동] (머리 따위를) 부스스하게 하다; (얽힌 것을) 풀다

shpronësim [남] 몰수, 강탈

shpronësohet [동] 몰수[강탈]당하다

shpronësoj [동] 몰수하다, 강탈하다

shpuarje [여] 천공; 펑크, 구멍 남
shpues [형] 꿰뚫는, 구멍을 내는
shpullë [여] (얼굴 등을) 찰싹 때리기
shpupurit [동] ① (불을) 쑤셔 돋우다 ② (머리를) 부스스하게 하다
shpurë [여] 일행, 수행원, 따르는 사람들
shputë [여] 신발의 바닥
shpuzë [여] 타다 남은 것, 깜부기불
shpyllëzim [남] 삼림 벌채, 산림 개간
shpyllëzohet [동] 삼림이 벌채되다, 산림이 개간되다
shpyllëzoj [동] 삼림을 벌채하다, 산림을 개간하다
shpyllëzuar [형] 삼림이 벌채된, 산림이 개간된
shqarth [남] [동물] 족제비; 담비
shqeme [여] [식물] 옻나무
shqep [동] ① 실밥을 뜯다, 기워 붙인 것을 따내다 ② shqep në dru dikë ~을 멍이 들 정도로 때리다
shqepem [동] ① 실밥이 뜯기다 ② shqepem së ngrëni 음식을 잔뜩 먹어 배가 불러오다
shqepje [여] 실밥을 뜯기
shqerrë [여] 새끼[어린] 양
shqetësim [남] 걱정, 염려
shqetësohem [동] (~에 대해) 걱정하다
shqetësoj [동] 마음을 어지럽히다, 걱정하게 하다
shqetësuar [형] 마음이 어지러운, 걱정하는, 근심하는
shqetësues [형] 걱정시키는, 염려하게 하는
shqeto [형] 순전한, 순 ~뿐인; mish shqeto 채소는 전혀 곁들이지 않은 고기
shqip [부] 알바니아어로; flas shqip 알바니아어로 말하다
shqipe [여] 알바니아어
Shqipëri [여] 알바니아
shqipërim [남] 알바니아어로의 번역

shqipërohet [동] 알바니아어로 번역되다
shqipëroj [동] 알바니아어로 번역하다
shqiponjë [여] [조류] 독수리
shqiptar [형] 알바니아의 － [남] 알바니아 사람
shqiptim [남] 발음
shqiptohet [동] 발음되다
shqiptoj [동] 발음하다
shqisë [여] 감각; 감각 기관
shqit [동] 떼어 놓다, 분리하다
shqitem [동] 분리되다
shqitje [여] 떼어 놓기, 분리
shqopë [여] [식물] 히스 (황야에 자생하는 관목)
shqopishtë [여] [식물] 히스의 작은 숲
shquaj [동] 구별하다
shquar [형] ① 두드러진, 현저한 ② [문법] 한정하는
shquhem [동] 구별되다; 두각을 나타내다
shqyej [동] 째다, 찢다
shqyhem [동] 찢기다
shqyrtim [남] 조사, 고찰, 분석; marr në shqyrtim një problem 문제를 분석하다
shqyrtohet [동] 조사[고찰]되다, 논의되다
shqyrtoj [동] 조사[고찰]하다, 논의하다
shregull [여] ① (놀이터의) 그네 ② 시소
shtab [남] [군사] 참모; 사령부
shtagë [여] 막대기, 장대
shtambë [여] 단지, 주전자
shtang [동] 몹시 놀라게 하다
shtangem [동] 몹시 놀라다
shtangie [여] 몹시 놀람
shtangës [형] 몹시 놀라게 하는
shtangu(a)r [형] 깜짝 놀란, 기겁한

shtapos [동] (병의) 마개를 뽑다
shtat [남] (사람의) 키, 신장
shtatanik [형] 조산아의
shtatë [수] 일곱 (7) — [형] 제 7의, 일곱번 째의
shtatëdhjetë [수] 칠십 (70) — [형] 제 70의, 70번째의
shtatëfish [형] 7배[겹]의
shtatëmbëdhjetë [수] 십칠 (17) — [형] 제 17의, 17번째의
shtatëqind [수] 칠백 (700)
shtatgjatë [형] (사람이) 키가 큰
shtathedhur [형] 날씬한, 호리호리한
shtathollë [형] 마른, 날씬한
shtatmadhori [여] [군사] 총사령부
shtator [남] 9월
shtatore [여] 상(像), 조각상
shtatzënë [형] (여자가) 임신한 — [여] 임산부, 임신한 여성
shtazarak [형] 짐승 같은, 야만적인
shtazë [여] ① 짐승, 동물 ② (비유적으로) 짐승 같은 놈
shtazor [형] ① 동물의 ② 짐승 같은, 야만적인
shteg [남] ① (좁은) 길 ② (비유적으로) 기회; mos i lë shteg (të bëjë diçka) 그에게 (~을 할) 기회를 주지 마라
shtegtar [형] 이주하는, 이주성의, 방랑벽이 있는 — [남] 방랑자; 여행자
shtegtim [남] 이동, 이주
shtegtoj [동] 이동하다, 이주하다
shter [동] (바싹) 마르다
shterim [남] (바싹) 마름
shteroj [동] → shter
shterpë [형] ① (사람·동물이) 불임인, 아이[새끼]를 갖지 못하는 ② (땅·토양이) 불모의, 메마른
shterpësi [여] ① 불임 ② 불모
shtesë [여] 증가, 부가, 추가, 확장

shtet [남] 국가; burrë shteti 정치가; Shtetet e Bashkuara 미합중국, 미국

shtetas [남] 시민

shtetëror [형] 국가의, 나라의; hua shtetërore 국가 채무, 국채

shtetësi [여] 국적; me shtetësi shqiptare 알바니아 국적의

shtetëzim [남] 국유화, 국영

shtetëzohet [동] 국유화되다

shtetëzoj [동] 국유화하다

shtetrrethim [남] (계엄령 등의) 소등 명령, 야간 외출[통행] 금지

shtëllungë [여] (잣기 위한) 실의 한 타래

shtëmbar [남] 도공(陶工), 도예가

shtënë [여] 사격, 발포

shtëpi [여] 집, 가정; shtëpi fshati 시골 집; në shtëpi 집에 (서); pa shtëpi 집이 없는; shtëpi botuese 출판사; shtëpi pushimi 요양소, 휴양소

shtëpiak [형] 가정의, 가사의, 집안의; grua shtëpiake 가정주부

shtërg [남] [조류] 황새

shtie [동] ① (물 따위를 컵에) 따르다, 붓다 ② i shtie frikë dikujt ~에게 겁을 주다; i shtie sytë 흘긋 보다; shtie në dorë 손을 대다; ia shtie në mendje ~에게 (~하는 것을) 생각나게 하다; shtie në punë diçka ~을 이용하다

shtihem [동] 전념하다, 몰두하다

shtim [남] 증가, 증대

shtirem [동] 가장하다, ~인 체하다

shtirje [여] 가장, ~인 체하기, 속이기

shtizë [여] ① 창(槍) ② 뜨개바늘

shtjellim [남] 발전, 확장

shtjellohet [동] 발전되다, 확장되다

shtjelloj [동] 발전시키다; shtjelloj një temë 주제를 발전시

키다

shtog [남] [식물] 딱총나무 무리

shtohet [동] 증가하다, 증대되다

shtoj [동] 더하다, 증가시키다

shtojcë [여] (책·신문·잡지 따위의) 부록, 보유(補遺)

shtojzovalle [여] 요정, 선녀, 님프

shtrat [남] ① 침대; shtrat portativ 휴대용 침대; shtrat i vdekjes 죽음의 자리, 임종(臨終); zë shtratin 병에 걸리다, 병상에 눕다 ② 강바닥, 하상(河床)

shtrembanik [형] 보기 흉한, 기형의

shtrembër [부] 뒤틀어져, 일그러져, 보기 흉하여 — [형] ① 뒤틀린, 일그러진, 보기 흉한; vijë e shtrembër 비뚤어진 선 ② (비유적으로) (행동 따위가) 부당한, 부정한, 잘못된

shtrembërim [남] 구부러짐, 뒤틀림; (사실 따위의) 왜곡

shtrembërohem [동] 뒤틀리다, 일그러지다, 비뚤어지다

shtrembëroj [동] ① 구부리다; 뒤틀다, 일그러뜨리다; shtrembëroj buzët 얼굴을 찡그리다 ② (비유적으로) (사실 따위를) 왜곡시키다, 속이다

shtrenjtë [형] ① 값비싼 ② (비유적으로) 소중한 — [부] 비싸게, 높은 가격에

shtrenjtësi [여] 값비쌈, 고가(高價)

shtrenjtim [남] 가격 상승

shtrenjtohet [동] 가격이 비싸지다

shtrenjtoj [동] 가격을 올리다, 비싸게 하다

shtresë [여] 층(層); 사회 계층[계급]

shtrëngatë [여] 폭풍(우)

shtrëngesë [여] 강제, 강압; 속박

shtrëngim [남] ① 바짝 죄기 ② 악수 ③ 강제, 강압; 속박

shtrëngohem [동] ① 바짝 조여지다, 꼭 끼다 ② 속박된 상태에 있다

shtrëngoj [동] ① 바짝 죄다 ② 악수하다, 손을 잡다 ③ 강제

하다, 강요하다

shtrënguar [형] ① 바짝 쥔, 타이트한 ② 강요된, 강제적인, 압박당한; jam i shtrënguar të ~하도록 강요받다

shtrëngues [형] 강제적인, 강압적인

shtrig [남] ① 마법사 ② 사악한 노인

shtrigë [여] ① 마녀, 여자 마법사 ② 사악한 노파

shtrihem [동] (큰 대자로) 눕다

shtrij [동] ① (바닥에) 눕히다; 때려눕히다 ② (팔다리 따위를) 쫙 펴다

shtrim [남] ① (바닥에) 눕히기 ② 입원

shtrirë [형] ① 누운 ② (팔다리 따위를) 쫙 편 ― [부] 누워(서); rri shtrirë 눕다

shtrirje [여] ① 스트레칭, (팔다리 따위를) 쫙 펴기 ② 넓이, 면적

shtrofkë [여] (들짐승의) 굴

shtrofull [여] → shtrofkë

shtrohem [동] ① 드러눕다; shtrohem në spital 입원하다 ② (친교 등의 목적으로) 둘러앉다, 자리를 잡다; shtrohem të ha (식사하기 위해) 식탁에 둘러앉다 ③ 차분해지다; shtrohem në punë 일에 차분히 착수하다 ④ i shtrohem fatit 체념하다, 운명에 맡기다

shtroj [동] ① (평평한 곳에) 놓다, 두다; 평평하게 하다 ② (바닥을) 덮다 ③ 입원시키다 ④ (문제 따위를) 제기하다 ⑤ 복종시키다

shtruar [형] ① (평평한 곳에) 놓인 ② (도로 따위가) 포장된 ③ 차분한; 잘 따르는, 복종하는 ― [부] 천천히, 차분하게; merre shtruar 천천히[여유 있게] 하세요

shtrydh [동] ① 짓누르다, 압착하다, 죄다; shtrydh një limon 레몬을 짜내다 ② (젖은 옷을) 비틀어 짜다

shtrydhem [동] 짓눌리다, 압착되다

shtrydhëse [여] 압착기

shtrydhje [여] ① 압착, 짜내기 ② (젖은 옷을) 비틀어 짜기
shtueshëm [형] 팽창할 수 있는, 확장 가능한
shtuf [남] 속돌, 부석(浮石)
shtunë [여] 토요일; të shtunën 토요일에
shtupë [여] 틈을 메우는 재료; 마개
shtupoj [동] 틈을 메우다, 마개를 하다
shturë [여] [조류] 찌르레기
shtyhem [동] ① 밀리다 ② 미뤄지다, 연기되다, 지체되다 ③ 자극을 받다
shtyj [동] ① 밀어내다 ② 미루다, 연기하다, 지체하다 ③ 자극하다, 충동하다 ④ i[e] shtyrë në moshë 고령의, 나이가 많은
shtyllë [여] ① 기둥 ② 장대 ③ shtyllë kurrizore [해부] 등뼈, 척추
shtyp [동] ① 억누르다, 압박하다; 진압하다 ② (버튼 따위를) 누르다 ③ (책 따위를) 인쇄하다 ― [남] ① 인쇄 ② 인쇄물에 의한 언론 (신문·잡지 따위)
shtypem [동] 억눌리다, 압박되다; 진압당하다
shtypës [형] 압박하는
shtypje [여] ① 억누르기, 압박; 진압 ② 인쇄 (작업)
shtypshkrime [여·복] 인쇄물
shtypshkronjë [여] 인쇄소
shtyrje [여] ① 밀어내기 ② 미룸, 연기, 지체 ③ 자극, 충동
shtytës [형] 자극하는, 충동질하는 ― [남] 자극[충동]하는 사람
shtytje [여] 밀치기, 떼밀기
shthur [동] ① (꼬인[짠] 것을) 풀다 ② (비유적으로) 도덕적으로 타락하게 하다, 부패시키다
shthurem [동] 부패하다, 타락하다
shthurje [여] ① (꼬인[짠] 것을) 풀기 ② 도덕적 타락, 부패
shthurur [형] ① (꼬인[짠] 것이) 풀린 ② 도덕적으로 타락한,

부패한

shuaj [동] ① (불 따위를) 끄다 ② (쓴 것을) 지우다, 삭제하다 ③ (반란 따위를) 진압하다

shuall [남] 발바닥

shuar [형] ① (불 따위가) 꺼진 ② 해갈된, 갈증이 풀린

shuarje [여] ① 소화(消火), 불 따위를 끄기 ② 갈증 해소

shufër [여] 막대, 바

shuhem [동] ① (불 따위가) 꺼지다 ② 점차 사라지다, 소멸해 가다, 죽다 ③ shuhem në punë 쉬지 않고 수시간 동안 일하다

shuk [부] ① 뭉쳐져, 덩어리져 ② mblidhem shuk 오그라들다 — [동] 뭉치다, 뭉쳐 구기다

shukull [남] [식물] 목서초(木犀草)

shul [남] ① 빗장, 걸쇠, 바 ② (총의) 노리쇠

shulak [형] (사람이) 튼튼한, 강건한

shullë [남] 양지바른 곳, 햇빛이 잘 드는 곳

shullëhem [동] 볕을 쬐다

shumanshëm [형] 여러 면에 걸친

shumë[1] [여] 양, 액; një shumë e madhe 많은 액수의 돈; shuma e përgjithshme 총액, 총계

shumë[2] [부] 아주, 매우, 몹시, 무척, 많이; faleminderit shumë 대단히 감사합니다; shumë pak 아주 조금; e keni shumë gabim 너는 완전히 틀렸어 — [형] 많은; në shumë raste 많은 경우에

shumëfish [형] ① 다중의, 많은 부분[요소]으로 된 ② 몇 배 더 많은

shumëfishim [남] 증가, 증식

shumëfishohet [동] 늘다, 증가하다

shumëfishoj [동] 늘리다, 증가시키다

shumëfishtë [형] 많은 부분[요소]으로 된

shumëkatësh [형] (건물이) 여러 층으로 된

shumëkombësh [형] 다국적의
shumëkush [대] 많은 사람들
shumëllojshëm [형] 가지각색의, 여러 가지의, 다양한
shumëllojshmëri [여] 다양성
shumëngjyrësh [형] 다색(多色)의
shumës [남] [문법] 복수(형)
shumë-shumë [부] 많아야, 기껏해야
shumëvjeçar [형] [식물] 다년생이, 여러해살이의
shumëzim [남] ① 증가, 증식 ② [수학] 곱셈
shumëzohet [동] 늘다, 증가하다
shumëzoj [동] 늘리다, 증가시키다
shumicë [여] ① 대부분, 대다수; shumica e njerëzve 대부분의 사람들; në shumicën e rasteve 대부분의 경우에 ② 많음, 대량; tregti me shumicë 도매상[거래]
shumohet [동] 늘다, 증가하다
shumoj [동] 늘리다, 증가시키다
shumta [여] 대부분, 대다수; në më të shumtën e rasteve 대부분의 경우에
shumtë [형] 다수의, 수많은
shungullimë [여] 달가닥달가닥하는 소리
shungulloj [동] 달가닥달가닥하는 소리가 나다
shuplakë [여] ① 손바닥 ② 뺨을 철썩 때리기
shur [남] 모래
shurdhaman [남] 귀머거리, 청각 장애인
shurdhër [형] ① 귀먹은, 청각 장애가 있는 ② bëj veshin e shurdhër (~에) 조금도 귀를 기울이지 않다
shurdhim [남] 귀먹음, 청각 장애
shurdhmemec [남] 귀먹고 말 못하는 사람, 농아(聾兒)
shurdhohem [동] 귀가 먹다
shurdhoj [동] 귀머거리로 만들다
shurishtë [여] 모래톱, 모래언덕

shurup [남] 시럽
shurrak [남] 오줌싸개
shurrë [여] 오줌, 소변
shurrëtore [여] (공중 화장실의) 소변기
shushat [동] 어리벙벙하게 하다, 당혹시키다
shushatem [동] 어리벙벙해지다, 당혹하다
shushatës [형] 어리벙벙하게 하는, 당혹하게 하는
shushatje [여] 어리벙벙함, 당혹
shushunjë [여] [동물] 흡혈 동물 (거머리 따위)
shushurimë [여] 살랑살랑 소리
shushurit [동] 살랑거리는 소리가 나다
shyqyr [감] (결과에 대해 만족하는 뜻으로) 아아 감사해라!, 신의 축복이로다!
shyt [형] (뿔 있는 동물이) 뿔이 없어진[잘린]
shyta [여·복] [병리] 유행성 이하선염(耳下腺炎)

T

ta¹ [대] ta dhashë 나는 너에게 그것을 주었다
ta² [대] (> ata) me ta 그들과 함께
tabak [남] (종이) 한 장
tabaka [여] 쟁반
taban [남] 발바닥; (구두의) 바닥, 밑창
tabelë [여] ① 간판, 광고판 ② 표; tabelë shumëzimi 구구단 [표]
tabor [남] [군사] 대대
tabut [남] (시신을 넣는) 관
taçe [여] [식물] 크리스마스로즈
tagar [남] ① (곡식을 까부르는) 키 ② (석탄용) 화로
tagër [남] ① 특권, 특전 ② 세금
tagrambledhës [남] 세금 징수원
tagji [여] ① 가축의 먹이, 꼴, 마초 ② [식물] 귀리
tahmaqar [남] 탐욕스러운 사람
tahmin [남] 추측; me tahmin 추측으로, 어림짐작으로
tajë [여] 유모
tajis [동] (아기에게) 젖을 먹이다, (아기를) 보육하다
takat [남] (구어체에서) 힘, 능력
taketuke [여] 재떨이
takë [여] (신발의) 뒤축, 굽
takëm [남] ① (특정 기능을 위해 쓰이는) 물건[장비]의 한 세트, 키트; takëm çaji 찻잔 세트[한 벌] ② 마구(馬具)
takije [여] 작은 테 없는 모자
takim [남] ① 만남, 회합; vend takimi 만나는[모이는] 장소

② 만날 약속; lë takim 만날 약속을 잡다

takohem [동] (서로) 만나다, 모이다

takoj [동] ① 만나다, 마주치다 ② (일이) 일어나다, 생기다; takon shpesh (그 일은) 자주 일어난다 ③ (~에) 속하다; kjo i takon atij 그것은 그의 것이다

taksë [여] 세금

taksi [여] 택시

taksirat [남] 말썽, 재난, 불상사

taksoj [동] 세금을 부과하다

talentuar [형] 재능 있는

talikë [여] 4륜 마차

tall [동] 조롱하다, 웃음거리로 만들다

tallagan [남] 망토, 외투

tallash [남] 톱밥

tallaz [남] (바다의 큰) 파도

tallem [동] 조롱하다, 비웃다

tallës [형] 조롱하는, 비웃는

tallje [여] 조롱, 비웃기

tallon [남] [회계] 증표(證票)

tamam [부] 정확히, 꼭

tambura [여] [음악] 탐부라 (만돌린의 일종)

tanë [대] [소유대명사] 우리의; stërgjyshërit tanë 우리의 조상들; jemi tanët 우리는 친구들이다

tani [부] 지금, 이제; tani për tani 지금으로서는; tani e tutje 앞으로(는), 차후로는; deri tani 지금까지, 이제껏; tani sapo u kthye 그는 방금 돌아왔다

tanimë [부] 이미, 벌써

tanishëm [형] 지금의, 현재의

tapanxhë [여] (갈고리 발톱이 있는) 발

tapë [여] ① 코르크 마개 ② bëhem tapë (비유적으로) 술에 취하다

tapi [여] 부동산 소유 증서
tapiceri [여] 태피스트리, 벽걸이; 가구 장식물
tapicier [남] 가구 따위를 장식하는 사람
tapos [동] 코르크 마개로 막다
taraf [남] 한 패, 파벌
tarafllëk [남] 친척 등용, 족벌주의
tarallak [남] 바보, 얼간이
tarator [남] (오이·올리브유·마늘·소금을 곁들여 애피타이저로 먹는) 요구르트 요리의 일종
targë [여] 인가 번호판
tarifë [여] 관세; 관세율
tartabiq [남] ① [곤충] 빈대 ② [곤충] 진디
tas [남] 잔, 사발
tash [부] 지금, 이제
tatëpjetë [부] 아래로, 아래쪽으로 — [여] ① 내리받이길 ② (비유적으로) 감소, 하락, 쇠퇴
tatim [남] 세금; tatim mbi të ardhurat 소득세
tatohem [동] 세금을 부과받다
tatoj [동] 세금을 부과하다
tavan [남] 천장
tavë [여] (요리용) 굽는 팬
tavëll [여] 재떨이
tavolinë [여] 테이블, 탁자, 책상
taze [형] 갓 ~한, 신규의, 새로운
te [전] ① [장소] ~에(서); te dera 문에서, 문간에(서) ② ~에게; tek i ungji 그의 삼촌에게 — [접] = tek²
teatër [남] 극장
tebeshir [남] 분필
tegel [남] 솔기, 꿰맨 줄
teh [남] (날카롭게 선) 날 (칼날 따위)
tej [부] 멀리; 떨어져; shko më tej 멀리 가다, 좀 더 가다;

më tej 나중에, 후에 — [전] (~을) (훨씬) 넘어(서); tej masës 측정 한도를 넘어, 셀 수 없을 정도로

tejçoj [동] (전기 따위를) 전하다, 전도하다

tejçues [남] [물리] 전도체(傳導體), 도체

tejdukshëm [형] 투명한

teje [대] (ti의 탈격) 너로부터

tejembanë [부] 도처에, 전역에 걸쳐, 처음부터 끝까지

tejkalim [남] ① 초과, 과잉 ② 초과 달성

tejkalohet [동] 초과 달성되다

tejkaloj [동] ① 초과하다, (기대했던 분량을) 넘다 ② 초과 달성하다

tejpërtej [부] 전역에 걸쳐, 처음부터 끝까지

tejqyrë [여] (휴대용) 작은 망원경; 쌍안경

tejshkuar [형] 먼 과거의

tejzë [여] [해부] 건(腱), 힘줄

tek[1] [형] ① 하나 뿐인 ② 홀수의 — [부] 홀로, 하나만

tek[2] [접] ~하는 동안

tekanjoz [형] 변덕스러운, 변하기 쉬운

teket [동] (일시적으로) 좋아하다, 갈망하다

tekë [여] 변덕, 일시적인 생각

teklif [부] 소탈하게, 형식 따위에 구애받지 않고

teknefes [형] 천식의

teknik [남] 기술자

teknikë [여] (전문) 기술

teknikisht [부] 기술적으로

teknikum [남] 직업 학교

tekstil [형] 직물의, 방직의

tekstualisht [부] 문자 그대로

tek-tuk [부] 여기저기에

tel [남] ① 철사 ② [음악] (악기의) 현(絃)

telash [남] 문제, 말썽, 곤란한 일, 걱정거리; nxjerr telashe

말썽을 일으키다; pa telashe 부주의한, 경솔한

telefon [남] 전화; i bëj një telefon dikujt ~에게 전화를 걸다; telefoni celular 휴대전화

telefonoj [동] 전화를 걸다

telegram [남] 전보, 전신

telendi [여] 망신, 불명예

telendis [동] 헐뜯다, 모욕하다, 평판을 나쁘게 하다

telendisem [동] 모욕을 느끼다; 평판이 나빠지다

telepati [여] 텔레파시, 정신 감응

televizion [남] 텔레비전

televizor [남] 텔레비전 수상기, TV

telikos [동] 닳게 하다, 약해지게 하다

telikosem [동] 닳다, 약해지다

tellall [남] 거리에서 외치고 다니는 포고원

temena [여] 존경[경외]의 표시로 하는 인사[절]

temë [여] 주제, 테마; 화제, 토픽

temjan [남] 향(香)

temperaturë [여] ① 온도 ② (병으로 인한) 열, 신열

tendë [여] 천막, 텐트

tendos [동] 쫙 펼치다, 팽팽하게 하다

tendoset [동] 쫙 펼쳐지다, 팽팽해지다

tendosje [여] 쫙 펼치기

tendosur [형] 쫙 펼쳐진, 팽팽한

teneqe [여] 주석판; 양철통

teneqexhi [남] 양철공

tenis [남] [스포츠] 테니스

tension [남] ① [물리] 압력 ② [전기] 전압 ③ [의학] 혈압

tentativë [여] 시도, 해보기; bëj tentativë 시도하다, 한 번 해보다

tentoj [동] 시도하다, 한 번 해보다

tenxhere [여] 냄비, 솥; tenxhere me presion 압력솥

tenjë [여] [곤충] 옷좀나방
tepelek [남] (머리의) 정수리
tepë [여] [식물] 외알밀
tepër [부] 너무 (많이), 지나치게, 과도하게; për më tepër 더욱이, 게다가
tepërm [형] 너무 ~한, 지나친, 과도한
tepërmi [부] (së) tepërmi 너무, 지나치게, 과도하게
tepërt [형] 너무 ~한, 지나친, 과도한
teposhtë [부] 아래로, 아래쪽으로
tepri [여] 초과, 지나침
tepricë [여] 잉여, 과잉
teproj [동] ① 과장하다, 부풀리다 ② 남다, 나머지가 되다
tepsi [여] (요리용) 굽는 팬
teptis [동] 내뿜다, 분출하다, 세차게 흘러나오다, 펑펑 솟아나오다
ter [동] (바싹) 말리다
terem [동] (바싹) 마르다
terezi [여] ① 저울, 천칭 ② (석공(石工)의) 추(錘), 다림추 ③ me terezi 주의하여, 조심스럽게
ters [부] 잘못되어, 빗나가, 틀어져; e marr ters 말을 나쁘게 해석하다 — [형] ① (어린애가) 말을 안 듣는, 제멋대로인 ② (숫자 따위가) 불길한
tersllëk [남] 불운, 불행
tertip [남] 질서, 체계
terr [남] 어두움, 암흑
terren [남] 지역, 지대; 땅, 지면
terrinë [여] 어두움, 암흑
territor [남] 영토(領土)
terror [남] 테러
terrorist [남] 테러리스트
terrorizëm [남] 테러리즘, 테러 행위
terrorizohem [동] 테러를 당하다

terrorizoj [동] 테러 수단을 쓰다
teserë [여] (정치·사회적 단체의) 회원증, 멤버십 카드
tespihe [여·복] [가톨릭] 묵주, 로사리오
testament [남] 유언(장)
testoj [동] 시험하다, 테스트하다
tesha [여·복] 리넨 제품 (옷, 속옷 따위)
teshtij [동] 재채기하다
teshtimë [여] 재채기
tetar [남] [군사] 상등병
tetë [수] 여덟 (8) — [형] 제 8의, 여덟째의
tetëdhjetë [수] 팔십 (80) — [형] 제 80의, 80번째의
tetëfish [남] 8배[겹] — [형] 8배[겹]의
tetëmbëdhjetë [수] 십팔 (18) — [형] 제 18의, 18번째의
tetëqind [수] 팔백 (800)
tetëvjeçar [형] ① 8년간의 ② 8살의 ③ (학교가) 8년제의
teto [여] 아주머니 (백모, 숙모, 이모, 고모 등)
tetor [남] 10월
teveqel [남] 바보, 얼간이
teze [여] 이모
tezgë [여] (병자·부상자를 위한) 들것
tezgjah [남] 베틀, 직기(織機)
të[1] [소사] bëj të ditur 알려지게 하다; duhet të shkoj 나는 가야 한다; do të shkoj 나는 갈 것이다; po të doni 당신이 좋으시다면; të gjithë 모두
të[2] [대] 너를, 너의; unë të shoh 나는 너를 보고 있다
të[3] [한정사] → e, i
tëharr [동] ① (땅의) 잡초를 뽑다 ② (나무에서) 쓸데없는 가지를 치다
tëharrje [여] ① 잡초 뽑기, 제초 ② 가지치기
tëhu [부] ① 이렇게, 그렇게 ② 지금까지 ③ tutje-tëhu 여기저기

tëly(e)n [남] 버터

t'ëmbël [남] [해부] 쓸개, 담낭

tëmth [남] [해부] 관자놀이

tënd [대] 너의; shiko punën tënde 네 일에나 신경 써

tërbim [남] ① 광견병, 공수병 ② (비유적으로) 격노, 격분, 광포; me tërbim 미친 듯이 노하여

tërbohem [동] 격노하다, 미쳐 날뛰다, 과격해지다

tërboj [동] 몹시 성나게 하다, 격노시키다

tërbuar [형] ① (개가) 미친, 광견병의 ② (비유적으로) 광란의, 미친 듯이 날뛰는

tërë [부] 전적으로, 가득; tërë gaz 기쁨으로 충만하여; tërë natën 밤새도록, 온밤을 — [대] 모든, 전체의; i tërë fshati 마을 전체 — [여] 전부, 전체

tërësi [여] 완전함; 전체; në tërësi 전반적으로

tërësisht [부] 완전히, 아주, 전적으로

tërfil [남] [식물] 클로버, 토끼풀

tërheq [동] ① 끌다, 당기다 ② (비유적으로) (주의·흥미 등을) 끌다, 유인하다 ③ 물러나다, 철수하다

tërheqës [형] 유혹적인, 마음을 끄는

tërheqje [여] ① 끌기, 끌어당김, 견인 ② [물리] 인력 ③ (비유적으로) 마음을 끎, 매력 ④ 물러남, 철수

tërhiqem [동] 물러나다, 철수하다

tërkuzë [여] 밧줄, 로프, 케이블

tërmet [남] 지진(地震)

tërsëll'ëm [남] ① 큰 힘 ② 분노, 광포

tërsh'ërë [명] [식물] 귀리

tërthor [부] 비스듬하게, 대각선으로

tërthorazi [부] ① 비스듬하게 ② 간접적으로

tërthortë [형] ① 비스듬한 ② 간접적인

ti [대] [2인칭 단수 주격 인칭대명사] 너(는)

tifo [여] [병리] 장티푸스

tifoz [남] (스포츠 등의) 팬, ~광(狂)
tigan [남] 프라이팬
tiganis [동] (기름에) 튀기다, 프라이로 하다
tiganiset [동] 튀겨지다, 프라이가 되다
tiganisje [여] 튀기기, 프라이로 하기
tiganisur [형] 튀긴, 프라이로 한
tigër [남] [동물] 호랑이
tij [대] [소유대명사] 그의; libri i tij 그의 책; nëna e tij 그의 어머니
tijat [대] 그 자신의
tillë [형] 그러한, 그와 같은
tim [대] 나의 ~에게; tim vëllai 나의 형에게
time [대] 나의 ~을; time motër, motrën time 나의 자매를
timon [남] ① (배의) 키, 타륜 ② (자동차의) 핸들 ③ (자전거의) 핸들(바)
timonier [남] (배의) 키잡이, 조타수
tinar [남] (나무로 된) 통
tinëz [부] 비밀리에, 은밀하게, 몰래
tinëzar [형] 몰래 하는, 교활한
tinëzisht [부] 비밀리에, 은밀하게, 몰래
tingëllim [남] 울리는 소리
tingëllimë [여] 울리는 소리
tingëlloj [동] (소리가) 울리게 하다
tingthi [부] 한 발로 깡충깡충 뛰어
tingull [남] 울리는 소리
tip [남] 유형, 타입
tipar [남] (두드러진) 특징
tipik [형] 전형적인; 두드러진
Tiranë [여] 티라나 (알바니아의 수도)
tirë [여] 포도주 저장 통
tirk [남] 몸에 꼭 맞는 바지

titull [남] 제목, 타이틀

tjegull [여] 타일, 기와

tjerë [대] → tjetër

tjerr [동] (실을) 잣다

tjerrë [형] (실을) 자은

tjerrës [형] 실을 잣는, 방적의; makinë tjerrëse 방적기 — [남] 실 잣는 사람, 방적공

tjerrje [여] 방적, 실을 잣기

tjetër [대] ① 다른, 그 밖의; doni gjë tjetër? 다른 걸 원해요?; një tjetër (그 외에) 다른 것; njëri-tjetrin 서로; e të tjera 기타, ~ 등등 ② 다음의; vitin tjetër 다음 해, 내년

tjetërkund [부] (그 밖의) 다른 곳에

tjetërkush [대] (그 밖의) 다른 사람

tjetërsoj[1] [동] (재산 따위를) 양도하다; 변경하다

tjetërsoj[2] [부] 다르게, 다른 방법으로

tkurr [동] 수축시키다, 줄어들게 하다

tkurrem [동] 수축하다, 줄어들다

tkurrje [여] 수축, 줄어듦

tmerr [남] 공포, 무시무시함; për tmerr 무시무시하게

tmerrësisht [부] 무시무시하게, 지독하게

tmerrohem [동] 위협을 당하다

tmerroj [동] 무섭게[겁나게] 하다, 위협하다

tmerrshëm [형] 무서운, 소름끼치는, 무시무시한

tmerrues [형] 무섭게[겁나게] 하는, 무서운, 소름끼치는

tog [남] 더미, 무더기

toger [남] [군사] 중위

togë [여] ① [군사] (보병) 소대 ② 법복(法服)

tojë [여] 낚싯줄

tok[1] [부] 둘 다, 양쪽 모두

tok[2] [동] 악수하다

tokë [여] ① 지구(地球) ② 땅, 지면; hedh për tokë 땅에 내

던지다 ③ 토지; 흙, 토양; tokë pjellore 비옥한 토양 ④ 영토, 영지

tokësor [형] ① 지구(상)의 ② 세상의, 현실 세계의 ③ 땅[토지]의 ④ 영토[영지]의

tokëz [여] 죔쇠, (벨트 등의) 버클

tokëzim [남] [전기] 접지, 어스

tokmak [남] 박는[다지는] 기구

tollovi [여] 동요; 혼란

ton [남] ① 톤, 어조; 액센트 ② [어류] 참치, 다랑어 ③ [무게의 단위] 톤 (t)

tona [대] [소유대명사] 우리의 (것); vajzat tona 우리의 딸들; ato janë tonat 그것들은 우리 것이다

tonë [대] 우리의; shokun tonë 우리의 친구

top [남] ① 공; top tenisi 테니스 공 ② 대포

topall [형] 불구의, 절뚝거리는 — [남] 불구자, 절름발이

topçi [남] [군사] 포수(砲手), 포병

topit [동] 무감각하게 하다, 마비시키다

topitem [동] 무감각해지다, 마비되다

topitje [여] 무감각, 마비 상태

topitur [형] 무감각한, 마비된, 둔한

topolak [형] 통통한, 포동포동한, 토실토실한

toptan [부] 도매로, 대량 판매로

topuz [남] 곤장, 곤봉

torbë [여] 자루, 부대

torno [여] 선반(旋盤)

tornohet [동] 선반에 의해 깎이다

tornoj [동] 선반으로 깎다

torollak [형] 어리석은, 우둔한 — [남] 바보, 얼간이

torturohem [동] 고문당하다, 고통 받다

torturoj [동] 고문하다, 고통을 주다

torua [남] 태연, 침착, 주의 깊음; humbas toruan 어찌할 바

를 몰라, 난처하여

toz [남] 가루, 분말; toz limoni 구연산 분말

tra [남] 들보, 도리

tradhtar [형] 반역하는, 배신[배반]하는, 불충한 — [남] 반역자, 배신자

tradhti [여] 반역, 배신, 배반

tradhtisht [부] 반역하여, 배신[배반]하여

tradhtohem [동] 배신당하다

tradhtoj [동] 배신[배반]하다

tragë [여] ① 자국, 자취, 흔적 ② 희망; s'ka tragë 희망이 없다, 절망적이다

trajtë [여] ① 모양, 형태; merr trajtë 모습을 갖추다, 형태를 이루다 ② [문법] 어형(語形)

trajtim [남] 취급, 대우

trajtohem [동] (~으로) 다뤄지다, 취급당하다

trajtoj [동] 다루다, 취급하다

traktor [남] 트랙터

trallis [동] 멍하게 하다

trambë [여] 물물 교환

trangull [남] [식물] 오이

transferim [남] 이전(移轉), 옮기기

transferohem [동] 움직이다, 옮겨지다

transferoj [동] 옮기다, 이전하다

transformim [남] 변형, 변모

transformohem [동] 변형되다, 변모하다

transformoj [동] 변형시키다, 변모시키다

transmetim [남] ① 전달, 전송 ② (TV 등의) 방송

transmetoj [동] ① 전달하다, 전송하다 ② (TV 등으로) 방송하다

transmision [남] [기계] 전동(傳動) 장치; rrip transmisioni 전동 벨트

transport [남] 수송, 운송

transportim [남] 수송, 운송

transportohet [동] 수송[운송]되다

transportoj [동] 수송[운송]하다

trap [남] ① 뗏목; 나룻배, 연락선, 페리 ② 함정, 구덩이; bie në trap 함정에 빠지다

trastë [여] 쇼핑백; 어깨에 메는 가방

trash [동] ① 두껍게 하다, 굵게 하다 ② 응축하다, 밀도를 높이다

trashem [동] ① 두꺼워지다, 굵어지다 ② 뚱뚱해지다

trashaluq [형] 살찐, 비만의 — [남] 뚱뚱한 사람

trashaman [남] 뚱뚱한 사람

trashë [형] ① 두꺼운, 굵은 ② 뚱뚱한, 살찐 ③ (비유적으로) 머리가 둔한

trashëgim [남] ① 상속 재산, 유산 ② [생물] 유전 형질(形質)

trashëgimi [여] ① 상속, 물려받음 ② [생물] 유전

trashëgimtar [남] 상속자

trashëgohem [동] 가족과 함께 행복한 삶을 누리다; të trashëgoheni! 행복한 결혼 생활이 되시기를!

trashëgoj [동] 상속하다, 물려받다

trashësi [여] 두꺼움, 굵음

trashje [여] ① 두껍게[굵게] 함 ② (액체 따위의) 응축

trazirë [여] 소요, 폭동

trazohem [동] ① 휘저어지다 ② 혼란스러워지다

trazoj [동] ① 휘젓다, 흔들어놓다 ② 혼란스럽게 하다

trazovaç [남] 참견 잘 하는 사람

tre [수] 셋 (3)

tredh [동] 거세하다

tredhje [여] 거세

tredhur [형] 거세당한

trefish [형] 세 배의, 삼중의 — [남] 세 배, 삼중

trefishim [남] 세 배[삼중]로 하기

trefishohet [동] 세 배[삼중]로 되다
trefishoj [동] 세 배[삼중]로 하다
treg [남] 시장, 장터
tregim [남] (짧은) 이야기
tregohem [동] (~으로) 드러나다, 밝혀지다
tregoj [동] ① 보여주다 ② 가리키다 ③ 말하다, 이야기하다
tregtar [형] 상업의, 상업적인 — [남] 상인, 거래인
tregti [여] 상업, 거래, 교역
tregtoj [동] 장사를 하다, 매매하다, 거래[교역]하다
tregues [남] 지표, 가리키는 것
trekatësh [남] (건물이) 3층의
trekëmbësh [형] 다리가 셋인, 3각의 — [남] 삼각대
trekëndësh [형] 삼각형의 — [남] [기하] 삼각형
tremb [동] 무섭게 하다, 겁나게 하다, 으르다
trembem [동] 무서워하다, 겁내다
trembëdhjetë [수] 십삼 (13) — [형] 제 13의, 13번째의
trembje [여] 두려움, 공포
trembur [형] 겁내는, 두려워하는
tremuajsh [형] (나이 따위가) 3개월된
tremujor [형] 3개월의 — [남] 3개월간, 1분기
tren [남] 기차; me tren 기차를 타고
trengjyrësh [형] 3색의
treqind [수] 삼백 (300)
tresh [남] 숫자 3 — [형] 세 부분으로 구성된 — [부] 세 부분으로
tret [동] ① (음식을) 소화하다; (지방 따위를) 녹이다; 용해하다 ② 잃다, 분실하다
tretem [동] ① 마르다, 여위다, 수척해지다, 살이 빠지다 ② 소화되다; 녹다
tretë [형] 제 3의, 셋째의
tretës [형] 소화를 촉진하는; 용해력이 있는, 녹이는 — [남] 용

제, 용매

tretje [여] ① (음식의) 소화 (작용) ② 용해, 녹이기
tretshëm [형] ① 소화할 수 있는 ② 용해하는
tretshmëri [여] ① 소화성 ② 용해성
tretur [형] ① (지방 따위가) 녹은, 용해된 ② 마른, 야윈, 수척한
trevjeçar [형] 3년마다의, 3년간의 — [남] 3년간
trëndafil [남] [식물] 장미
tri [수] 셋 (3)
tridhjetë [수] 삼십 (30) — [형] 제 30의, 30번째의
triko [여] 스웨터
trikul [남] 삼지창
trill [남] 변덕, 홀연히 내킨 생각
trillim [남] 꾸며낸 것, 공상
trilloj [동] (공상으로) 꾸며내다
trilluar [형] (공상으로) 꾸며낸, 가공의, 가상의
trim [형] 용감한, 대담한 — [남] 용사
trimëri [여] 용기, 대담
trimërisht [부] 용감하게, 대담하게
trinë [여] 써레
tringë [여] [조류] 되새류
tringëllij [동] 딸랑딸랑[땡그랑] 울리다
tringëllimë [여] 딸랑딸랑 소리
tringëlloj [동] 딸랑딸랑 울리다
trinoj [동] 써레질하다, 써레로 땅을 고르다
trishtil [남] [조류] 방울새
trishtim [남] 슬픔, 비애
trishtohem [동] 슬퍼지다
trishtoj [동] 슬프게 하다
trishtuar [형] 슬픈, 비애에 젖은
trishtueshëm [형] 슬프게 하는

troç [부] (말을) 터놓고, 솔직하게; thuaje troç 터놓고 말하다

troftë [여] [어류] 송어

trok [남] (말(馬) 등의) 속보, 빠른 걸음; ecën trok 빠른 걸음으로 가다

trokas [동] (문 등을) 두드리다, 노크하다; (잔 따위를) 맞부딪치다

trokë [여] ① 문 손잡이 ② 흙, 토양 ③ bëhem trokë 더러워지다; jam trokë 무일푼이다, 파산 상태다

trokëllimë [여] ① (문 등을) 두드리기, 노크 ② 쨍그랑[딸랑딸랑] 소리

trokitje [여] ① (문 등을) 두드리기, 노크 ② (심장의) 고동, 두근거림

trokthi [부] 속보로, 빠른 걸음으로; eci trokthi 빠른 걸음으로 가다

trondit [동] ① (세계) 흔들다 ② (비유적으로) 동요를 일으키다; 충격을 주다

tronditem [동] 기초부터 흔들리다

tronditës [형] 동요를 일으키는; 충격을 주는

tronditje [여] 충격, 쇼크; 동요, 소동

troshit [동] (세게) 흔들다

troshitem [동] (세게) 흔들리다

troshitje [여] (세게) 흔들림

trotuar [남] (포장한) 보도, 인도

tru [남] [해부] 뇌, 골

truall [남] 땅, 토양, 토지

trullos [동] 멍하게 하다

trullosem [동] 멍해지다

trullosje [여] 아연(啞然), 망연(茫然), 멍해짐

trumcak [남] [조류] 참새

trumzë [여] [식물] 백리향, 타임

trung [남] ① 나무 줄기, 가공하지 않은 통나무 ② (비유적으

로) 멍청한 사람

trup [남] ① 몸, 신체 ② 주요 부분, 본체, 몸통 ③ 틀, 프레임 ④ 직원, 인원 ⑤ [군사] 대(隊)

trupgjatë [형] 키가 큰

truplidhur [형] (신체가) 강건한, 떡 벌어진, 튼튼한

trupmadh [형] 뚱뚱한, 비만의

trupor [형] 육체의, 신체의

trupvogël [형] 키가 작은, 신체가 왜소한

trutharë [남] 바보, 얼간이

tryezë [여] 탁자, 테이블

tu [대] [소유대명사] 너의; djemtë e tu 너의 아들들

tua [대] [소유대명사] 너의; vajzat e tua 너의 딸들

tuaj [대] 너의 ~에게; shokut tuaj 너의 친구에게; shokët tuaj 너의 친구들에게

tuajat [대] 너의 것들; janë tuajat 그것들은 너의 것들이다

tuat [대] 너의 것들; janë të tuat 그것들은 너의 것들이다

tub [남] 관, 파이프; tub uji 송수관

tuberkuloz [남] [병리] (폐)결핵

tufan [남] 폭풍(우)

tufë [여] ① (꽃·채소·머리카락 따위의) 다발, 단 ② (가축의) 떼 ③ (사람의) 군중, 무리 ④ bëj[lidh] tufë 다발[꾸러미]로 하다

tufë-tufë [부] 다발로, 무더기로

tuhaf [형] 변덕스러운, 별난, 괴팍한

tukequr [형] 마른, 여윈; (연)약한

tul [남] ① (연한) 살 ② 과육

tulatem [동] 몸을 구부리다, 웅크리다

tullac [형] 대머리의

tullë [여] ① 벽돌 ② 대머리(인 사람)

tullumb [남] (물을 퍼내는) 펌프

tumane [여·복] 폭이 넓은 바지의 일종

tund [동] (뒤)흔들다, 휘젓다
tundem [동] ① 움직이다 ② (땅이) 흔들리다, 지진이 나다
tundës [남] 교유기(攪乳器)
tundim [남] (죄악으로의) 유혹
tundje [여] (뒤)흔들기, 휘젓기
tundshëm [형] [법률] 동산(動産)의
tunel [남] 터널
tungjatjeta [감] 안녕하세요? (가벼운 인사)
tunxh [남] 청동, 놋쇠
turbull [부] 모호하여, 혼란스러워
turbullim [남] 혼란
turbullirë [여] 동요, 소란, 혼란
turbullohem [동] 혼란스러워지다
turbulloj [동] 혼란스럽게 하다, 어지럽히다
turbullt [형] 혼란된, 어지러운; 모호한
turbullues [형] 혼란스럽게 하는, 어지럽히는
turfullim [남] (말이) 콧김을 내뿜음
turfullon [동] (말이) 콧김을 내뿜다
turi [남] ① (짐승의) 주둥이 ② (사람의) 얼굴, 안면
turisëz [형] 부루퉁한, 샐쭉한
turist [남] 관광객
turizë [여] (짐승의) 주둥이
turjelë [여] 송곳, 천공기
turk [형] 터키의 — [남] 터키 사람
turmë [여] 군중, 무리, 떼; 일단, 패거리
turn [남] 근무 교대
turne [남] ① 관광 여행, 유람, 투어 ② [스포츠] 토너먼트
turp [남] 부끄러움, 수치; me turp 부끄럽게, 창피하게; kam turp 부끄러워하다, 창피해하다; turp të kini! 창피한 줄 알아라!
turpërim [남] 불명예

turpërohem [동] 창피하게 느끼다; 망신으로 여기다
turpëroj [동] 창피를 주다; 망신을 주다
turpshëm [형] ① 부끄러운, 창피한, 수치스러운 ② 외설의, 음란한
Turqi [여] 터키
turqisht [부] 터키어로
turqishte [여] 터키어
turshi [여] 피클, 절인 채소류
turtë [여] 토르테 (과자의 일종)
turtull [남] [조류] 호도애
turrem [동] 돌진하다, 쇄도하다, 공격하다
turrë [여] 장작더미
tuta [여·복] 플란넬로 만든 옷
tutem [동] 겁먹다, 두려워하다
tutë [여] 공포, 두려움
tutje [부] ① 멀리 떨어져 ② 더 멀리; më tutje 더 멀리 ③ që sot e tutje 앞으로, 차후에
tutkall [남] 목수용 접착제
tutkun [남] 바보, 멍청이
ty [대] [2인칭 단수 대격·여격 인칭대명사] 너를, 너에게; ty të flas 나는 너에게 말한다
tyl [남] (베일용의) 얇은 명주 그물; 베일
tym [남] ① 연기; 먼지; 안개 ② flas në tym 말을 함부로 [생각없이] 하다
tymos [동] 연기를 내뿜다, 연기로 그을다
tymoset [동] 연기에 그을리다
tymosje [여] 훈증; 훈제
tymosur [형] 연기로 그을린; 훈제한
tyre [대] [소유대명사] 그들의; shoqja e tyre 그들의 친구
tytë [여] 총신, 포신

Th

tha [동] [them의 과거형] 그(녀)가 말했다
thahem [동] ① (바싹) 마르다, 건조해지다 ② (추위로) 곱다, 얼다; thahem së ftohti 얼다
thaj [동] (바싹) 말리다, 물을 빼다, 배수하다
thanë [여] [식물] 산딸나무속(屬)의 식물
tharje [여] 건조; 탈수, 배수
thark [남] (양(羊) 따위 가축의) 우리
thartë [형] (맛이) 신, 시큼한
thartësi [여] 신맛, 시큼함
thartim [남] 신맛, 시큼함; 시큼하게 함
thartirë [여] ① 신맛, 시큼함 ② [병리] 가슴앓이, 가슴이 쓰림
thartohet [동] (맛이) 시어지다
thartoj [동] (맛을) 시게 하다
thartuar [형] (맛이) 신; (우유가) 시어진
thashetheme [여·복] 잡담, 한담
thashë [동] [them의 과거형] 나는 말했다
thatanik [형] 바싹 여윈
thatë [형] ① 마른, 건조한 ② 바싹 여윈 — [부] 마른[건조한] 상태로; ha bukë thatë (음료나 물 없이) 빵만 먹다 — [남] [병리] 절종(癤腫), 종기
thatësirë [여] 건조(함)
thek [동] (빵 따위를) 굽다
thekem [동] ① (빵 따위가) 구워지다 ② 불을 쬐어 몸을 따뜻하게 하다
thekër [여] [식물] 호밀

theks [남] [언어] 강세, 액센트
theksohet [동] 강세를 받다; 강조되다
theksoj [동] 강세를 주다; 강조하다
thekshëm [형] 찌르는, 날카로운
thekur [형] (빵 따위가) 구워진
thelb [남] ① (곡식 등의) 낟알, 안쪽의 먹을 수 있는 부분 ② [식물] (마늘 등의) 소인경(小鱗莖), 소구근(小球根) ③ (비유적으로) 정수, 가장 중요한 핵심 부분
thelbësor [형] 중심적인, 핵심의, 근본적인, 가장 중요한 부분으로 이루어진
thelë [여] (빵·고기 따위의) 조각
thellë [형] 깊은; 심오한 — [부] 깊이 (있게)
thellësi [여] 깊이
thellësisht [부] 깊이 (있게)
thellim [남] 깊게 함; 깊어짐
thellohem [동] 깊이 파고들다
thelloj [동] 깊게 하다
them [동] ① 말하다, 이야기하다 ② 뜻하다, 의미하다; ç'do të thotë kjo fjalë? 이 단어는 무슨 뜻이지요? ③ (~이라고) 가정하다, 상정하다; le të themi se (~이라고) 가정해 봅시다
thembër [여] (발)뒤꿈치
themel [남] 기초, 근거, 토대
themelim [남] 기초를 놓기; 세우기, 설립
themelohet [동] 기초가 놓이다; 세워지다, 설립되다
themeloj [동] 기초를 놓다; 세우다, 설립하다
themelor [형] 기본적인, 중요한
themelues [남] 설립자
thep [남] ① 산등성이, 산마루 ② 총구, 포구
thepisur [형] ① 날이 선 ② 가파른
ther [동] ① 도살하다, 숨통을 끊어놓다 ② (피부를) 꿰찌르다

therës [형] ① (고통 등이) 찌르는 듯한 ② (비판 등이) 통렬한, 신랄한

therje [여] 도살(屠殺), 숨통을 끊어놓기

theror [남] 순교자; bie theror 순교하다

therori [여] 순교

thertore [여] 도살장

therur [여] 쿡쿡 쑤시는 아픔

thes [남] 부대, 자루

thesar [남] 보물, 보화

theva [동] [thyej의 과거형] 나는 깨뜨렸다

thëllëzë [여] [조류] 자고; 뇌조

thëllim [남] 찬바람, 얼음장 같은 바람

thënë^1 [동] [them의 과거분사형] 말한, 말해진; me të thënë, me të bërë 말이 떨어지기가 무섭게 실행되다; si me thënë 말하자면

thënë^2 [여] 운명

thëngjill [남] ① 타고 있는[이글거리는] 석탄 ② thëngjill i mbuluar 비열한[교활한] 인간

thënie [여] 말하기; 말한 것

thërres [동] ① 부르다; 부르러 보내다; 이름을 부르다 ② 외치다 ③ 초대하다

thërrime [여] 빵 조각, 빵 부스러기

thërritem [동] (~이라고) 불리다

thërrmijë [여] 입자(粒子), 아주 작은 조각

thërrmim [남] 부스러뜨리기, 산산조각을 내기

thërrmohet [동] 부스러지다, 산산조각이 나다

thërrmoj [동] 부스러뜨리다, 산산조각을 내다

thëthij [동] → thith

thi [남] 돼지

thikë [여] 칼, 나이프 ― [형] (매우) 가파른 ― [부] 수직으로, 곧추

Th

thile [여] 단춧구멍
thinj [동] 백발이 되게 하다
thinjem [동] 백발이 되다
thinjë [여] 백발, 회색 머리
thinjur [형] 백발의, 머리가 흰[회색인]
thirra [동] [thërres의 과거형] 나는 불렀다
thirrje [여] ① 부르기 ② 발표, 통지 ③ 초대 ④ (법정으로의) 소환, 출두
thith [동] 빨아들이다, 흡수하다
thithet [동] 빨아들여지다, 흡수되다
thithë [여] ① 젖꼭지 ② (암소 등의) 젖통 ③ (유아용) 고무 젖꼭지
thithëlopë [여] [동물] 두꺼비
thithës [형] 흡수하는, 흡수성의
thithje [여] 빨아들이기, 흡수
thjerrë [여] [식물] 렌즈콩
thjerrëz [여] 렌즈
thjesht [부] 단순히, 단지, 순전히 (~뿐)
thjeshtë [형] 단순한, 순전히 ~뿐인
thjeshtër [남/여] 의붓아들; 의붓딸
thjeshtësi [여] 단순함; 소박함
thjeshtësisht [부] 단순하게
thjeshtohet [동] 단순화되다
thjeshtoj [동] 단순화하다
thjeshtueshëm [형] 단순화할 수 있는
thnegël [여] [곤충] 개미
thoi [남] = thua
thua [남] ① 손톱, 발톱 ② (동물의) 갈고리 발톱
thuajse [부] 거의, 대체로
thuhet [동] (> them) 그들은 말한다
thumb [남] ① 침, 가시 ② 작은 못, 스파이크

thumbim [남] 찌르기, 쏘기, 물기
thumboj [동] 찌르다, 쏘다, 물다
thundër [여] ① 구두의 뒤축[굽] ② (말(馬)의) 발굽
thupër [여] 나긋나긋한 나뭇가지 종류, 회초리
thur [동] ① 뜨다, 짜다, 엮다 ② 울타리를 세우다[두르다] ③ (머리 따위를) 땋다 ④ (계획 등을) 꾸미다 ⑤ thur lavde 극구 치켜세우다, 비행기 태우다
thurje [여] 뜨기, 짜기, 엮기; 땋기
thurur [형] 뜬, 짠, 엮은; 땋은
thuthuq [형] 혀가 잘 돌지 않는, 혀짤배기의 — [남] 혀짤배기
thyej [동] ① 깨다, 부수다 ② (비유적으로) (기록 따위를) 깨다
thyer [형] ① 깨진, 부서진 ② 나이가 든, 늙은
thyerje [여] ① 깨뜨림, 부수기 ② (규율 따위의) 위반
thyesë [여] [수학] 분수
thyeshëm [형] 깨지기[부서지기] 쉬운
thyhem [동] 깨지다, 부서지다

U

u¹ [대] 그들에게; u thashë të ~ 나는 그들에게 ~이라고 말했다

u² [소사] u tremba 나는 겁을 먹었다; u vesha 나는 옷을 입었다

ua¹ [감] (놀라움의 표현으로) 와우!

ua² [대] 그들에게; ua dhashë 나는 그들에게 그것을 주었다

ububu [감] (고통이나 불행·슬픔을 표현하여) 아아, 오!

udhë [여] ① 길 ② 여행; udha e mbarë! 즐거운 여행 되세요!

udhëheq [동] 이끌다, 인도하다, 안내하다

udhëheqës [남] 지도자, 리더, 장(長)

udhëheqje [여] 리더십

udhëhiqem [동] 이끌리다, 인도[안내]를 받다

udhëkryq [남] 교차(로[점])

udhërrëfyes [남] 가이드, 안내자; 가이드북

udhëtar [남] 여행자; 승객

udhëtim [남] 여행

udhëtoj [동] 여행하다

udhëzim [남] 안내, 지도

udhëzoj [동] 안내하다, 지도하다

udhëzues [남] 가이드; 가이드북 — [형] 안내하는, 지도하는

ugar [남] 휴한지(休閑地), 휴경지

ujdi [여] 동의, 합의; bie në ujdi 타협하다, 타협이 이루어지다

ujdis [동] 조정하다, 맞추다

ujdisem [동] 조정되다, 맞춰지다

ujdisje [여] 조정, 맞추기

ujdhesë [여] 섬(島)

ujem [남] 여러 가지를 섞은 밀가루

ujë [남] ① 물; jam bërë ujë 흠뻑 젖다 ② rrah ujë në havan 헛수고하다

ujës [형] 물의; 물 속에 사는, 수생(水生)의; bimë ujëse 수초(水草)

ujëvarë [여] 폭포

ujit [동] 물을 주다[대다], 급수하다, 관개하다

ujitet [동] 급수되다, 관개되다

ujitëse [여] 물뿌리개

ujitje [여] 급수, 관개

ujk [남] [동물] 이리, 늑대

ujkonjë [여] 이리[늑대]의 암컷

ujor [형] 물의, 물과 관련된

ujshëm [형] 흠뻑 젖은, 수분이 많은

ukrainas [형] 우크라이나의 — [남] 우크라이나 사람

Ukrainë [여] 우크라이나

ukrainisht [부] 우크라이나어로

ukrainishte [여] 우크라이나어

ukubet [남] 궁핍, 빈곤

ul [동] ① 낮추다, 끌어내리다 ② 줄이다, 감소[하락]시키다

ulem [동] ① 내려가다 ② 앉다 ③ 정주하다

ulërij [동] 울부짖다, 새된 소리를 지르다; 노호하다

ulërimë [여] 울부짖음, 새된 소리를 지름; 노호

ulët [형] ① (가장) 낮은 ② (비유적으로) 비열한 — [부] 낮게, 낮은 상태로[에서]; me zë të ulët 낮은 목소리로

ulje [여] 강하(降下); 감소, 하락

ulok [형] 마비된, 중풍에 걸린 — [남] 마비[중풍] 환자

ultësirë [여] 저지(低地)

ulur [부] 앉아서; rri ulur 계속 앉아 있다

ulli [남] [식물] 올리브; vaj ulliri 올리브유

ullishtë [여] 올리브 밭
ulluk [남] 물 나오는 구멍, 홈통
unazë [여] 고리
unë [대] [1인칭 단수 주격 인칭대명사] 나(는), 내가; jam unë, mos u tremb 나야, 겁낼 것 없어
ungj [남] 삼촌; i ungji 그의 삼촌; im ungj 나의 삼촌
ungjill [남] 복음
universitet [남] 대학(교)
unshëm [형] 배고픈
uratë [여] 축복; paç uratën! 그대에게 (신의) 축복이 있기를!
urdhër [남] ① 명령, 지시, 분부; jap urdhër 명령하다, 지시를 내리다 ② [법률] 영장; urdhër kontrolli (가택) 수색 영장
urdhëresë [여] 법령, 포고
urdhëroj [동] ① 명령하다, 지시를 내리다 ② (정중한 표현으로) ~해주세요; urdhëroni brenda! 들어오세요!; urdhëro? 잘 못 들었는데요, 다시 한 번 말씀해 주시겠어요?
urdhërues [형] 명령조의
urdhje [여] [병리] 포진(疱疹), 헤르페스
urë [여] ① 다리, 교량; kaloj urën 다리를 건너다 ② [치과] 가공(架工) 의치 ③ (빛을 비추기 위한) 불붙은 나뭇조각, 횃불
urët [형] 배고픈, 굶주린
urgus [동] ① 배를 부풀게 하다, 복부를 팽창시키다 ② (비유적으로) 성가시게 굴다
urgusem [동] ① 배가 부풀다, 복부가 팽창되다 ② (비유적으로) 따분해지다
urgjent [형] (긴)급한, 촉박한
urgjentisht [부] (긴)급하게, 촉박하게
uri [여] 배고픔, 굶주림; kam uri 배가 고프다; grevë urie 단식 투쟁; vdes nga uria 굶어 죽다, 아사하다
urim [남] 바람, 소망; urime! 만사 형통하길 빕니다!
urinë [여] 오줌, 소변

uritur [형] 배고픈

urith [남] [동물] 두더지

uroj [동] 바라다, 소망하다; të uroj shëndet 네가 건강하기를 바란다

urov [남] [식물] 야생 완두

urtë [형] ① 얌전한, 차분한 ② 말 잘 듣는, 잘 따르는 ③ 현명한 — [부] 얌전하게, 차분히, 조용히; rrini urtë 조용히 해!; urtë e butë 점잖게, 차분하게

urtësi [여] ① 얌전함, 차분함 ② 현명함

urtësohem [동] 차분해지다; 얌전하게 행동하다

urtësoj [동] 차분하게 하다; 얌전하게 만들다

urti [여] ① 차분함 ② 현명, 지혜, 슬기로움; 양식(良識)

urtoj [동] → urtësoj

urth [남] ① 검댕 ② [식물] 담쟁이덩굴 ③ [병리] 가슴앓이

urrehem [동] 미움을 받다

urrej [동] 미워하다, 혐오[증오]하다

urrejtje [여] 미움, 혐오, 증오

urrejtshëm [형] 미운, 가증스러운, 혐오할 만한

urryer [형] 미운, 가증스러운; (범죄 따위가) 끔찍한

usta [남] ① 대가, 명인, 명수 ② 석공(石工), 석수장이

ushkur [남] 허리끈

ushqehem [동] (~을) 먹이로 하다, 영양을 공급받다

ushqej [동] ① 먹이다, 영양을 공급하다 ② (희망 따위를) 품다

ushqim [남] 음식, 자양분

ushqimore [여] 식료품점

ushqyes [형] 자양분이 많은, 영양이 되는

ushqyeshëm [형] 자양분이 많은, 영양이 되는

ushtar [남] 군인

ushtarak [형] 군(대)의

ushtë [여] 창(槍)

ushtër [형] 미숙한, 익지 않은

ushtimë [여] 반향, 크게[우르르] 울려 퍼짐
ushton [동] 반향하다, 크게[우르르] 울려 퍼지다
ushtri [여] 군대, 병력
ushtrim [남] 연습, 훈련
ushtroj [동] 연습시키다, 훈련시키다
ushuj [남] 돼지 기름, 라드
uturimë [여] 우르르 울리는 소리
uth [남] [병리] 가슴앓이
uthull [여] 식초
uzdajë [여] 희망
uzinë [여] (제조) 공장
uzo [여] 아니스로 맛들인 리큐어

V

va [남] 여울, 얕은 물; kaloj lumin në va 얕은 물을 걸어서 건너다
vade [여] 기한, 기일, 시한
vadë [여] 관개용 도랑
vadit [동] 물을 대다, 관개하다
vaditet [동] 급수되다, 관개되다
vaditëse [여] → ujitëse
vaditje [여] 급수, 물을 대기, 관개
vagëlloj [동] ① 시력이 약하다 ② 희미하게 빛나다 ③ 눈을 깜박거리다
vagëlluar [형] ① (불빛이) 흐릿한, 희미한 ② 모호한
vagon [남] (철도의) 객차
vaj¹ [남] 기름, 오일; vaj ulliri 올리브유; bojëra vaji 유화(油畵)
vaj² [남] 비탄, 애도
vajë [여] 유모(乳母)
vajguri [남] 등유, 정제된 석유
vajnik [남] 기름통
vajos [동] 기름을 치다[바르다]
vajosje [여] 기름을 치기[바르기], 윤활
vajtim [남] 비탄, 애도
vajtje [여] 가기; biletë vajtje-ardhje 왕복표
vajtoj [동] (죽은 자를 위하여) 애도하다
vajtueshëm [형] 슬퍼할, 애도할 만한
vajtur [형] 쓰이지 않게 된; 죽은
vajzë [여] ① 소녀, 젊은 여자 ② 딸

vajzëri [여] 소녀임, 처녀임
vak [동] 미지근하게 하다
vaket [동] 미지근해지다
vakët [형] 미지근한
vakt [남] ① 제때, 적시(適時) ② 식사 시간 ③ 개인의 재정 상태; ia kam vaktin 유복하다, 형편이 넉넉하다
valë [여] ① 파동, 파(波) ② (액체가) 끓는 상태 — [형] (액체가) 끓는, 뜨거운
valëvitet [동] 넘실거리다, 잔물결[파동]이 일다
valëzim [남] 넘실거림, 파동, 굽이침
valim [남] 끓음, 비등
valixhe [여] 여행용 (손)가방
valoj [동] 끓다; 끓이다
valutë [여] 외화(外貨)
valle [여] 춤; (민속) 무용; hedh valle 춤추다
vallë [소사] 어쩌면, 혹시; mos vallë kujton se unë jam më mirë? 내가 좀 더 형편이 낫다고 생각해요?
vallëzim [남] 춤추기, 댄스; mbrëmje vallëzimi 댄스 파티, 무도회
vallëzoj [동] 춤추다
vallëzues [남] 춤추는 사람, 댄서, 무용가
valltar [남] 춤추는 사람, 댄서, 무용가
vandak [남] 묶음, 다발, 꾸러미
vangosh [형] 사팔눈의, 사시의
vapë [여] 열, 뜨거움; kam vapë 뜨겁다; bën vapë 날이 덥다
vapor [남] 증기선(船)
var [동] ① 걸다, 매달다; var shpresat te dikush ~에게 희망을 걸다 ② (죄수를) 교수형에 처하다 ③ var buzët 입을 삐죽거리다
varem [동] ① (자신의) 목을 매다 ② (~에) 달려 있다; varet nga ju 그건 당신에게 달려 있소
varëse [여] (옷)걸이

varfanjak [형] 가난한, 빈곤한 — [남] 가난한 사람, 빈자
varfër [형] 가난한, 빈곤한
varfëri [여] 가난, 빈곤
varfërim [남] 가난하게 하기, 궁핍화
varfërohem [동] 가난해지다
varfëroj [동] 가난하게 하다, 피폐하게 하다
varg [남] ① 줄, 열(列) ② 연쇄, 시리즈 ③ (시(詩)의) 행(行) — [부] 줄을 지어
vargan [남] 열을 이루는 것 (여행자단이나 호위함 따위)
vargua [남] 쇠사슬; [복] vargonj 족쇄, 차꼬
variant [남] 변형, 이형(異形), 별종
varje [여] 걸기, 매달기
varkar [남] 배 젓는 사람, 뱃사공
varkë [여] 보트, 배; varkë shpëtimi 구명 보트
vartës [형] (~에) 종속된, 예속된 — [남] 종속[예속]된 자
vartësi [여] 종속, 예속
varur [형] ① 걸린, 매달린 ② (~에) 종속된, 예속된 — [부] (비유적으로) 미정인 상태로, 아직 해결이 나지 않아
varr [남] 무덤, 묘
varrezë [여] (공동)묘지
varrim [남] 매장; 장례식
varrmihës [남] 무덤 파는 일꾼
varros [동] (땅에) 묻다, 매장하다
varrosem [동] (땅에) 묻히다, 매장되다
varrosje [여] (땅에) 묻기, 매장
vaskë [여] 목욕통
vashë [여] 소녀, 여자 아이
vashëri [여] 소녀임
vat [남] [전기] 와트 (전력의 단위)
vatër [여] ① 노상(爐床), 노변 ② (비유적으로) 가정 ③ 초점
vathë [여] (울타리로 둘러싸인) 우리, 축사(畜舍)

vazo [여] 꽃병; 단지, 항아리
vazhdë [여] ① 끌고 간 자국 ② 밭고랑 ③ (비유적으로) 자취, 흔적
vazhdim [남] 계속됨, 연속
vazhdimësi [여] 연속성
vazhdimisht [부] 계속, 연속하여, 끊임없이, 중단되지 않고
vazhdoj [동] 계속하다; 계속 나아가다[진행하다]
vazhduar [형] 계속되는, 연속적인
vazhdueshëm [형] 계속되는, 끝없는
vdekje [여] 죽음, 사망; dënim me vdekje 사형(死刑); gjej vdekjen 죽다, 사망하다
vdekjeprurës [형] 치명적인, 치사(致死)의
vdekshëm [형] 죽어야 할 운명의, 필멸(必滅)의
vdekshmëri [여] 죽음을 면할 수 없는 운명
vdekur [형] 죽은, 생명이 없는 — [남] 죽은 사람
vdes [동] ① 죽다, 사망하다; vdes i ri 젊어서 죽다, 요절하다; vdes nga uria 굶어 죽다, 아사하다 ② vdes së qeshuri 포복절도하다, 배꼽을 쥐고 웃다; vdes nga frika 무서워 죽을 지경이다; vdes nga dëshira për diçka ~을 간절히 바라다
vdiqa [동] [vdes의 과거형] 나는 죽었다
ve¹ [여] 알, 계란
ve² [여] 과부 — [남] 홀아비 — [형] 과부[홀아비]가 된
veç [부] 따로, 개별적으로; veç e veç 하나씩 — [접] (~을) 제외하고, ~외에; veç kësaj 게다가, 그 외에도; veç në ~ ~이 아니라면 — [소사] 단지, ~뿐
veçan [부] 따로, 떨어져, 별개로
veçanërisht [부] 특(별)히
veçantë [형] 특별한
veçanti [여] 특별, 독특, 특수성
veças [부] 따로, 떨어져, 별개로

veçim [남] 분리, 이탈, 고립, 떨어짐

veçmas [부] 따로, 떨어져, 별개로

veçohem [동] (~으로부터) 떨어져 나가다

veçoj [동] 떼어놓다, 분리하다

veçori [여] 특색, 특징

veçse [접] ① 단지, 다만, ~뿐; ai s'bën gjë tjetër veçse qan 그는 울기만 했다 ② 그런데도, 그래도, 그러면서도

vedër [여] 물통, 양동이

vegël [여] 도구, 기구

vegim [남] 환상, 환영(幻影), 백일몽

vegulli [여] 환각, 환상, 환영(幻影), 착각

vegjë [여] 베틀, 직기(織機)

vegjëli [여] ① 어린이들 ② 서민들

vejni [여] 과부 신세

vejushë [여] 과부

vel¹ [남] ① 거즈; 베일 ② 면사포 ③ (배의) 돛

vel² [동] 충분히 만족시키다, 포만하게 하다; 싫증나게 하다, 물리게 하다

velem [동] 포만하다; 싫증나다, 물리다

velenxë [여] 양모로 만든 커버[보]

velje [여] 포만, 싫증남, 물림

velët [형] 포만한, 싫증난, 물린

vemje [여] [곤충] 모충(毛蟲), 쐐기벌레

vend [남] ① 곳, 장소, 지점 ② 공간 ③ 위치, 지위 ④ (자기) 나라; 홈그라운드

vendbanim [남] 주거, 주소, 거처

vendburim [남] 근원, 원천, 기원

vende-vende [부] 곳곳에(서), 여기저기에

vendës [형] 출생지의, 원주(原住)의, 토착의 — [남] 토착민, (~에서) 태어난 사람

vendim [남] ① 결정; marr vendim 결정하다, 결정을 내리다

② [법률] 판결, 선고
vendimtar [형] 결정적인; 중대한
vendlindje [여] 태어난 곳, 출생지, 고향; 고국
vendos [동] ① 놓다, 위치시키다 ② 결정하다
vendosem [동] 주거[거처]를 정하다, 정착하다
vendosmëri [여] 결정, 결의, 결심
vendosmërisht [부] 단호하게
vendosur [형] (굳게) 결심한, 단호한
vendqëndrim [남] 정류장; 역
venë [여] [해부] 정맥
venit [동] 활기를 잃게 하다, 바래게 하다
venitem [동] 활기를 잃다, 이지러지다, 바래다
venitje [여] 활기를 잃음, 쇠퇴, 바램
venitur [형] 활기를 잃은, 희미한, 바랜
ventilator [남] 환기 설비, 환풍기
vepër [여] ① 행위, 짓, 소행 ② 업적, 작품; vepër arti 예술 작품
veprim [남] ① 행위, 행동 ② (기계의) 작동, 운전; vë në veprim 작동하다 ③ [수학] 연산
veprimtari [여] 활동, 활약; 적극적인 참여
veproj [동] 활동적이다, 활동하다, 움직이다, 실시되다
veprues [형] 활동적인
verbazi [부] 무분별하게, 맹목적으로
verbër [형] 눈이 먼, 앞을 볼 수 없는 ― [남] 장님, 소경, 시각 장애인
verbëri [여] 눈이 멂, 맹목
verbërisht [부] 무분별하게, 맹목적으로
verbim [남] 눈을 멀게 함
verbohem [동] 눈이 멀다
verboj [동] 눈을 멀게 하다
verbues [형] 눈을 멀게 하는

verdh [동] 노랗게 하다, 핏기가 가시게 하다, 창백하게 하다

verdhem [동] 노래지다, 핏기가 가시다, 창백해지다

verdhë [형] 노란, 황색의 — [여] 계란 노른자, 난황(卵黃) — [중] [병리] 황달

verdhon [동] 노랗게 하다; 노래 보이다

verdhushkë [여] 금화(金貨)

verem [남] [병리] 결핵

veremosur [형] 결핵에 걸린, 결핵을 앓는

veresie [부] ① 외상으로, 신용 거래로 ② flas veresie 함부로 지껄이다

verë[1] [여] 여름

verë[2] [여] 와인, 포도주

veri [남] ① 북(北), 북쪽 ② 북풍(北風); 찬바람

verigë [여] ① 금속 고리, 사슬의 고리 ② (포도 따위의) 송이

verilindje [여] 북동(쪽)

verim [남] 여름 휴가[방학]

verior [형] 북쪽의; Poli Verior 북극

veriperëndim [남] 북서(쪽)

vernik [남] 래커, 니스, 바니시 (광택제)

veroj [동] ① 여름을 시골에서 보내다 ② 가축을 (고지대의) 여름 목장으로 보내다

veror [형] 여름의, 하계의

verzë [여] [어류] 아가미

ves [남] ① 악덕, 악(惡) ② 결함, 결점

vesë [여] ① 이슬 ② vesë shiu 이슬비, 가랑비

veson [동] 이슬비[가랑비]가 온다

vesh[1] [남] ① (신체의) 귀; i rëndë nga veshët 귀가 먼, 잘 안 들리는; bëj veshin e shurdhër 귀를 기울이지 않다; mbaj vesh 귀를 기울이다, 귀담아 듣다 ② (냄비 따위의) 귀, 손잡이 ③ (포도 따위의) 송이 ④ heq veshin 꾸짖다; kam vesh për muzikë 음악을 들을 줄 알다; marr vesh

이해하다; merremi vesh 타협하다, 합의에 이르다
vesh² [동] ① 옷을 입히다 ② (벽지 따위를) 바르다 ③ (잘못을) ~의 탓으로 하다[돌리다]
veshgjatë [남] 바보, 얼간이
veshje [여] ① 옷, 의복 ② 벽지 바르기
veshkë [여] [해부] 콩팥, 신장
veshllapush [형] 귀가 긴
veshmbathje [여] 옷과 신발류
veshoke [여] (말의) 눈가리개 가죽
veshtull [남] [식물] 겨우살이
veshtulli [여] 점착성
veshul [남] (포도 따위의) 송이
veshur [형] 옷을 입은
vet [대] 그 자신의; çdo gjë në vendin e vet 모든 것이 제자리에 (있다)
veta [남·복] 사람들; dy veta 두 사람; sa veta jeni? 거기 사람들이 몇 명이나 있니?
vete¹ [여] 스스로, 자기 자신을[에게]; mbledh veten 마음을 가라앉히다; vij në vete 제정신이 들다; vras veten 자살하다; për veten time 나로서는, 내 의견은; nuk jam në vete sot 오늘은 내 컨디션이 정상이 아니야
vete² [동] ① 가다, 나아가다 ② 맞다, 적절하다
vetë [여] [문법] 인칭 — [대] 그 자신; do ta bëj vetë 나는 그것을 내 스스로 할 것이다; plaga u mbyll vetë 그 상처는 저절로 아물었다
vetëbesim [남] 자신(自信)
vetëdashje [여] 자유 의지
vetëdije [여] 알고 있음, 의식, 자각; me vetëdije 알고서
vetëdijshëm [형] 알고 있는, 의식하는, 자각하는
vetëkënaqësi [여] 자기 만족
vetëkuptohet [동] 말할 필요도 없다, 명백하다, 자명하다

vetëm [형] ① 단 하나의, 단독의, 하나뿐인; djalë i vetëm 독자, 외아들 ② 유(類)가 없는, 독특한; është i vetmi 그는 독특하다 — [부] ① 단지, 다만, ~뿐; vetëm më lini të shpjegohem 내 말을 좀 들어봐, 해명할 기회를 좀 줘 ② 혼자서, 홀로
vetëmbrojtje [여] 자기 보호[방어]
vetëmohim [남] 자기 부정
vetëmohues [형] 자기 부정적인
vetëqeverisës [형] 자치(自治)의
vetëqeverisje [여] 자치(自治)
vetëquajtur [형] 자칭하는, 자임하는
vetëshërbim [남] ① 셀프서비스 ② 카페테리아; 셀프서비스식 상점
vetëtimë [여] 번개; 섬광
vetëtimthi [부] 번개처럼 (빠르게)
vetëtin [동] ① (그것은) 빛난다 ② 번쩍이다
vetëvendosje [여] 자결(自決), 자기 결정
vetëveprues [형] 자동(식)의
vetëvrasje [여] 자살
veti [여] 특성, 특질
vetiu [부] 그것만으로, 그 자체로; kuptohet vetiu 자명하다, 더 말할 필요도 없다
vetjak [형] 개인의, 사적인
vetmi [여] 홀로 있음, 혼자임; 외로움, 고독
vetmuar [형] 홀로 있는, 고립된; 외로운
vetull [여] 눈썹
veturë [여] 자동차
vetvete [여] 그 자체; në vetvete 그 자체로서
vetvetishëm [형] 자발적인
vetvetiu [부] 저절로, 자발적으로
vezak [형] 계란형의, 타원형의

vezë [여] ① 알, 계란 ② më mirë një vezë sot sesa një pulë mot [속담] 숲 속의 두 마리 새보다 수중의 새 한 마리가 실속이 있다, 현실의 이익이 더 중요하다

vezme [여] [군사] 가죽 탄약통

vezor [형] 계란형의, 타원형의

vezore [여] ① [해부] 난소 ② [식물] 씨방

vezullim [남] 반짝거림, 깜박임

vezullon [동] 반짝이다, 깜박거리다

vë [동] ① 놓다, 두다; vë mënjanë 제쳐 두다, 한쪽으로 치우다 ② 세우다, 설치하다 ③ vë në dukje 지적하다; vë në lëvizje 움직이다, 작동하다; vë bast 내기를 하다; vë zjarr 불을 지르다; vë re 알아채다, 주목하다

vëlla [남] (남자) 형제; vëlla prej babe 의붓형제

vëllam [남] ① 의형제 ② (결혼식에서의) 신랑 들러리

vëllavrasës [형] 형제[동족] 살해의; luftë vëllavrasëse 내전, 동족 상잔

vëllavrasje [여] 형제[동족] 살해

vëllazëri [여] 형제간임; 형제애

vëllazërisht [부] 형제로서

vëllazëror [형] 형제의, 형제로서의, 형제다운

vëllim [남] 부피, 용적

vëmendje [여] 관심 집중, 주의; i kushtoj vëmendje 주의를 기울이다; i tërheq vëmendjen (~의) 주의를 (~으로) 끌다

vëmendshëm [형] 주의를 기울이는

vëngërt [형] 사팔눈의, 사시의

vënie [여] 놓기, 두기; 설치

vërdallë [부] 왔다갔다; vij vërdallë 이리저리 거닐다

vërehet [동] 관찰되다

vërej [동] 관찰하다; 주의[주목]하다

vërejtje [여] ① 주의, 주목; shikoj [dëgjoj] me vërejtje 주의 깊게 보다[듣다] ② 관찰에 입각한 비평[소견]; bëj vë-

rejtje 소견을 말하다
vërë [여] ① 구멍 ② bëj një vërë në ujë 헛수고하다, 쓸데없는 짓을 하다
vërsnik [남] 동갑내기
vërsulem [동] 달려들다, 덤비다, 돌진하다
vërshëllej [동] 휘파람 불다
vërshëllimë [여] 휘파람
vërshim [남] 범람, 넘쳐 흐름
vërshoj [동] 범람하다, 넘쳐 흐르다
vërtet [부] 정말, 참으로
vërtetë [형] 정말의, 진실의, 참된, 진정한; është e vërtetë se ~ ~은 진실이다; në të vërtetë 실제로, 참으로 — [여] 진실, 참
vërtetësi [여] 진실임, 참됨
vërtetim [남] ① 확인, 확증 ② 증명서, 증서
vërtetohet [동] 증명되다, 입증되다
vërtetoj [동] 증명하다, 입증하다, 논증하다
vërtit [동] 돌리다, 회전시키다
vërtitem [동] 돌다, 회전하다
vërvit [동] (내)던지다
vërvitem [동] 돌진하다, 자기 몸을 내던지다
vërri [여] 겨울 목장
vështirë [형] 어려운, 힘든, 곤란한; e kam të vështirë 어려운 시기를 보내다 — [부] 어렵게, 어려워; vështirë do të jetë 어려울 것이다
vështirësi [여] 어려움, 힘듦, 곤란함
vështirësohet [동] (더욱) 어려워지다
vështirësoj [동] (더욱) 어렵게 하다
vështrim [남] 봄, 일견(一見); hedh një vështrim 흘긋 보다
vështroj [동] 보다; 지켜보다, 유의하다
vëth [남] 귀고리

vëzhgim [남] 면밀한 관찰
vëzhgoj [동] 자세히 찾다, 면밀하게 관찰하다
vëzhgues [남] 관찰자
viç [남] 송아지; mish viçi 송아지 고기
vidër [여] [동물] 수달
vidh [남] [식물] 느릅나무
vidhem [동] ① 도둑맞다 ② 살짝 달아나다[피하다]
vidhë [여] 나사(못)
vidhos [동] 나사로 죄다
vidhoset [동] 나사로 조여지다
vidhosje [여] 나사로 죄기
vig [남] 들것
vigan [남] 거인 — [형] 거대한
vigjilje [여] (중요 행사 등의) 직전
vigjiloj [동] 경계하다, 감시하다, 망보다
vihem [동] ① (~에) 놓이다 ② ~하기 시작하다; i vihem një pune 일에 착수하다
vij [동] ① 오다; vij në vete 정신이 돌아오다, 의식을 회복하다; javën që vjen 내주(來週), 다음 주 ② më vjen keq 미안합니다; më vjen turp 부끄러워하다
vija-vija [형] 줄무늬가 있는
vijë [여] ① 배수구 ② 선, 직선
vijëzim [남] 선 긋기
vijëzoj [동] 선을 긋다
vijim [남] 계속됨, 연속
vijimisht [부] 계속해서
vijoj [동] 계속하다
vijueshëm [형] 계속적인, 연속적인
vikat [동] 새된 소리를 지르다, 비명을 지르다
vikatje [여] 새된 소리, 비명
viktimë [여] 희생자, 피해자

vilani [여] 졸도, 기절, 실신
vile [여] 포도 송이
vilë [여] 주택, 빌라
vinç [남] 기중기, 크레인
violinë [여] [음악] 바이올린
viran [남] 악당, 악한
virgjër [형] ① 처녀의 ② 순결한
virgjëreshë [여] 처녀
virgjëri [여] 처녀성
virtyt [남] 덕(德), 선(善), 미덕
virtytshëm [형] 덕 있는, 고결한
vis [남] 장소, 지역, 영토
visar [남] 보물; 보고(寶庫)
visk [남] 어린 당나귀, 당나귀 새끼
vishem [동] 옷을 입다[걸치다]
vishnjë [여] [식물] 모렐로, 검은버찌
vishtull [여] [식물] 겨우살이
vit [남] 년(年), 해; viti i ri 새해; vit shkollor 학년; çdo vit, vit për vit 해마다; një herë në vit 1년에 한 번; sa vjeç je? 나이가 어떻게 돼요?
vitore [여] [민속] 행운을 가져다준다는 뱀
vitrinë [여] 쇼윈도, 진열창
vithe [여·복] 엉덩이, 궁둥이, 둔부
vithiset [동] 가라앉다, 내려앉다, 푹 꺼지다, 함몰하다
vithisje [여] (산)사태
vizatim [남] 그림, 스케치; vizatim teknik 청사진
vizatoj [동] 그리다, 스케치하다
vizë [여] ① 비자, 사증 ② (비유적으로) 찬성, 동의
vizitë [여] (환자가) 병원을 다님; vizitë mjekësore 건강 진단
vizitohem [동] (환자가) 병원을 다니다, 의사를 찾아가다; 건강 진단을 받다

vizitoj [동] 문병하다
vizitor [남] 문병객
vizoj [동] 선을 긋다
vizore [여] (직선) 자
vizhë [여] [곤충] 풍뎅이의 일종
vjaskë [여] [기계] (총신·포신의) 선조(旋條)
vjedull [여] [동물] 오소리
vjedh [동] 훔치다, 몰래 가져가다
vjedharak [형] 몰래 하는, 남의 눈을 피하는
vjedhës [남] 도둑, 소매치기
vjedhje [여] 도둑질, 절도
vjedhurazi [부] 몰래, 남의 눈을 피해
vjehërr [남/여] 장인, 장모; 시아버지, 시어머니
vjel [동] (긁어·따) 모으다, 거두어들이다
vjelës [남] 거두어들이는 사람, 수확자
vjelje [여] 따 모으기, 수확
vjell [동] (구)토하다; më vjen për të vjellë 토할 것 같다
vjellët [중] 구토(하기)
vjershë [여] 시, 시가(詩歌), 운문
vjerr [동] 걸다, 매달다
vjeshtak [형] 가을의
vjeshtë [여] 가을
vjet [남] 년(年), 해; për shumë vjet ditëlindjen 장수하시기를 빕니다! — [부] 작년에
vjetëm [형] 작년의, 지난 해의
vjetër [형] ① 나이 든, 늙은 ② 이전의, 오래된; e modës së vjetër 구식의
vjetërsi [여] 나이가 더 많음, 연상
vjetërsirë [여] 중고품, 폐품; dyqan vjetërsirash 싸구려를 파는 가게
vjetor [형] 해마다의, 연간의

vjetrim [남] 닳아 해짐, 마멸; 노화
vjetrohet [동] 닳아 해지다, 낡다
vjetroj [동] 닳아 해지게 하다, 낡게 하다
vjetruar [형] 닳아 해진, 낡은
vjetshëm [형] 작년의, 지난 해의
vjollcë [여] [식물] 제비꽃
vlagë [여] 습기, 축축함
vlefshëm [형] ① 가치 있는, 귀중한 ② 유효한
vleftë [여] 가치, 값어치
vlej [동] ① 가치가 있다; që ia vlen 가치 있는; që nuk vlen 가치 없는 ② 유효하다, 유용하다, 쓸모가 있다; le të të vlejë si mësim 그것을 교훈[타산지석]으로 삼아라
vlerë [여] 가치; pa vlerë 가치 있는
vlerësim [남] (가치의) 평가, 사정
vlerësohem [동] (가치가) 평가[사정]되다
vlerësoj [동] (가치를) 평가[사정]하다
vlesë [여] 약혼
vlim [남] 끓음, 비등
vobekësi [여] 가난, 빈곤
vobekët [형] 가난한, 빈곤한
vocërr [형] 작은, 조그마한; 연소한
vocërrak [남] 어린 소년

vogël [형] ① 작은, 조그마한 ② 사소한, 중요하지 않은 ③ 어린, 연소한
vogëli [여] 유년기, 어린 시절
vogëlimë [여] 사소한 일
vogëlsi [여] 작음, 소(小)
vogëlsirë [여] 사소한 일
vogëlush [남] 어린 소년[아이]
voli [여] 편의, 편리
volit [동] 편리하다

volitshëm [형] 편리한, 다루기 쉬운

vona [여·복] 늦곡식, 늦가을에 추수한 곡식

vonesë [여] 늦음, 지연, 지체; jam me vonesë 늦다, 지연되다

vonë [부] ① 늦게, 지체되어; më vonë 나중에; herët a vonë 조만간 ② tani vonë 요즈음, 최근에 ③ s'më bëhet vonë 난 상관하지 않아 — [형] ① 늦은, 더딘 ② 최근의

vonohem [동] 늦다, 늦어지다, 지체되다

vonoj [동] 늦추다, 더디게 하다, 지체시키다

vonshëm [형] 늦은, 지체된

vonuar [형] 늦은, 지체된

vorbë [여] 항아리, 단지

vorbull [여] 소용돌이

votë [여] 투표(하기); vë [hedh] në votë një propozim 제안을 표결에 부치다

votim [남] 투표하기

votohet [동] (안건 등이) 표결에 부쳐지다

votoj [동] 투표하다

votues [남] 투표자

vozë [여] (큰) 통

vozit [동] (배를) 젓다

vragë [여] 바퀴 자국

vrah [남] (곡식을 고르는) 키, 풍구; hedh vrahun 곡식을 까부르다

vrajë [여] 흉터, 상처 자국

vrap [남] 뛰기, 달리기; 서두름; me vrap 속도를 내어, 빨리

vrapim [남] 달리기, 경주

vrapoj [동] 뛰다, 달리다

vrapues [남] 달리는 사람, 경주자

vrarë [형] 살해된

vras [동] ① 죽이다, 살해하다; vras veten 자살하다 ② 상처를 입히다

vrasës [남] 살해자, 살인자; 자객
vrasje [여] 살해, 살인; 암살
vrazhdë [형] ① 거친, 조잡한 ② (비유적으로) 가혹한, 엄한, 무자비한, 잔인한
vrenjt [동] 눈살을 찌푸리다
vrenjtem [동] 날이 음침해지다
vrenjtur [형] 구름 낀, (날이) 음침한
vrer [남] ① [생리] 담즙, 쓸개즙 ② 독(毒) ③ (비유적으로) 깊은 원한[분노]
vreros [동] 슬프게 하다; 마음을 몹시 상하게 하다
vrerosem [동] 슬퍼지다
vrerosur [형] 슬픈, 괴로워하는
vresht [남] 포도밭, 포도원
vrik [부] 빨리, 이내, 곧
vrima-vrima [형] 구멍이 잔뜩 난
vrimë [여] ① 구멍; zë një vrimë 구멍을 막다 ② bëj një vrimë në ujë 헛수고하다
vringëllimë [여] 땡그랑[짤랑] 소리
vringëlloj [동] ① 땡그랑[짤랑] 울리다 ② (무기를) 휘두르다
vritem [동] 살해되다
vrojtim [남] 관찰; 관찰 대상
vrug [남] [식물] 마름병; 깜부깃병
vrull [남] 돌진, 쇄도, 에너지의 폭발
vrullshëm [형] 돌진하는, 기세 좋은, 맹렬한
vuaj [동] 고통 받다
vuajtje [여] 고통 받음
vulë [여] 도장, 스탬프; 우표
vulos [동] 날인하다, 도장을 찍다
vulosje [여] 날인, 도장 찍기
vullkan [남] 화산
vullnet [남] 의지(력); 자진해서 하는 마음

vullnetar [형] 자발적인, 자원하는 — [남] 자원자
vullnetarisht [부] 자발적으로, 자원하여, 자진하여
vullnetshëm [형] ① 자발적인, 자원하는 ② 의지가 굳은
vurratë [여] 흉터, 상처 자국
vyer [형] 귀중한, 가치가 높은
vyshk [동] 오그라들게 하다, 시들게 하다
vyshkem [동] 오그라들다, 시들다
vyshkët [형] 오그라든, 시든
vyshkje [여] 오그라들기, 시듦

X

xanxar [형] 제멋대로 하는, 성질이 고약한, 심술궂은
xanxë [여] 흠, 결점; 못된 행동
xeheror [남] 광물, 광석
xëc [부] 캄캄하여, 칠흑 같이 어두워
xinxife [여] [식물] 대추나무
xixë [여] 불꽃, 섬광
xixëllim [남] 불꽃을 튀김, 반짝임
xixëllon [동] 불꽃을 튀기다, 반짝이다
xixëllonjë [여] [곤충] 반딧불이
xixëllues [형] 불꽃을 튀기는, 반짝이는
xunkth [남] [식물] 골풀
xurxull [부] 술에 취하여

Xh

xhade [여] 간선 도로, 주요 도로
xhajë [남] 백부 또는 숙부, 삼촌 (아버지의 형제)
xhaketë [여] 재킷, 윗옷
xham [남] 유리; 창유리
xhamadan [남] 조끼, 남자 상의
xhambaz [남] ① 말(馬)장수 ② 사기꾼, 딴 마음을 가진 사람
xhami [여] 모스크 (이슬람교의 사원)
xhamllëk [남] ① 큰 유리판 ② 유리로 벽을 두른 상점
xhamtë [형] 유리로 된
xhan [남] 영혼; 사랑하는 사람
xhanan [형] 친절한, 상냥한
xhandar [남] 무장 경찰
xhaxha [남] → **xhajë**
xhaz [남] [음악] 재즈
xheç [대] 어떤 것, 무언가; xheç dua t'ju them 당신에게 할 말이 있소
xheku [부] 어딘가에(서)
xhela [여] 구두약
xhelat [남] 사형 집행인
xhelatinë [여] 젤라틴, 갖풀
xheloz [형] 질투하는, 시샘하는
xhelozi [여] 질투, 시샘
xhenxhefil [남] [식물] 생강
xhep [남] 주머니, 포켓; pare xhepi 용돈
xhepshpuar [형] 돈을 헤프게 쓰는, 낭비벽이 있는

xhevahir [남] 보석
xhezve [여] 커피 포트
xhind [남] 지니 (이슬람 신화에 나오는 정령)
xhindos [동] 분개하게 하다, 격노시키다
xhindosem [동] 분개하다, 화를 내다
xhindosur [형] 격노한, 미쳐 펄펄 뛰는
xhingël [여] 자질구레한 장신구
xhins [남] 인종, 혈통
xhips [남] 지프차
xhirim [남] 영화 촬영
xhiro [여] 걷기; bëj një xhiro 산책하다
xhiroj [동] 영화를 촬영하다
xhokë [여] 짧은 양모 재킷
xhufkë [여] (모자 따위의) 장식 술
xhungë [여] 혹
xhungël [여] 정글, 밀림
xhup [남] 패드를 넣은 재킷; 가죽 재킷
xhura [여] 피리, 저
xhuxh [남] 난쟁이, 피그미
xhybe [여] 긴 가운

Y

yçkël [여] ① 장애, 걸림돌 ② 흠, 결함
ylber [남] 무지개
yll [남] ① 별; Ylli Polar [천문] 북극성 ② yll deti [동물] 불가사리
yndyrë [여] 지방, 기름기
yndyrshëm [형] 기름기 있는
ynë [대] 우리의 — (여성형) jonë — (남성 복수형) gjyshërit tanë 우리의 조상들 — (여성 복수형) shkollat tona 우리의 학교들
yni [대] 우리의 것
yrysh [남] 기세 좋게 나아감, 돌진
yst [남] 상여금, 보너스
yt [대] 너의 — (여성형) vajza jote 너의 딸 — (남성 복수형) djemtë e tu 너의 아들들 — (여성 복수형) vajzat e tua 너의 딸들
yti [대] 너의 것 — (남성 복수형) të tutë
yzengji [여] 등자(鐙子)

Z

zabel [남] 덤불, 잡목 숲
zabërhan [남] 악당, 불량배, 건달
zagar [남] ① 사냥개 ② (비유적으로) 악당, 불량배, 건달
zagushi [여] 무더운 날씨
zahire [여] 비축된 식량
zakon [남] 습관, 관습, 관행
zakonisht [부] 보통, 대개, 통상
zakonshëm [형] 보통의, 통상의
zali [여] 기절, 졸도
zalisem [동] 기절하다, 졸도하다
zalisje [여] 기절, 졸도
zall [남] 자갈, 조약돌
zallishtë [여] 조약돌이 많은 해변
zam [남] 풀, 아교, 접착제
zamare [여] 양치기가 쓰는 피리의 일종
zambak [남] ① [식물] 백합 ② zambak uji [식물] 수련(睡蓮)
zamkë [여] 풀, 아교
zanafillë [여] 기원, 근원
zanat [남] (숙련을 요하는) 직업
zanatçi [남] 장인(匠人), 기능공
zanë [여] 요정, 선녀
zanore [여] [언어] 모음
zaptim [남] 정복, 점령
zaptohem [동] 정복되다, 점령되다
zaptoj [동] 정복하다, 점령하다

zaptues [남] 정복자, 점령자, 침입자
zar [남] ① 공, 구(球) ② 주사위; hedh zaret 주사위를 던지다
zarar [남] 해(害), 손상
zarf [남] (편지 따위의) 봉투
zarzavate [여·복] 채소
zaten [부] 정확히, 꼭, 바로
zbardh [동] ① 희게 하다, 표백하다 ② 날이 새다[밝다]
zbardhem [동] ① 머리가 세다[희어지다] ② 날이 새다[밝다]
zbardhëllen [동] 날이 새다[밝다]
zbardhje [여] 표백
zbardhoj [동] 표백하다, 희게 하다
zbarkim [남] (비행기·배의) 착륙, 상륙
zbarkoj [동] (비행기·배 따위가) 착륙하다, 상륙하다[시키다]
zbaticë [여] 썰물, 간조
zbatim [남] 실행, 실시, 집행; vë në zbatim 실행하다, 집행하다, 처리하다
zbatohet [동] 실행되다, 실시되다, 집행되다
zbatoj [동] ① 실행하다, 실시하다, 집행하다 ② 완수하다, 달성하다
zbatues [형] 실행[집행]하는
zbatueshëm [형] 실행 가능한, 실현[달성]할 수 있는
zbath [동] (신발·양말 따위를) 벗기다
zbathem [동] (자신의 신발·양말 따위를) 벗다
zbathur [형] 맨발의
zbavit [동] 즐겁게 하다, 재미있게 하다
zbavitem [동] 즐기다
zbavitës [형] 즐거운, 재미있게 하는
zbavitje [여] 즐거움, 재미, 오락
zbeh [동] 창백하게 하다
zbehem [동] 창백해지다, 안색이 흙빛이 되다
zbehtë [형] 창백한, 안색이 흙빛인

zbërdhulem [동] 빛이 바래다

zbërthej [동] ① 떼어내다; 분해하다; (못·단추 따위를) 빼내다 ② (문제를) 해결하다

zbërthim [남] ① 떼어내기; 분해(하기); (못·단추 따위를) 빼내기 ② (문제의) 해결

zbokth [남] (머리의) 비듬

zborak [남] [조류] 푸른머리되새

zbraz [동] ① (내용물 따위를) 비우다, 쏟다 ② (지역을) 소개(疏開)하다

zbrazem [동] ① (내용물이) 비워지다 ② (지역이) 소개(疏開)되다 ③ (비유적으로) i) 속마음을 털어놓다 ii) 울분을 터뜨리다

zbrazët [형] 빈, 공허한

zbrazëti [여] 비어 있음, 공허

zbrazje [여] ① 비우기, 쏟기 ② 소개(疏開)

zbres [동] ① 내려가다; zbres shkallët 아래층으로 내려가다 ② (말(馬)·교통 수단 따위에서) 내리다 ③ [수학] 빼다, 감산(減算)하다 ④ (액수 따위를) 줄이다, 감하다

zbritje [여] ① 내려가기, 하강 ② [수학] 빼기, 감산(減算) ③ (가격의) 하락; (비용의) 절감

zbruj [동] (액체를 더하고 압력을 가해) 딱딱한 것을 연하게 반죽하다

zbukurim [남] 꾸밈, 장식

zbukurohem [동] 아름다워지다, 스스로를 꾸미다

zbukuroj [동] 꾸미다, 장식하다, 아름답게 하다

zbulim [남] ① 발견, 적발, 찾아냄 ② [군사] 정보부[국]

zbulohem [동] 발견되다, 베일이 벗겨지다, 모습이 드러나다

zbuloj [동] 발견하다, 적발하다, 드러내다, 베일을 벗기다; (사실 따위를) 폭로하다

zbuluar [형] (명백히) 드러난, 공개된, 베일이 벗겨진

zbulues [남] ① 발견자, 탐험가 ② [군사] 정보부[국] 사무원[장교]

zbut [동] ① 부드럽게[연하게] 하다 ② (야생 동물 따위를) 길들이다 ③ (고통·형벌 따위를) 완화시키다, 누그러뜨리다

zbutem [동] ① 부드러워지다, 연해지다 ② 길들다 ③ (고통 따위가) 완화되다, 누그러지다

zbutje [여] ① 부드럽게[연하게] 하기 ② (고통 따위의) 완화, 경감

zbyth [동] 격퇴하다, 물리치다, 쫓아버리다

zbythem [동] 물러나다, 퇴각하다

zbythje [여] 물러남, 퇴각

zdrug [남] (나무를 깎는) 대패

zdrugim [남] 대패질

zdrugoj [동] 대패질하다, 대패로 밀다[깎다]

zdrukth [남] (나무를 깎는) 대패

zdrukthëtar [남] 목수; 소목[가구]장이

zdrukthëtari [여] 목수[소목[가구]장이]의 일

zdrukthoj [동] 대패질하다, 대패로 밀다[깎다]

zdryp [동] 내려가다

zebër [여] [동물] 얼룩말

zeher [남] 독, 독액

zejë [여] 수공예, 손재주

zejtar [남] 장인, 기능공

zejtari [여] 장인[기능공]의 솜씨, 수세공, 수공예

zekth [남] [곤충] 등에

Zelanda e Re [여] 뉴질랜드

zell [남] 열심, 근면

zellshëm [형] 열심인, 근면한

zemberek [남] (시계의) 큰 태엽

zemër [여] ① [해부] 심장; pushim zemre 심장 마비, 심장 기능 장애 ② 마음; ai ka zemër të mirë 그는 착하다, 마음씨가 좋다; me zemër të hapur 솔직히, 터놓고 말해서; i jap zemër dikujt ~의 용기를 북돋우다

zemërak [형] 성마른, 성미가 급한
zemërbardhë [형] 관대한, 아량이 있는, 마음씨가 좋은
zemërçelur [형] 숨기지 않는, (마음을) 털어놓는
zemërdjegur [형] 비탄에 잠긴
zemërdëlirë [형] 마음이 깨끗한, 참된, 진실한
zemërdhembshur [형] 인정 많은, 동정심 있는
zemërgur [형] 잔인한, 냉혹한, 무정한
zemërgjerë [형] 관대한, 아량이 넓은, 대범한
zemërgjerësi [여] 관대, 아량이 넓음, 대범함
zemërim [남] 분노, 격노, 분개
zemërlepur [형] 겁이 많은, 비겁한
zemërlig [형] 사악한, 마음씨가 고약한
zemërligësi [여] 악의, 나쁜 마음
zemërmirë [형] 마음씨가 좋은, 친절한, 착한
zemërohem [동] 화를 내다, 격분하다
zemëroj [동] 화나게 하다, 격분시키다
zemërpulë [형] 겁쟁이의, 소심한
zemërthyer [형] 비탄에 잠긴
zengjin [남] 부자, 부유한 사람
zerdeli [여] [식물] 살구
zero [여] 영(0), 제로
zeshkan [형] (피부색이) 갈색인, 거무스름한
zeshkane [여] 피부색이 거무스름한 사람
zeshkët [형] (피부색이) 갈색인, 거무스름한
zevzek [형] 침착하지 못한, 자꾸 날뛰는
zezak [남] 흑인
zezë [형] → i zi
zë^1 [남] 목소리, 음성; zë i lartë 큰 목소리; zë i ulët 낮은 목소리; i bëj zë dikujt ~을 부르다
zë^2 [동] ① 잡다, 붙들다, 취하다; zë punë 일자리를 얻다 ② (새는 곳 따위를) 막다 ③ 참여하다, 자리를 차지하다 ④ 시

작하다; zuri shiu 비가 오기 시작한다 ⑤ le ta zëmë se ~ ~이라고 가정해 보자; zë rrënjë 뿌리를 박다, 정착하다

zëdhënës [남] 대변인

zënë [형] ① 붙잡힌, 붙들린 ② (자리 따위가 누군가에 의해) 차지된 ③ 바쁜, 분주한

zënie [여] ① 사로잡음; 붙들기, 붙잡기 ② 다툼, 싸움

zënkë [여] 다툼, 싸움

zët [남] 싫어함, 혐오; e kam zët dikë ~을 싫어하다

zëvendës [남] 대리인, 부(副)~

zëvendësim [남] 대체, 대리, 대신

zëvendëskryetar [남] 부(副)의장

zëvendësministër [남] 차관(次官)

zëvendësohem [동] 대체되다, (~의) 대리가 되다

zëvendësoj [동] 대체하다, 대리를 시키다

zëvendësueshëm [형] 대체할 수 있는

zgalem [남] [조류] 바다제비속(屬)

zgarbë [여] (나무 줄기의) 공동(空洞), 텅 빈 곳

zgavër [여] (나무 줄기나 바위의) 공동(空洞), 텅 빈 곳

zgavërt [형] 속이 텅 빈

zgërdheshje [여] 낄낄 웃음

zgërdhihem [동] 낄낄 웃다

zgrip [남] 가장자리, 언저리, 가

zgurdulloj [동] 눈을 부릅뜨다

zgjas [동] ① 늘이다, 확장하다, 연장하다 ② 쭉 뻗다 ③ (지불 따위를) 연기하다

zgjatem [동] ① 길어지다, 키가 커지다 ② 늘어나다, 확장[연장]되다 ③ (시간상으로) 오래 지속되다

zgjatim [남] 확장, 늘이기

zgjatje [여] 확장, 연장, 늘이기

zgjatohet [동] 늘어나다, 확장[연장]되다

zgjatoj [동] 늘이다, 길게 하다, 확장[연장]하다

zgjatur [형] 늘어난, 길어진, 확장[연장]된

zgjebe [여] [병리] 개선(疥癬), 옴

zgjebosur [형] 옴이 옮은

zgjedh [동] 고르다, 선택하다; 뽑다, 선출하다

zgjedhë [여] 멍에; vë nën zgjedhë 멍에를 얹다

zgjedhës [남] 선거인, 유권자, 투표자

zgjedhje [여] 고르기, 선택; 선출

zgjedhoj [동] ① (소에) 멍에를 얹다 ② [문법] 동사를 활용[변화]시키다

zgjedhur [형] 선택된; 뽑힌, 선출된

zgjerim [남] 확대, 크게 함, 넓히기

zgjerohet [동] 확대되다, 커지다, 넓어지다

zgjeroj [동] 넓히다, 확대하다

zgjesh [동] ① (허리띠 따위를) 풀다 ② (칼을) 칼집에서 뽑다 [빼다]

zgjeshur [부] 자유롭게, 터놓고; flas zgjeshur 서슴없이 말하다

zgjidh [동] ① (묶인[맨] 것을) 풀다, 느슨하게 하다 ② (문제를) 풀다, 해결하다 ③ (계약 따위를) 취소하다, 무효로 하다

zgjidhem [동] ① (묶인[맨] 것이) 풀리다, 느슨해지다 ② (문제가) 풀리다, 해결되다 ③ (계약 따위가) 취소되다, 무효로 되다

zgjidhje [여] ① (묶인[맨] 것을) 풀기, 느슨하게 하기 ② (문제의) 해결 ③ (계약 따위의) 취소, 무효화; zgjidhje martese 이혼

zgjim [남] 깨어남, 일어남

zgjohem [동] 깨다, 일어나다

zgjoj [동] ① 깨우다, 일으키다 ② (비유적으로) 환기하다, (어떤 사실 따위에) 눈뜨게 하다

zgjua [남] 벌집, 벌통

zgjuar [형] ① 깨어있는 ② (비유적으로) 영리한, 총명한, 머리가 좋은 — [부] 깨어 있어

zgjuarsi [여] 영리함, 총명함, 머리가 좋음

zgjyrë [여] ① (금속의) 녹 ② 쇠똥, 광재(鑛滓)

zgjyros [동] 녹슬게 하다

zgjyrosem [동] 녹슬다

zi^1 [여] 비탄, 애도, 슬픔; mbaj zi 상복(喪服)을 입다

zi^2 [형] 검은; 어두운; tregu i zi 암시장 — [중] 검은색, 검정, 흑색

ziej [동] ① 끓다, 비등하다; 끓이다 ② më zien koka 나는 어리둥절하다; më zien gjaku 나는 피가 끓는 듯하다, 격분해 있다

zier [형] 끓은

zierje [여] 끓음, 비등

zift [남] 아스팔트; 타르

zigzag [부] 지그재그로, Z자 꼴로

zihem [동] ① 붙잡히다; zihem në grackë 덫에 걸리다 ② (~와) 다투다, 싸우다

zile [여] 종, 벨; i bie ziles 종을 울리다

zileps [동] (남을) 질투나게 만들다

zilepsem [동] 질투를 느끼다, 시샘하다

zili [여] 부러움, 질투, 시샘; kam zili 부러워하다, 질투하다, 시샘하다

ziliqar [형] 질투하는, 시샘하는

zink [남] [화학] 아연

zinxhir [남] 사슬, 체인

zjarr [남] ① 불(火); armë zjarri 화기(火器); i shtie benzinë zjarrit 불난 집에 부채질하다 ② marr zjarr 흥분하다

zjarrfikës [남] 불을 끄는, 소화(消火)하는 — [남] ① 소방관 ② 소화기

zjarrfikëse [여] ① 소방차 ② 소화기

zjarrmi [여] ① 열렬, 열정 ② (병으로 인한) 열, 발열, 신열

zjarrtë [형] 열렬한, 열정 어린, 불타오르는

zjarrvënës [남] 방화범

zmadhim [남] 확대, 확장, 크게 함

zmadhohet [동] 커지다, 확대[확장]되다

zmadhoj [동] 확대[확장]하다, 크게 하다

zmadhues [형] 확대하는

zmbraps [동] 물리치다, 쫓아버리다, 후퇴하게 하다

zmbrapsem [동] 물러나다, 후퇴하다, 철수하다

zmbrapsje [여] 후퇴, 철수, 물러남

zmeril [남] 금강사(金剛砂), 사지(砂紙) (연마용)

zog [남] ① 새(鳥); zog grabitqar 맹금(猛禽) ② 새 새끼, 병아리

zogëz [여] 새 새끼; 병아리

zogori [여] (사냥개 따위의) 떼, 무리

zokth [남] 작은 새

zonë [여] 지대, 지역

zonja [형] 유능한, 능란한, 솜씨 좋은 — [여] 주부, 안주인

zonjë [여] 귀부인; 나이 든 여자에 대한 존칭

zonjushë [여] 젊은 여자에 대한 존칭

zoologji [여] 동물학

zoologjik [형] 동물학의

zor [남] ① 곤란, 어려움 ② 강제, 강압, 압박 ③ 불안

zorshëm [형] 어려운, 곤란한

zorrë [여] ① [해부] 장(腸), 창자 ② (액체를 수송하는) 관, 호스

zorrëtharë [형] 배고픈, 굶주린

zot [남] ① 주인, 두목, 상사, 보스; zot malli 소유주, 물건 주인; i dal për zot dikujt ~을 (자신의) 보호 하에 두다 ② [종교] 신(神), 주(主); një zot e di! 신만이 아시지, 아무도 몰라 ③ ~님, 선생님, 귀하; zoti Kuk 쿡씨, 쿡 선생님

zotëri [남] 신사, 선생님, 귀하; i dashur zotëri 근계(謹啓; 편지 서두의 인사말)

zotërim [남] ① 소유, 가지고 있음 ② 지배

zotëroj [동] ① 갖고 있다, 소유하다 ② 지배하다

zotësi [여] 능력, 재능, 솜씨

zoti [형] 유능한, 능란한, 솜씨 좋은 — [남] ① 소유주 ② (집) 주인

zotim [남] 약속, 서약; marr zotim 약속하다

zotni [남] → zotëri

zotohem [동] 약속하다, 서약하다

zotrote [소사] 님, 선생님, 귀하; si je zotrote? 잘 지내세요, 선생님?

zukat [동] 윙윙거리다

zukatje [여] 윙윙거림

zullum [남] 해(害), 피해

zullumqar [남] 악한, 악인

zumpara [여] 사포(砂布)

zura [동] zë^{2}의 과거형

zurkajë [여] 폭포

zuskë [여] 음탕한 계집

zuzar [남] 악한, 악당, 악인

zvarranik [남] [동물] 파충류

zvarrë [부] hiqem zvarrë 기어가다; heq zvarrë 끌다; lë zvarrë 꾸물거리다, 늑장부리다

zvarrit [동] ① 질질 끌다 ② 꾸물거리다, 늑장부리다 ③ 느린 말투로 말하다

zvarritem [동] 기어가다

zvarritje [여] 질질 끌기; 기어가기; 꾸물거리기

zverdh [동] 노랗게 만들다; 창백하게 하다

zverdhem [동] 노래지다; 창백해지다

zverdhje [여] 창백함

zverk [남] 목덜미

zvetënim [남] 타락, 부패

zviceran [형] 스위스의 — [남] 스위스 사람

Zvicër [여] 스위스
zvjerdh [동] (아기의) 젖을 떼다
zvjerdhje [여] (아기의) 젖 떼기, 이유(離乳)
zvogëlim [남] 감소, 축소, 줄어듦
zvogëlohem [동] 작아지다, 줄어들다
zvogëloj [동] 작게 만들다, 줄이다, 감소시키다
zymbyl [남] [식물] 히아신스
zymtë [형] 음침한, 침울한
zyrë [여] 사무소, 관청; zyra e postës 우체국; zyra e punës 노동청; zyra e gjendjes civile 호적 등기소
zyrtar [형] 공무(公務)의, 공직의, 관청의 ― [남] 공무원
zyrtarisht [부] 공적으로

Zh

zhabë [여] [동물] 두꺼비
zhabinë [여] [식물] 미나리아재비
zhapi [남] [동물] 도마뱀
zhardhok [남] [식물] 덩이줄기
zhavorr [남] 거친 모래와 자갈
zhbëhet [동] 원상태로 돌아가다, 풀리다, 제거되다
zhbëj [동] 원상태로 돌리다, 풀다, 제거하다
zhbllokim [남] 풀기, 방해물의 제거
zhbllokohet [동] 풀리다, 방해물이 제거되다
zhbllokoj [동] 풀다, 방해물을 제거하다
zhburrnohem [동] (남자가) 거세되다, 남자다움을 잃다
zhburrnoj [동] (남성을) 거세하다, 남자다움을 잃게 하다
zhdëmtim [남] 배상, 변상
zhdëmtoj [동] 배상[변상]하다
zhdërvillem [동] (얽힌 것이) 풀리다
zhdërvjell [동] (얽힌 것을) 풀다
zhdërvjellët [형] 기민한, 민첩한, 머리 회전이 빠른
zhdërvjelltësi [여] 기민, 민첩, 머리 회전이 빠름
zhdoganoj [동] 세관을 통과하다, 통관 수속을 밟다
zhdredh [동] (꼬인 것을) 풀다
zhdredhje [여] (꼬인 것을) 풀기
zhdrejtë [형] 간접적인
zhdridhet [동] (꼬인 것이) 풀리다
zhduk [동] 숨기다, 감추다; 제거하다
zhdukem [동] 사라지다, 모습을 감추다
zhdukje [여] 사라짐, 모습을 감춤

zheg [남] 삼복 더위, 찌는 듯한 더위
zheguli [여] (단체로 이동하는) 어린이들의 무리
zhele [여] 넝마, 헝겊 나부랭이
zhezhit [동] 태우다, 그슬다
zhezhitet [동] 타다, 그슬리다
zhgënjehem [동] 실망하다, 환멸을 느끼다
zhgënjej [동] 실망시키다, 환멸을 느끼게 하다
zhgënjim [남] 실망, 환멸
zhgënjyes [형] 미혹하는, 현혹시키는, 착각을 일으키는, 속이는
zhgërryej [동] (진창 등) 더러운 곳에서 뒹굴게 하다
zhgërryhem [동] (진창 등) 더러운 곳에서 뒹굴다
zhgjakësim [남] 복수, 보복
zhgjakësohem [동] 복수하다, 앙갚음하다
zhivë [여] [화학] 수은
zhubër [여] 주름, 구긴 자국
zhubros [동] 구기다, 주름지게 하다
zhubroset [동] 구겨지다, 주름이 지다
zhubrosur [형] 구겨진, 주름진
zhumbinë [여] [해부] 잇몸, 치은(齒齦)
zhurit [동] 태우다, 그슬다
zhuritet [동] 타다, 그슬리다
zhuritur [형] 탄, 그슬린
zhurmë [여] 소음; pa zhurmë 소음 없는
zhurmëmadh [형] 시끄러운
zhuzhak [남] [곤충] 풍뎅이
zhvat [동] (움켜쥐어) 찢다, 떼어내다
zhvatje [여] (움켜쥐어) 찢기, 떼어내기
zhvendos [동] 옮기다, 이동시키다
zhvendosem [동] 자리를 옮기다, 이동하다
zhvendosje [여] 옮기기, 이동, 위치 변경
zhvesh [동] 옷을 벗기다

Zh

zveshje [여] 옷 벗기, 탈의
zhveshur [형] 옷을 벗은, 벌거벗은, 나체의
zhvidhos [동] 나사를 빼다
zhvillim [남] 발전, 진화
zhvillohem [동] ① 발전하다, 진화하다 ② 일어나다, 생기다, 발생하다
zhvilloj [동] 발전[진화]시키다
zhvilluar [형] 발전된, 진화한
zhvirgjërim [남] 처녀성 상실
zhvirgjërohem [동] 처녀성을 잃다
zhvirgjëroj [동] 처녀성을 빼앗다
zhvishem [동] 옷을 벗다
zhvleftësim [남] ① [경제] (화폐의) 평가 절하 ② 가치의 저하
zhvleftësohet [동] 가치가 떨어지다[저하되다]
zhvleftësoj [동] ① (화폐를) 평가 절하시키다 ② 가치를 떨어뜨리다
zhvleftësuar [형] 가치가 떨어진[저하된]; mallra të zhvleftësuara 중고품
zhvlerësim [남] = zhvleftësim
zhvlerësoj [동] = zhvleftësoj
zhvoshk [동] 껍질[외피]을 벗기다
zhvoshkct [동] 껍질[외피]이 벗겨지다
zhvoshkje [여] 껍질[외피] 벗기기
zhvulos [동] 개봉하다, 봉인한 것을 열다
zhvuloset [동] 개봉되다, 봉인한 것이 열리다
zhyt [동] (액체 따위에) 담그다, 잠기게 하다, 가라앉히다
zhytem [동] ① (액체 따위에) 잠기다, 가라앉다; 잠수하다 ② 생각에 잠기다
zhytës [남] 잠수부
zhytje [여] 잠기기, 가라앉기; 잠수
zhytur [형] 잠긴, 가라앉은

부록

1. 명사의 변화

알바니아어 명사는 성·수·격에 따라 변화하며, 정형과 부정형에 따른 차이도 있다.

1) 정형 단수형이 -i로 끝나는 남성 명사의 변화

	부정형 단수	부정형 복수	정형 단수	정형 복수
주격	mal	male	mali	malet
대격	mal	male	malin	malet
속격	i/e/të/së mali	i/e/të/së maleve	i/e/të/së malit	i/e/të/së maleve
여격	mali	maleve	malit	maleve
탈격	mali	maleve/ malesh	malit	maleve

2) 정형 단수형이 -u로 끝나는 남성 명사의 변화

	부정형 단수	부정형 복수	정형 단수	정형 복수
주격	zog	zogj	zogu	zogjtë
대격	zog	zogj	zogun	zogjtë
속격	i/e/të/së zogu	i/e/të/së zogjve	i/e/të/së zogut	i/e/të/së zogjve
여격	zogu	zogjve	zogut	zogjve
탈격	zogu	zogjve	zogut	zogjve

3) 여성 명사의 변화

	부정형 단수	부정형 복수	정형 단수	정형 복수
주격	vajzë	vajza	vajza	vajzat
대격	vajzë	vajza	vajzën	vajzat
속격	i/e/të/së vajze	i/e/të/së vajzave	i/e/të/së vajzës	i/e/të/së vajzave
여격	vajze	vajzave	vajzës	vajzave
탈격	vajze	vajzave/ vajzash	vajzës	vajzave

2. 동사의 변화

주요 불규칙 동사의 변화를 살펴보면 다음과 같다.

1) jam 동사 변화

직설법				
인칭	현재형	과거형	미완료형	미래형
unë	jam	qeshë	isha	do të jem
ti	je	qe	ishe	do të jesh
ai/ajo	është	qe	ishte	do të jetë
ne	jemi	qemë	ishim	do të jemi
ju	jeni	qeni	ishit	do të jeni
ata/ato	janë	qenë	ishin	do të jenë

감탄법		
인칭	현재형	미완료형
unë	qenkam	qenkësha
ti	qenke	qenkëshe
ai/ajo	qenka	qenkësh
ne	qenkemi	qenkëshim
ju	qenkeni	qenkëshit
ata/ato	qenkan	qenkëshin

가정법		
인칭	현재형	과거형
unë	të jem	të isha
ti	të jesh	të ishe
ai/ajo	të jetë	të ishte
ne	të jemi	të ishim
ju	të jeni	të ishit
ata/ato	të janë	të ishin
인칭	조건법 현재형	원망법 현재형
unë	do të isha	qofsha
ti	do të ishe	qofsh
ai/ajo	do të ishte	qoftë
ne	do të ishim	qofshim
ju	do të ishit	qofshi
ata/ato	do të ishin	qofshin
명령법	(ti) ji, (ju) jini	
분사	qenë	

2) kam 동사 변화

직설법				
인칭	현재형	과거형	미완료형	미래형
unë	kam	pata	kisha	do të kem
ti	ke	pate	kishe	do të kesh
ai/ajo	ka	pati	kishte	do të ketë
ne	kemi	patëm	kishim	do të kemi
ju	keni	patët	kishit	do të keni
ata/ato	kanë	patën	kishin	do të kenë
감탄법				
인칭	현재형			미완료형	
unë	paskam			paskësha	
ti	paske			paskëshe	
ai/ajo	paska			paskësh	
ne	paskemi			paskëshim	

ju	paskeni	paskëshit
ata/ato	paskan	paskëshin

가정법		
인칭	현재형	과거형
unë	të kem	të kisha
ti	të kesh	të kishe
ai/ajo	të ketë	të kishte
ne	të kemi	të kishim
ju	të keni	të kishit
ata/ato	të kanë	të kishin
인칭	조건법 현재형	원망법 현재형
unë	do të kisha	paça
ti	do të kishe	paç
ai/ajo	do të kishte	pastë
ne	do të kishim	paçim
ju	do të kishit	paçi
ata/ato	do të kishin	paçin
명령법	(ti) ki, (ju) kini	
분사	pasur	

3) bëj 동사 변화

직설법				
인칭	현재형	과거형	미완료형	미래형
unë	bëj	bëva	bëja	do të bëj
ti	bën	bëve	bëje	do të bësh
ai/ajo	bën	bëu	bënte	do të bëjë
ne	bëjmë	bëmë	bënim	do të bëjmë
ju	bëni	bëtë	bënit	do të bëni
ata/ato	bëjnë	bënë	bënin	do të bëjnë

감탄법		
인칭	현재형	미완료형
unë	bëkam	bëkësha
ti	bëke	bëkëshe
ai/ajo	bëka	bëkësh

ne	bëkemi	bëkëshim
ju	bëkeni	bëkëshit
ata/ato	bëkan	bëkëshin

가정법		
인칭	현재형	과거형
unë	të bëj	të bëja
ti	të bësh	të bëje
ai/ajo	të bëjë	të bënte
ne	të bëjmë	të bënim
ju	të bëni	të bënit
ata/ato	të bëjnë	të bënin
인칭	조건법 현재형	원망법 현재형
unë	do të bëja	bëfsha
ti	do të bëje	bëfsh
ai/ajo	do të bënte	bëftë
ne	do të bënim	bëfshim
ju	do të bënit	bëfshi
ata/ato	do të bënin	bëshin
명령법	(ti) bë, (ju) bëni	
분사	bër	

Fjalor Shqip-Koreanisht

알바니아어-한국어 사전

2010년· 4월 15일 초판 인쇄
2010년· 4월 20일 초판 발행
편　　저· 유 성 호
발행인· 서 덕 일
발행처· 도서출판 문예림
등　　록· 1962년 7월 12일(제2-110호)
주　　소　 서울시 광진구 군자동 1-13호 문예하우스 101호
전화 Tel:02) 499-1281~2
팩스　Fax:02) 499-1283
http://www.bookmoon.co.kr
E-mail:book1281@hanmail.net
ISBN 978-89-7482-532-4 (11790)
정가 35,000원

- ■ 잘못된 책은 구입하신 서점에서 교환하여 드립니다.
- ■ 저자와 협의에 의해 인지을 생략합니다.